ボート釣り
旬の魚の
狙い方

須藤恭介 著

好きな釣り方で狙った獲物をキッチリと仕留める。
写真は、ウキ仕掛けのドジョウカサゴ

スモールボートでは頭からコマセ液をかぶる確率が高い。スプレー除けにもなるし、カッパは必需品である

上:この瞬間のためなら、ボートの準備や後かたづけも苦ではない
下:フグよりウマイ？　キモパンカワハギ。最初のアタリでゲットしたからエサが残っている、と自慢しているようだ

水深100m、ゲレンデしだいで2馬力だって出撃可能。でも、水深に関係なく海上は危険な場所だと認識しよう

右:さて、これは何ダイでしょう。マダイ、クロダイ、チダイ、キダイとタイ族だけを1年中追いかけるツワモノもいる。
左:当日刺し身で食べればメッチャおいしいヒラソウダ。エラから尾へ、血合い部分に沿って走る帯の幅が広いのはマルソウダ。ヒラソウダはエラの後部から急に細くなり、糸状の部分が長い

凶眼なヒメコダイ。コイツが釣れればアマダイポイントOK。でも、水深100mで着底直後にヒットするのはカンベンしてほしい

西伊豆、石部湾の貸しボート釣り場。伊豆半島もここまでくると最高のロケーション。魚もウブでシロギス、アジなどバックバク

エイヤッ！ イナダクラスは黙ってゴボウ抜き。足元には大きな棒ウキが見える。いやはや、マニアックな釣りをしていますなぁ。サオ立てには磯ザオとエギングロッドですか

穏やかな海面にギラギラと反射する太陽。釣行するなら穏やかな天候の日に限る。ナギ倒れしたってイイじゃないか。悪天候の日にムリして釣っても、ちっとも楽しくない。シケたら中止が鉄則

上：生きたエサを使う泳がせ釣りは、どんな魚がヒットするかわからない楽しみがある。そして、多くの獲物は高級魚ばかり。まぁ、エソやウツボが釣れたらご愛嬌ということで。写真はソゲ（小型のヒラメ）。もう少し大きいといいなぁ
右：外房・勝浦のムーチング（ウキ泳がせ釣り）でヒットしたカンパチ（ショゴ）。毎年、夏の短い期間にコイツが回遊してきて楽しませてくれる。ショゴでもスモールボートを引っ張るパワーがあるゾ

うーん、ちょいとデカイワリだな。真冬だって
見逃せないボート釣りのシーズンである

この男が考えていることは次のうちどれでしょう。1：ボートの下にいる魚は全部オイラのモノだ　2：ク～！今日の敵は手強いぜ　3：今夜は刺身と天プラじゃな
答え、全部正解

右の写真は貸し手漕ぎボートのアイテムですので、アンカーとオールがありません。イケスのない2馬力ボートも、この程度をそろえればかなりの釣りができます。左の青い棒は手製のシーアンカー。あと、GPS魚探があれば最強ですな

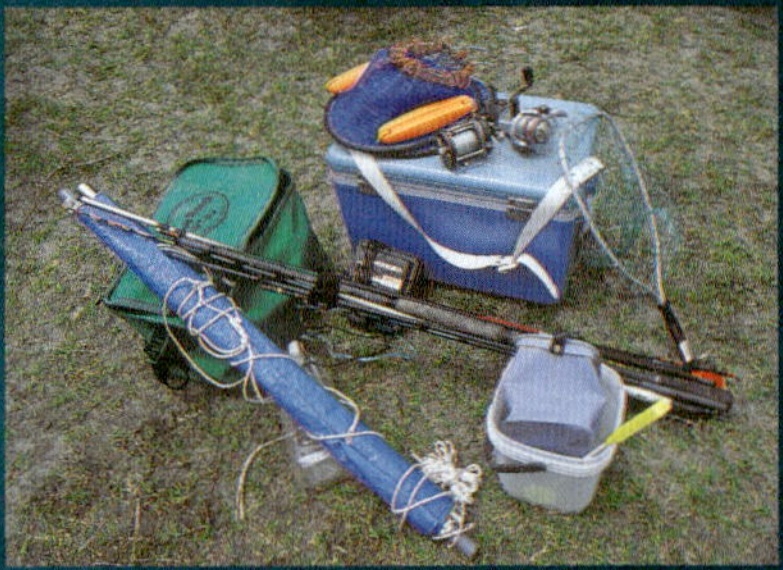

はじめに

日の出の息吹、朝の香り、間近に気配はすれど、海なお暗し。海辺に臨めばピリリと身は縮み、おのずと期待が高まる。

日本列島まわりは海ばかり、どこの海だって豊饒だ。水平線があかるくなってきた。さぁ海へ、望むは好釣と無事故――

スモールボート誌が、2006年6月号から毎月発売となったのをきっかけに、連載が始まった「旬の魚を狙え」。2008年12月号まで2年半の間に、29種の釣魚を取り上げました。それを、まとめたのがこの1冊です。

単行本に書き直すため、改めて読み直すと、書き方に統一性が見られない。こんなんでホントに本になるのかと心配になってくる。しかも、ページ数の関係で内容を少し削らなければならない。そこで、思い切って釣り方やテクニックの一部をカットすることにしました。なぜなら、私の住まいは東京、したがって、書いてある釣り方はかなり関東型です。それに、超個人的に好きなウキ仕掛けが、多くの対象魚用の釣り方として登場している。まぁ、地域によっては、ゼンゼン参考にならない釣り方も、多々ありそうです。「そんなメンドイ釣り方しなくてもバリバリ釣れるわい」って言われそうな気もしてきまして……。そりゃ、自分だってできることならスモールボートで、大型のサクラマスやマグロが釣れまくる海の近くで暮らしたいデス。

こんなノリの本ですが、スモールボートのオーナーに限らず、これから、スモールボートを購入しようとする方や、レンタルボートや手漕ぎの貸しボートを利用している方たちにも、この本がチョットでも参考になればイイな、と思います。

目次

イラスト・冨岡 武

旬の魚を狙え！

春 秋 夏 冬

11月〜3月・4月

アイナメ

寒いから釣りたい貴重なターゲット

愛嬌のある顔に寸胴体型のアイナメは、釣っても食べてもおいしい魚。沿岸の浅い岩礁帯が生息域なので、スモールボートにうってつけのターゲットだ。堤防のヘチでも釣れるくらいだから、はるか沖へ出る必要もない。寒い冬の釣りでポイントが岸に近いということはまことにうれしい限りである。

攻めの要素が強いアイナメ釣り。自分の好きな釣り方で、良型を1匹でもゲットすれば、「釣ったゾ！」という満足感はひとしおだ。

ちなみに、自分的には東京湾岸で釣れる魚のなかで、アイナメが一番美味だと思う。あと、東北、北海道方面へ遠征して一升瓶サイズをズボズボ釣りたいものです。

アイナメのオモシロ生態

　アイナメを漢字にすると、「鮎魚女」、「鮎並」、どうもアユをイメージしているようだが、とてもアユには似ても似つかない。単純に「愛魚女」と書いたほうが納得する。そして、さまざまな地方名を持つのもアイナメの特徴。岸近くに住み、大昔からなじみやすい魚だったのだろう。

　アブラコ、アブラメは有名ですな。ほかに、シンジョ、シジュウ、モロコシ、マンサ、モイオ、ウミクジラ、カクゾウ、モズ、ツムギ、ヤスリ、ネウオなどなど。ネウオは根魚ではなく、寝魚だと思う。なんせ、アイナメには浮き袋がない。泳いでいないと潜水艦のように着底してしまうのだ。ほかには、モミダネウシナイなんてママカリに通じる名前もあって笑える。

　アイナメの魚体は赤褐色や茶褐色、紫褐色などの迷彩柄で彩られている。その迷彩色も繁殖期のオスは黄金の婚姻色に一変する。全身黄金色のオスは目を見張るほど美しいが、河岸などでは敬遠されている。卵が孵化するまでオスが世話をするため、産卵期終盤にはやせ細って、身も柔らかく商品価値が下がるからだそうだ。

　オスのアイナメは、毎日、毎日、ヒレや口を使って卵に新鮮な海水を与え続ける。その一方で、メスは産卵を終えるとすぐに立ち去ってしまう。ずいぶんひどい話のようだが、実はそうでもない。オスは、テリトリーに入ってきたメスを次々に産卵場に誘い込んで産卵させる。そうなると、前のメスがいつまでも居座っていれば、チョイト厄介なことになるだろう。しかも、卵は粘着質で卵塊をつくり、メスによって色が異なるため、卵塊の数や色で何匹のメスと関わっていたか分かるらしい。モテるオスは大忙しなのだ。

　また、アイナメにはスニーカー（泥棒）ってヤツがいるのだ。真っ最中にこっそりと忍び込んで、自分の遺伝子を残してゆくヤツだ。そういうオスは繁殖期になっても婚姻色にならないとか。そりゃ、黄金のハデな色のヤツが近づいてきたら警戒されます。

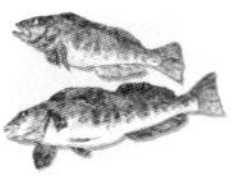

アイナメ

産卵期は北に行くほど早くて10月頃から。関東では11月過ぎから。この頃が、岸よりに多くのアイナメが集合するので釣りやすい。ただし、アイナメがほんとにおいしいのは初夏から秋口にかけて。釣りと食の旬は別なのだ。

ところで、アイナメ釣りをしていて一番よくヒットするのが、クジメのようなデキ（当歳魚）アイナメである。オスは一年で成熟するというが、20センチ級はリリースですな。

30年前の東京湾はアイナメの宝庫だったのに、あっという間に数が減って今は見る影もなし。東京湾にアイナメ復活の日は来るのでしょうか……。

ポイント&釣期

スモールボートでアイナメをメインに狙うなら11月から3月、4月がベストシーズン。でも他の釣りの外道としては周年釣ることができる。

基本的に、潮通しのあまり良くない小磯、テトラ、堤防脇、根まわりの砂地などがアイナメのポイントになる。

しかし、スモールボートでの釣りは、テトラや防波堤近くは危険が伴うので避けるべきだ。特に、港の出入り口のテトラや防波堤の際をポイントにするのは自殺行為。絶対にやめよう。

イチオシはポイント図の①。水深は30メートル前後で、埋め立て地の沖でも海岸の沖でも海底が岩礁帯ならばOK。常磐から東北にかけてならこのような場所で、ソイ、カサゴ交じりでがんがんヒットしそうだ。近くに河口があればなおヨシ。アイナメは塩分濃度が薄いところを好むのだ。

次は②。水深は3メートル以上あれば問題なし。ブラクリ、ブラー、ルアーなど手軽にねらえるポイント。水深3メートル前後の浅場なら渓流ザオでのエサ釣りがお手軽で、釣り味バツグンです。

③の砂地にもアイナメはいるが、広く散らばっているので、シロギス釣

ポイント

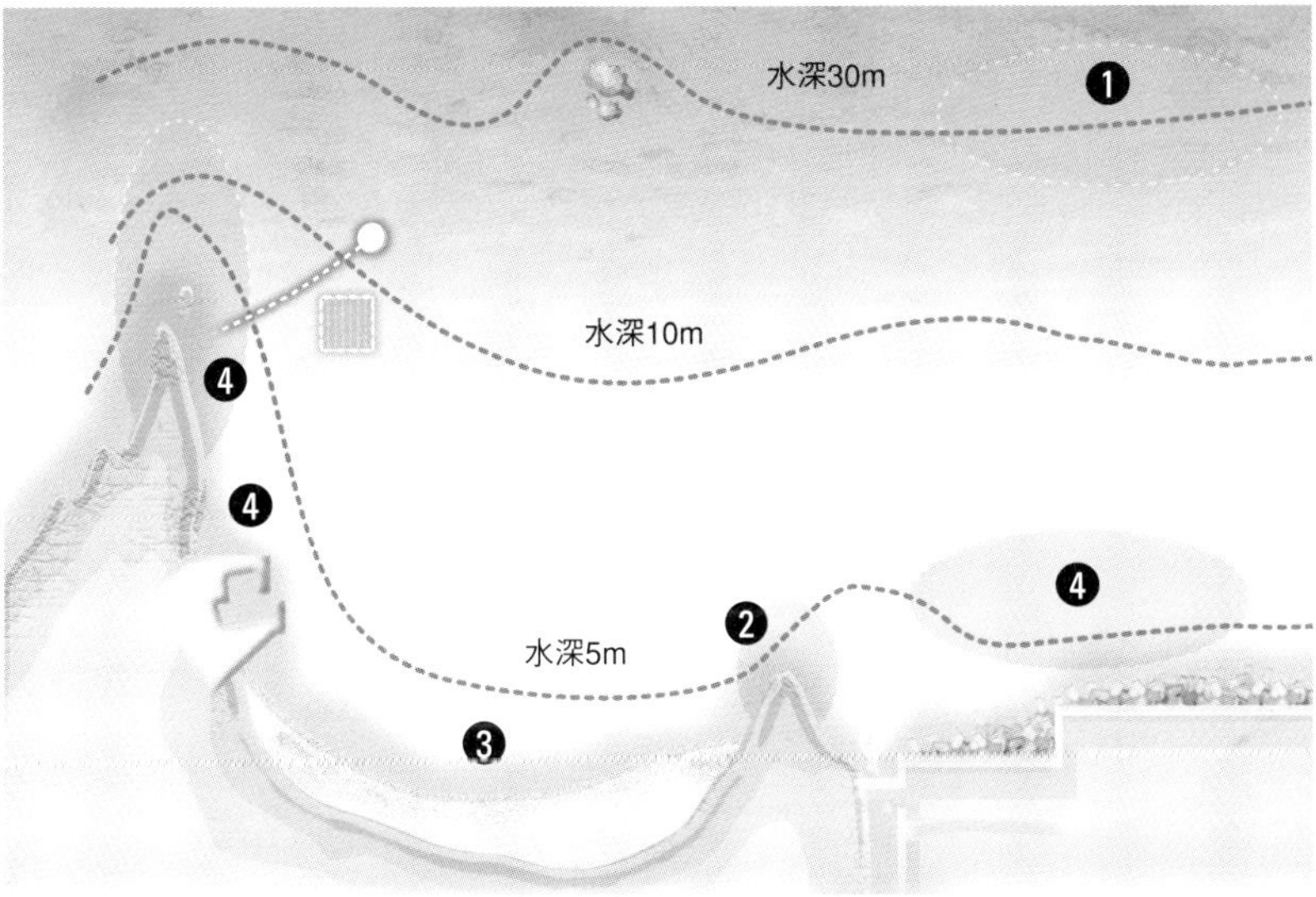

りなどの外道と考えていたほうが無難かな？　小さな湾内の島まわりや定置網まわりも見逃せないポイントです。

④は②とほぼ同じだが、急に深くなるカケアガリの根よりも、ゴロタ場風の浅い磯まわりのほうが狙いやすい。近くに釣り人がいなければ、堤防付け根あたりのテトラも好ポイント。

また、磯より少し沖の水深数メートルあたりに平坦な岩礁帯があれば探ってみよう。ポイント①に次ぐ高確率のポイントである。

釣り方＆タックル

アイナメはコマセを使わず、単純な仕掛けのエサ釣りかルアーで釣ることができてとてもお手軽。しかも、シンプルなタックルは釣り味満点。

コツッときたら即アワセはしないで、十分に食い込ませてからロッドを立てる。ゴクッゴクッとしたヒキごたえは格別。いわゆるアイナメの首振りダンスっていうヤツですな。巻き上げ途中のスルドイ突っ込みはないが、良型の重量感のあるヒキはあなどれない。30、

アイナメ

40はアタリマエ。目指すは60センチのビールビンアイナメなのだ。

お手軽に釣るならポイント②か④。ブラクリかブラーもしくはルアーで。使用するブラクリ、ブラーは水深に合わせて2～5号だが、なるべく軽いほうがヒット率は高い。水深4メートル以下は2号、6メートルで3号、10メートルで5号が目安。異様に潮が速い場所だとムリだが、アイナメはゆっくり沈むエサに反応する。それに、オモリが軽くて小さいほど根掛かりの確率も減る。

アイナメ釣りで根掛かりは避けられないが、できれば回避したい。ブラクリが根掛かりするとまず外れない。根掛かりで海底に放置された仕掛けは、問題です！　有害な鉛が海底の岩礁の隙間にびっしりと埋もれている光景は、想像したくない！　そこで私は、根掛かり対策として、ブラクリやブラーの代わりにナツメ型の中通しオモリ、さらに、太いミチイトと細いハリスを使用する。それに、伸びやすい丸セイゴや流線タイプのハリを使い、根掛かりしても、せめてオモリだけは回収しやすいようにしている。もちろん、オモリ自体が根に挟まってしまうとどうしようもないが……。

ナツメオモリは、赤く塗装しているものが市販されているので便利だ（昔は自分で色を塗っていたなぁ）。ナツメオモリとスイベルの間には、ピンクかグリーンの蛍光ソフトビーズ。これは投入を繰り返すうちにオモリがスイベルに食い込むのを防ぐためです。

また、水深数メートルまでのポイントでは、2号、4・5～5・4メートルの磯ザオを使う。長いサオのほうが広く探れるし、根掛かりをしても外しやすい。

ポイント②、④は浅場の釣りなので、ボートコントロールはアンカリングで。アンカーロープは長めに出してボートの振り幅を大きくし、広い範囲をカバーできるように

アイナメの釣り方

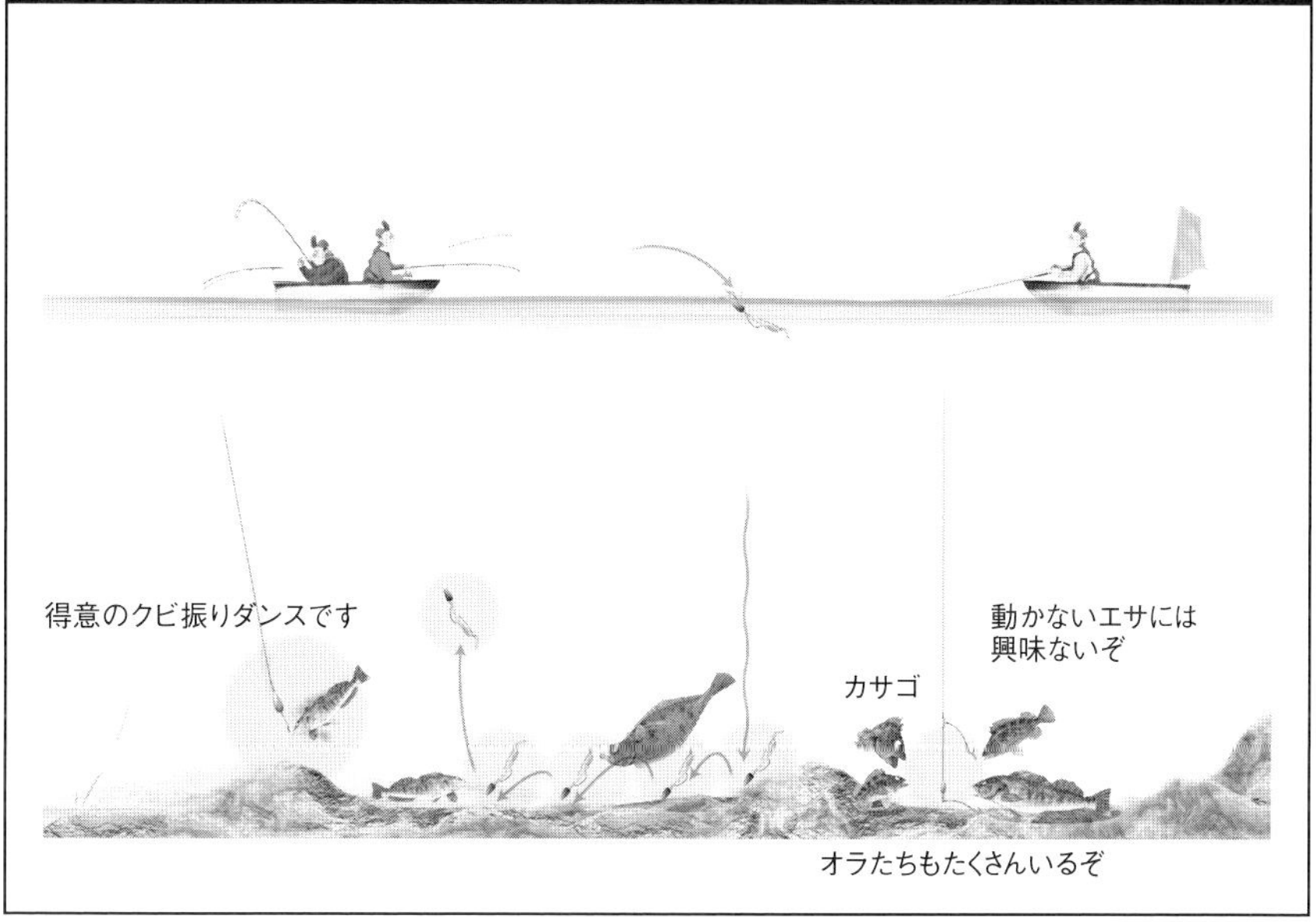
得意のクビ振りダンスです
動かないエサには
興味ないぞ
カサゴ
オラたちもたくさんいるぞ

すること。

しばらく探ってもアタリがない場合は、あっさりとあきらめてスバヤク移動しよう。これが一番のコツです。アンカーの上げ下ろしで手を抜くと釣果は伸びないゾ。アンカーロープに余裕があれば、さらに伸ばして小移動するテもあるが、根まわりでアンカーロープを出しすぎると、アンカーが根掛かりして回収不能になることがあるので要注意。

ルアーも、根掛かりを極力回避するためにテキサスリグを。ソフトルアーは甲殻類系ワームをチョイスし、ボトムでリフトとフォールを繰り返すか、ボトムバンプで。

深場になるポイント①ではエンジン流し。ここでもルアーは可能。エサ釣りにしても、エサが着底した瞬間にヒットするパターンが多いので、アタリがない場合は、いったん数メートル仕掛けを上げてから、再び落とし込む行為を繰り返す。着底後の数秒はエサを止めてアタリを待つ。早アワセは厳禁。PEラインを使用すれば感度が上がり、コツッとした前アタリが取りやすくなるが、根掛か

浅場タックル
(水深10mまで、ブラクリ)

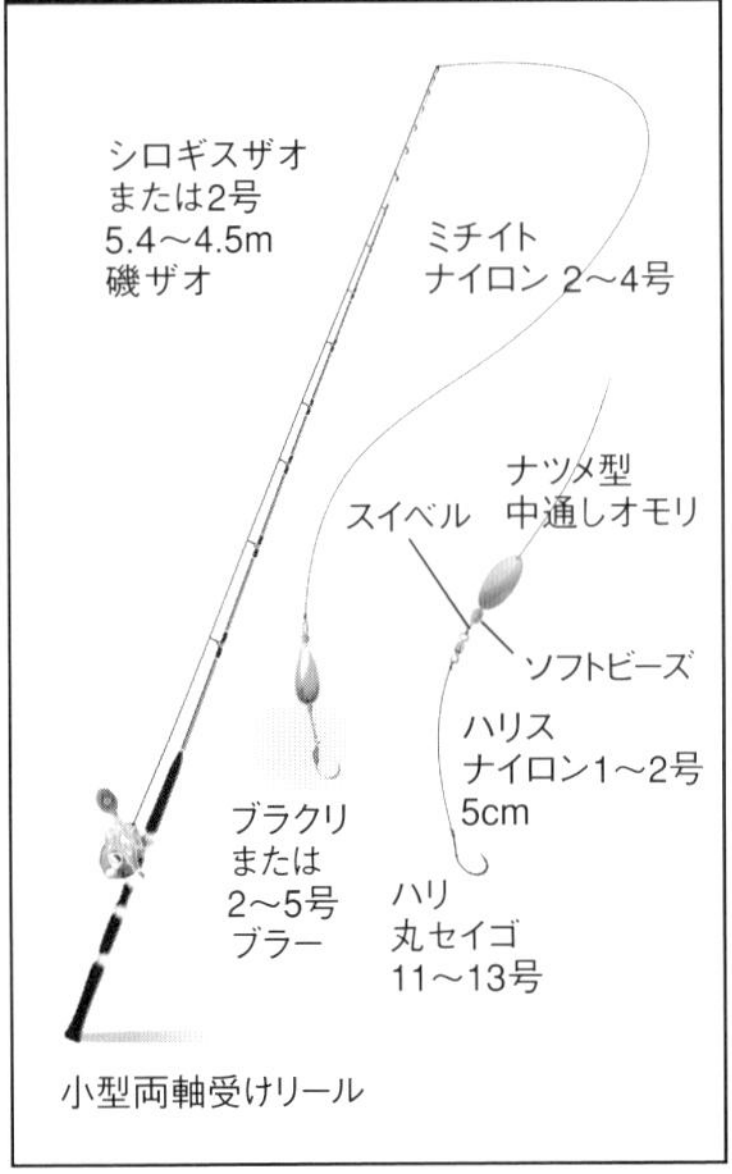

浅場タックル
(水深4mまで、のべザオ)

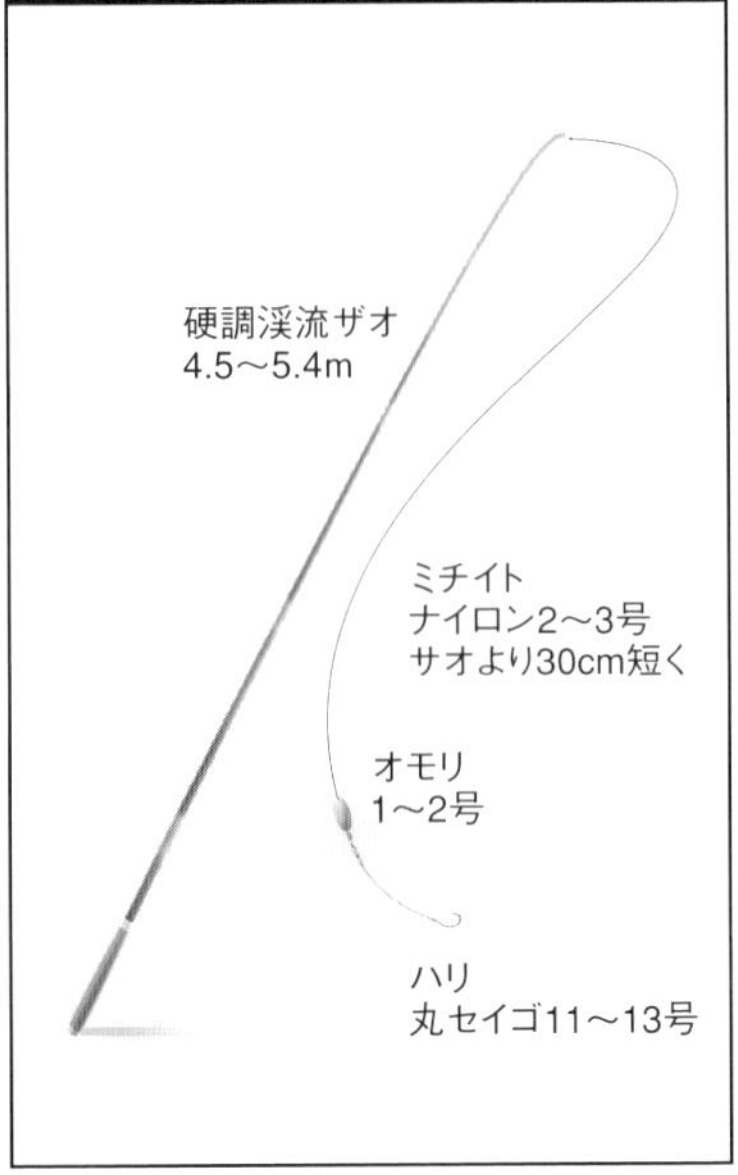

アイナメ

ルアー

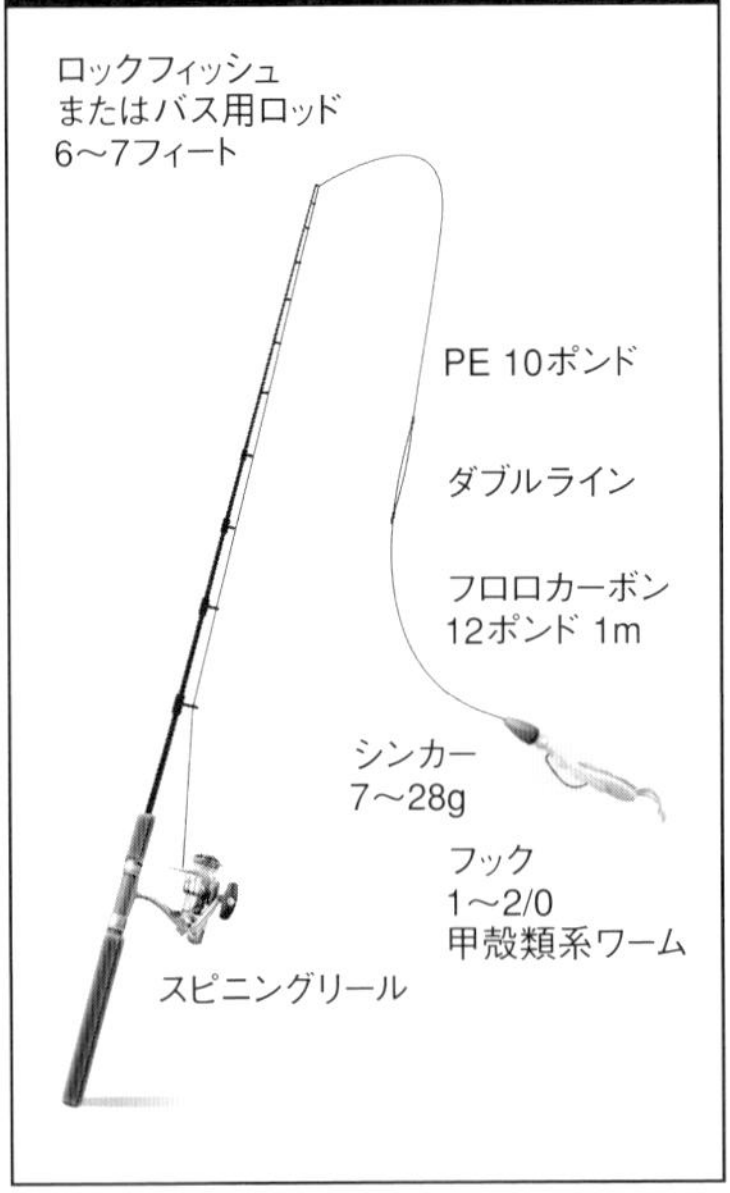

深場タックル

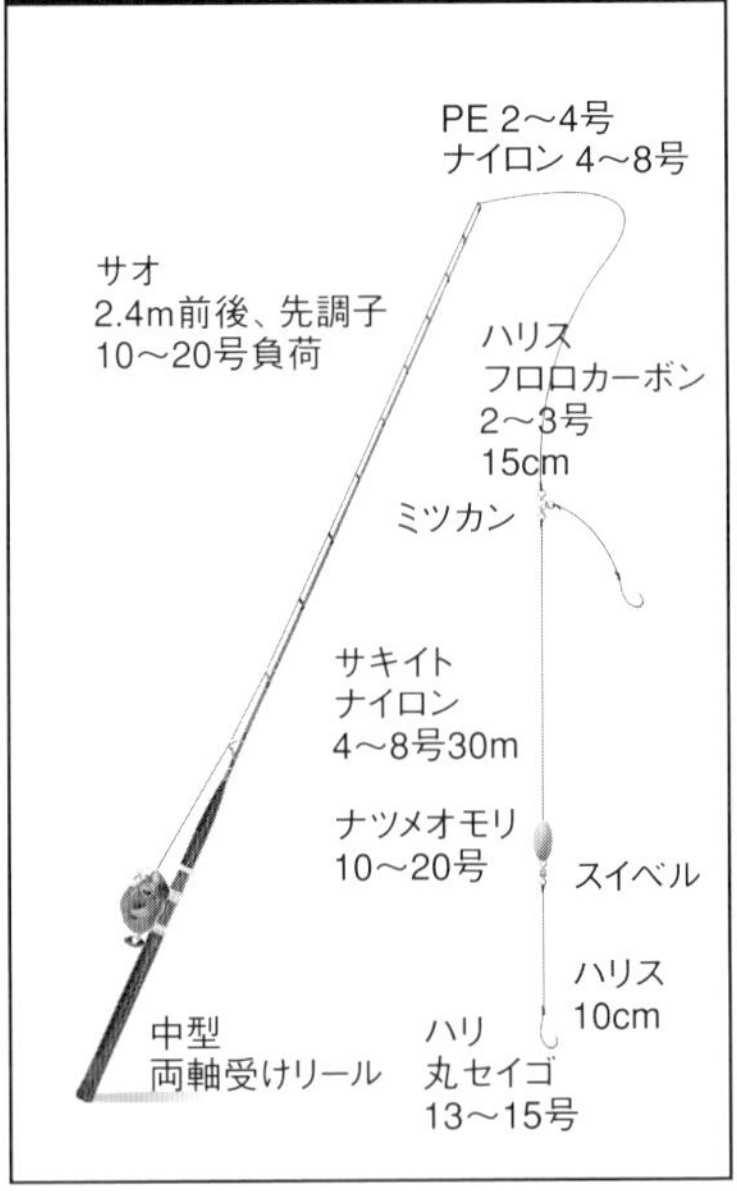

りを少しでも防ぎたいのならば、根離れのよいナイロンラインのほうが有利である。

エサ

エサは、アオイソメ、イワイソメ、魚の切り身、冷凍小エビ、冷凍キビナゴ、ドジョウなど。エサ取りが目立つ場合は、魚の切り身かドジョウが効果的。また、切り身エサはカサゴやメバルなどの外道が交じる可能性も高くなる。そして、イソメ類の場合はたっぷりとハリにエサ付けをしてアピール度を高めるのがコツですな。さらに、曇りの日や潮が濁っているようなときにはイカの切り身を使うといい。

エピソード

もう四半世紀前の話ですが、東京湾・観音崎近くの貸しボート釣り場で、師走の大雪のなかアイナメ釣りをしたことが忘れられない。今、思えばずいぶん風情のある釣りに感じられるが、そのときは寒さが先にたち、「なんでこんなクソ寒い日に釣りをしなければならないのか」なんてことしか考えていなかった。でも、ほかに2〜3隻のボートが見えて、「物好きはオイラだけじゃないのね」とも思っていたっけ。その日の釣果は記憶にないけれどボーズではなかったと思う。ボーズならば、さらにインパクトのある思い出になっていただろう。

ちなみに、そのときのタックルは4・5メートルのノベザオ1本。アノ頃は、岸近くでも十分アイナメと勝負ができたが、今となっては水深10メートル付近を探らないと良型は期待できない。それでも、横須賀周辺でアイナメを本命にしてしまうとボーズ覚悟の釣りになってしまうのは否めない。アイナメやカサゴのようなタイプの根魚はエサの近くにいれば比較的簡単に釣れてしまう。もしもこの先、釣況が復活したとしても、釣りすぎには十分注意しよう。

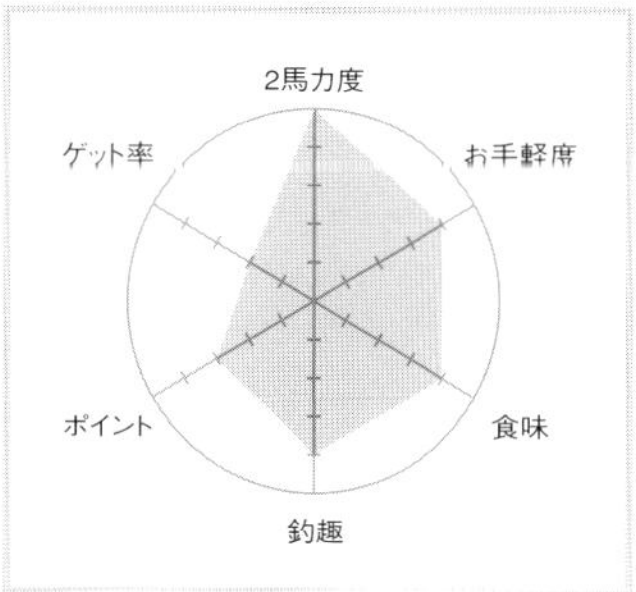

アオリイカ

ヒットの瞬間とプロセスを楽しむ

昔から釣り人に親しまれてきた釣りものアオリイカ。

スモールボートファンのなかにも、かなりのアオリ狂がいます。いわゆるエギンガー族ですな。まぁ、イカ墨でボートが汚れるのはお愛嬌。というか勲章ということで。

オシャレに釣れるアオリイカ

アオリイカは、昔から春と秋のシーズン中は根強いファンのいるターゲットだった。ただ、以前は堤防からのエギかウキ釣りがメインで、夜釣りだし、かなりマニアックでしたなァ。——が、タックルの進化でエギングの日中釣りが確立されたのと、泳がせ釣りのエサになる生きアジが手に入りやすくなったことで、10年ほ

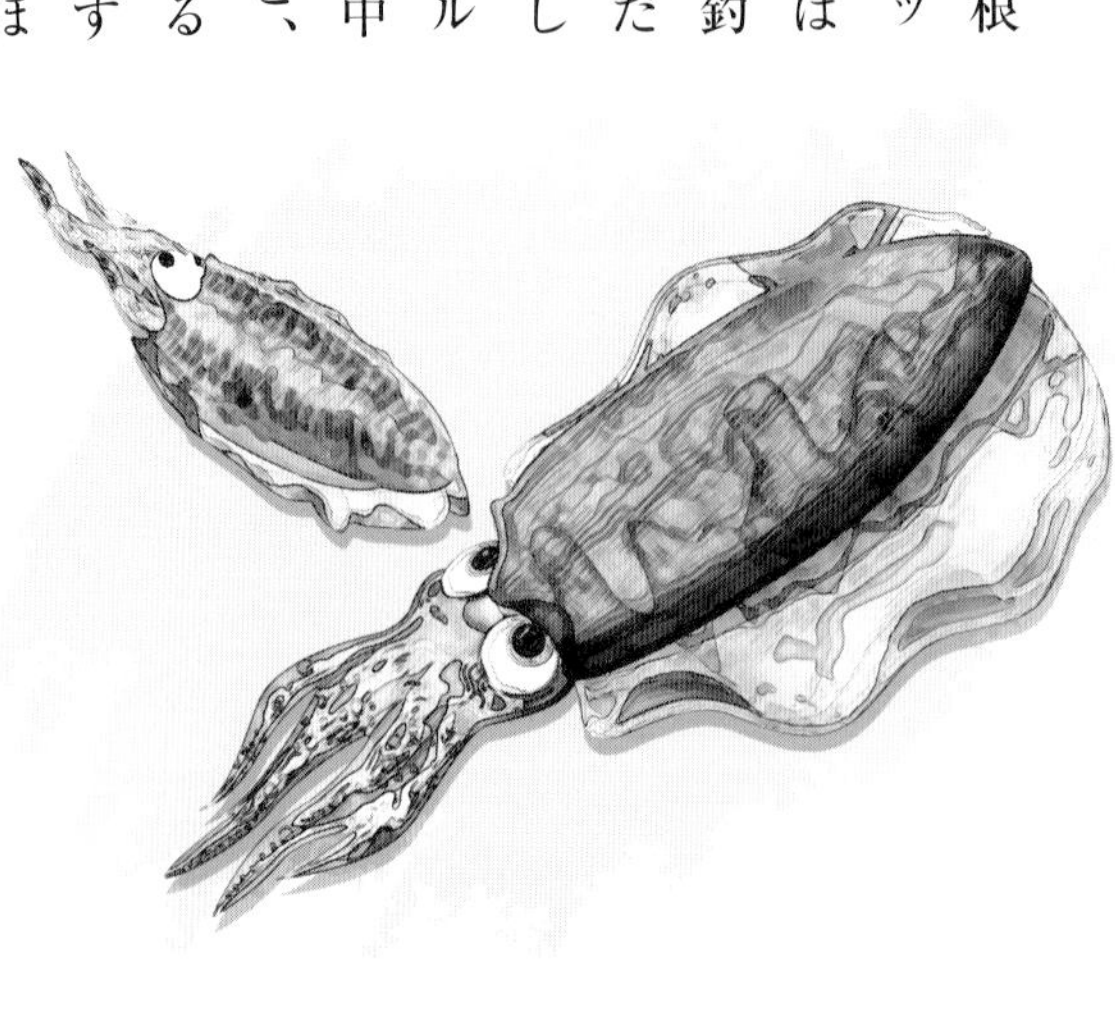

ど前から人気が沸騰してきた。同時に、ヤエン釣りの普及もひと役買っているかな？　どちらにせよ、ゲーム性が高い釣りで、ヒットさせるまでのプロセスが楽しくもまた悩ましい。それに、ライブワームを使わないエギングは、女の子でもオシャレに釣れる。もちろん、食べても超美味ですな。ちなみに、アナタはアオリイカの刺し身を、釣ってすぐに食べるのと、2～3日寝かせてから食べるのとどちらが好みですか？　オイラは両方です……。

生態

アオリイカは北海道南部以南の日本中に分布している。地方名は、バショウイカ、モイカ、ミズイカ、クツイカ、シロイカなど。漢字で書けば〝障泥《あおり》烏賊〟。イメージ的にはヒレの動きから〝煽烏賊〟の方が納得だけれど、体形が馬具の障泥（泥よけ）に似ているかららしい。

丸い胴とヒレの具合からコウイカ類に酷似するが、ヤリイカと同じツツイカ目に属しています。まあ、さばいたことのある人なら、コウイカ類の厚い石灰質の甲ではなく、ヤリイカのような透明な軟甲が体内にあるので、違いはすぐにわかりますよね。

それにしても、胴長50センチ、体重4キロ以上に成長するアオリイカが一年魚とは思えない。たった1年で、ホントにそこまで成長し、そのまま生涯を終えてしまうのだろうか。もしかしたら、産卵後も何年かしぶとく生き残る個体もいるのではないか。と思ったりもするが、そんな研究報告はないみたいだ。

体長10センチ頃の成長率が一番高いようで、1日に自重の70～100パーセント近くもエサを食べ、体長の1割くらい成長することもあるとか。そんなに食ったら普通は死ぬぞ。

アオリイカの産卵は4月頃から始まり、1匹が数回にわけて産卵する。なかには、2カ月にわたり10回以上産卵した個体もいるという。全体的に、産卵期の初めと終わりでは半年近いタイムラグがあり、秋に釣れるアオリイカの大きさのバラつきもうなずける。また、産卵に適しているのは17度で、14度以下になると生

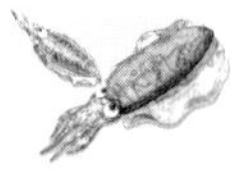

アオリイカ

きてはいけない。釣り人はこのへん要チェックですな。産卵場は岸近くの藻場がメインになる。

ところでアオリイカは、3種類に分類される方向にある。シロイカ、アカイカ、クロイカの三つ。

シロイカは、よく見られる一般的なアオリイカ。アカイカは、沖縄と四国の一部にいるアオリイカ。クロイカは、南西諸島から小笠原に分布するアオリイカ。

同じように、シロイカ、アカイカ、クワイカの3種に分別している魚河岸もある。こっちは、シロイカが九州から西日本産で大型の高価なアオリイカ。アカイカは、秋に東北方面から出荷される小型で比較的安価なアオリイカ。そしてクワイカは、コブシメ（イカの種類）に似た感じのアオリイカなので、南西諸島方面出身なのか。う〜ん、ホント魚類の判別は難儀ですな。それと、ほかのイカと混同しないように、せめてシロアオリイカとかアカアオリなんて感じにしてもらいたいですナ。

ポイント&釣期

アオリイカは地域によっては周年釣ることが可能。そのわけは、長期に何度かに分けて産卵してくれるおかげで、一年魚なのにハゼのような産卵後のブランクは無い。

とりあえず、ポイント図をご覧ください。もう、ポイントだらけですな。

砂浜沖のポイント①は見逃せない場所である。

釣り方は、キャスティングか泳がせ。水深は3メートルあれば十分。春から初夏にかけて、ねらい目の場所です。また、沖のポイントまで往復する際に、チョイとヨサゲなポイントを巡りながらのエギトローリングも楽しい。タックルは、エギシャクリ用でOK。春なら超スローで底を引くようにラインをいっぱい出すこと。春から初夏は怒涛《どとう》のシーズン。水温の上昇とともにビッグワンの活性も上がる。レコードサイズをねらうならこの時期

ポイント

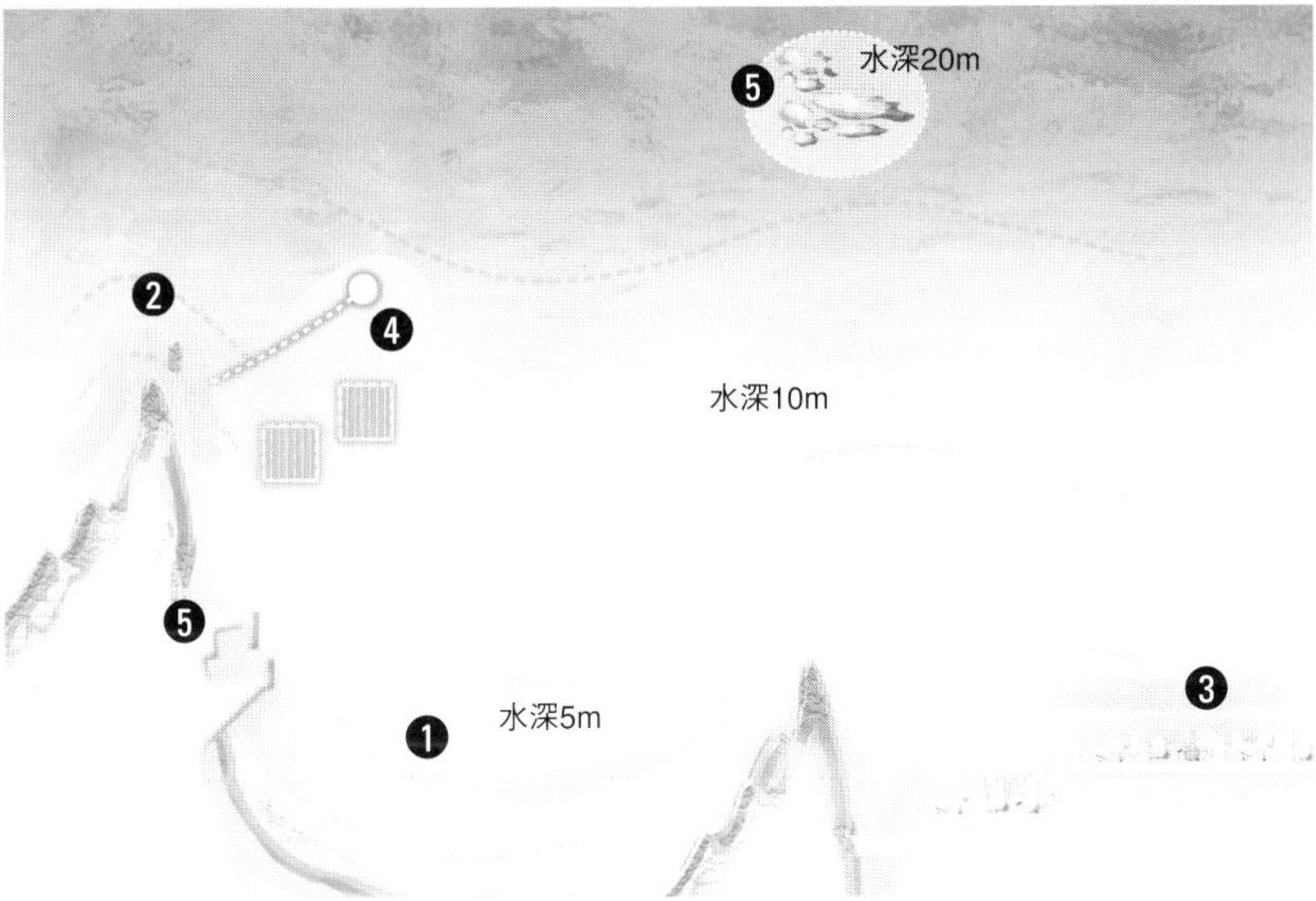

しかない。

潮通しのよい岬周辺②では、夏に藻の切れ目やシャローをキャスティングで。陸に釣り人がいれば、少し沖のカケアガリの岩礁をねらう。水深20メートルぐらいまでならキャスティング可能である。

③も、②と同様で、護岸際やテトラ脇から好ポイントの連続であるが、ライバルの多い場所でもある。④の定置網およびイケス周りのポイントは夏から秋が好機。泳がせかエギシャクリで。泳がせのウキ仕掛けは水深30メートルぐらいまでカバーできる。

秋はアオリの躍動の季節。産卵直後より確実に個体数は減っているだろうが、大中小入り交じって数釣りを満喫できる。それに、エギ、泳がせともに、思わぬ外道がヒットしてビックリすることも。イカやタコ、さらにはヒラメや青もののフィッシュイーターたちも参戦する。

沖の根⑤は秋から春にかけて低水温期の釣り場。水深次第で、エギシャクリ、泳がせ、ディープエギング、なんでもアリですぞ。数は出ないがヒ

ットすれば大物間違いなし！と信じてロッドを振り続けるベシ。

釣り方

アオリイカの釣り方は、エギのキャスティング、エギシャクリ、泳がせ釣りの三つが主流。ほかにもあるだろうが、都合上（よく知らないから）省略します。あと、ヤエンも魅惑的な釣り方ですが、不安定なボートからではなかなか難しい。何度か手漕ぎボートでチャレンジしたが、いまだヒットには至らず。アタリが多いだけに頭が暴発しそうになり、ただいまお休み中。機会があれば再チャレンジして結果を出したいですな。

キャスティング

手っ取り早くアオリイカをゲットするならエギに勝るものはない。ただし、エギングはゲーム性が高いだけにテクニックも要求される。ボートからの釣りでは、どうしてもエギが縦方向のアクションになりがちなので、フォール中から横方向のアクションをイメージするのがコツ。大物ほど海底近くを回遊していることが多い。藻や岩のテンションを感じるくらいゴリゴリ底を這わせよう。

逆に磯際や堤防の近くでは、ベイトに誘われて上ずっている可能性が高く、かなり上のレンジでアタックしてくる場合もある。どちらにせよ、フォー

キャスティング

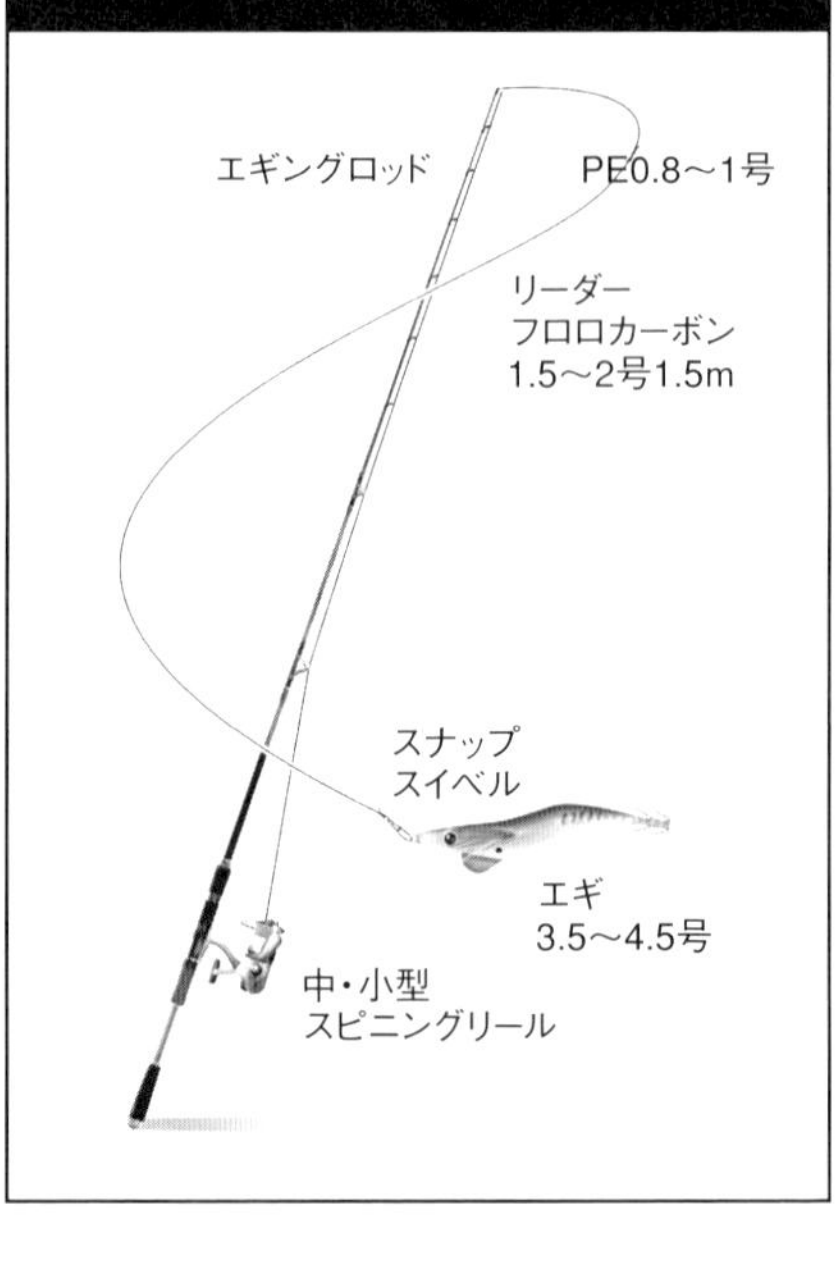

ル中のヒット率も高い。

ちょいと深いポイントや、潮や風が強くてボートの流れるスピードが速いときは、テク的には難しくなるが釣りどきでもある。ボートがいい感じに流せるようにし、エギをキャストしたら、「ラインを出してボトムをとり、ポーズしてラインが張ったら二段シャクリ。そして、再びラインを出してエギを沈める」の繰り返し。オフショアボートエギングのコツは「春遅く、秋速く」ですな。

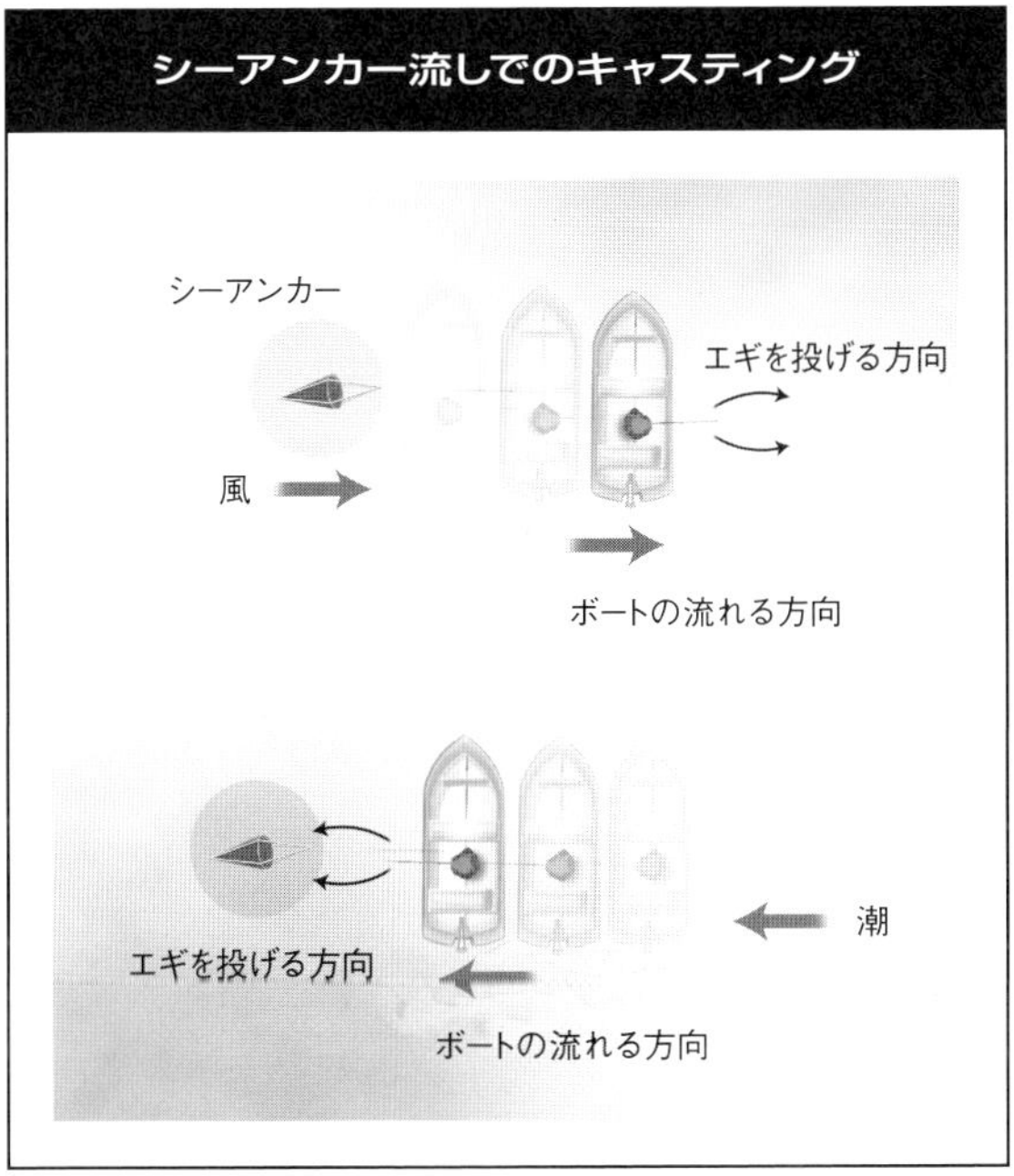

エギシャクリ

エギシャクリは、浅場を攻めるボート釣りでは、ひと昔前の釣法といったところか。それでも、水深が深くて潮流が複雑な沖の根や島周りでは効果的。

コツは、ハリスが何秒で伸びきるか指折り数えて時間を把握すること。軽くサオを立ててエギのテンションを感じられれば、ハリスが張っている証拠。ハリスが伸びていない状態でいくらシャクっても無意味ですな。

また、何度かシャクリを続けた後は、タナ取りをし直すこと。そのときは、一度エギを数メートル上げてからゆっくりと下ろすのがよろしい。「ココにエサがいますよ」なんて、遠くにいるアオリにアピールするのです。

泳がせ釣り

いささかテクニックが必要なエギングに対して、イカ専用の仕掛けを利用した泳がせ釣りは、エサま

アオリイカ

エギのシャクり方

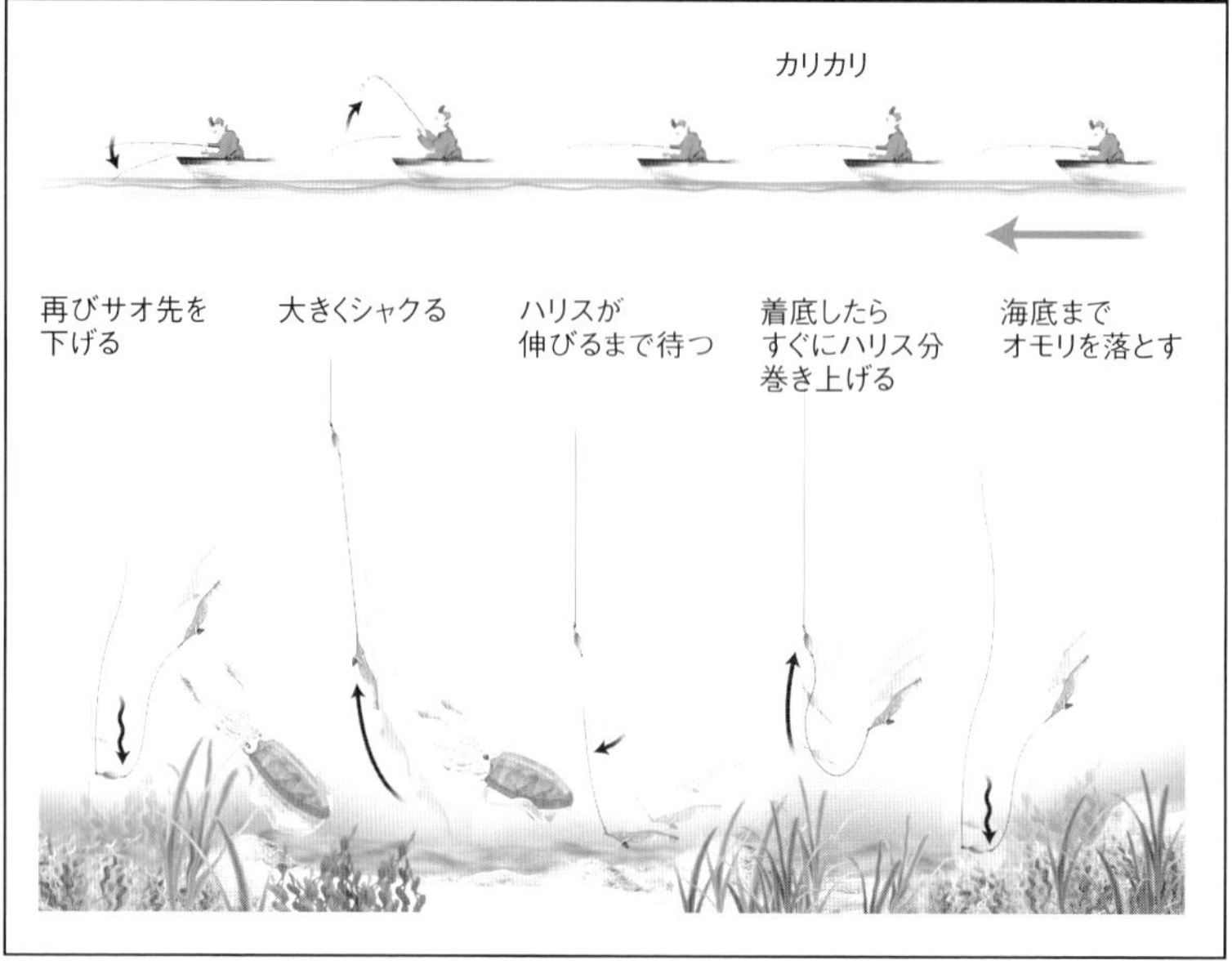

かせの比較的ラクな釣法です。早い話が、ビギナーでもモンスターアオリに出合える可能性がとても高い。とはいうものの、生きたアジを元気のいいまま、ヒットゾーンに送り届ける最低限のテクは必要です。それはまあ、それほど難しいものではありませんがね。問題はヒットしてからだ。とにかく、遅アワ

エギシャクリ

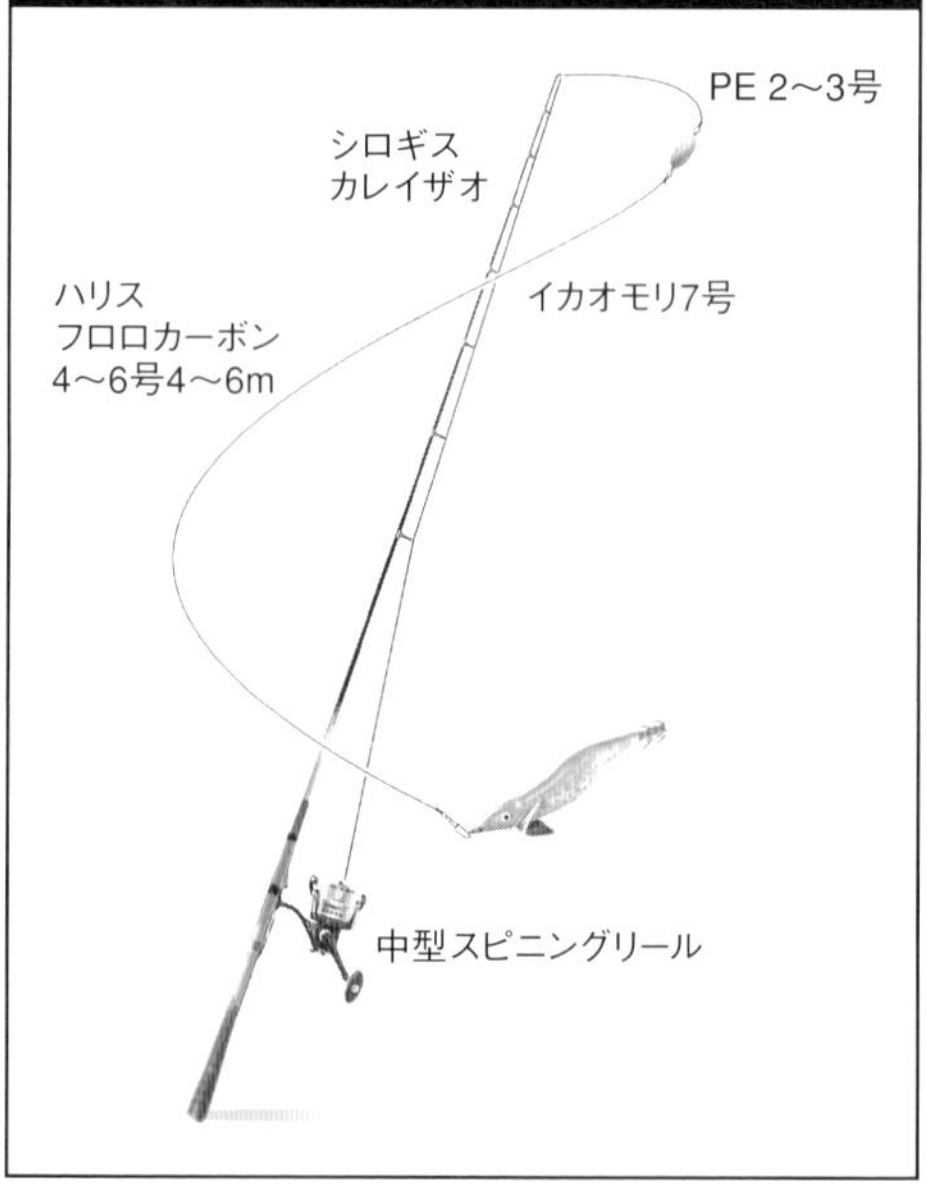

セがセオリー。かといって、待ちすぎるといろいろなトラブルの元になる。それに、泳がせ釣りでもアワセを忘れないように。

釣り方として、アンカリングのウキ仕掛けと、流し釣りのドウヅキ及び片テンビン仕掛けがある。どちらも、ほかの釣りとのコラボが可能。ヘタな鉄砲も数撃ちゃ当たる的な香りが濃厚ですが……。

たとえば、アンカリングでアジを釣っているなら、黙って釣れたアジをエサにウキ泳がせ釣りを。

また、流し釣りでシロギスを狙うときは、ドウヅキか片テンビンに釣ったシロギスをエサにする。メゴチより白く輝くシロギスのほうが断然アオリイカのエサにむいている。

たとえば、シロギス釣りにお約束のマゴチ釣りで、エサにイカマーク（イカがかじった跡）が付くようなときはビッグチャンス。大当たりモード突入確実ですぞ。

余談ですが、正直言ってアオリイカ釣りでは悲しい思いをしたことは山ほどある。なかでも、推定3キロクラス？（釣り人ですからあくまでも推定です）を引き寄せ。さあランディングというときに、スイベルがぶち切れたときはイタかったなぁ。

ボート釣りの定番ターゲットになったアオリイカ。エギングでビシバシいくか、それとも、エサ釣りでしびれてみるか――。

ウキ泳がせ

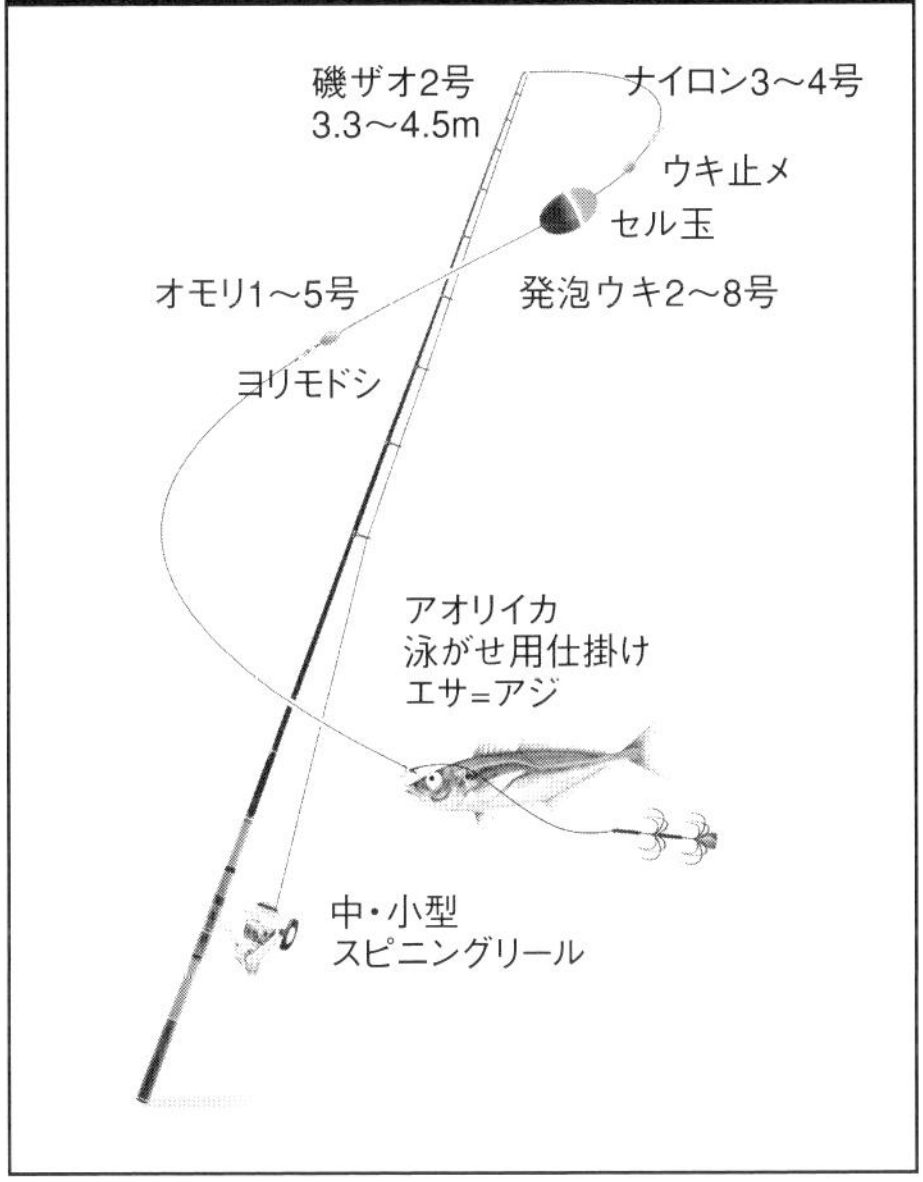

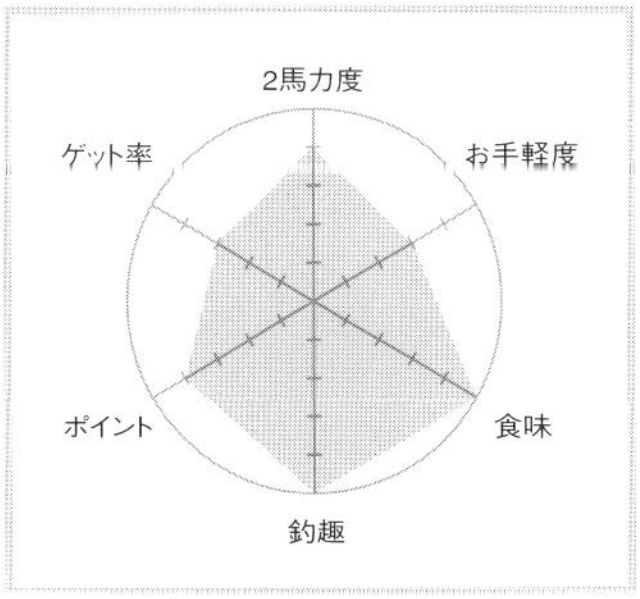

アジ

ビギナー向きだが、釣趣の深さは格別だ

沖釣りでは定番のアジ。食べて味がいいからアジという名前が付いた――なんて説があるくらい、一般的でしかも美味な魚。刺し身に塩焼きに、ナメローも捨てがたいし、たまにはヒラキでも作るかな……と、釣りに行く前から食欲暴走。そして、時期を間違えなければボーズ率の低い釣りでもある。釣りすぎてしまって近所に配っても、アジならイヤな顔をされることはなさそうだし……。

アジはアジでも

マアジには近縁種が多く、慣れないと見分けにくいニセモノがゾロゾロいる。その代表格がメアジやマルアジ。

簡単な判別法は、アジの大きな特徴である体の

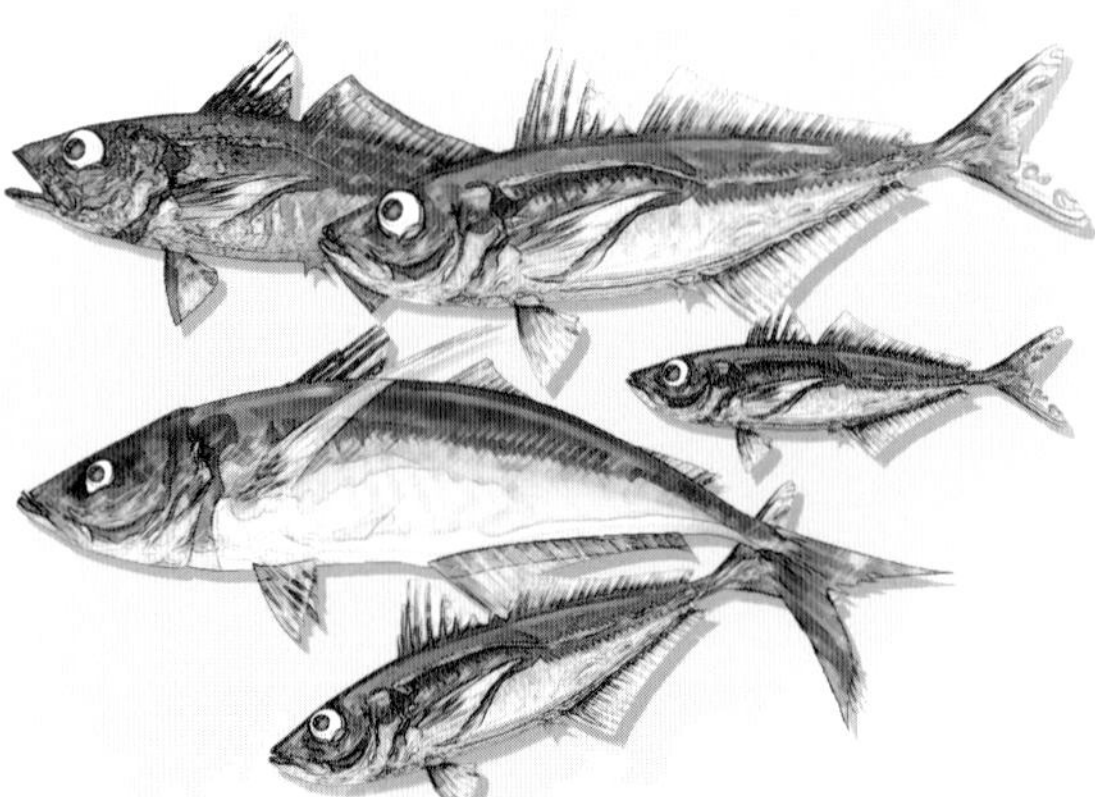

両サイドの側線部分にあるゼイゴが、尾ビレの付け根からエラの近くまで延びていればマアジ。ほかのアジ族には長いゼイゴはない。

　たとえば、体の後半部分にしかゼイゴがなく、目が大きければメアジ。同じくゼイゴが後半だけで、背ビレと尾ビレとの間にサケ属にある脂ビレのような突起（小離鰭《しょうりき》）があればマルアジ（アオアジ）。ついでに、尾ビレが赤ければアカアジ。

　もうこのへんになればマアジとの区別は簡単につく。さらに、突起があり体形が細長ければムロアジ属だ。ムロアジにもオアカムロなどイロイロいますナ。ほかにも、ギンガメアジ属や、ブリ、ヒラマサ、カンパチ、ツムブリたちも同属。なんせ、大元はスズキ目だからお仲間は多いのだ。

　ところで、マアジでも、釣り人はキアジ（キンアジ）とクロアジ（ノドグロ）に分ける。キアジは体高があり、脂がのっている。それに対して、クロアジは、若干スマートで背中が黒く、深場にいるものは口、ノド、腹の中が黒くなっている。

　この差は、生活環境とエサの違いなのか、それとも、別種なのか。キアジは居着きで、クロアジは回遊型だと思いますが……。

ポイントの選び方

　スモールボートだって、時期とポイントを選べばアジを周年釣ることが可能だ。

　関東周辺でもっとも有力なのは外房エリア。伊豆方面にも好ポイントはあるが、マルアジ（アオアジ）の群れに突っ込む可能性が高く要注意。ん？　おかしいな、と、感じたら、背ビレと尾ビレとの間にある突起をチェックしよう。まぁ、マアジにこだわらなければ何の問題もないけれどネ。もちろん、東京湾内でもマアジはバリバリ釣れますヨ。

　イチオシポイントは、やはり沖にある単独根①。小さな湾内にある根も同様にねらいどころだ。ちなみに、スクールフィッシュ（群れを作る魚）は1匹釣れれば、2匹3匹と連チャンモードに突入する可能性が高いが、釣れないとサッパリ。それに、群れによる相性もあるようで、アジは、サバ、イワシとは混泳するが、メバルとは険悪な関係みたいだ。最初にメバルが釣れたら、そのポイントは

アジ

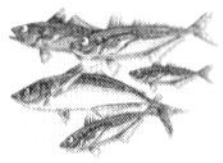

あきらめたほうがイイかもしれない。

　また、定置網や養殖イケス周りも有望スポット。ただし、係留禁止や接近禁止などのローカルルールがあるので注意したい。

　磯際のカケアガリ②や堤防の近くも見逃せない。夏から秋にかけて小型のアジ（ジンタやマメアジ）が回遊してきて、サビキ仕掛けで釣ればゾロ〜リと鈴なり状態。手軽に釣れるのでビギナーやチビッコに最適。数釣りを楽しもう。

　また、埋め立て地の沖③も海底が岩礁帯ならばアジポイント。魚探で海底に起伏のある場所を探してアンカリング。さらに、岩礁が広ければ、釣ったアジをエサにヒラメやマゴチをねらう流し釣りが効果的なエリアである。

タックル&仕掛け

　アジ釣りの場合、大抵はコマセ釣りになるので、ヒシャクやバケツなどのアイテムが必要になる。シロギス釣りなどのエサ釣りに比べると、用意するものが多く重量的にも大変だ。余計なものはボートに持ち込まないようにしたい。

　しかし、グローブは真夏でも必需品。当たれば数釣りとなるアジ釣りは、暴れるアジを素手でつかみ続けていると、ゼイゴで小指の下の部分が傷だらけになってしまう。これがまた、けっこう痛い！　のだ。

サビキ仕掛け

　中〜小サイズのアジならサビキ釣りが簡単で手っ取り早い。サビキ仕掛けは魚皮やフラッシュなど、さまざまな種類が市販されているが、サビキによる釣果の差は大きい。かといって、何種類も準備するのは大変だ。釣り具店で、アタリサビキの種類と大きさを聞いて購入すれば簡単。ただ、予備は多めに用意すること。これに失敗すると、隣のボートは入れパク、コッチはヒマ！　なんて悲しい事態に陥ることもあるゾ。

ビシ仕掛け

　中アジ以上をねらうな

ポイント

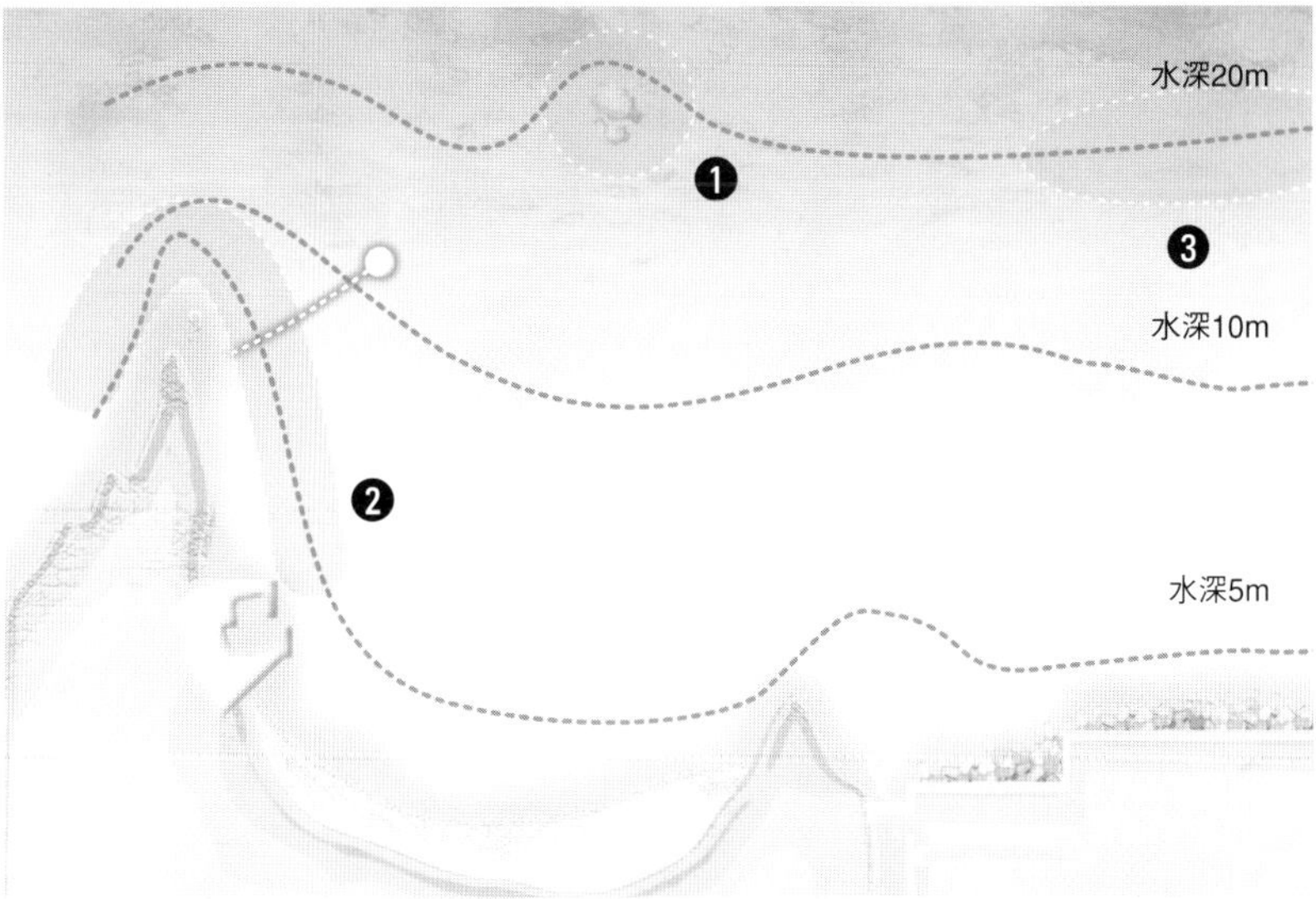

サビキ仕掛け、ウキ（浅場）仕掛け

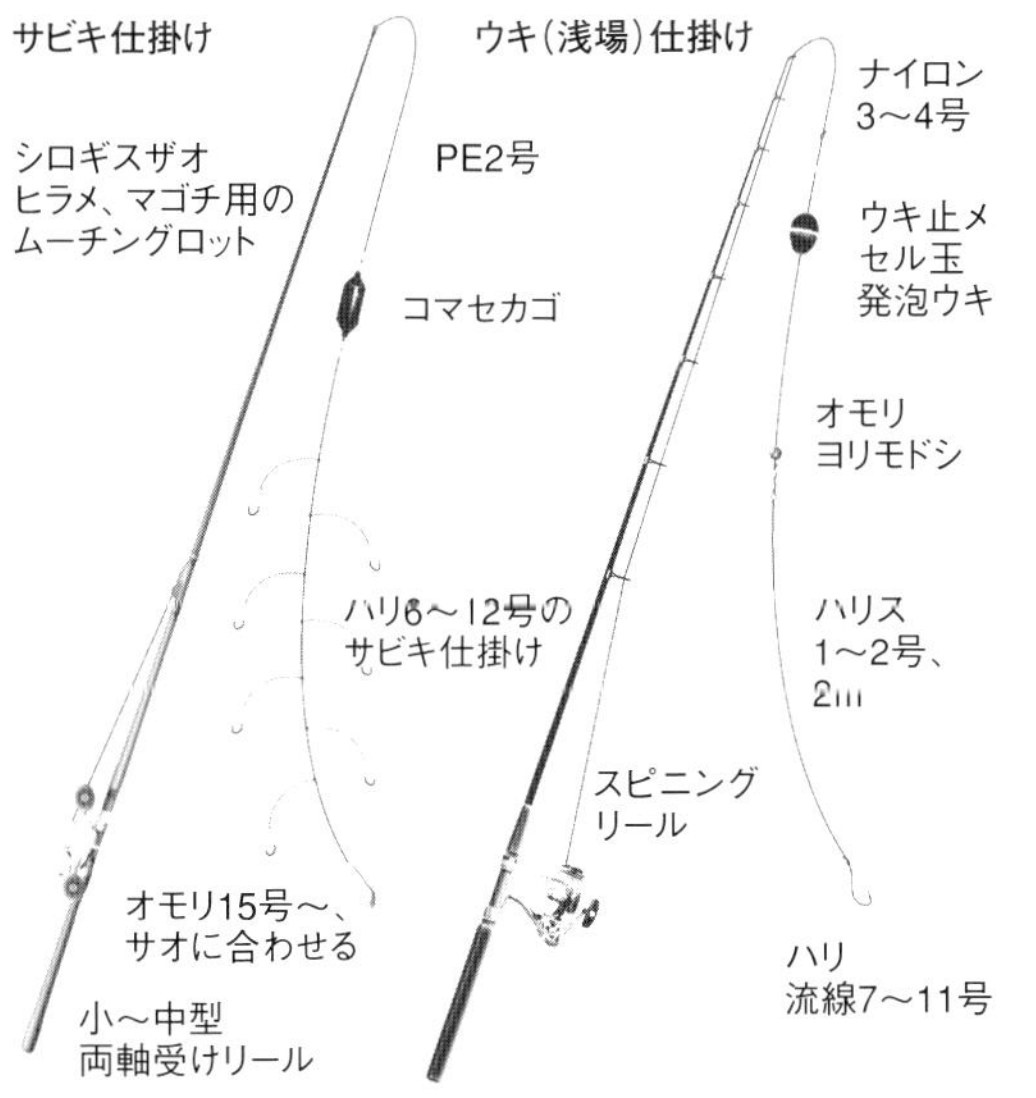

らビシ仕掛けが断然有利。また、たとえ小アジがメインの釣りでも、アタリが少ないときは食い渋り対策として効果的。サビキ仕掛けよりも付けエサがコマセの煙幕にしっかりとシンクロするからネ。ただし、警戒心の強い大アジを油断させる細くて長い仕掛けは、ハリスが傷みやすい。傷んだ仕掛け

ではアジの食いに差がつくので、仕掛けがよじれてきたら早めに交換を。

ウキ仕掛け

ウキ仕掛けでのカゴ釣りは、アンカリングをしていても広い範囲をカバーすることが可能で、平坦な岩礁帯などで効果を発揮する釣り方だ。

タックルとしては、浅場ならば陸っぱり用の磯ザオタックルでも可。ただし、4・5メートル以下のサオのほうがボート内では扱いやすい。また、水深20メートル以上のポイントでは30号以上のオモリとウキを使うが、重い仕掛けにはマダイやヒラメ用のムーチングロッドがピッタシ。サオが長いので長ハリスにも対応できるしネ。

ウキフカセタイプ

もう一つが、コマセを別に投入するウキフカセタイプ。水深5メートル未満の磯際や、防波堤の近くで群泳する中〜大アジを発見したら、ぜひお試しあれ。ライトタックルで釣るアジは最高。もし、水深2〜3メートルで良型アジを釣ることができれば、迷わず渓流ザオの固定ウキタックルを。アジのヒキをジャマするような余計なものがないシンプル仕掛けはシビレますゾ。

ルアーとビシ

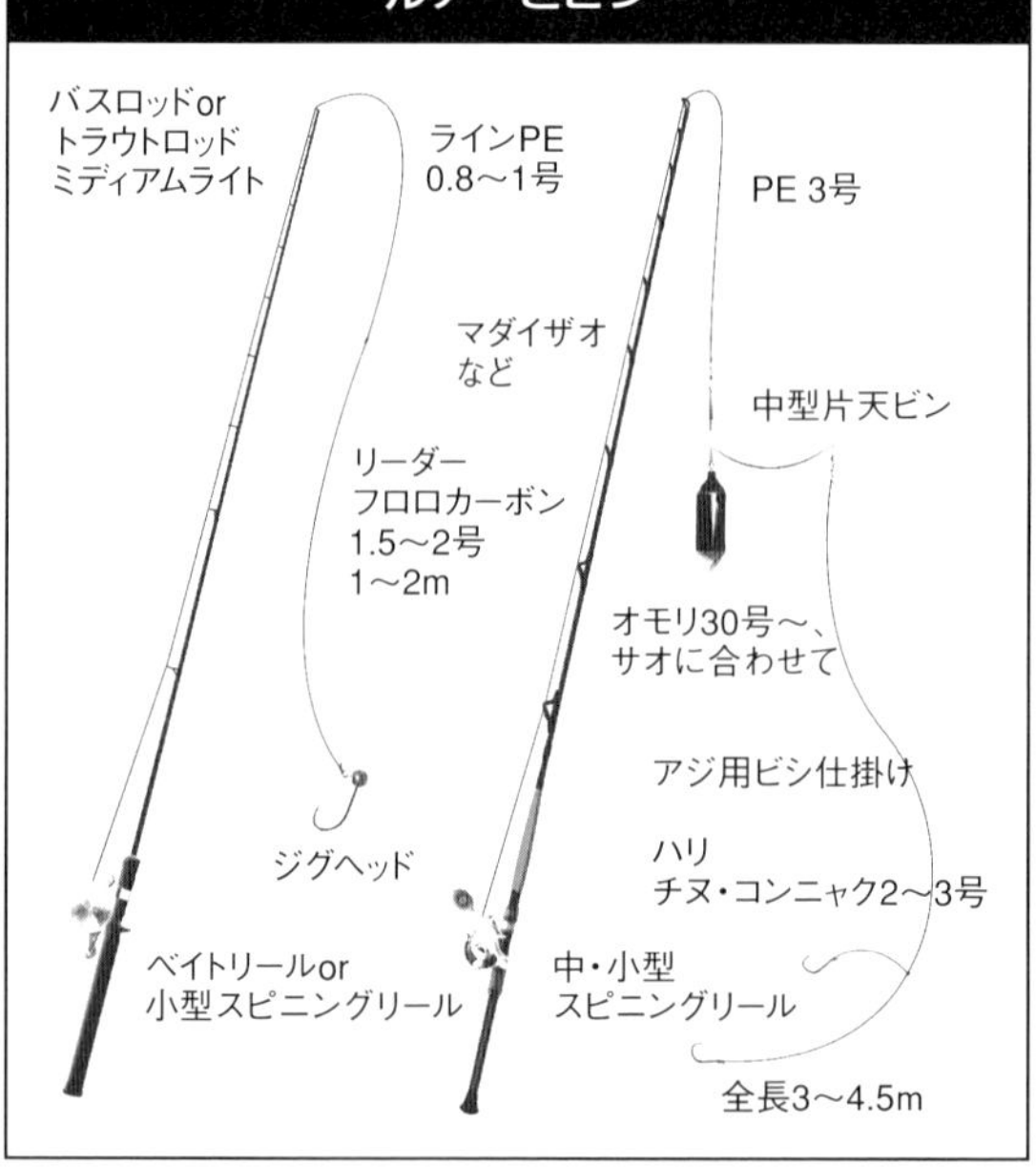

釣り方&エサ

サビキ釣りは、着底後シャクリ上げながらタナを探す。浅場のアジは底近くにいるので、ベタ底から釣り始めるのが基本。また、サビキのハリにオキアミやイソメを付けるとアジのヒット率がアップする。しかし、エサ付きサビキは、場所によって根魚ばかり釣れてしまうこともある。根魚でもカサゴやメバルならいいが、ベラ類ばかりじゃ遠慮したい。ハリスも傷むことだし……。

一方、ビシ釣りは、水深にもよるが海底から2～5メートルをねらう。たとえば、海底から2メートルを探るなら(仕掛け長3メートルの場合)、着底後に3メートル上げてからコマセを振り、さらに2メートル巻き上げてアタリを待つ。これを2回ほど繰り返しても当たらなければ、回収して最初からやりなおし。また、食いが渋い場合は、海底から仕掛けの長さ分だけ上げた高さから、シロギス釣りのように少しずつゆっくりとサビきながら、誘いをかけるように数メートル上まで探り上げる。誘いのタイミングは、同じ釣り場でも日によって違う。多くの引き出しを持っているベテランにはかないませんな。そして、釣るうちに次第にタナが上ずってくる。アタリが遠くなったらタナを上げてみよう。大型ほどタナの上部にいる可能性が高いゾ。

ビシ仕掛けの付けエサは、小さく切ったイソメ、マメタン(イカを5ミリ角に切り赤く染めたもの)、オキアミなどさまざま。イカの塩辛を小さく切って使う人もいる。

ルアー釣り

コマセ釣り以外の釣り方はルアー。小さなジグへ

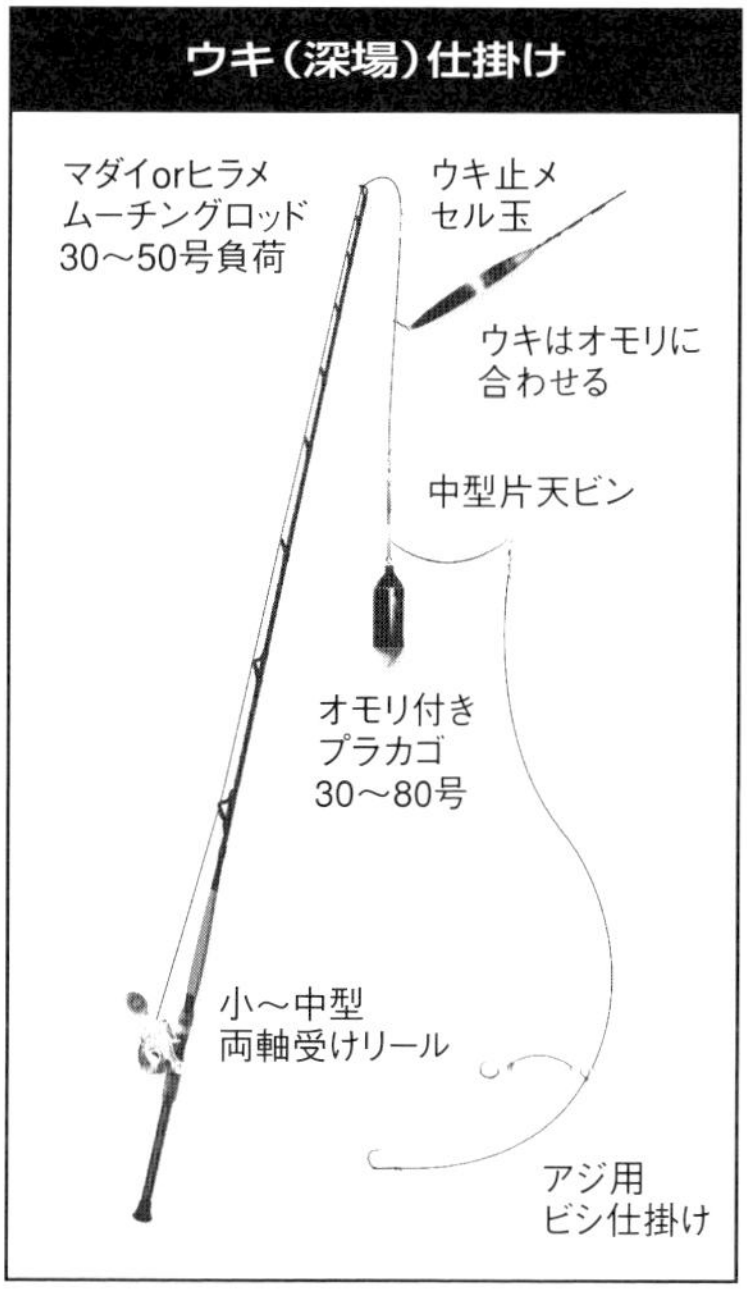

コマセ釣り併用ルアー

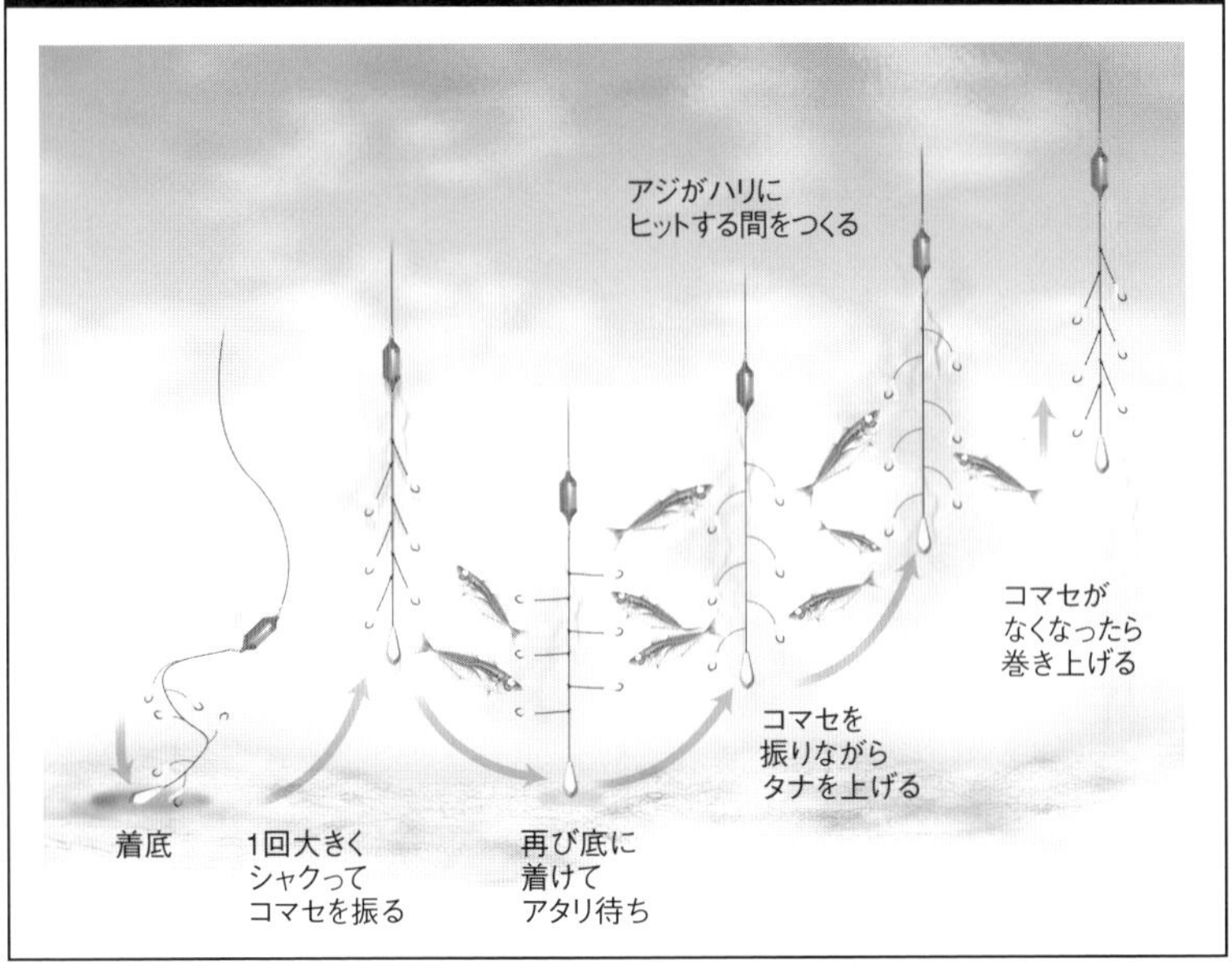
アジがハリに
ヒットする間をつくる
コマセが
なくなったら
巻き上げる
コマセを
振りながら
タナを上げる
着底
1回大きく
シャクって
コマセを振る
再び底に
着けて
アタリ待ち

ビシ釣り(ハリス3mで底から2mのタナをねらう場合)

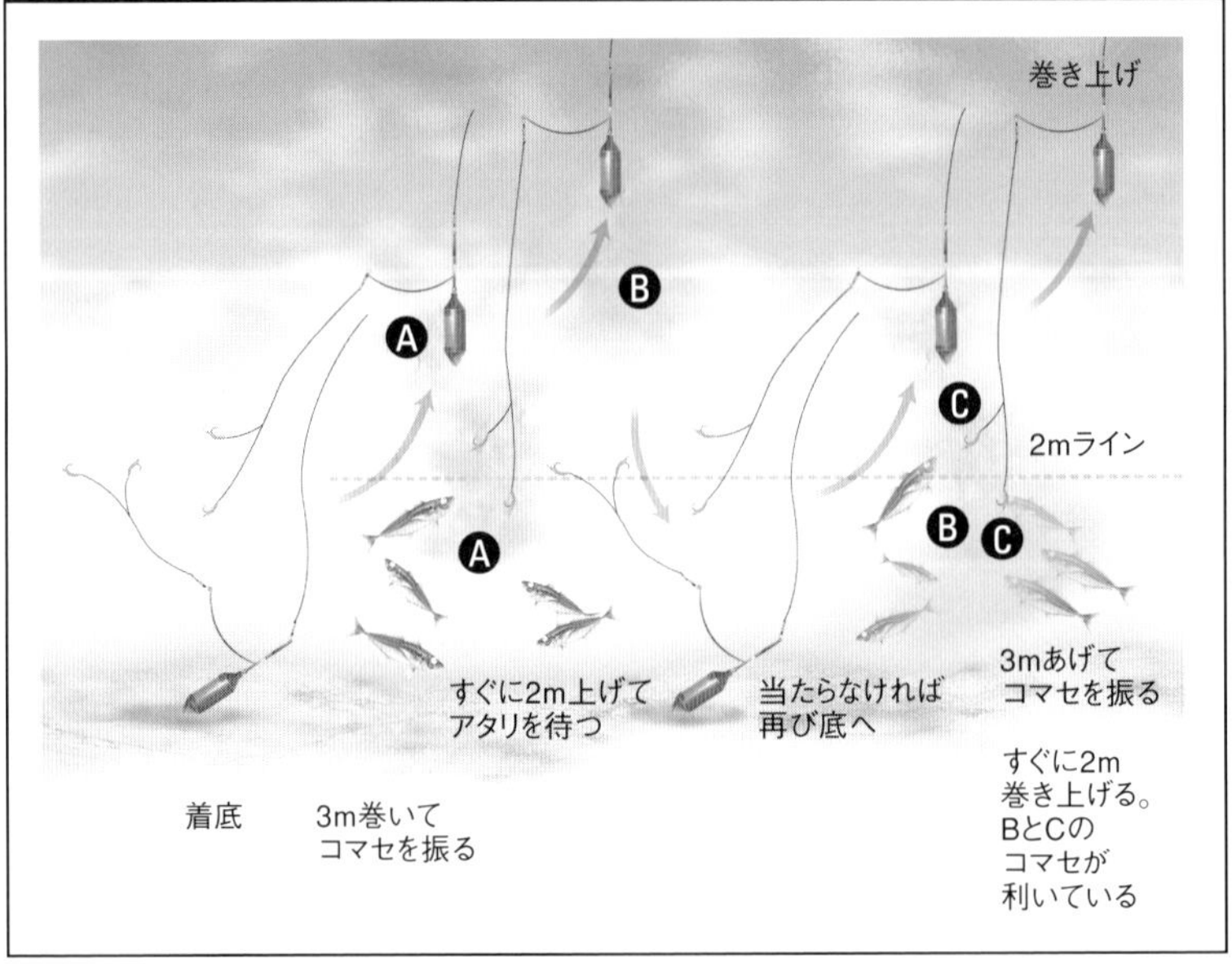
巻き上げ
B
A
C
2mライン
B
C
A
3mあげて
コマセを振る
すぐに2m上げて
アタリを待つ
当たらなければ
再び底へ
すぐに2m
巻き上げる。
BとCの
コマセが
利いている
着底
3m巻いて
コマセを振る

ッド＋ワームでのキャスティングゲームだ。アジのヒキは想像以上に強くてシャープだから、ライトタックルでやり取りできるルアー釣りはかなり楽しいゾ。

　タックルは、ミディアムライトクラスのバスロッドかトラウトロッド。長さは6~7フィートのものを。たまに、ジグヘッドへワームの代わりにイカの短冊を付けたりするが、こうなるとルアーというよりもエサ釣り感覚ですナ。

　ヒットするのは、ルアーアクションを止めたときやフォール中の確率が高い。従って、着底後に一度シャクってルアーをアピールさせてから、少しずつタナを上げながらヒットレンジを探す。あるいは、魚探などでタナが分かっていれば、着底後に、ルアーをスローリトリーブでタナまで上げてから周辺を集中攻撃。

アジが釣れたら…

　釣ったアジは、30センチ以上の大物でない限り血抜きや神経締めの必要はない。しかし、イケスやバケツに泳がせておくのはダメ！　生きているうちに海水と氷の入ったクーラーに入れて氷締めにするのが一番。持ち帰って食べたときの味が断然違う。

　アジが釣れたら是非チャレンジしてもらいたいのが、活きたアジをエサにした〝泳がせ釣り〟である。ヒラメ、カンパチ、ブリ族、ハタ、ホウボウなどがサオをしならせる。従って、イケスに泳がせておくのはエサ用のアジだけ。数匹泳がせておけば十分です。

　泳がせ釣りのターゲットは、ヒラメ、マゴチ、カサゴ、スズキ、アオリイカなど、いずれ劣らぬ高級魚ばかり。泳がせ釣りを専門にするなら流し釣りのほうが有利だが、アンカリングでも大丈夫。コマセに群がるアジの外側には、大型のフィッシュイーターが目を光らせている。コマセ釣りをしているときでも、ダメモトで〝泳がせ釣り用のサオを1本出しておこう。できれば、オマツリせずにより効率よく広い範囲をカバーできるウキ仕掛けが、オススメですな。

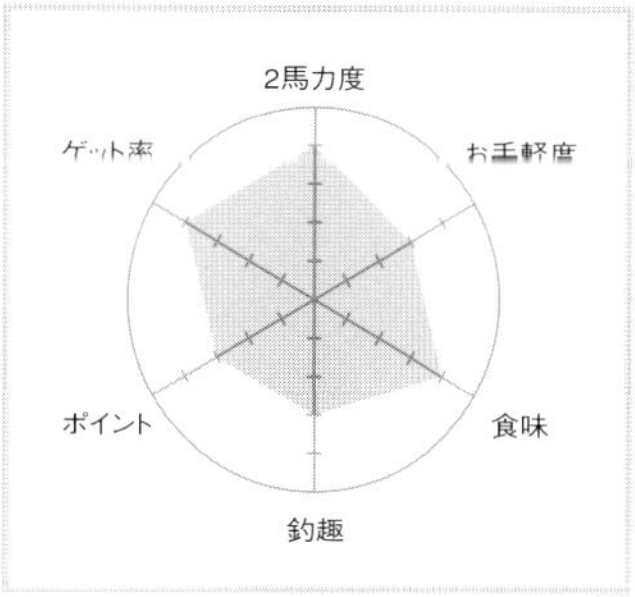

旬の魚を狙え！

春 夏 秋 冬

11月—1月

アマダイ

寒いから、じっくり狙いたいターゲット

寒風の中を一日粘って1~2匹。懸命に釣ってもボーズ率がメッチャ高いアマダイ釣り。それでもファンは血眼で追う。その理由はなんだろう。スモールボートオーナーにもアマダイフリークは多い。

はっきり言って、私もそのひとり。なんといっても、コマセを使わないエサ釣りでじっくり狙えるのが好きなのだ。

アマダイ雑学事典

ご存じのとおり、アマダイにはシロアマダイ、アカアマダイ、キアマダイの3種類がいる。ほかにも同種は存在するが、この3種類がメインになる。そのなかのシロアマダイは型、味ともに別格である。関東では幻の魚といってもいいほど数が少なく、釣れて

いるのはほとんどがアカアマダイだ。そんなわけで、シロアマダイの良型が関東で獲れると、とんでもない高値が付く。50センチオーバーの釣りものの末端価格が、２万円を超えたこともあったらしい。

念のため、３種の判別法。シロアマダイは、魚体が全体的に白っぽく、ブヨッとした感じ。50センチ以上になり、目の周りに斑紋などの特徴になるものがない。尾ビレに黄色の横縞がある。アカアマダイよりも浅い場所を好む。

アカアマダイは最大40センチほどになり、水深30〜１５０メートルくらいがポイント。目の下に逆三角形の白い模様があり、頬にウロコがない。尾ビレに数本の縦縞がある。

ちなみに、魚の場合は頭から尾ビレ方向に走るのが縦縞で、背ビレから腹ビレへ上下に延びるのが横縞です。

キアマダイは、アカアマダイに酷似しているが、アカアマダイよりも深い場所を好み、水深１５０〜３００メートルをすみかにする。背ビレと尾ビレが黄色っぽく、尾ビレの下葉に黄色い斑点があり、目から口にかけて白い線が走る。

アマダイは、関東以南の太平洋、日本海、東シナ海にかけて、種類により水深30〜３００メートルが生息域。寿命は５〜６年といわれている。

アマダイを漢字にすると「甘鯛」が一般的ですが、「尼鯛」の当て字もあるとか。アマダイの頭部が頬かぶりした尼さんに似ているからだ…。と言われてもなァ。どちらかといえば、寸詰まりの馬面ですヨ。なんて思っていたら、山口方面ではバトウと呼ぶらしい。さらに、中国の広東語でも馬頭と書くようだ。

各地の呼び名は、関西のグジ、静岡のオキツダイは有名ですが、ほかにコビリ、コビル、タジ、クズナなどなどあり。クズナは「屈頭角」と書き、グジの語源である。

釣期

アマダイは一年中ポツポツと釣れる魚である。産卵期もほかの魚ほど一カ所に集中しないので、それほど釣りやすくなるワケでもない。やはり、産卵後の体力回復を図る秋から冬が旬といっていい。とくに、冬は釣りものが少ない時期ですから、まことにあ

りがたいターゲットですな。

話はかなりスッ飛びますが、アマダイ釣りが好きな理由がもうひとつありました。それは、外道のにぎやかなこと。こだわる人は外道を嫌うかもしれませんが、オイラは「来るものは拒まず」でゼンゼン気にしません。むしろ大歓迎。もちろん、本命も釣れてくれないと困りますが……。

とにかく、アマダイ釣りの外道は美味系の魚が多い。オニカサゴ、カイワリ、キダイを筆頭にホウボウ、トラギス、ヒメコダイなどなど。目付きの悪いヒメコダイだって、手をかければそれなりの料理になる。しかし、アノ目付きでヒメコダイなんて美しげな名前は似合いませんな。どうせ、あやかりダイ的な名前を付けるのならば、メンチダイとかガンダイのほうが分かりやすいゾ。

ポイント

アマダイのポイントをひとことで言えば沖の砂地。比較的浅場にもいるシロア

ポイント

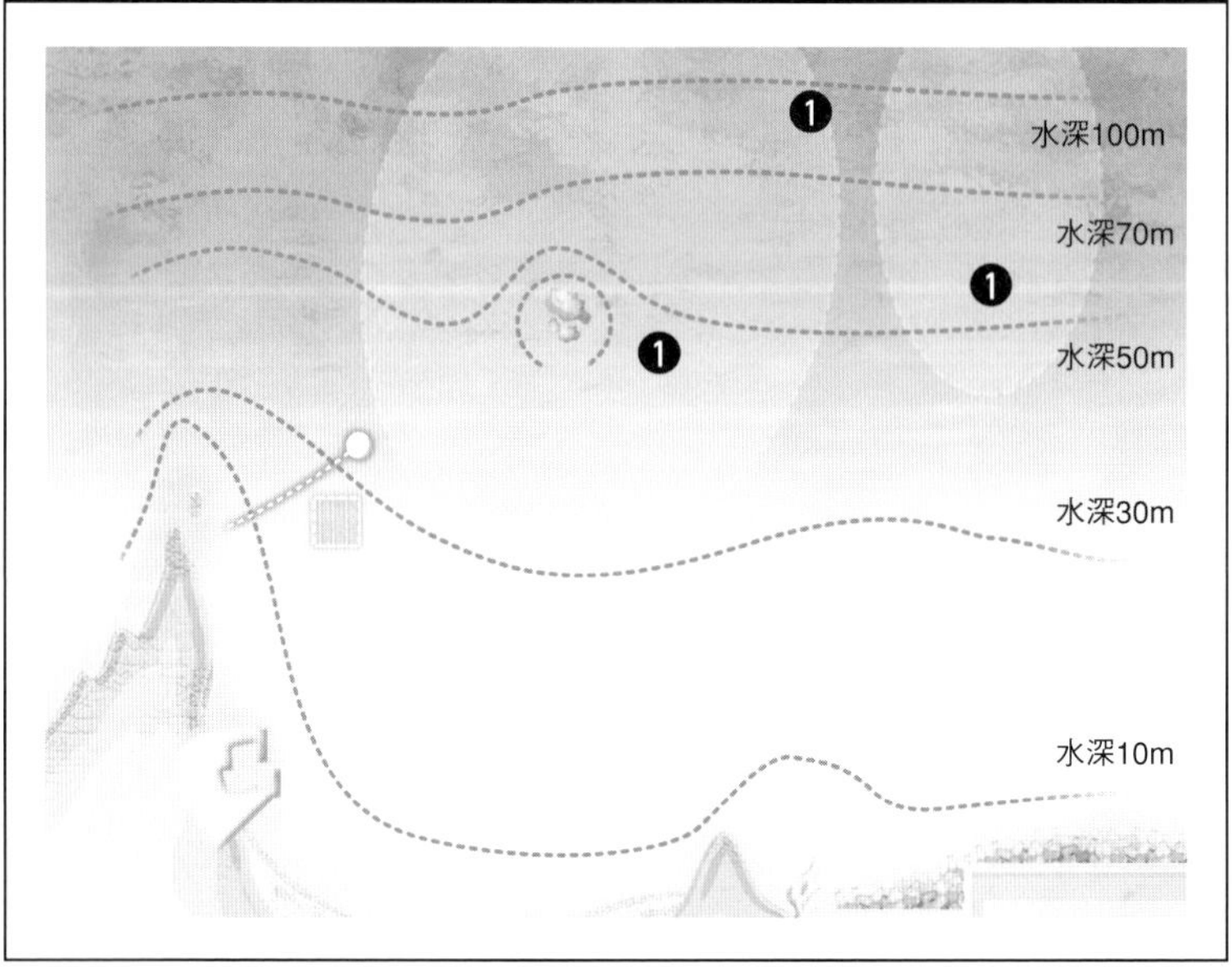

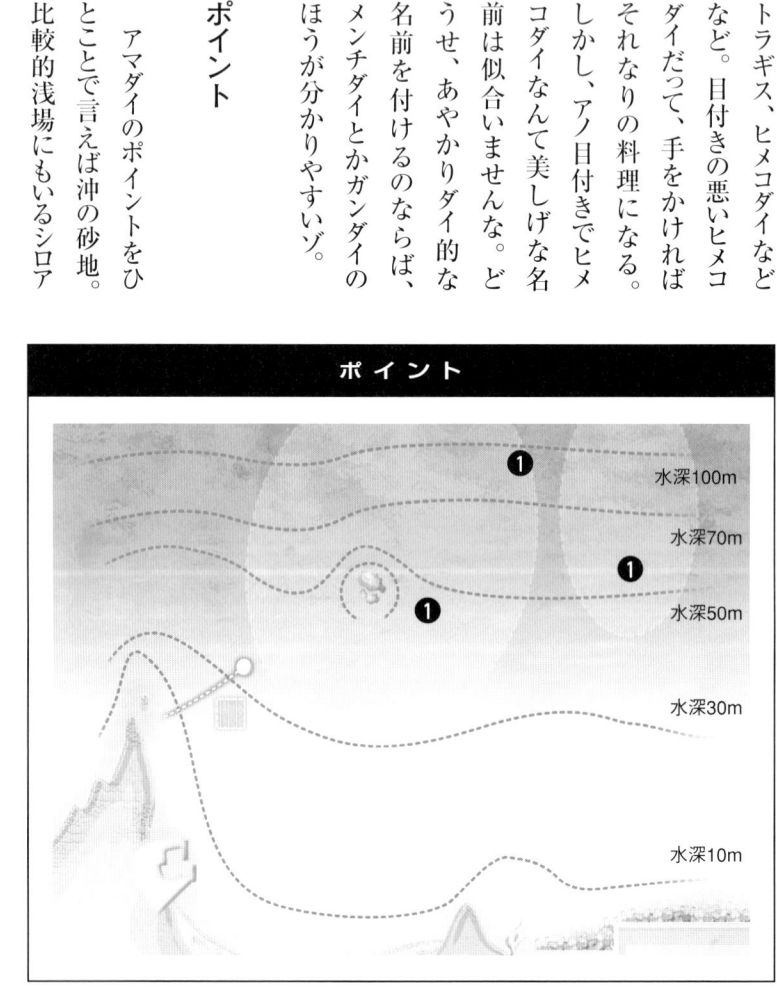

マダイは沖堤などから釣れたりもするが、メインのアカアマダイは水深60メートルから120メートルが狙いどころだ。スモールボートではゲレンデが限られると思いますが、フラットな砂泥地を魚探で探してみよう。魚探がない場合は、おおむね湾中央部や湾口外側の海底は根がなく砂泥地になっているので、その辺を探ってみる。岬や磯の真沖を避ければだいたいOK。念のために、オモリを下ろして海底の起伏や根の有無を確認すれば万全である。

ポイント図では①が本命。なかでも、攻めどころは水深70〜100メートル周辺。良型アマダイのいる率が高いのだ。そして、お約束のヒメコダイが頻繁にヒットすればポイント的に問題なし。自信を持って粘るベシ。また、釣り船がひしめく超有望ポイントでは、ライバルの少ない水深30〜50メートルの浅場が穴場となる。浅場では、ホウボウ、カイワリ、トラギスなどの外道が豊富で、ビギナーでも飽きずに一日中アマダイ釣りを楽しむことも可能ですぞ。

一番攻めてみたいのは水深70〜100メートル周辺。良型アマダイのいる率が高いのだ。深場ではオニカサゴやキダイが混じるのもうれしい。そして、お約束のヒメコダイは最近ではレストランで引っ張りダコのネタ。くれぐれもリリースしないように。

タックル&仕掛け

シンプルな道具立ても、

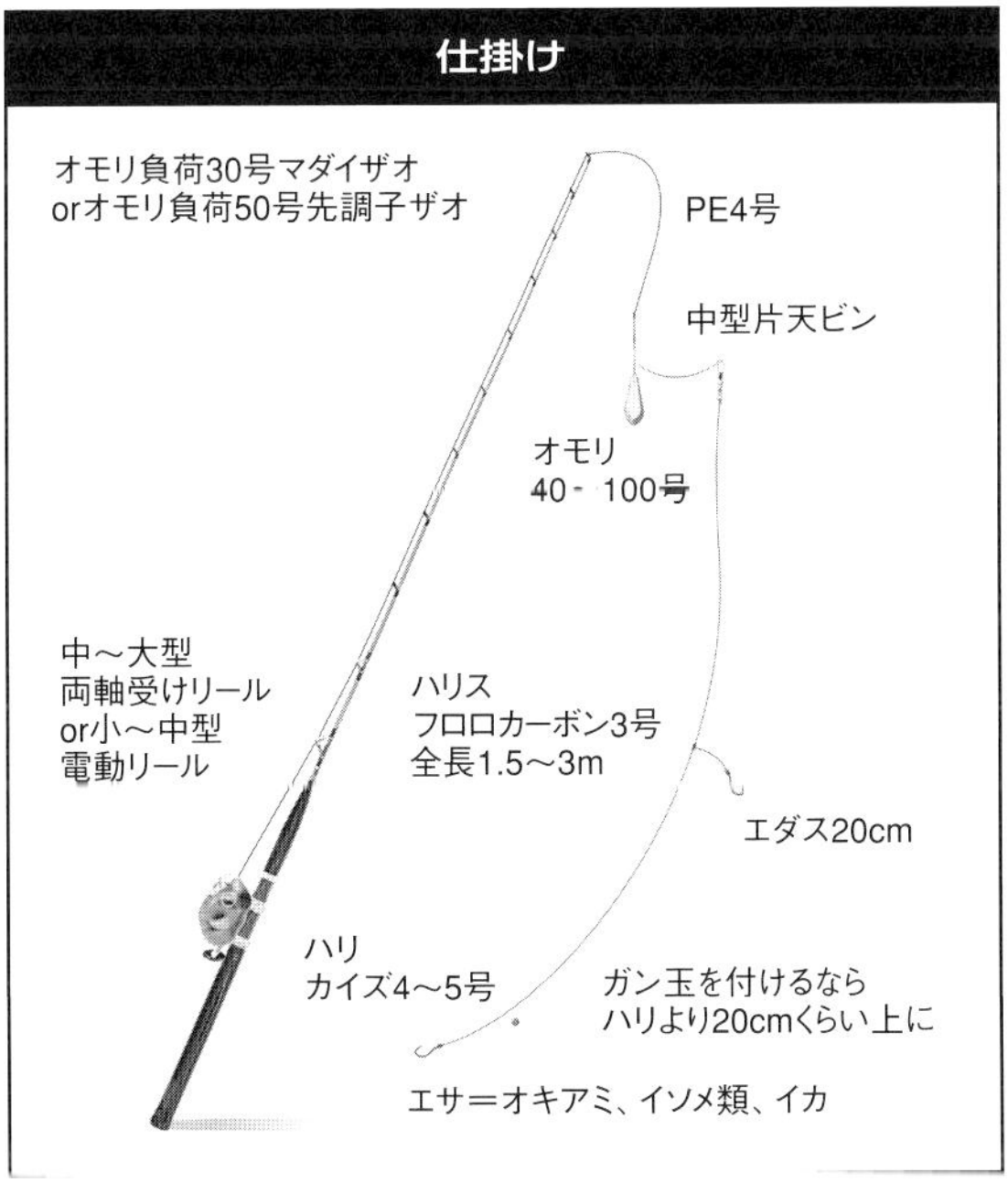

アマダイ

この釣りのいいところだ。サオとリールにオモリを含む仕掛けとエサだけあれば、とりあえずアマダイを釣ることができる。

サオは専用ロッドが市販されているが、代用も利く。手持ちザオならばオモリ負荷50号前後の短い先調子ザオ。置きザオにするなら30号負荷のマダイザオが使いやすい。

リールは小～中型電動タイプが便利だが、バッテリーは重いし、狭いボート内ではジャマになる。スプール径が大きければ手巻きリールでも問題ない。たまには（場合によっては数回連続して）、水深１００メートルの海底に着底後3秒でエサがなくなる場合もあるが、それはまぁご愛嬌ということで。

仕掛けは、基本的に全長1・5～3メートルの2本バリ。ポイントの地形や潮の速さで、長さを変えたり、ハリスにガン玉を付けたりして調整する。食い渋りには、全長3メートルの1本バリ仕掛けも効果がある。アマダイ仕掛けはいろいろなタイプが市販されているが、シンプルが一番ですかね。使用するハリは、軸の長いケン付きがよろしい。と、ワタシ的には思っています。

ほかには、ランディングネットが必需品。ボートによっては風に流されないためのシーアンカー。魚探も必要か。GPSも欲しいところだ。位置の確認はもとより、航跡を表示させると、風に流されているか、潮に乗っているのかが一目瞭然なので大変便利である。風向きが変っても簡単にアマダイを釣った同じポイントを攻めることが可能になるし。

エサ

普通はオキアミを使う。ほかには、アオイソメやコガネムシなどの太めのイソメ類。エサ取り対策には、シラス切りにしたイカやイカの塩辛を用意しておくと万全。

いずれにせよ、どのエサも海中で回転しないよう、真っすぐハリに付ける

釣り方の基本動作

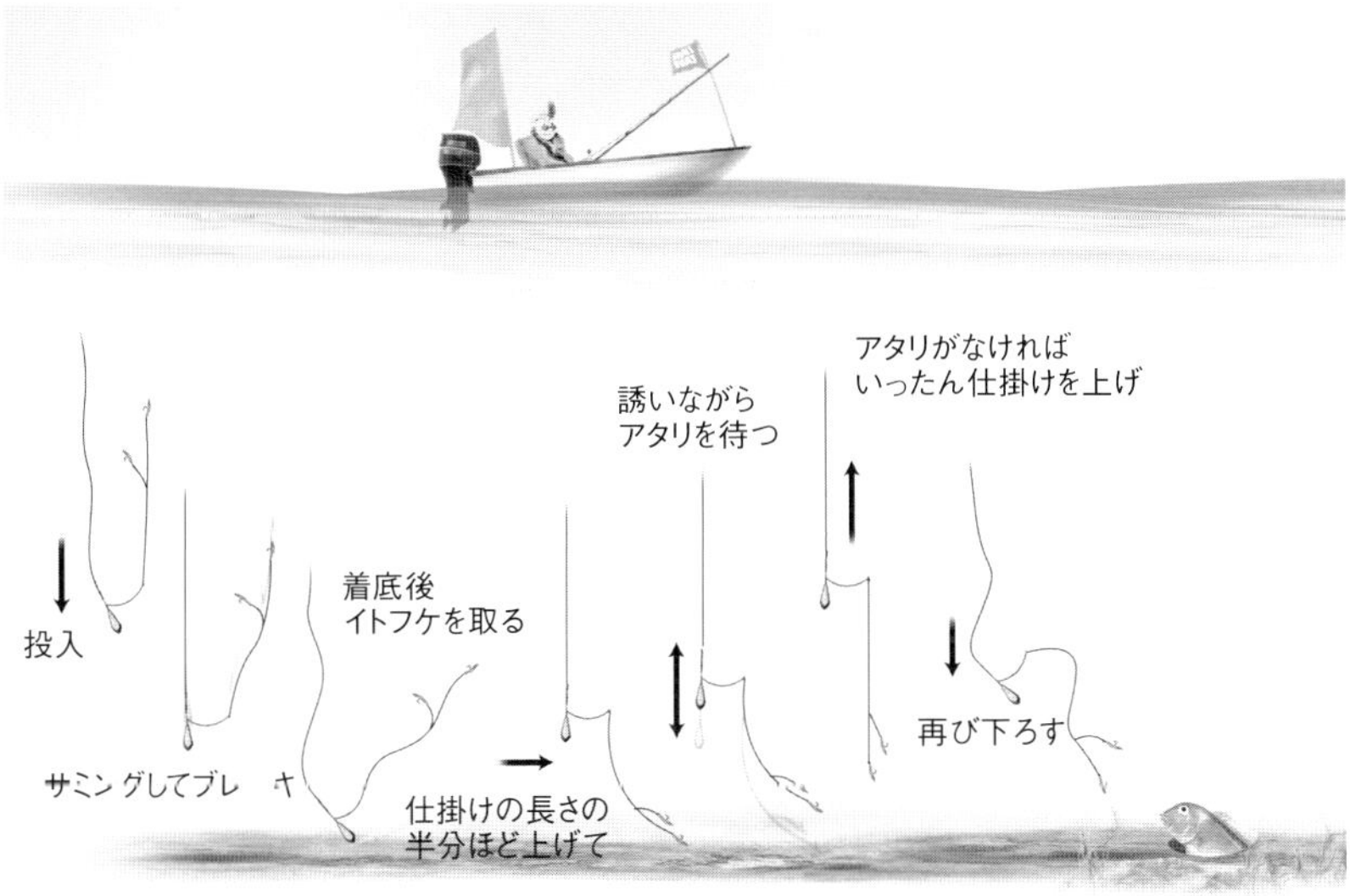
投入
サミングしてブレ　キ
着底後
イトフケを取る
仕掛けの長さの
半分ほど上げて
誘いながら
アタリを待つ
アタリがなければ
いったん仕掛けを上げ
再び下ろす

ズル引き釣法

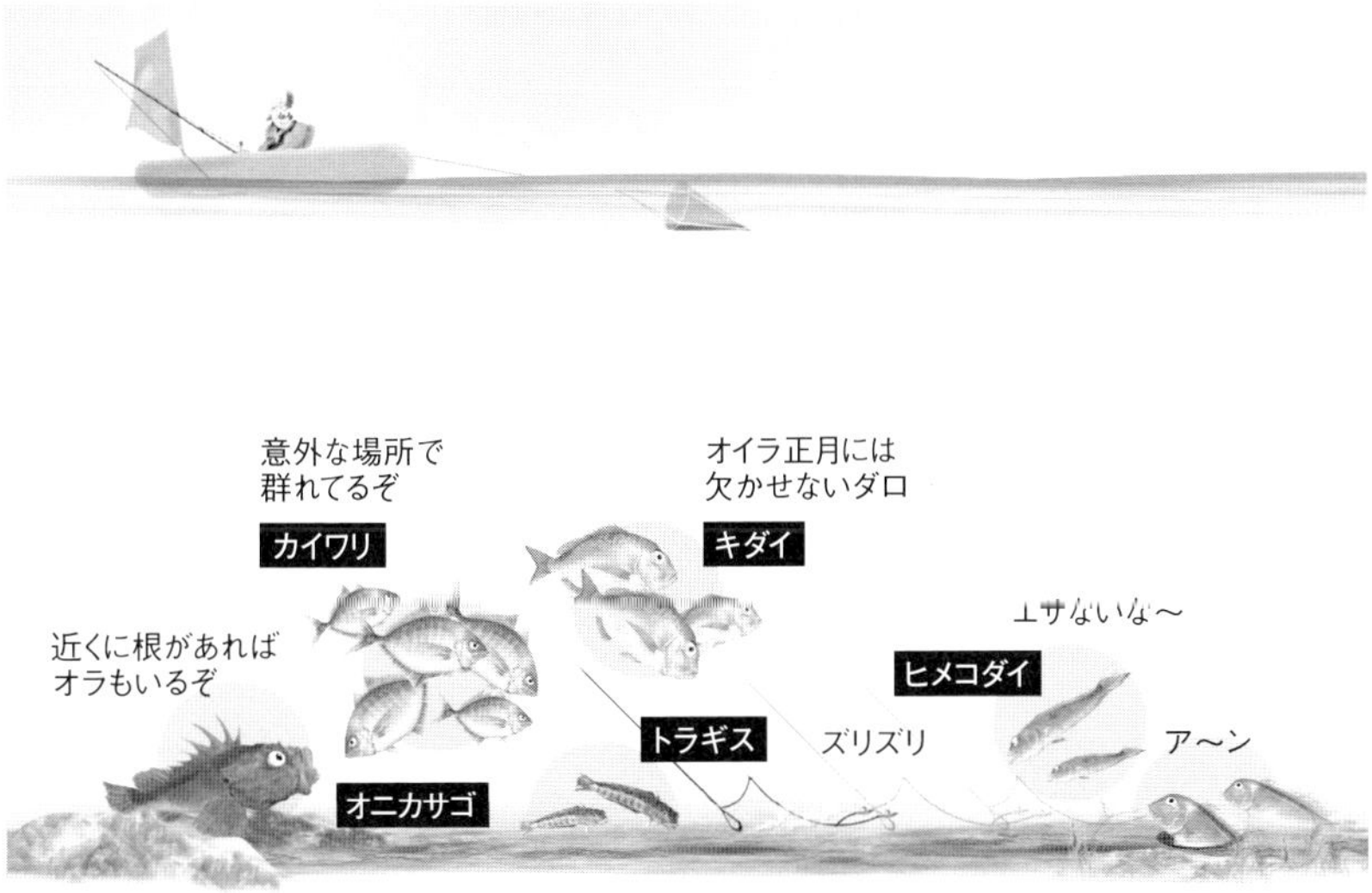
意外な場所で
群れてるぞ
カイワリ
オイラ正月には
欠かせないダロ
キダイ
エサないな～
ヒメコダイ
近くに根があれば
オラもいるぞ
トラギス
ズリズリ
ア～ン
オニカサゴ

のが最大のコツかな。オキアミは1匹付けよりも2匹抱き合わせのほうが回転しにくい。ただし、2匹付けにするとアピール度が高くなって、エサ取りに発見されやすいのが難点かも。

釣り方

大ざっぱ過ぎる言い方だが、アマダイは簡単に釣れる魚の部類に入る。釣果が伸びないのは、単に個体の絶対数不足だと思う。たしかに、海底の穴から頭だけ出してエサを待つという特異な生態は珍しいが……。

まず、釣行は穏やかな晴天の日を選ぶこと。これは好釣のための必須条件です。曇りや雨の日で海底が暗いと、アマダイは決して穴から出ることはない。急激な水温低下も同じ。せめて、晴れ時々曇りでないと期待通りの釣果は望めない。風も要注意である。

それに、水深100メートルのポイントは、海岸からそれなりに離れた海域になる。スモールボートはその点でも好天に釣行すべし。

また、スパンカーがあり、エンジンとのバランスもよく、エンジン流しが可能なボートなら問題ない。しかし、シーアンカーでの流し釣りの場合は、風が強いと、ボートの流れるスピードが速過ぎて釣りにならない。やっぱり、アマダイ釣りはピーカンベタナギに限るのだ。

当然ですが、広い範囲を探る釣りなのでアンカリングはイケマセン。まぁ、水深を考えてもアンカリングをする人はいないと思いますが。エンジン流しは移動時のフットワークが軽くてイイけれど、やっぱノンビリ釣るならシーアンカー流しがイイよネェ。エコにもなるしさ。

基本になる釣り方は、まず、オモリが着底してイトフケを取ったら、仕掛けの長さの半分ほどオモリを上げる。その状態でしばらくゆっくりサオを上下させて誘いをかけながらアタリを待ち、アタリが出なければサオを頭上いっぱいまで上げて、再びオモリを海底に落とす。そのときに、オモリを静かに下ろすこと。最初の着底時も同じだ。着底寸前にサミングしてスピードを抑えよう。

海底をトントン叩いて魚の興味をひくなんてとんでもない。興味津々のヒメコダイのような小魚たちが集まるばかりで、肝心の本命、特に大物は警戒して穴に潜ってしまう。

食い渋り対策として「ズル引き釣法」をオススメします。簡単に解説すれば、ラインがサオから斜めに出るほど余分にラインを出し、胴調子ザオのタメを利用して、ストップ&ゴーで、海底をゆっくり這うような横の動きを演出してアマダイをさそう。こんなことを大勢が乗る乗合船でやったら船長にドヤされる。1~2人で釣るスモールボートにうってつけの釣法ですな。

アマダイのアタリはけっこう明確に出る。プルプルしたアタリはエサ取りだ。アワセは必要なく、向こうアワセで大丈夫。さらに、巻き上げ中はマダイのような強い三段引きも披露してくれて、心臓はドッキドキ。また、途中でバレたかのように軽くなったり、海面近くで勝手に浮上することもある。そのような場面に遭遇したとき、うっかりリールを巻くのをやめ、ハリスを緩めてしまうとホントにバレてしまうので要注意。バレたかな？と思っても、最後まで一気に巻き上げるように。

そして、大型は必ずネットランディングすること。チャンスが少ないだけに海面バラシはかなりイタイぞ。

最後に、ゲットしたアマダイは血抜きをしてから、新聞紙にくるんでビニール袋に入れ、海水と氷の入ったクーラーへ。新聞紙は軟らかなアマダイの身を固い氷から保護するための保護材です。そして、家に着いたら、アマダイを開いて軽く塩を振るか、内臓とエラを取った状態で塩水に漬ける〝ひとしお〟をし、一晩なじませてから料理すると大変おいしくいただけます。

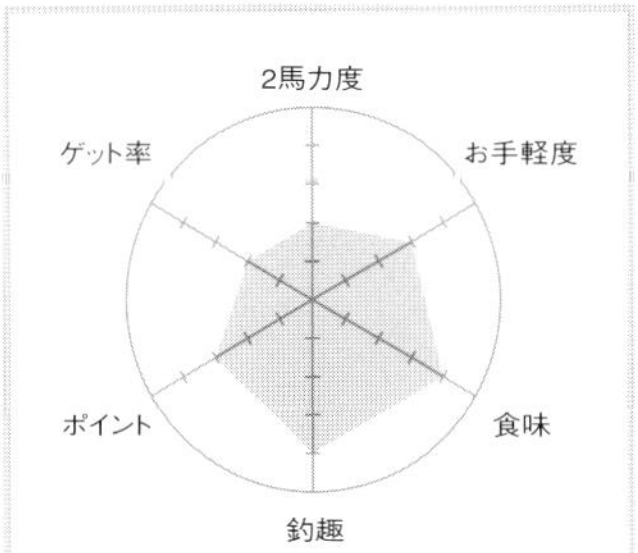

旬の魚を狙え！

秋

春
夏
冬

10月―11月

イイダコ

手軽で楽しい小物釣りの妙味

堤防や砂浜でも釣れるイイダコは、スモールボートからでも問題なし。むしろ、スモールボート的といっていい。タックルはシロギス用で代用可、ゴカイなど虫エサも使わないからニョロニョロ系ダメ人間にもOK――秋はイイダコ釣りのシーズン。イイダコに肝心のイイ（飯）が詰まるのは産卵期の早春だけれど、釣りを楽しむのだったら晩秋が滅法楽しいのだ！

一生を1年で駆け抜ける小型タコ

米粒状の卵が胴に詰まっているのでイイダコと呼ばれることは、すでにご存じの通り。要するに、米粒＝飯（イイ）ですナ。しかし、残念ながらこのイイは、釣りの旬である秋にはまだ少なく、子持ちならぬイイ持ちになるのは産卵

期の冬から春にかけてです。ただ、その頃になると群れが散ってしまい釣りにくくなる。なかなかうまくいかないものである。

漢字は「飯蛸」。タコ族は海に棲む生き物だが、貝などと同様、無脊椎動物なので、魚偏ではなく虫偏になる。蜆（シジミ）や蛤（ハマグリ）と一緒ですナ。

見た目の特徴は、全長5～30センチの小型のタコで、腕の付け根の傘膜に2個の金色環状紋と、目の間に長方形の白金色模様がある。そして、興奮すれば外套（胴）や腕に黒い縦帯模様が出る。

日本での有力釣り場は、瀬戸内海、三河湾、有明海、東京湾、東シナ海などで、一般的に西日本のほうがイイの入りがいいように思う。イイの食感はたまりませんが、イイを持たないオスの柔らかな肉質も捨てがたいと、ワタシ的には思います。

一方、釣りをしていて見かけるイイダコに似ているタコは、マダコの子、スナダコ、マメダコですが、どのダコも、イイダコの特徴である目の間と傘膜の模様がないので、簡単に区別できます。

イイダコのすみかは、内湾の潮間帯から水深20メートルの砂地や砂泥地を好む。基本的にはマダコと同じ夜行性で、昼間は貝殻や海底の穴に潜んでいることが多いが、穴からはい出してエサを食べたりもする。小さなエビやカニと貝類などが大好物だ。

産卵期は冬から春で、石の間や岩の穴、貝殻の中などに、6ミリ×2・5ミリぐらいの半透明の卵を産み付ける。20～30粒を1房にして、10房から20房、トータル200～600粒を産卵する。数万個の卵を産卵するマダコより、数ははるかに少ないけれども、1粒が大きくて成長も早い。なんたって、寿命が1年ですから。そして、産卵後にメスが卵の世話をするのはマダコと同じだが、ほどなくメスもオスも死んでしまう。

産卵後、40～50日でふ化。ふ化直後にすでに1センチの大きさで吸盤も存在しているらしい。その後、旺盛な食欲で夏を過ごし、冬の産卵へと短い1年を駆け抜けてゆく。

ポイント

シロギス釣りの外道としてよく釣れるので、ポイ

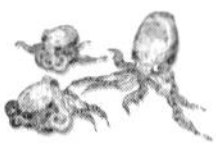

イイダコ

ントはシロギスと同じと思ってよい。すみかとして、砂の穴や石の間、貝殻の中などを利用することが多いため、小さな根が点在する砂地を探るとよさそうな気もするが、実際は根や海草などの障害物がない平坦な砂地のほうが釣りやすい。しかし、イイダコは好き嫌いが激しいようで、毎年集合する海域はかなり限定される。とりあえず、イイダコの実績のある人気ポイントへ行くのが間違いない。

　また、東京湾内のようにタコを禁漁にしているエリアもあるので、初めてのゲレンデへ行くときは、事前にローカルルールをチェックしておくこと。タコ禁漁区へは、イイダコ用といえどもテンヤの持ち込みはダメです。とくに、タックルケースにテンヤを常備している人は十分注意しよう。

　ハイシーズンの10～11月には、水深2～3メートルの超浅場に群れる。場所によってはエントリー場所の目の前がポイントで、エンジン無用なんて可能性もありますな。

ポイント

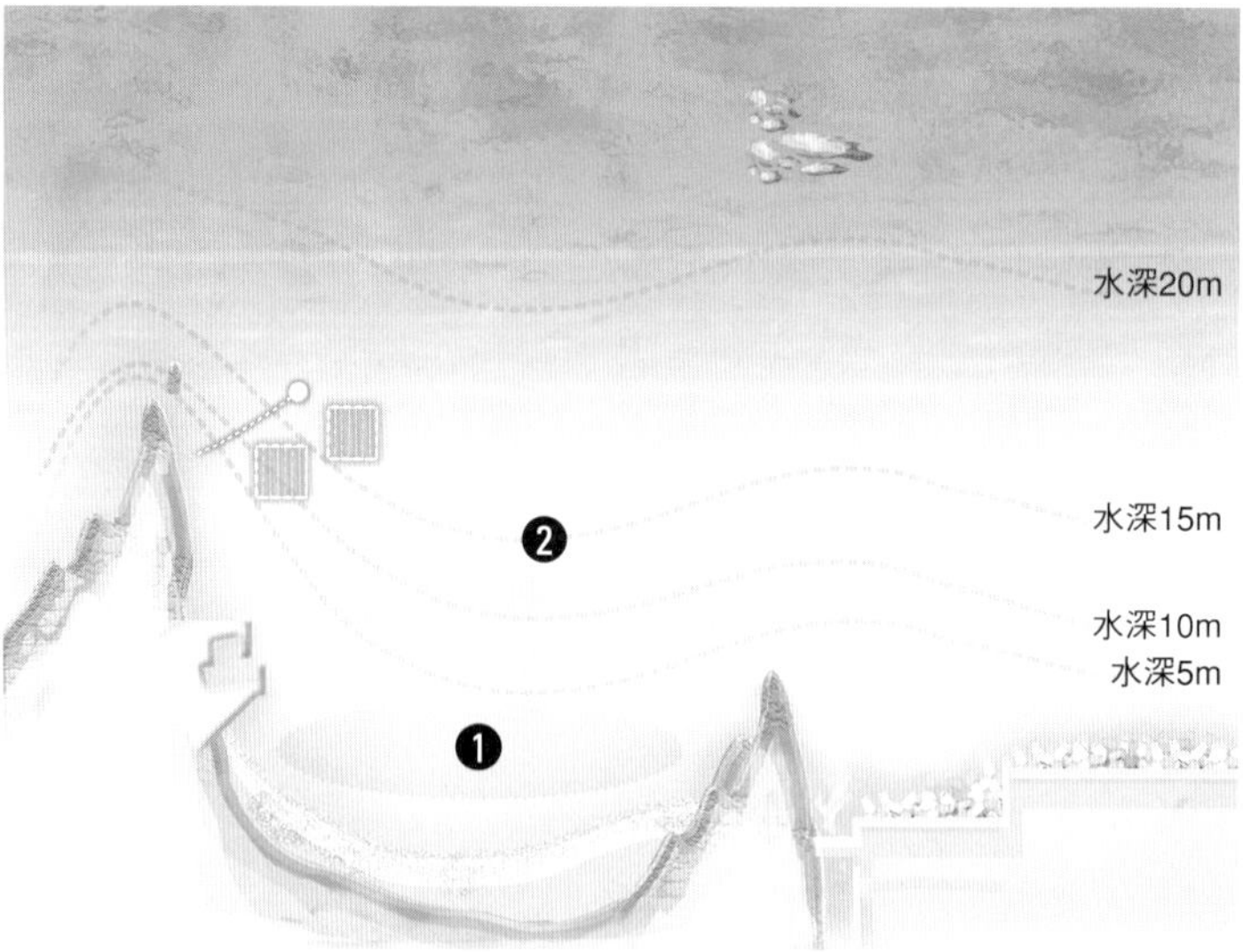

ポイント図では①が本命。岸近くで釣る場合はサーフキャスターがいないのを確認すること。また、タコ類は真水を嫌う傾向がある。真水が流出する河口エリアは避けるように。

　ベストシーズン前後の晩夏と初冬は、少し深場の水深10〜15メートルがポイントになる②。ただ、その頃には群れが散ってアタリが少なくなるので、最初からイイダコを本命にするのはツライかも。それよりも、他の釣りでイイダコのアタリが頻繁にある場合に、狙いをイイダコへ変更する感じが無難かもしれない。そのため、秋から冬に小物釣りをするときは、常にタックルケースの中にイイダコテンヤを。

タックル

　単純なタックルがこの釣りの魅力の一つ。スモールボートにとっては積み込むモノが少ないのは、大変にありがたい。さらに荷物を減らしたいなら、魚探はなくても何とかなる。もともと、イイダコの反応が魚探に映るわけでもなく、水深や海底の状況はアンカーを打つ前に仕掛けを降ろせば、おおよその判断はできる。

　サオはシロギスザオの流用で十分だが、もう少しオモリ負荷の軽い先調子のサオがあれば、釣趣アップ間違いなし。リールは遠投を必要とする場合もあるので、スピニングタイプを。ラインは繊細なアタリを見逃さないPEの0・8〜1号で。

仕掛け

　市販のイイダコテンヤかスッテを使う。テンヤは

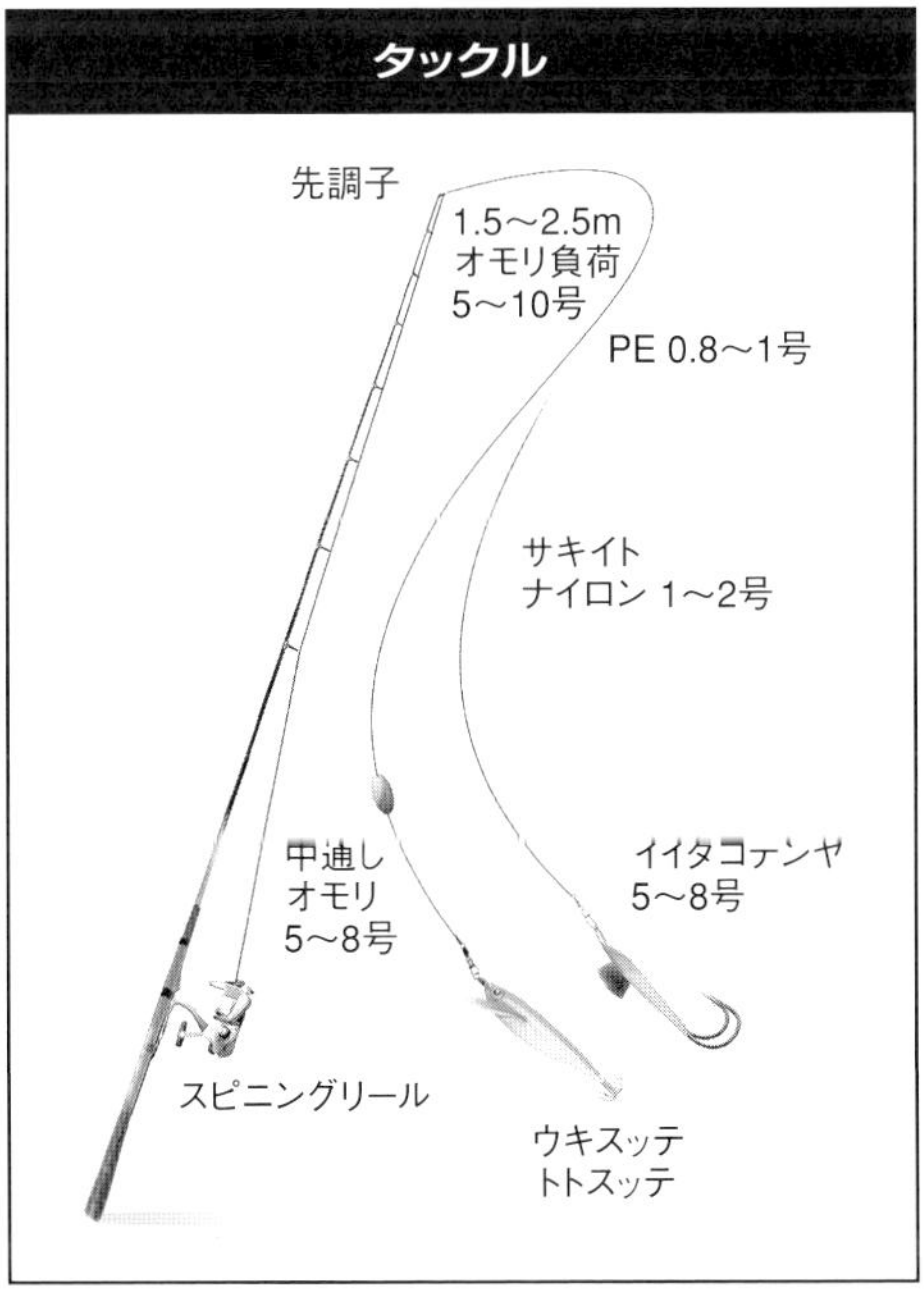

イイダコ

仕掛け

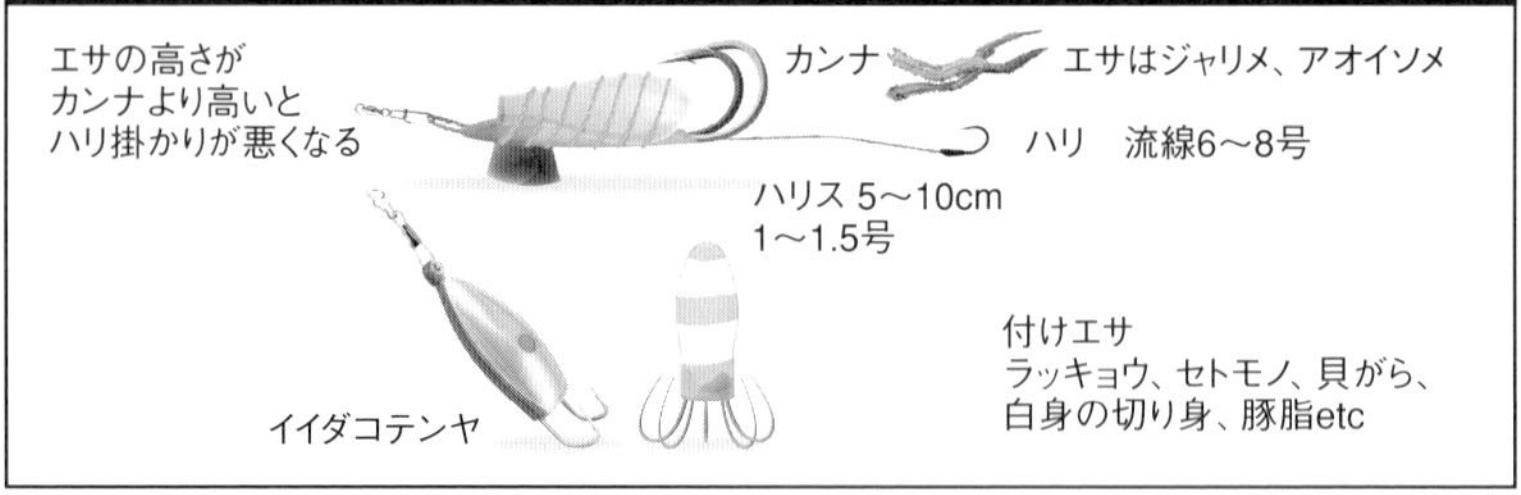

西日本に多いハデな彩色の丸棒に6本のカンナが付いているタイプと、マダコテンヤを小さくしたタイプが主流。

ミニマダコテンヤ型は、最初からラッキョウに見立てた白いゴムやプラスチックがセットされたものと、あとからエサを装着するタイプに分かれる。セット済みのイイダコテンヤは手軽で、タックルケースに常備しておくのに便利だ。あとから装着するタイプの擬似エサは、基本的には白いものなら何でもよい。瀬戸物、貝殻、魚……など。白い固形物はいくらでもありますな。まぁ、おおむね魚類は、白いエサに反応します。

群れが大きく、バリバリ入れ掛かりするようなときなら、セット済みのテンヤやゴムやラッキョウなどの擬似エサを付けたテンヤでも問題なく釣れる。しかし、群れが小さなときやアタリが渋い場合は、やはり動物性のエサを付けたくなるのが人情だろう。動物性のエサとしては、ブタの脂身が一番人気。脂身は、テンヤの大きさに合わせて厚さ5ミリくらいにスライスする。冷凍状態でスライスすればラクチンだが、問題は保存。解けるとトロトロで扱いにくくなるので釣り場でも氷の上で冷やしておく必要がある。市販品は1枚ずつ紙で包装してある。

二番人気は白身魚の切り身。これは、現地でも調達できるので好都合。シロギス、トラギス、ベラなど。シロギス以外は2枚おろしにし、身を表にして装着するのがコツです。その他、小型のシャコやエビなど、もちろん、冷凍モノでOKです。

　もう一方のスッテは、以前ならマルイカ用のウキスッテやトトスッテが主流だったが、今はイイダコ専用のスッテが市販されている。それに、白色系の小型のエギも有効だ。ちなみに、スッテとエギは1〜3号程度の中通しオモリを付けて沈めるように。

　イイダコファンによっては、従来のテンヤよりもスッテのほうが断然にノリがイイと断言する人もいる。イカ用のカンナはテンヤのものよりも鋭くてハリ掛かりが抜群によく、上下左右環状にカンナが出ていても、本体が浮くようになっているため根掛かりが少なく、浮いてユラユラしているのがまたイイダコをソソルのではないか——と思うのですが。

　それでも、ウキスッテがデビューして爆発的に釣れていた頃よりも、イイダコのウケがイマイチになっているような感じもある。一年魚なので学習できるはずはないし、もしかしたら早くもDNAに「スッテも危険！」とプリントされたのか。それとも、ただ単にスッテを使う人が増え

釣り方

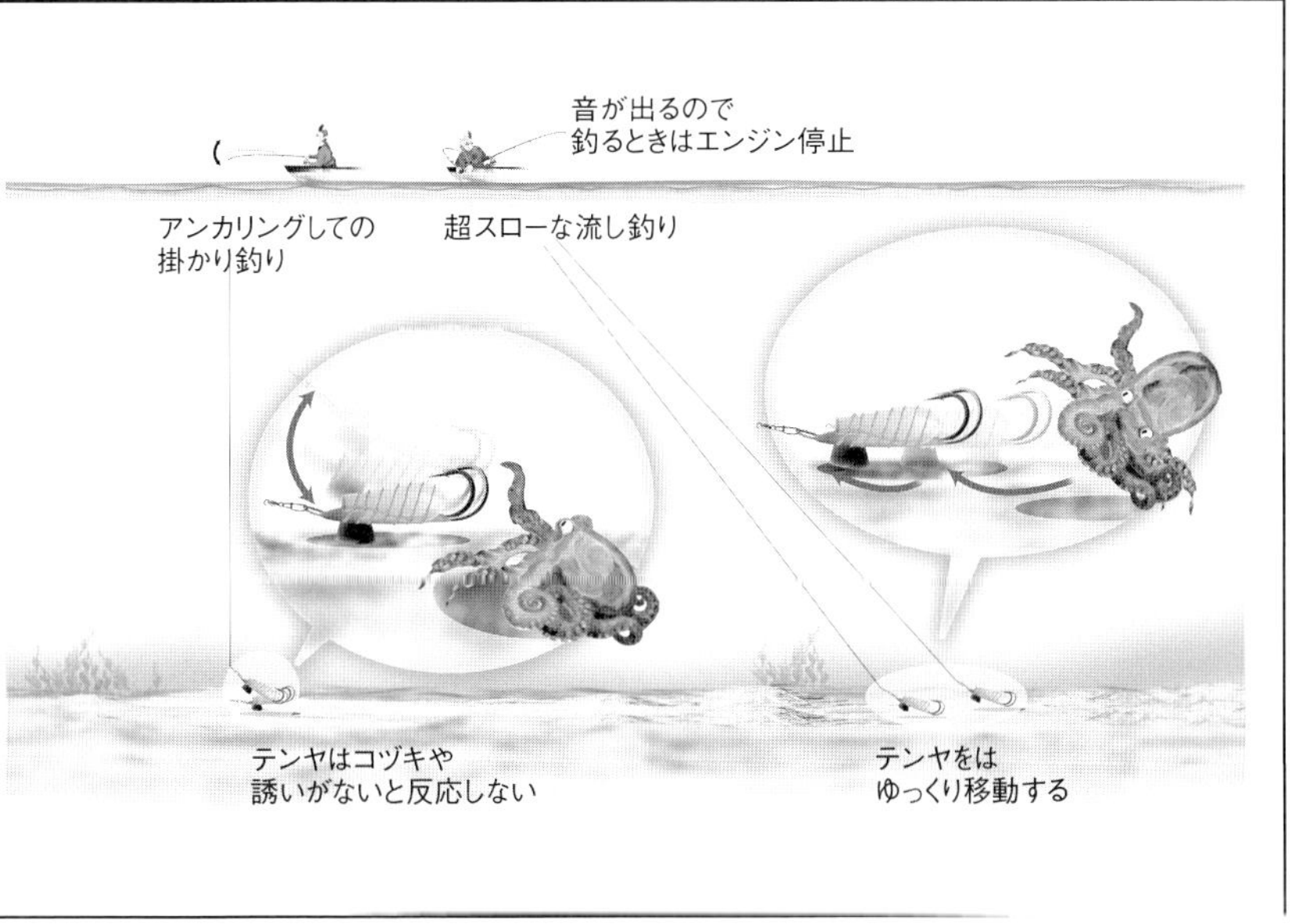

音が出るので
釣るときはエンジン停止
アンカリングしての
掛かり釣り
超スローな流し釣り
テンヤはコヅキや
誘いがないと反応しない
テンヤをは
ゆっくり移動する

て目立たなくなっただけなのか。どちらにせよ、テンヤを使うかスッテをチョイスするかは、お好みでどうぞ。もちろん、2種類の仕掛けを用意してアタリの多いほうで勝負するのが最善です。

　バリエーションとして、テンヤの後方にハリを1本付ける方法がある。いわゆる欲バリ仕掛けだ。ハリスは5～10センチの長さにし、ハリは流線型の7～9号。ハリにはエサのジャリメを付ける。見た目は野暮ったいけれど、なかなか効果的な仕掛けなのだ。

　効能の一つとして、エサのジャリメにイイダコが直接ヒットするパターン。よく、シロギス仕掛けにも引っかかりますな。次に、シロギスなど切り身エサになる魚が、ジャリメエサによって確保できる。さらには、テンヤから逃れたイイダコが下のハリに引っかかることもあったりする。まさに一石三鳥のスーパー仕掛けなのである。

　そのほかは、テンヤとスッテの2連仕掛け。当然、スッテが下側になる。この仕掛けは、釣趣より釣果を優先する向きにオススメ。絶好調のノリノリタイムなら1投で4タコ5タコはあたりまえ、短時間勝負が望めるのだ。ただ、遠投するとオマツリするのでボート下釣り限定。超浅場の釣りには不向きですかな？　まぁ、アタシャ、滅多にしませんがね。

釣り方

　繊細なノリとアタリを楽しむ釣りなので、ナギの日を選んで釣行しよう。ただ、敵のイイダコは夜行性とくる。できれば薄曇の日がベターである。

　浅場での釣りになるので、アンカリングがセオリー。やかましい音のするエンジンはできるだけ使わないように。風が弱ければシーアンカーでの流し釣りも有効だが、イイダコの活性が低いときは逆効果なので要注意。

　アンカリングは、とにかくロープをできるだけ長く出すこと。アンカーを中心にしたボートの振り幅が大きくなり、自然に広い範囲を探ることが可能になる。周囲のイイダコを釣りきってアタリが止まってきたら、ロープを少し短くして場所移動。これを繰り返していくと、風や波の影響でじわっと走錨するようになるが、そこであわててアンカーを揚げてはダメ。走錨は、超スローな流し釣りになり、イイダコには極めて効果的なのです。

　釣り始めから2～3投以内にアタリがでないときは、さっさと場所移動を。粘ってもダメ。アタリが出る場所を求めて何度でも移動する覚悟でいたい。

　また、テンヤやスッテは、コヅキや誘いをしないとイイダコは反応しない。たまに置きザオにヒットするのは、ボートの揺れや移動が誘いになっているからだ。根っからの底棲体質のイイダコだから、仕掛けを海底から浮かせると釣れないのはアタリマエです。仕掛けを遠投してサソイながら、ゆっくり仕掛けを引き寄せるようにすると釣りやすい。ボート下を釣る場合はコヅキが基本。テンヤのカンナが海底から離れない程度に、細かくゆるやかな感じに小突くのがコツです。慣れてくると、イイダコが仕掛けにチョッカイを出すのが分かるようになる。そうしたらコヅキやサソイを止め2～3秒待ってから軽くサオを立ててアワセる。軽くでもアワセをしないとフッキングしないゾ。フッキングしたあとは、同じスピードで一気に巻き上げる。魚のようなメリハリのあるファイトはないが、なぜか夢中にさせる魅力がイイダコにはあるのだ。

ワンポイントアドバイス

　逃走名人のイイダコは、小さな投入口の付いているクーラーでも安心できない。スモールボート的には、ビニールバケツに少し海水を入れ、上からコンビニ袋をかぶせ、縛って固定するかテーピングで止め、真ん中に小さな穴を開けておけばOK。テンヤから外さずにイイダコの頭を穴に入れ、カンナを返せばスポっとバケツに入ります。もちろん、脱出不可能。

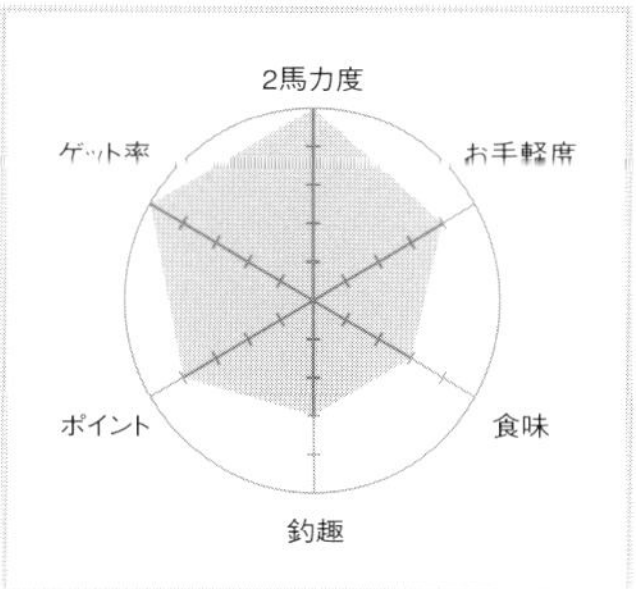

春　夏
秋　冬

4月・5月 — 8月

イサキ

ノンビリ釣って バッチリ味わう

初夏、大人気の「イサキ乗り合い」は連日超満員。当然、オマツリ騒ぎ必至。

これを横目にスモールボーターは、ノンビリ釣ってガッツリ旬を味わう！産卵直前の4～5月にかけてはイサキの超絶好期であります。

本来、イサキの旬は初夏といわれるが、真冬に釣れる寒イサキだって脂がのっていて美味である。しかし、冬季はポイントの水深が80メートルくらいあり、スモールボートではチト攻めにくい。逆に、真夏は岸寄りの磯際でもバリ食いするが、産卵期の終了間近で、身は薄く独特の磯の香りが身に染みている。まぁ、好きな人はそこがいいのだろうが、スモールボートで攻めるならば、産卵のために荒食い中の4～5月が絶好のシーズンであ

る。しかも春〜初夏は白子が絶品。そのうえ、イサキは産卵回数が多いので産卵期中でも、気にやせないのが特徴だ。

イサキに関する蘊蓄《うんちく》

　梅雨時期のイサキは、〝麦わらイサキ〟と呼んで珍重する地域もある。もともと、マダイにも劣らない味の魚なので、マダイが猫またぎになる6月もイサキは狙い目。マダイとは、タナが若干違うので釣り分けは可能だ。

　イサキの分布は、沖縄や小笠原など離島を除く東北以南。太平洋側は外房から南、日本海では新潟から南が主な釣り場。

　イサギと呼ぶ地域が多く、名前の由来は、（イサ＝磯）＋（ギ＝魚）＝磯にいる魚。もしくは、（イサ＝魚）＋（ギ＝岬）＝岬付近など潮の速い根にいる魚。みたいな感じです。

　地方名は、イッサキ、ウズムシ、ハタザコ、ハンサコ、マツ、ツンテン、オクセイゴなどなど。オクセイゴはなんとなく納得する名前だが、なかにはカジヤゴロシなんて物騒な名前もある。

　幼魚は、ウリボウ、ウリンボウ、イノコと、これは見た目そのマンマですな。シマイサキはまったくの別物です。念のため。

ポイント

　群れに当たれば簡単に釣れる魚だが、確実な釣果を望むとそれなりにむずかしい。ボーズ防止策はポイント選びに尽きる。

　イサキは暖海性で、大きな回遊はせず、普段は大陸棚付近に定着している。産卵期に海藻の多い岩礁帯へ移動するわけだが、湧昇流のプランクトン目当てなのか、大型は沖の高い根の近くにいる。また、マヅメ時の暗い時間帯に海面付近まで上ずる場合もあるので、もともとは夜行性なのかも。したがってイサキ日和は、曇りがちで潮の濁っている日がベストとなる。

　ポイント図では、①が本命ポイントで釣期は4月〜5月がベスト。根周りの水深60〜80メートル付近を流してみよう。コマセダイ仕掛けで一発大物ねらいのできる場所だ。

　②も、水深が30メートル以上ある岩礁帯ならばいいポイントになる。魚探に反応のある場所をウイリー仕掛けで探ってみよう。

イサキ

大きな根のない平根でも、ベイトが付くようなチョットした変化があればいい。型よりも数が望めるポイントである。

また、岬周辺の根周り③は真夏の釣り場。アンカリングで、ウキ仕掛けかサビキ釣りを。水深は3メートル以上あればＯＫ。さらに、④の定置網周りも見逃せない場所になる。ただ、イサキのタナは通常なら中層になるが、定置網などの障害物周りでは底付近にいることもある。底から中層まで丹念に探ってみること。

東京近郊では、外房～南房、三浦半島先端～城ヶ島、真鶴～伊豆方面など、黒潮が影響する海域がオススメ釣り場。イサキが釣れる場所が毎年ほぼ同じなので、実績の高いポイントを探すことが爆釣への近道ですナ。

仕掛け&釣り方

ウリンボウと呼ばれる若魚も捨てがたいけれど、資源保護のためにも大物だけを狙いましょうヨ。

ポイント

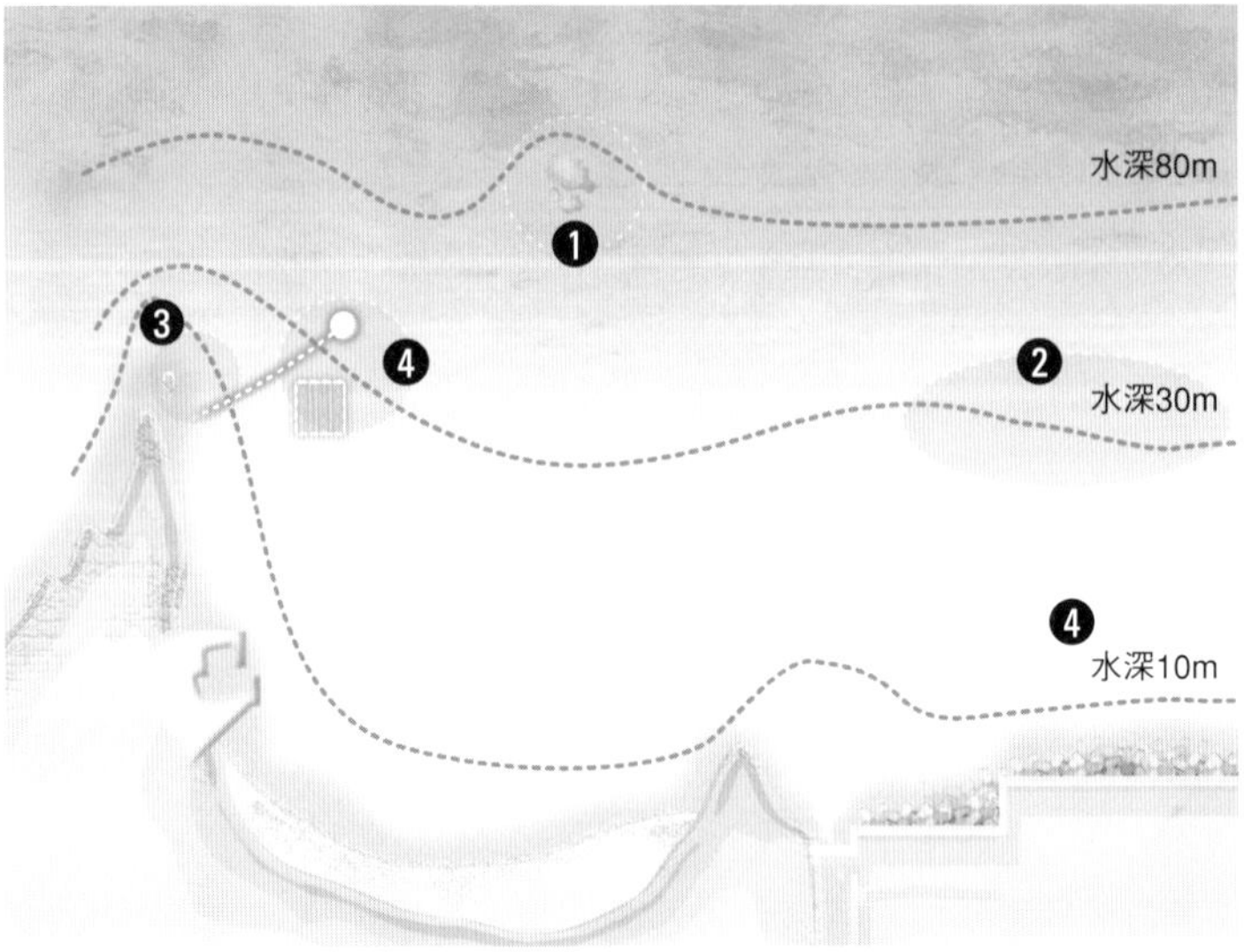

45センチ1キロを超す大イサキは、体高があり、黒々とした重厚な面構えはなかなか。1年で10センチ、2年で20センチ、3年で25センチ成長するというから、45センチ以上となると7年は経っている計算になる。大イサキとのファイトは鮮烈！ 海面まで何度も強いヒキで突っ込みを繰り返し、釣り人を熱くさせる。そして、ランディング後は、背ビレの鋭いトゲに十分注意をすること。指に刺さったりすれば、ニワトリに突っつかれた程度では済みませんゾ。

ロングハリス仕掛け

大物をねらうなら、コマセダイ方式の長ハリス仕掛けがイチオシ。エサはオキアミ。一般的なアミコマセを使った釣り方でも十分だが、コマセにオキアミを使える海域なら〝極少コマセ〟がおもしろい。

まず、コマセカゴのステン缶には数匹のオキアミしか入れない。次に、その数匹がポロポロと出るように、缶の穴は2～3カ所を残し、あとの穴は専用キャップで塞いでしまう。そして、コマセを振らず、置きザオにしてアタリを待つ。〝極少コマセ〟は、コマセを極力少なくし、オジャマなエサ取りをシャットアウトしつつ、ターゲットの食い気をなくさない。私の好きなコマセ釣りです。

なお、一般的なコマセダイ方式での釣り方で、置きザオをする場合。ナギの日はボートの揺れが小さくなるため、誘いを入れないとヒット率が減るのは確実。ただし、大きな誘いはダメ。ハリスがなじむのを待って、エサが20～30センチほどスッと動くようなイメージで。

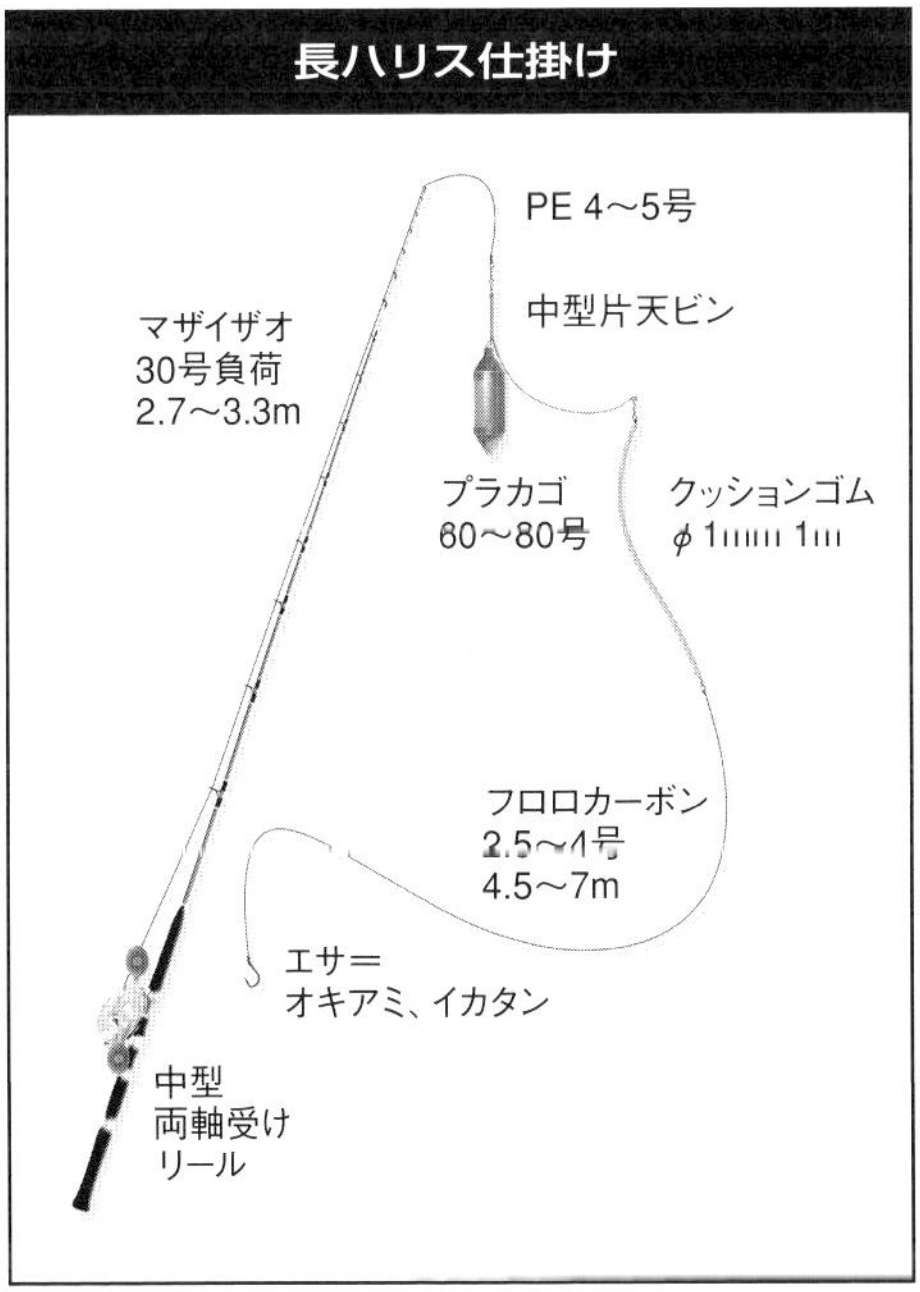

ウイリー仕掛け

　型よりも数を優先するならウイリーシャクリが一番。3〜4・5メートルの3本バリが標準で、一番下のハリにエサを付けるタイプがオススメ。エサは、オキアミかイカタン。イカタンは、米粒以下の大きさで、赤く染めずに白いまま使用する。大きなエサは比重が重く、イサキの好みに合わないようだ。オキアミもできるだけ小さなものを使うようにしたい。

　とにかく、外道がたくさん混じるのがウイリーシャクリの魅力。外道といっても、イシダイ、クロダイ、アジ、ハタ、カンパチ、マダイ、カイワリなど、メインのイサキの影が薄くなるような顔ぶれが揃う。イサキのタナより低い海底付近からシャクリ始めると、多彩な魚が交じるハズ。逆に、イサキだけを釣りたいのならタナ直撃で。

　ウイリーシャクリのキーポイントは、シャクリ後のサオ先の戻りから、次のシャクリに入るまでの〝間〟。スピードとタイミングです。その日にマッチするシャクリのコツを、できるだけ早くマスターするのが好釣への近道です。

ウイリー＆ビシ仕掛け

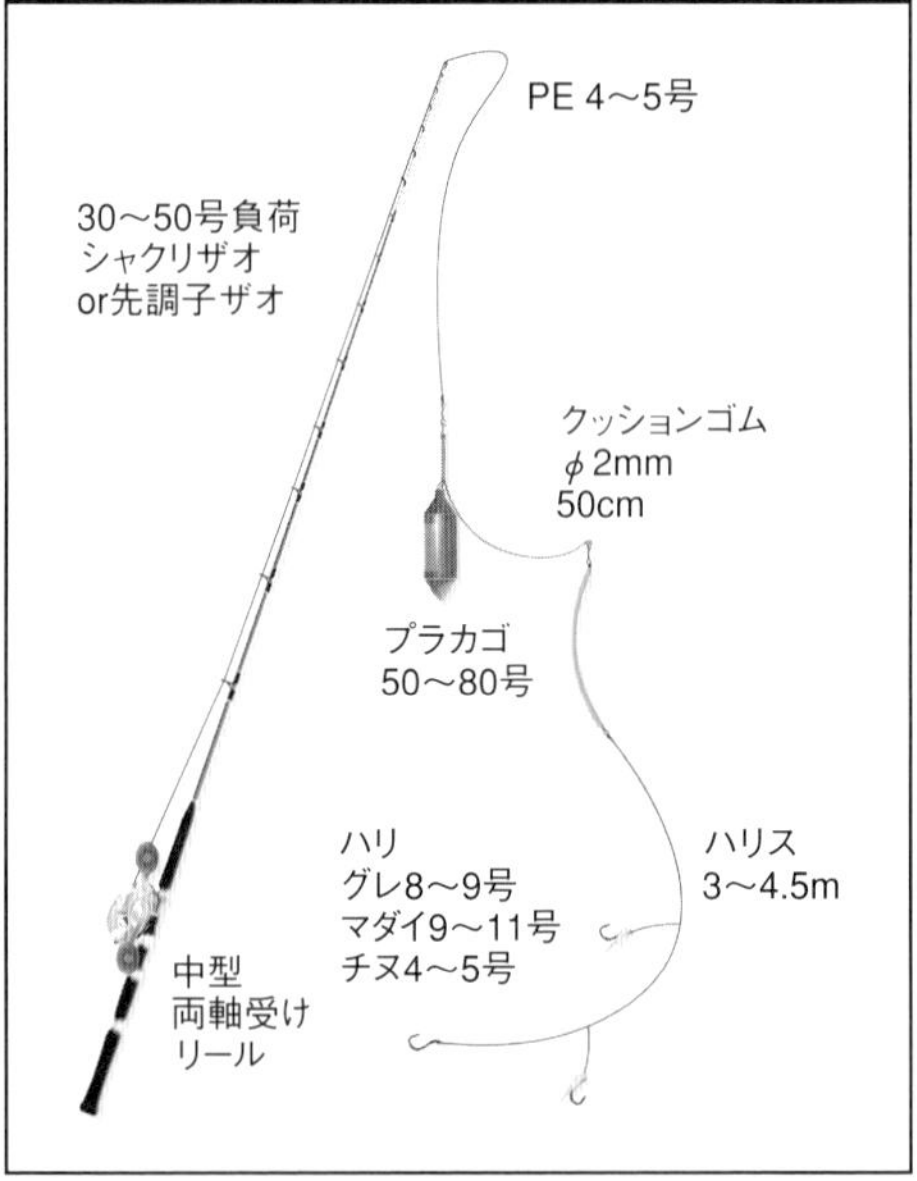

ビシ仕掛け

長さ3〜4・5メートル2〜3本バリの仕掛けに、エサはイカタンかオキアミ。コマセはアミを使用。ほとんど、アジのビシ釣りと変わらないですな。

　ビシ仕掛けでの釣り方

は、シャクルというよりサビく感じで、小さくスッスッと誘いながらタナを探ってくる。このとき、オモリと仕掛けが階段を昇るように、一定間隔でスムースに上がるようイメージしてみよう。サオから伸びるラインの目印が、上下に大きくブラつかないようにするのがコツ。サオ先が頭上に来るまでシャクったあと、サオ先を海面近くまで戻すときも同じ。海中にある仕掛けを下げないよう、ラインの目印を基準にリールを巻きながらサオを倒してゆく。

サビキ釣り

浅い岩礁帯でのアンカリング時や、定置網などの障害物周りで有効な釣り方。ただし、小さなハリのサビキを使うと、ウリンボウやほかの小魚までハリ掛かりしてしまうので、でき

ウキ仕掛け

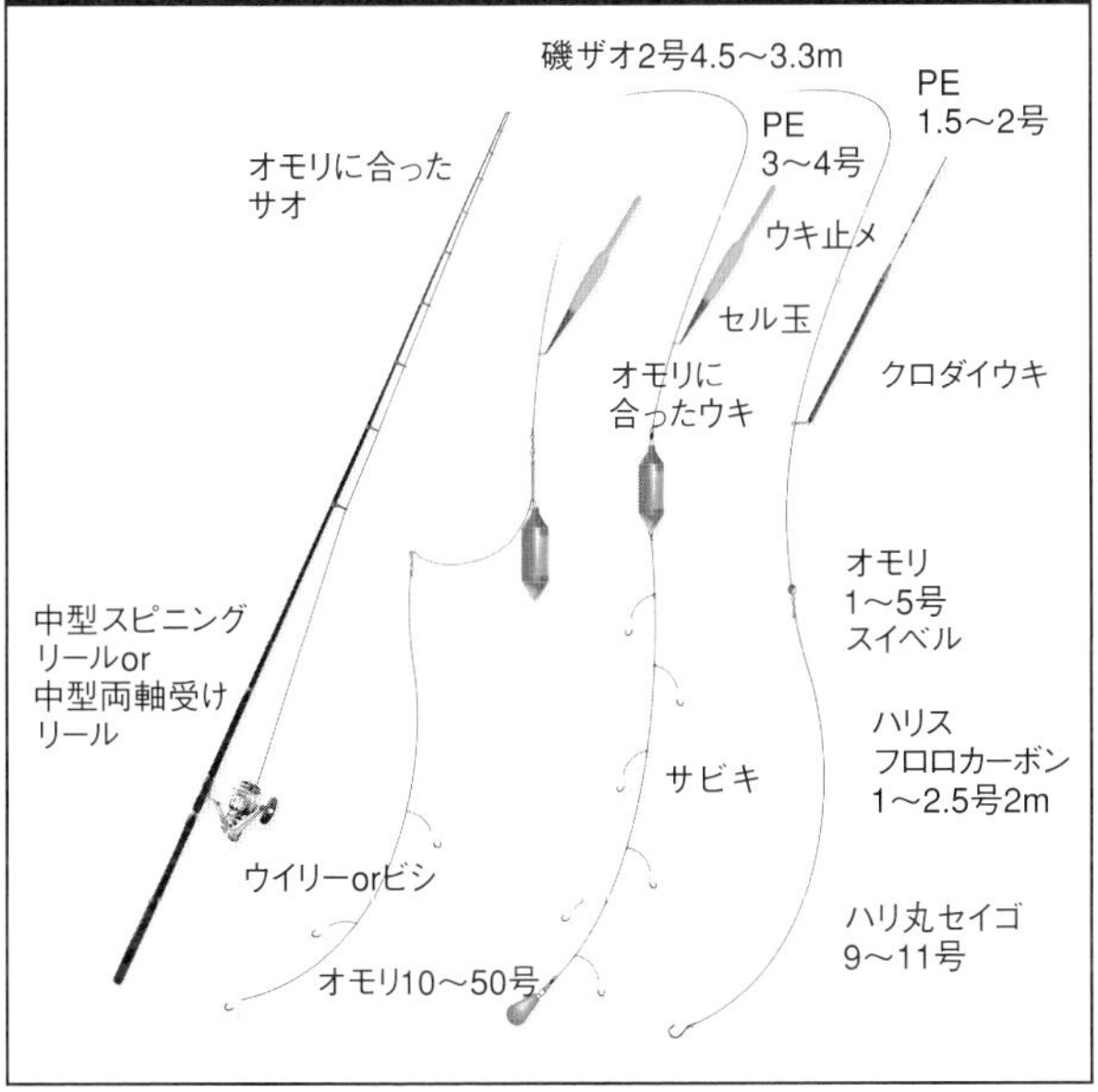

サビキ仕掛け

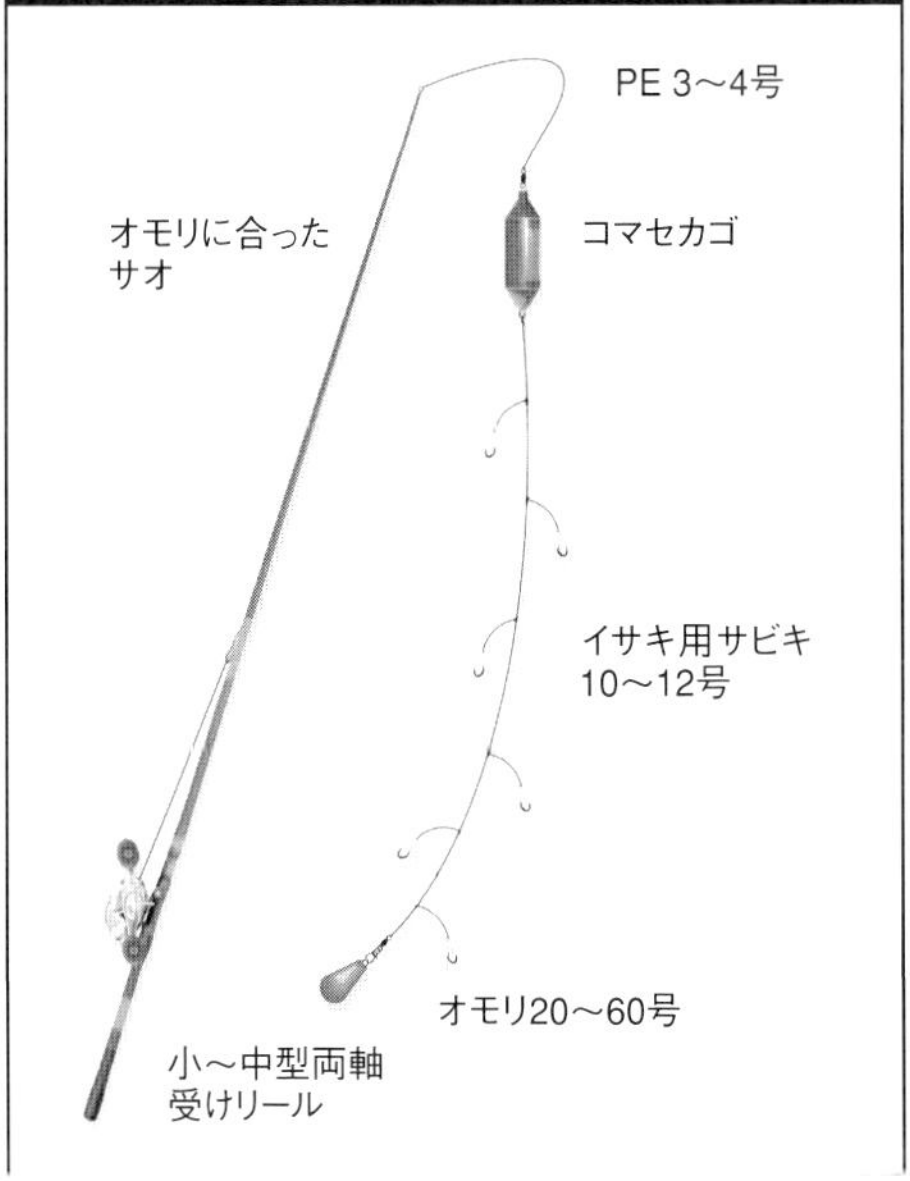

コマセと付けエサをシンクロさせるには

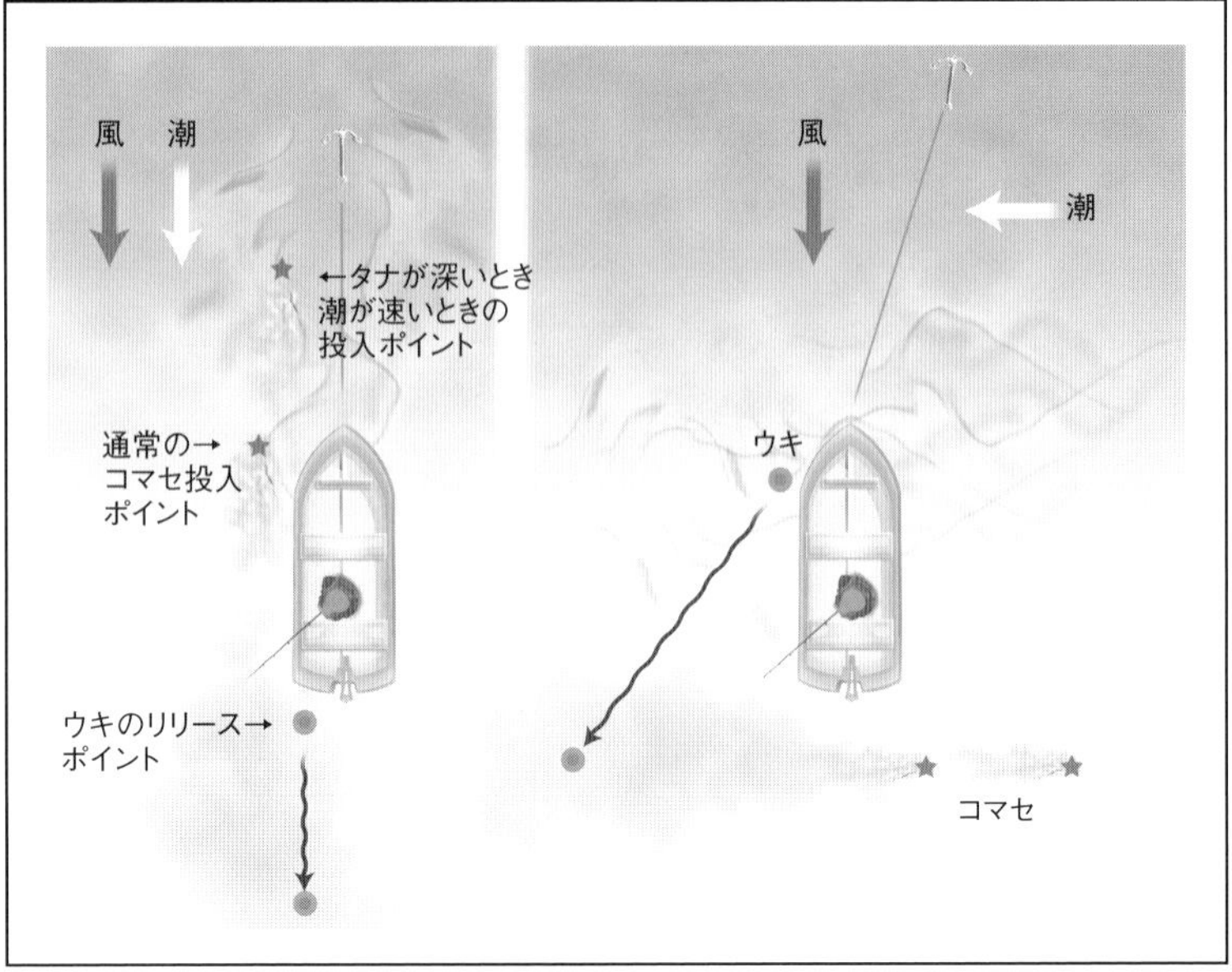

イサキ

るだけ大きなハリをチョイス。セイゴバリなら11号以上ですかね。釣り方は、ビシ仕掛けと同じくタナの3～5メートル下から誘いつつ巻き上げてくる。

　この釣り方も、誘いのスピードとストロークが重要になる。食い渋り時には、タナの真ん中で置きザオにするテもあるが、そんな状態では数を望むことはできない。とはいっても、ヘタな誘いを繰り返すよりマシかな。また、ハリにイカタンやオキアミなどのエサを付けるのも効果的だ。サビキ仕掛けへのエサ付けは、すべてのハリに付けると逆効果になる。コマセカゴ近くのハリは擬餌効果を重視し、付けエサをするなら下バリの2～3本にとどめておく。

ウキ釣り

　ウキ釣りは、アンカリング限定。エンジン流しやシーアンカー流しのできないボートや、アンカリングでノンビリ釣りたいときにうってつけの釣り方です。置きザオのコマセ釣りと同時進行すれば、ボート下とコマセが効いている潮下のポイントを攻められて、ヒット率は格段にアップする。

ウキ釣りでの誘いは、出てゆくラインをたまに止めて、付けエサの動きに変化をつける程度。カゴ仕掛けなら、そのときにコマセも出るハズ。でも、ほとんどの場合、波に漂うウキが誘いを演出してくれている。ただし、ウキが流れていかないような状況では期待薄です。

ルアー釣り

イサキが浅場で釣れ盛る夏は、ビギナーでも無理なくルアーフィッシングが楽しめる。スプリットかアンダーショットリグで、ワームはアジ用がよさそう。深場のポイントはジギングで攻めてみよう。

タックル

コマセダイ方式は2・4〜3・3メートル程度の胴調子ザオとロッドキーパーが必須アイテム。

ウイリーシャクリとビシ仕掛けは、専用ザオもしくは先調子のサオを使うのが一般的ですが、胴調子ザオはサオの戻りがゆっくりしていて、食い渋り時やスレたイサキに効果がある。どちらにせよ、ショートロッドが扱いやすい。

ウキ釣りのサオは、オモリで使い分ける。軽いオモリなら2〜3号の磯ザオがおもしろいが、狭いボート上なので長さは3・3〜4・5メートルがベスト。磯ザオ以外でも、オモリ負荷にあったサオならなんでもいいが、仕掛けが長くなるので長めのサオの方が扱いやすい。

ルアーは、浅場ならトラウトやＢＢロッド。一方、深場のジギングは、水深にあったジギングロッドをチョイスする。

はっきりいって、40センチを超す大イサキはそう滅多にお目にかかれる魚ではない。ポイントも限られるし、スモールボートではチョイト苦しいかもしれない。それでも、まったく無理な話ではない。がんばって、大物にチャレンジしてみてください。あの、釣り味は間違いなく思い出になります。

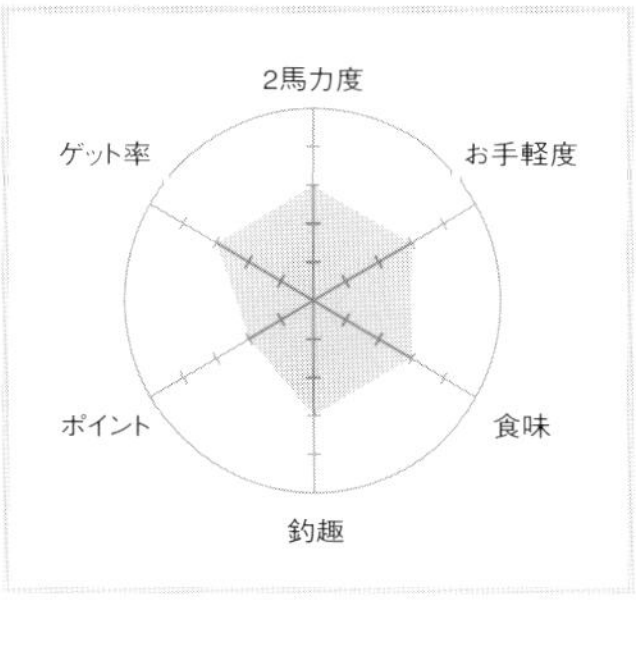

旬の魚を狙え！

春　夏　秋　冬

7月—9月

イシダイ

「パワフルなヒキを沖釣りで体験」

磯の王者と呼ばれるイシダイ。実は、沖のイシダイ釣りは、磯釣りから比べると格段に釣りやすいのだ。ただ、個体数が少ないため、そう簡単に釣れる魚ではないが、イイ思いをしているボートイシダイのファンは確実にいる。是非、イシダイにチャレンジして、パワフルなファイトを体験してください。なお、小型は必ずリリースするように。それから、釣りすぎにも注意しましょう。なんてね…。

生態

イシダイは、日本列島の太平洋岸では宮城、日本海側では秋田以南に分布している。また、北側は小型が多く、5キロを超すような大物は房総半島

が北限のようだ。

白地に7本の太い横縞が艶やかで、見るからに立派な姿をしている。とくに若い時期は横縞が明瞭で、この時期はシマダイとも呼ばれる。成長するにつれ体色が濃く、横縞は不鮮明になり、全体に灰黒色の体色に変化し、口周辺が黒くなることから、老成魚はクチグロ、ギンワサ、ギンガケなどと呼ばれるようになる。

地方名は、見た目からサンバソウ(三番叟)、サンビキ(桟引き)、キョウゲンバカマ(狂言袴)、ナナキリ、ナナシマ(七縞)、カグロ(顔黒)、ガダイ(痘痕鯛)。食べて美味なのでナベワリ。幼魚は、海水浴中の人の体をつついたりするのでチンボカミ。ほかに、ハス、タカバ、コウシナベ、ワサラビ、ワサナベ、ヒシャ、コウロウなどなど。実に多名だ。

成長は遅く、25センチになるのに4年。45センチで10年を要する。最大の70センチ、6キロまで成長するには25～30年はかかるらしい。

トラとヒョウ

スズキ目イシダイ科イシダイ属の仲間にイシガキダイがいる。一般的には、このイシガキダイも含めてイシダイ(石物)釣りという。そして、釣り人は尊敬の念をこめて、イシダイを「本イシ」と呼ぶ。

イシガキダイは体の石垣模様が特徴で、イシダイと比べると若干南方系。成長もやや早く、イシダイよりも大型になり20キロを超えるモンスターもいるとか。老成魚はクチジロと呼ばれるから、クチグロのイシダイとは対照的ですな。

魚体の柄から、イシダイを「トラ」、イシガキダイを「ヒョウ」と呼び分けるのもカッコイイかも。

ちなみに、イシダイとイシガキダイとの交雑種であるキンダイという魚も存在する。数が少ないので滅多にお目にかからないが、柄はイシダイとイシガキダイのミックスで、体色はイシダイ色の強い個体と、イシガキダイ色の強い個体の2種類がいるようだ。キンダイの名前は、1959年に人工交配を成功させた近畿大学に由来している。

また、イシダイは水族館などで芸をする魚としてもおなじみ。「輪くぐり」

イシダイ

は、輪の先にエサを置き、輪をくぐらせる訓練をする。「計算する魚」は、答えのパネルに人間には見えない紫外線のライトを当ててエサを置く。それを何度も繰り返すと、ライトを当てただけでイシダイがパネルの前に集まるようになる。

このように好奇心と学習能力が高いイシダイだから、成長とともに釣りにくくなるのもうなずける。釣ってリリースしたイシダイは、同じエサではまず釣れないという。その辺もファンを魅了する要因でしょうナ。

釣期

夏が旬の魚で、初夏から秋口がハイシーズン。場所によっては11月頃まで岸近くのポイントで狙える。

産卵期は5～6月。稚魚は暖かな黒潮に乗り、流れ藻とともに沿岸にたどり着き、そこで成長する。1歳未満は群れを形成し、大きな移動はしない。その後、成長すると単独行動に移行する。

ポイント

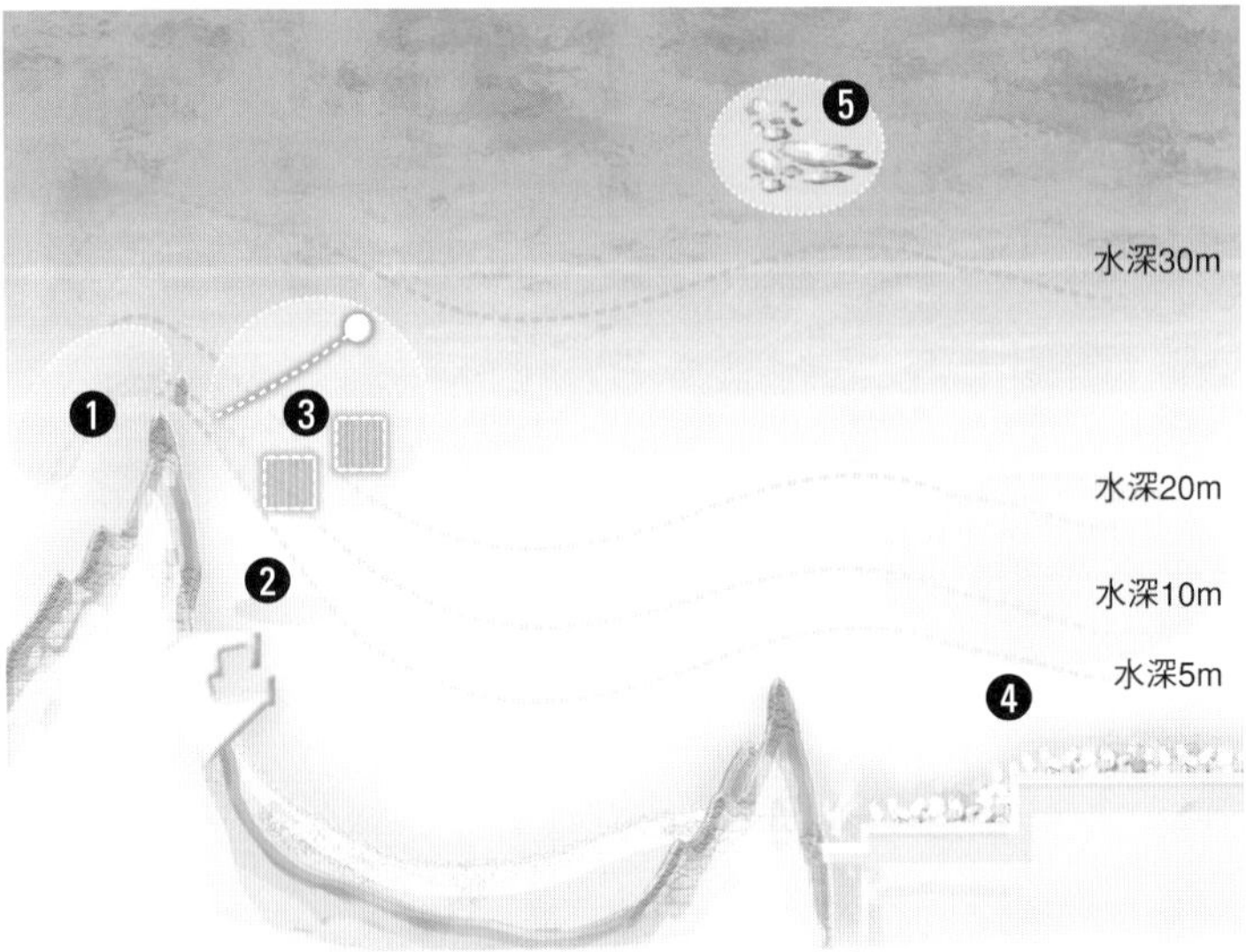

余談ですが、マダイの養殖イケスには1～2匹のイシダイを混ぜているらしい。すると、マダイが緊張して統制がとれ、マダイ同士のケンカがなくなるとか。それに、イケスの網に付いたカキや貝なども、イシダイがついばむので潮通しがよくなり、掃除役としても役立っている。もちろん、成長したらイシダイも商品として出荷されるのはいうまでもない。

ポイント

稚魚や幼魚は、港の堤防や護岸近くに居ついているが、成長とともにエサの豊富な岩礁帯にエサ場を替える。盛期は、水深2～3メートルの浅場まで回遊してくるが、基本ラインは、夏は水深25メートルぐらいまで。冬なら30～50メートル以上の深場をポイントにする。

イシダイは岩陰や溝などの暗がりがお好きなようで、晴天の日中は深場を探り、曇りの日や朝夕のマヅメ時に浅場を攻めるのがセオリーです。

ポイント図の①と②はベストシーズンのポイント。特に①のカケアガリで起伏の激しい岩礁はイチオシ。ただ、陸からの釣り人もいるので、岸近くでの釣りは避けるようにしたいですな。

根の上に設置されていることが多く、そのうえイシダイが好きな貝類がロープに付着しているので、③の定置網やイケス周辺も好ポイント。夏は定置網の岸側、春秋は沖側をねらってみよう。

ただし、図のような岬と定置網と港の位置関係では、定置網と岬の間は航路になっている可能性が大きい。そんな場所での釣りはダメ。さらに、あくまでも定置網の周りがポイントで、係留は当然、接近もしないように。

④の護岸テトラから沖へ広がる岩礁帯は、当たればデカイ穴場的なポイント。イシダイ釣りは、アンカリングのかかり釣りが一般的だけれど、起伏の少ない岩礁帯なら流し釣りも可能。できれば、シーアンカー流しで同じラインをトレースするつもりで。

音に敏感なイシダイが相手なので、浅場のエンジン流しは不可です。

沖の根周り⑤は本命ポイント。水深が30～50メートルあるなら、春や晩秋

もイシダイが望める。また、夏でもピーカンベタナギの日中なら攻めてみる価値あり。根に潮が当たる側がポイントになるが、潮が動いているときはあまりアタらない。チャンスは潮止まり直後と、潮が動き始める直前。潮が速い場合は、潮裏で釣ってみるのもいい。

釣り方

　アンカーでボートを止め、仕掛けを海底に静止させてアタリを待つという、すこぶる単純な釣り方だ。それだけに、この釣りではポイント選びが重要になる。敵は移動中でないかぎり、巣穴を中心にして摂餌行動をしているからだ。

　コツは、サオ先を水平か少し下げてラクな姿勢をキープ。波の上下で仕掛けが浮かないように、ラインのテンションも一定にすること。イシダイのアタリは想像以上に小さく、サオ先の動きを見て判断する。カワハギやベラなどの外道のアタリの方が大きく、緊張しすぎてビックリアワセをしないように。こればかりは実際に経験を積んでもらうしかない。

　磯釣りでは剛竿が海中に突っ込まれるまで待ってからアワセるが、ボート釣りでのアワセは早く、2度目のヒキでアワセるのが通常パターン。しかし、場合によっては、最初にエサを吸い込んだ〝ゴツッ〟というアタリで即アワセをする

イガイのハリ付け法

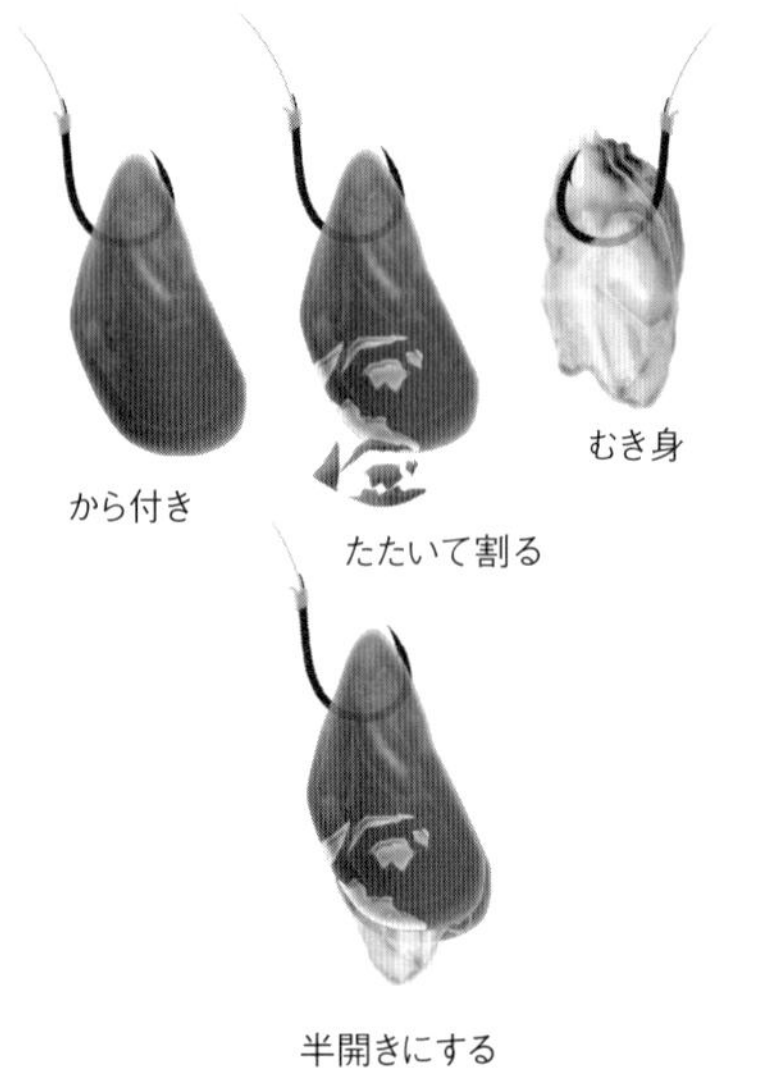

水中イメージ

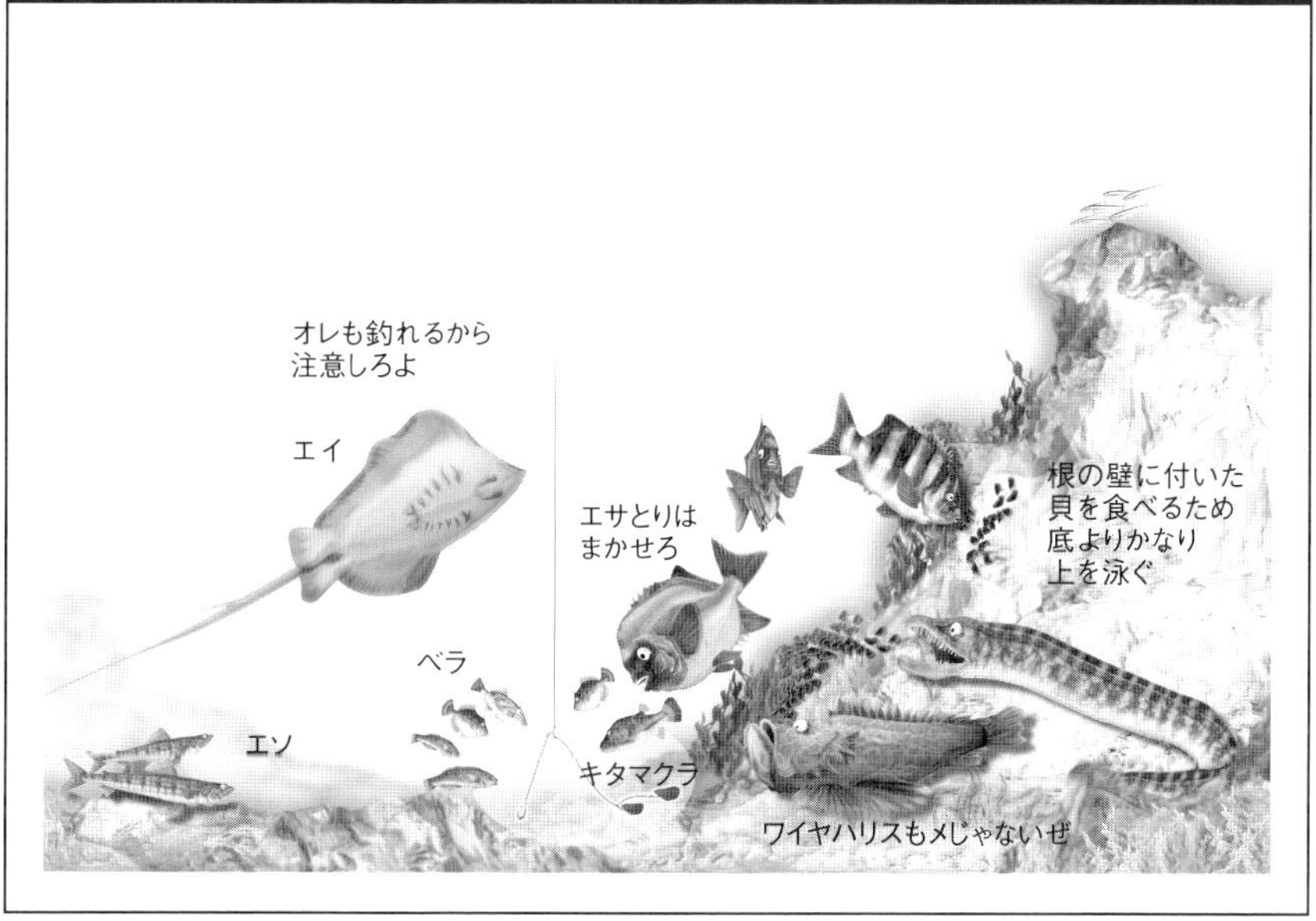
オレも釣れるから
注意しろよ
エイ
エサとりは
まかせろ
根の壁に付いた
貝を食べるため
底よりかなり
上を泳ぐ
ベラ
エソ
キタマクラ
ワイヤハリスもメじゃないぜ

こともある。アワセが遅いほどイシダイに走られる危険性が高くなるからだ。アワセは強くスルドク。それで、不十分な感じがしたら2度目の追いアワセをする。

　アタリは小さくてもイシダイのヒキはハンパではない。とにかく敵を底から離すことが先決。根に潜られたりしてラインが根ズレしたら一発でアウトですな。リールが巻けない状況なら、サオを立ててサオの反発力でしのぐ。イシダイとのガチンコ綱引き状態になるが、タックルを信じて耐えるしかない。アドレナリン爆発！　至福の瞬間である。

エサ

　アワセを早くする理由は、ボート釣りでは食い込みのよいイガイをエサに使っているからだ。エサ用のイガイは、5センチ以上のものを1日5～10キロは用意したい。エサ屋で取り扱っているが、手に入らない場合は食用のムール貝を利用してもよい。ムール貝は高価だが十分な大きさがあり特エサですな。

　なお、通常モードでは貝殻付きでハリに付ける

が、エサ取りがいないときはムキ身を使用するのもいい。ハリから落ちないように身の硬い部分を通すようにし、身が小さければ2～3個まとめてハリに刺す。

バリエーションとして、貝を半開きの状態でハリ付けするとか、殻の平たい部分を軽くつぶすのも効果的だ。

仕掛け&タックル

以前は中通しオモリの仕掛けもあったが、最近の主流は捨てオモリタイプ。ハリスは通常20センチで潮が速いときだけ長くする。ハリスが長いと、イシダイの繊細なアタリがとれないからだ。ラインはナイロンかフロロカーボンを使用する。ナイロンは伸びてバラシは減るが、フロロカーボンほどの感度はない。新素材は根掛かりしやすく回収にも苦労するので、避けたほうがヨロシイようですな。

ハリはエサのアピール度を高め、ヒット率を上げるように段差風の2本バリ。小型メインのポイントなら普通の結び方でもよいが、大物狙いならケブラーで補強し、瞬間接着剤で固める。

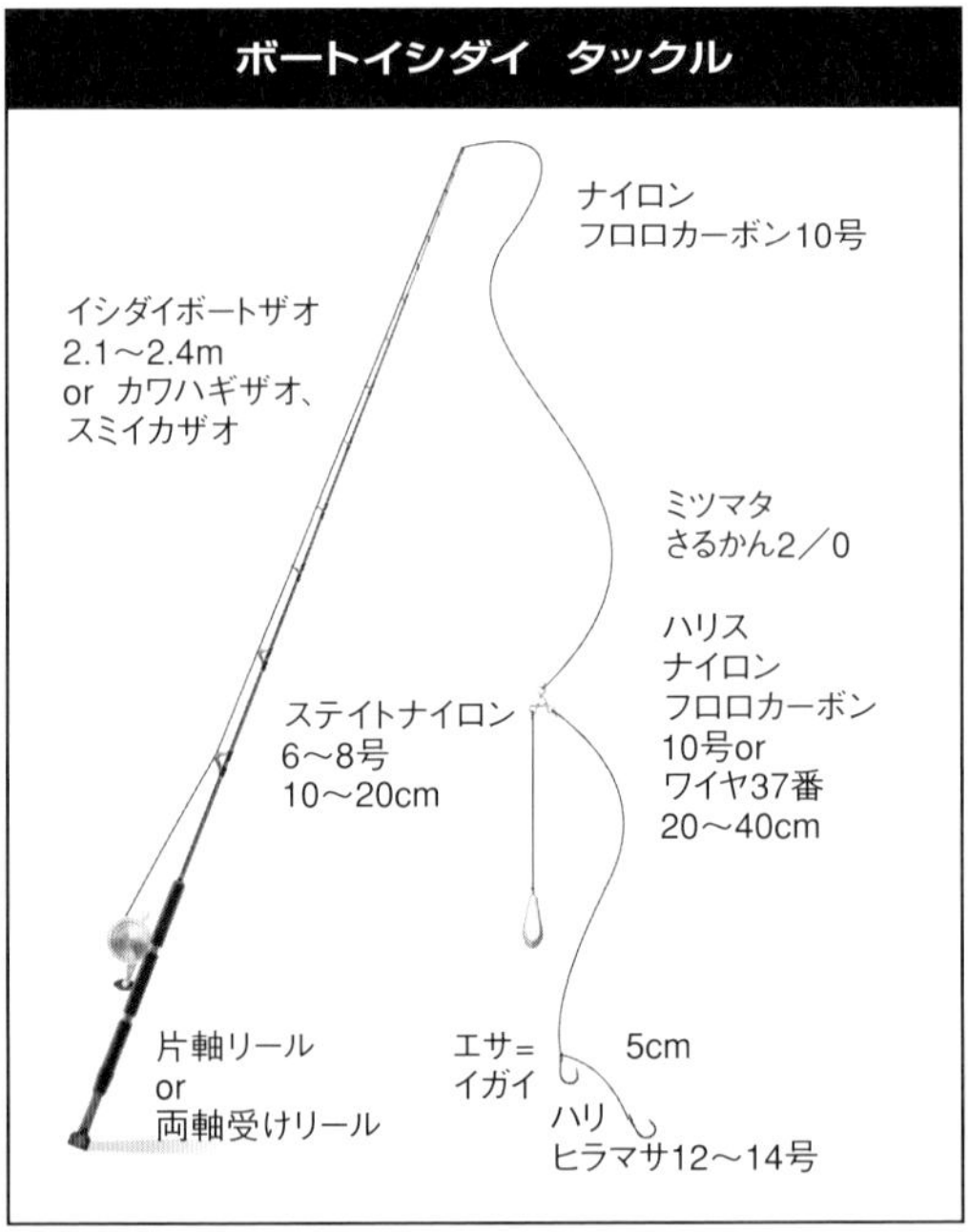

大手メーカーの専用ザオはない。注文して作るか自作するしかない。代用品として、カワハギザオかスミイカザオがあげら

れるが、どちらも穂先の感度不足で、胴に乗ったときのパワーも足りない。

ボートイシダイは、細かなアタリを拾わないとヒマでとてもツマラナイ釣りになってしまう。サオが命の釣りだけに、専用ザオがないのはイタイですなあ。あまりオススメはできないが、35号負荷のカワハギザオの穂先を削って感度をあげ、ヘチザオ用のガイドを狭いスパンでぎっしり装着するテもある。

まだまだ、未知の部分がたくさんあるイシダイの生態。日々の行動半径に季節の回遊、それに産卵のための移動。伊豆で放流された個体が四国で捕獲されたり、相模湾から半月で三重まで移動したり、幻の魚とも呼ばれるイシダイは、釣り人のロマンをかきたてますな。

イシダイを食す

まさか、イシダイは釣る魚で食べる魚ではない……などと、思っていないでしょうネ。あるいは、養殖は食べるけれど釣ったのはムリとか。チャンと下処理をすれば問題なく美味な魚です。

そのために、まず釣った直後にしっかりとシメて血抜きをすること。スモールボート程度の小さなイケスに泳がせておくのはダメです。魚拓なんてもってのほか。

でもまぁ、イシダイのおいしいサイズは1～2キロ位だと思うので、それ以上のレコードサイズをゲットしたら、魚拓もあるかもなァ。

ちなみに、自分は35年ほど釣りをしていますが、魚拓は1枚もありません。大物を釣ったことがないのもひとつの理由ですが、釣果は常においしく食べたいと思っているからです。従って、取材で釣果写真を撮るときも、スバヤク魚が温まらないようにしています。

イシダイのような身の硬い白身魚は、下処理をしたあと2～3日寝かせて料理するのが正解。独特の臭みが抜けて味も深くなります。

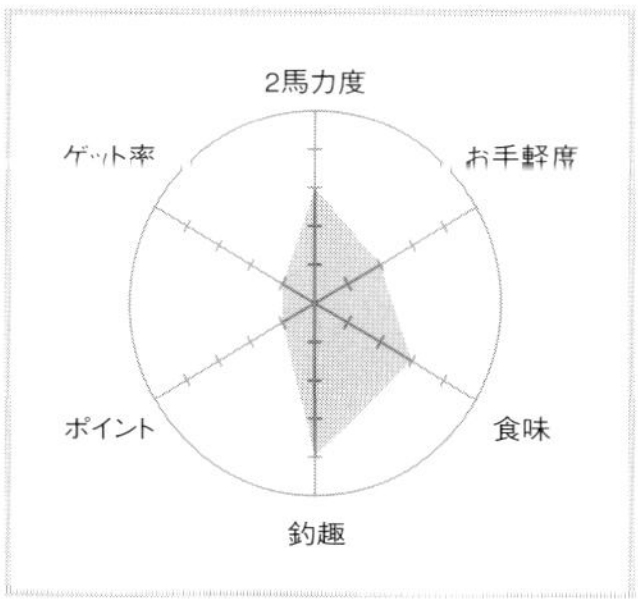

春 夏 秋 冬

7月—10月

カイワリ

外道といえども釣れるとうれしい

体高のある魚体ならではのシャープで鮮烈な突っ込み。そして、食味はアジ科のなかでトップクラス。——カイワリは、釣り好きには気になる存在だ。ビシバシ釣りたいと望むところだが、いかんせん……。

本命魚になれないカイワリ

カイワリは、アジやマダイ、アマダイを釣っていると、外道としてときおり顔を出す。まれに、群れにあたると爆釣することもあるが、本命にすることはかなり難しい。

カイワリは、なぜ思うように釣れないのだろう。大きな群れを作らず、広い砂泥地に小さなグループで回遊しているためか。それとも、単に絶対数が

少ないのか。はっきり言ってようわからん。ただ、釣れるとウレシイ魚に間違いない。

スモールボート釣りでのアベレージは手のひらサイズ。それでも、30センチを超す良型ともなれば、釣り味、食味ともにひと味もふた味も違う。最大は40センチ。そういう私は、いまだ36センチオーバーをゲットしていません。あぁ、デカイワリ釣りたい。

魚名の由来

生息域は本州中部より南で、日本海側は能登半島以南、太平洋側では千葉より南が主な釣り場になる。岸近くの比較的浅い場所から、水深２００メートル前後の砂泥地にすむので、スモールボートで十分に手の届くエリアである。

さて、カイワリという名前の由来だが。どこから見ても、貝を割って食べるような口ではない。摂餌は、環境や口の形から考えても、砂を噴きつつ海底にいる甲殻類や環虫類をついばんでいる感じだ。

由来の正解は、尾ビレの形が、発芽したばかりの植物の双葉の形に似ているからだとか。しかし、もともと貝割れ大根などの貝割れ菜の語源は、二枚貝の形からとったもの。したがって、海～陸～海と、名前の由来がローテーションしていることになる。それにしても、同じような尾ビレのアジ、サバ、ウミタナゴ、サッパ、カマスなどはチャンとした(?)名前が付いているのに、なぜカイワリはかいわりなのだ。誰が命名したのか？　もっとカイワリにふさわしい名前があったのではないか！　と思うのですが……。

その点、カクアジ、メヒカリアジ、ピッカリ、ギンダイなどの地方名はわかりやすい。まぁ、なかにはグイ、コセ、センメ、モチノウオなんて、しっくりこない地方名もありますがね。

また、この魚にはもうひとつ特徴がある。10センチ未満の幼魚のときに、パイロットフィッシュとしてほかの魚に寄り添うように泳ぐ。一般的にパイロットフィッシュというと、大型魚の周りを小さな魚が一緒に遊泳するイメージだが、カイワリの場合はべったりとすり寄る感じで、相手も自分と

ポイント

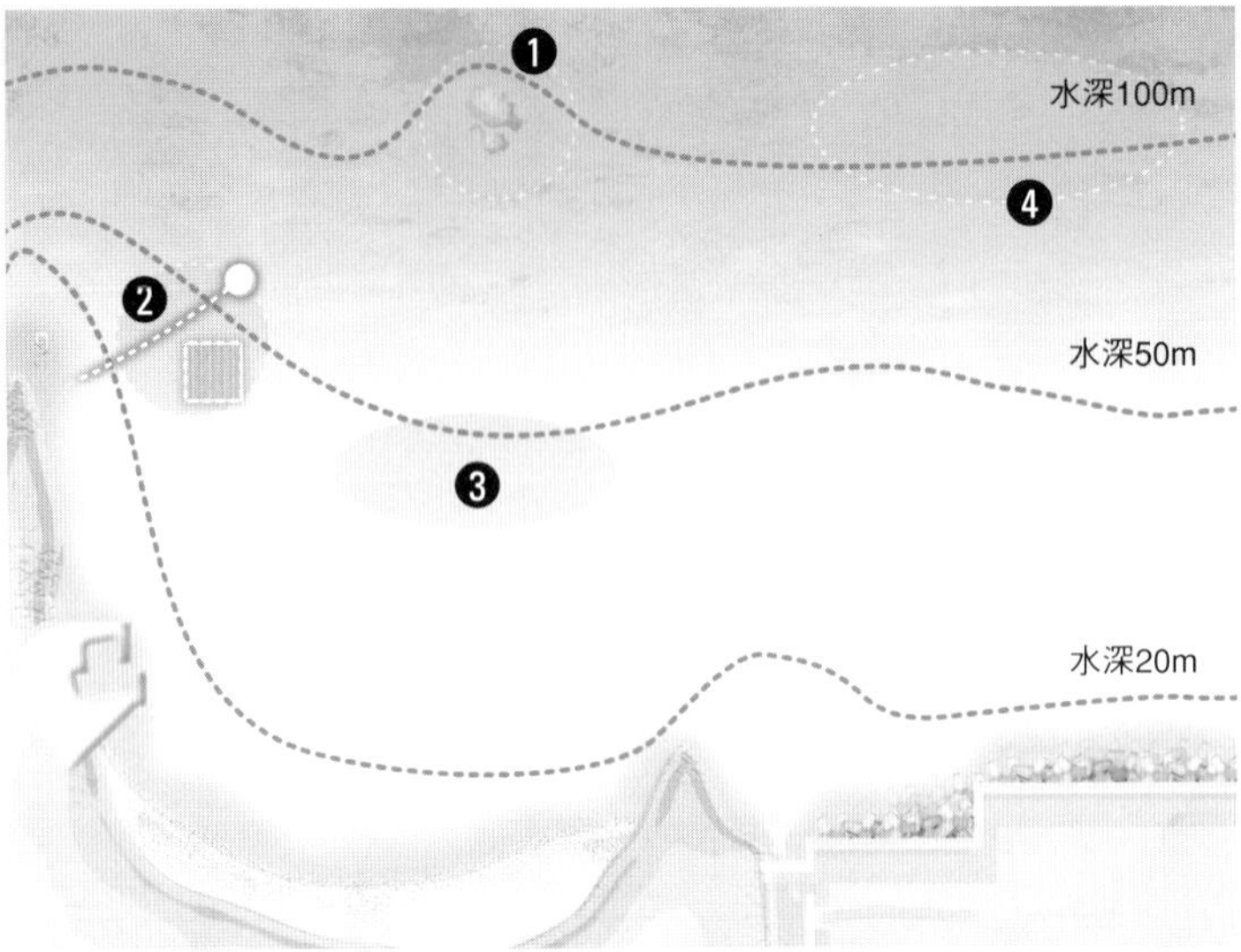

カイワリ

大して変わらない大きさの場合もあり、はた目にはラブラブ状態。海中で見るカイワリは美しく、ダイバーにも人気があるようだ。

釣期&ポイント

カイワリは1年中釣れるが、スモールボートでの釣期は5月から12月ごろまで。チャレンジするなら、初夏から秋の時期に、マダイやアジのポイントをコマセ釣りで攻める。晩秋から春はアマダイポイントを流す。釣れないときはまったく姿も見せないカイワリだから、最初から本命にするのは避けたほうがいいかもしれません。まずは、ほかの魚とのコラボ狙いをオススメします。

　ポイント図の①では、根周りの砂地をメインに潮流しする。水深は80〜120メートルくらいが理想。短ハリスのコマセダイ仕掛けかウイリー仕掛けで。

　②の定置網周りは初夏から秋のポイント。当然、定置網への係留や接近は

禁止されているので、沖側の一番遠いブイの、さらに沖側の海底にあるアンカー周辺を攻める。これなら定置網からかなり離れた場所になるハズだ。そして、ロープに絡まないサビキ仕掛けが有利。浅い場所ではジギングやソフトルアーも面白そうだ。

　ポイント③も、初夏から初秋のポイントで、水深20～40メートル程度の根が点在する砂地。30メートル以上あればウイリーも可能かな？　基本的にはRT（ライトタックル）アジ感覚でOK。アンカリングなら、ウキ仕掛けで広範囲をカバーする。

　④は、水深60メートル以上のアマダイポイント。アマダイ仕掛けでシーアンカー流しをする。アマダイ仕掛けのほか、サビキ仕掛けでもいいし、アマダイ仕掛けのテンビンにコマセカゴを付けた変則（反則？）仕掛けもおもしろい。関東方面なら12月いっぱいまで釣れる。

タックル、仕掛け&釣り方

　本命魚になれないカイワリは、これといった釣り方がないので困る。とりあえず本命をメインに釣り、少しでもカイワリがヒットしやすいよう工夫してみよう。

アマダイ仕掛け

　カイワリエリアで一番深いアマダイポイント。普通は60号以上のオモリを使う。水深と潮の速さにもよるが、それにあった胴調子のサオに電動リールのセットがラクチン。

　仕掛けは、全長2～3メートル、2本バリのアマ

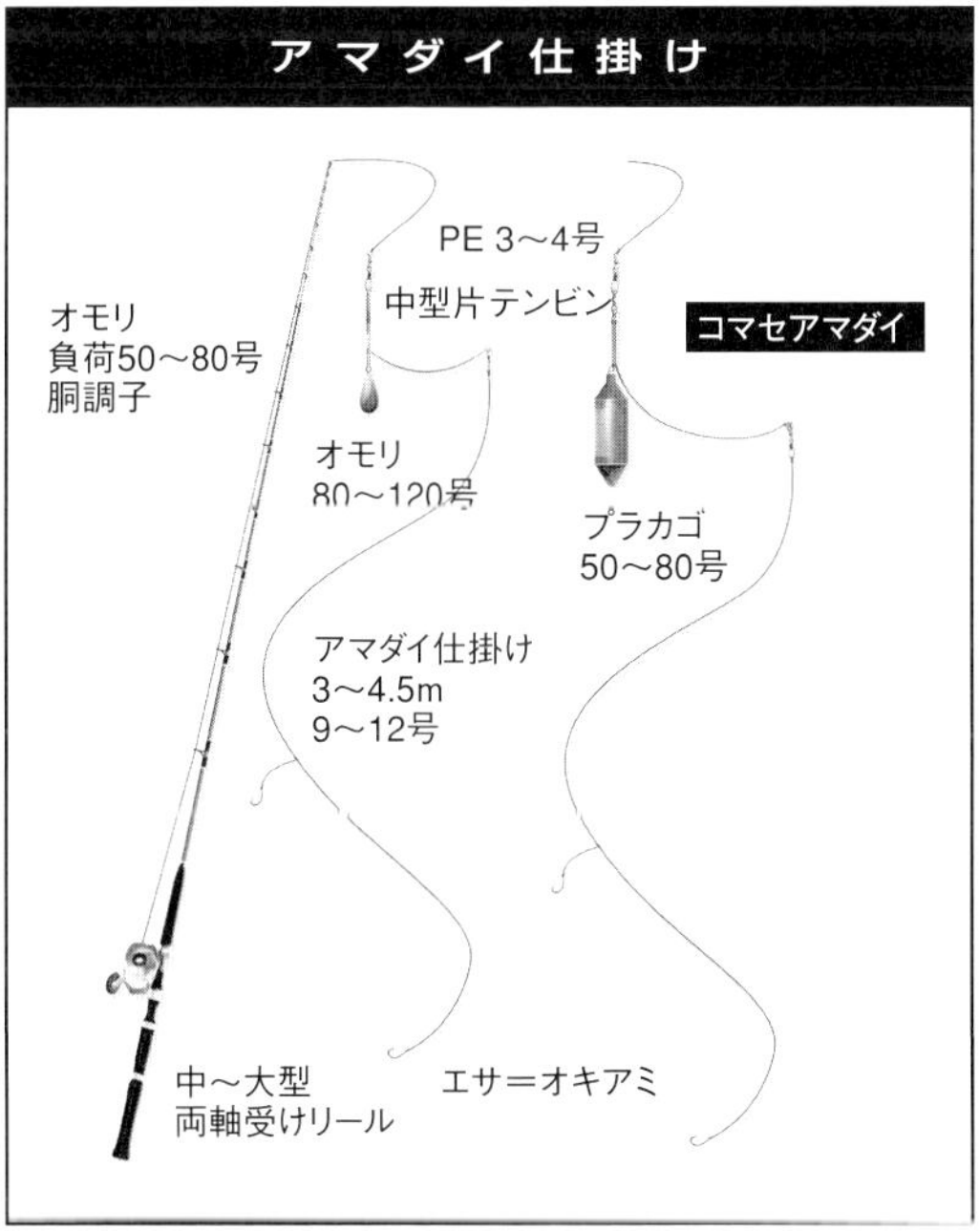

カイワリ

ダイ仕掛けで問題なし。アマダイ仕掛けなら当然のことながらアマダイも望める。

　ただ、カイワリのアタリが多く、カイワリを重点的に狙いたいときは、アマダイ仕掛けのテンビンにコマセカゴを付けてもヨシ。ただし、コマセを使うと余計なエサ取りまで集めることになるので覚悟すること。水深120メートルで、着底直後に付けエサがなくなっても、へこたれてはいけない。たとえ手巻きリールでもネ。

　タナは、もちろんベタ

コマセダイ仕掛け

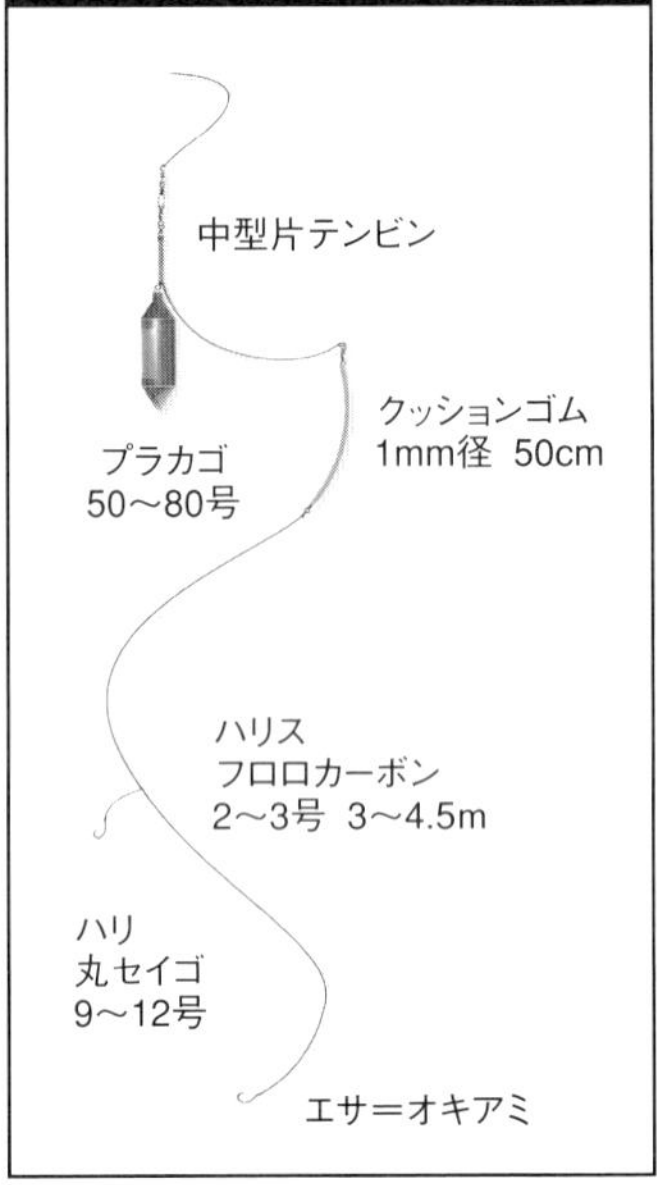

サビキ仕掛け

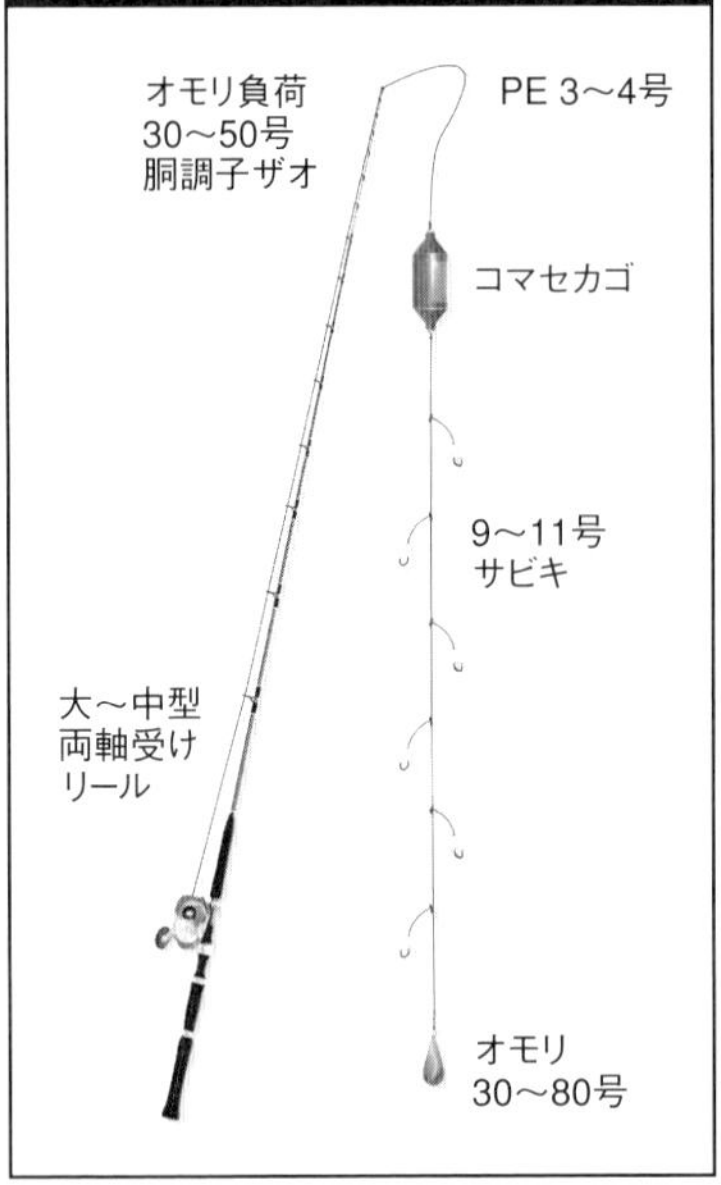

ウイリー仕掛け

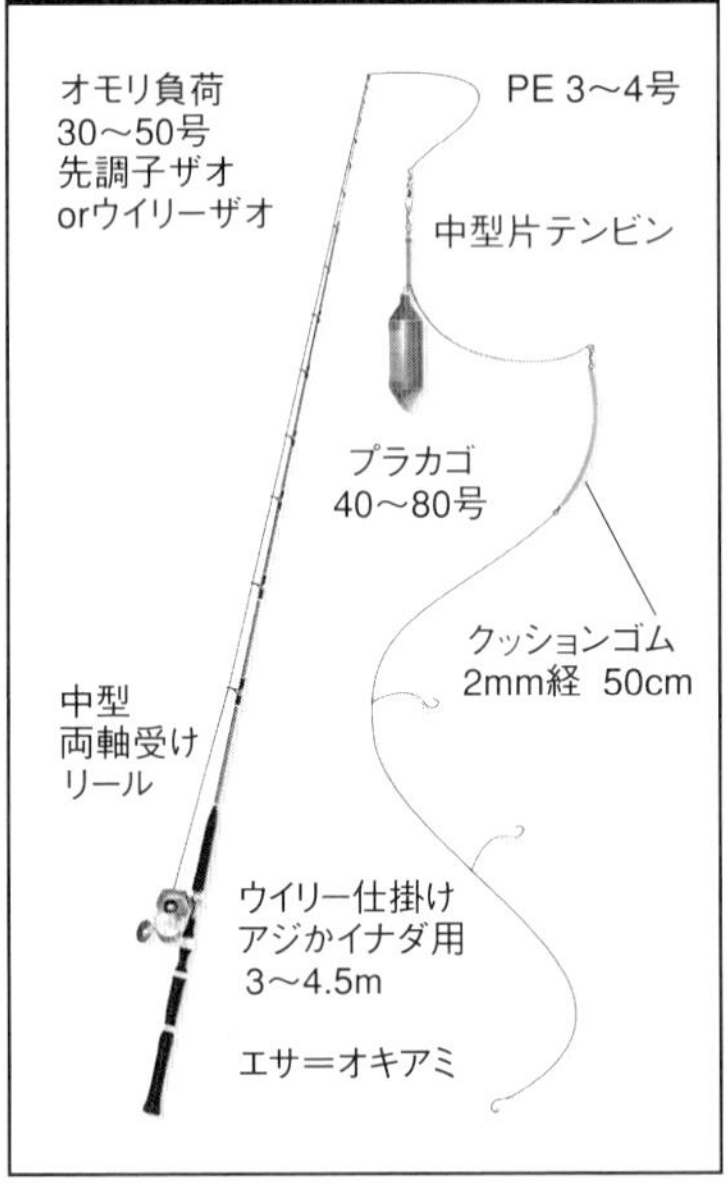

底。風があるときや潮が速くてオモリが上ずってしまうときは、ラインを余計に出して底ダチをとるようにするといい。

定員2～3人のスモールボートなら少々ラインを出しても乗合船のようなオマツリ騒ぎにはならないから大丈夫。余計に出した分だけ、巻き上げは大変だろうなァ。

コマセダイ仕掛け

水深40～80メートル程度のポイントで、ノンビリ釣るならコマセダイ仕掛けで。ただ、カイワリはシマアジ同様コマセに突っ込んでくる習性があるため、ハリスの長さを3～4・5メートル程度に短くすること。もしくは、10メートルハリスのコマセダイ仕掛けの、カゴから1～3メートル付近に枝バリを付けておくと、マダイとカイワリの両狙いも可能です。が、オススメはしません。

コマセダイ仕掛けでは、マダイ釣りと同じように置きザオでジックリ粘ってみる。ただ、粘るといっても仕掛けを入れっぱなしではダメ。コマセを切らさないよう少量ずつ撒くように心がけ、ベタナギの日はある程度の誘いが必要になる。タナは、ベタ底から3メートルくらいまで。

ウイリー仕掛け、サビキ仕掛け

定置網やイケスなどの障害物周りでは、多くのエサ取りが集まるし、ジャマな固定ロープもあり、サビキ仕掛けかウイリーシャクリが釣りやすい。沖側でウイリー、岸側でサビキと使い分けるテもある。

攻めのウイリーシャクリは、獲物を手にしたあとの充実感は他の釣りと比較にならない。カイワリのサイズが小さければアジ用、大きければイナダ用の市販ウイリー仕掛けで問題ナシ。

サオは、ウイリー専用ザオがあれば申し分ないが、先調子のサオで十分。ウイリーはシャクリのスピードとタイミングがすべてである。一概には言えないが、カイワリには、シャクリのスピードは控えめで、ストロークも短めがいいようだ。それでアタリがなければ、いろいろなパターンを試してみるしかない。タナはベタ底で、深い場所なら底から15メートルくらいまで探ってみよう。

サビキ仕掛けは10号前後をチョイス。なかでも、

カイワリ

ミキイトが太いもの（4〜5号程度）は、重いオモリを使っていてもラインブレイクの心配がない。水深20〜30メートルくらいの場所でも40〜60号のオモリを使うと、沈下スピードが増してジャマなサバやソウダガツオをかわすことが可能になる。タナは、ベタ底から3メートル。

定置網などの障害物周りでの釣り方のコツは、一度ポイントを決めたら移動せず、そこで粘ること。アタリがなくても、ほかの魚と一緒にカイワリが回遊してくることもあるので、とにかく粘る。下手な移動はイタチゴッコになりかねないのだ。「ここで釣っていれば絶対に釣れる」と、自己暗示をかけて粘りきる。

シロギス仕掛け、ウキ仕掛け

最後は浅場。盛期のマヅメ時には、陸からのブッコミ釣りで釣れるほど接岸することもある。しかし、あまりに岸近くでは釣りにくいので、浅くても水深20〜30メートルの砂泥地が狙い目。それでも、本命にはしない。〝カイワリが交じればもうけもの〟程度に抑えておこう。

水深が15〜30メートルであればサビキかウイリーでのアジ釣りをメインに。それよりも浅い場所では、シーアンカー流しのシロギス釣りで。どちらの釣りも本命仕掛けにカイワリはヒットする。

アンカリングするなら

シロギス仕掛け

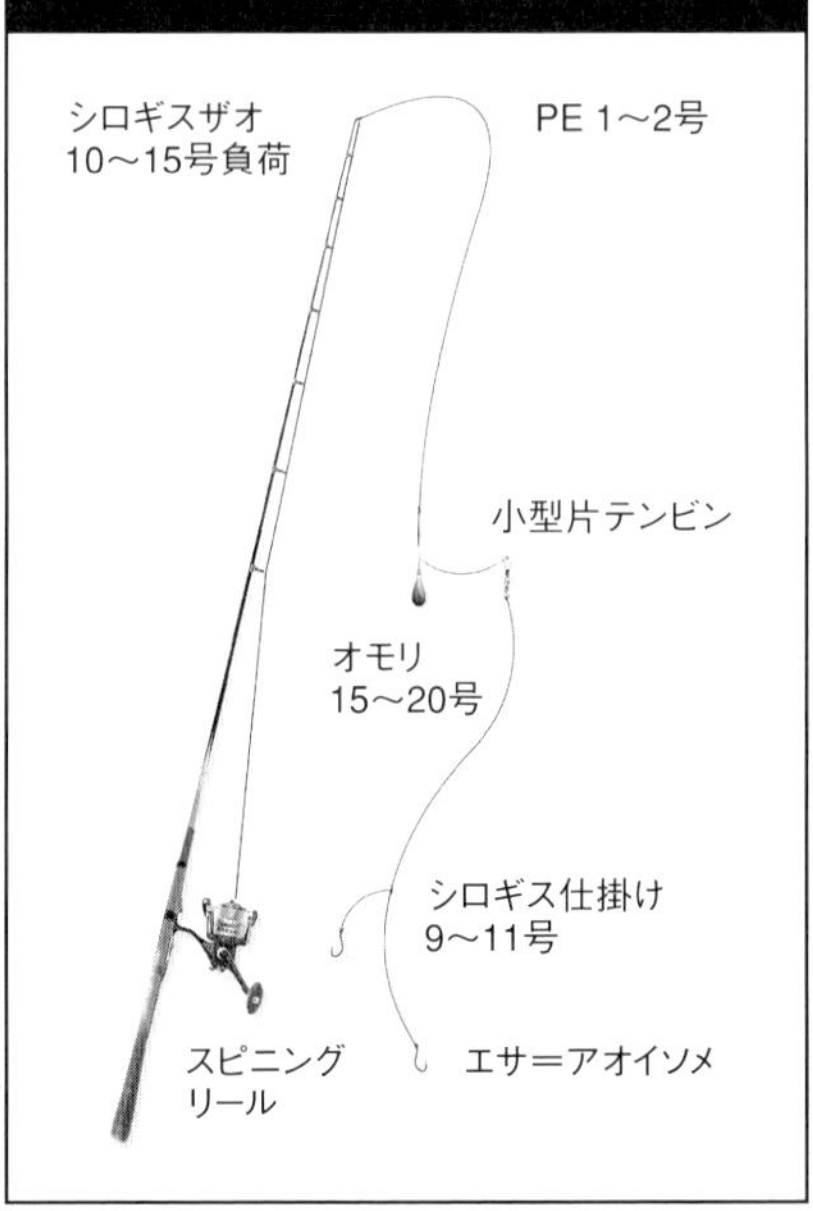

ウキ仕掛け（深場）

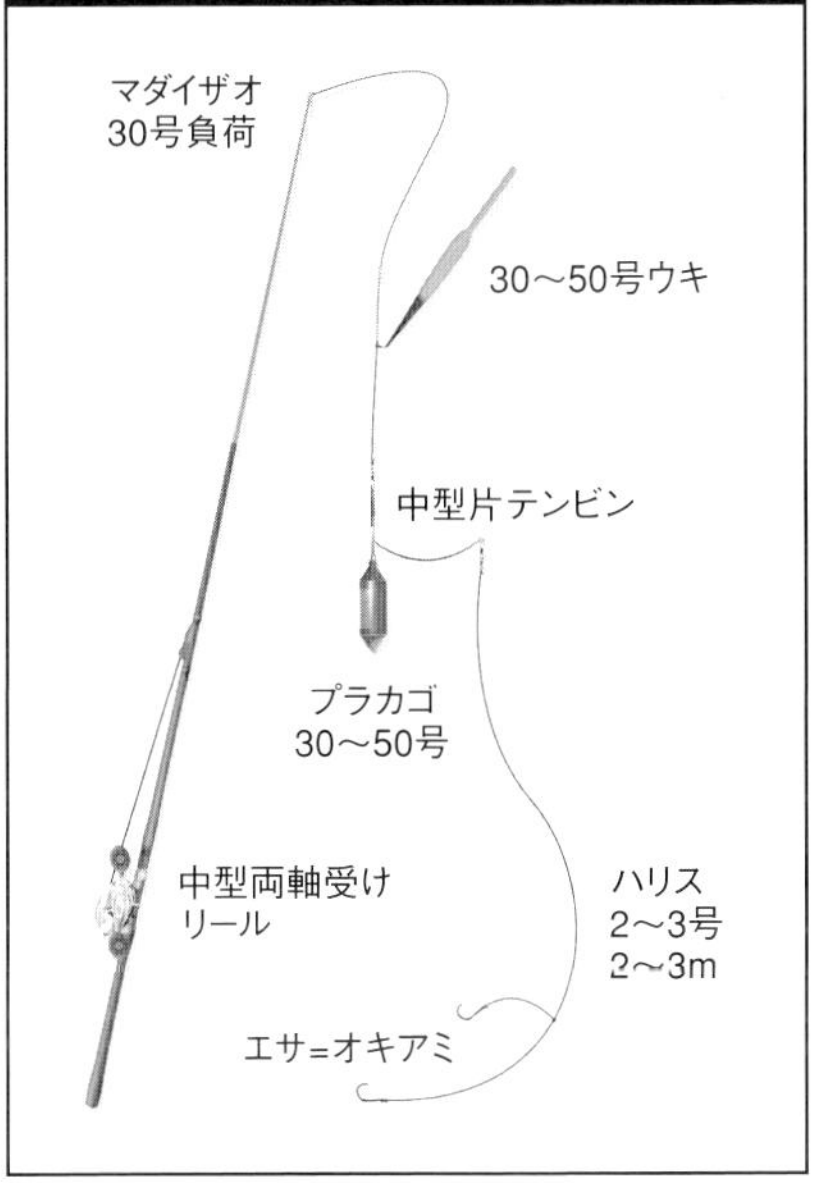

ウキ仕掛け（浅場）

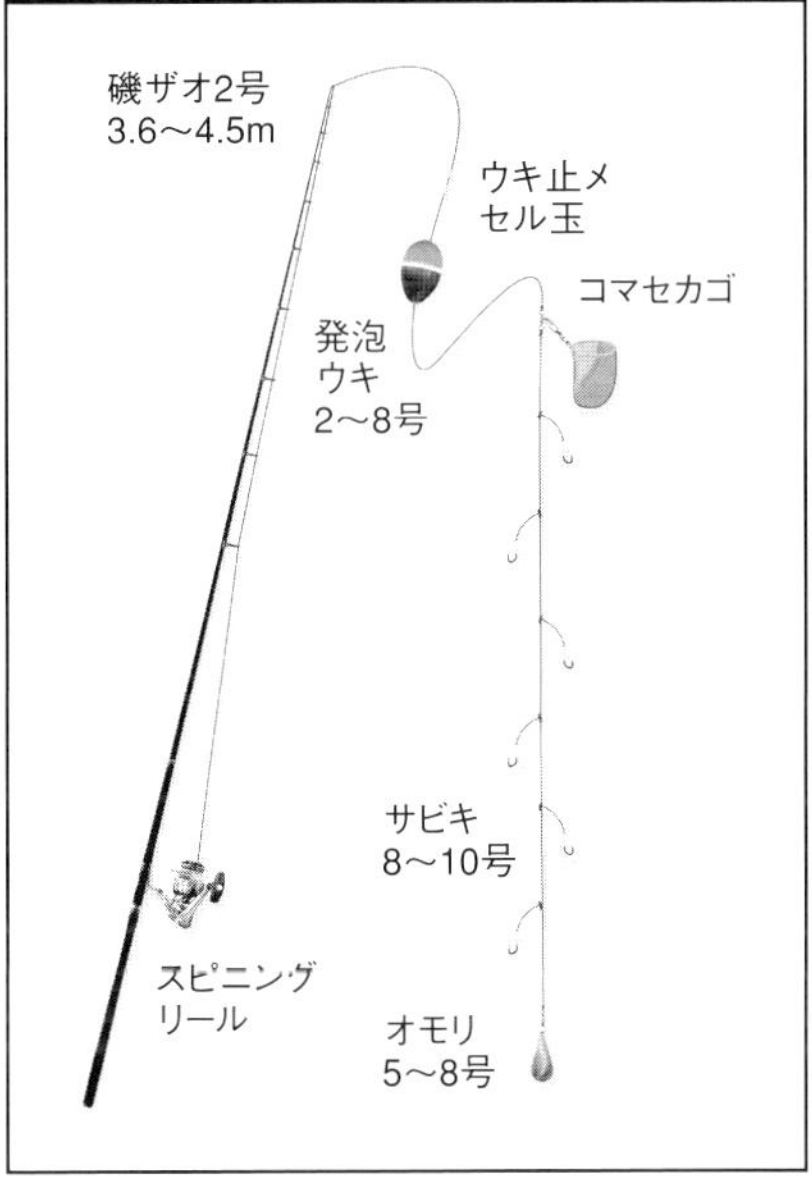

広範囲を探れるウキ釣りが効果的です。ウキの仕掛けは片テンビンの2本バリか、手っ取り早いサビキ仕掛け。タックルは、オモリが7~8号までなら2号の磯ザオがベスト。もちろん、それなりのウキがあれば深場でもOK。50号くらいのオモリが背負えるウキ仕掛けには、3メートル30号負荷のマダイザオがちょうどいい。リールはスピニングを。

蛇足ですが、カイワリには白いのと黒っぽいのと2種類がいる。生活環境の違いか、エサの違いか、はたまたシマアジのように遺伝的に2種のグループがあるのか。私に分かるわけもございませんが、はっきりしていることは白と黒では、なぜか味が違うこと。白がうまいか、黒がうまいかは好みによるが、私は、東京湾湾口でアジに交じって釣れる、黒っぽいヤツが好きだな。

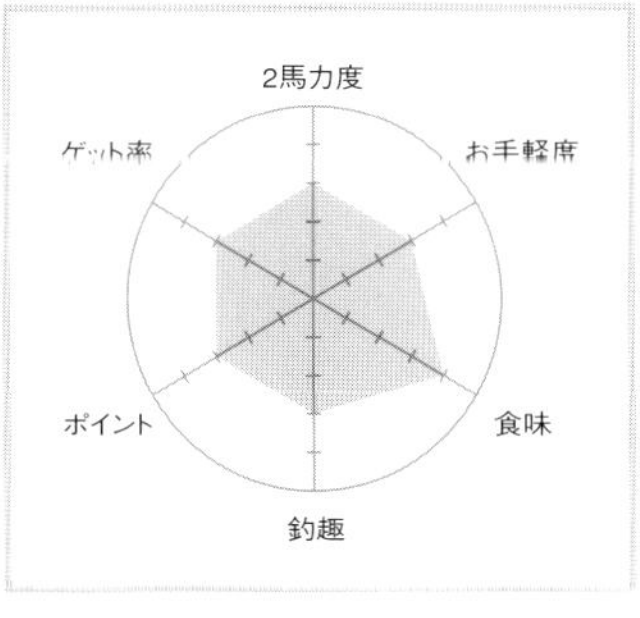

カサゴ

「浅場に接岸する夏が狙い目の高級魚」

カサゴはロックフィッシュの代表格。夏は浅場に接岸するためスモールボートで気軽に釣れる。昔から親しまれてきた魚だけれど、今ではチョットした高級魚だ。

ガシラ、ガガラ、ボッカ、アラカブ、ホゴ、アカメバル……などなど、カサゴの地方名は多い。なにしろ、一年中狙えるし、水深1メートル未満から100メートル以上まで幅広いエリアで釣ることができる。そのせいか、釣り船などでは釣りものが少なくなる冬季に釣らせたりするが、スモールボートでの釣りなら、大型のカサゴが浅場へ寄ってくる夏場がベストシーズンといえる。

カサゴは、最初のアタリこそハッキリしているが、あとのヒキは大口を開け

ているためか重いだけ。シャープな突っ込みや三段引きなどのアクションとは無縁。それでも、良型のカサゴはそれなりのファイトをしてくれる。じっくりエサ釣りで狙うか、ルアーでオシャレに攻めるか、好みで釣り分けができるのがうれしい。

カサゴは近似種が多い

カサゴは個体により色や模様がさまざま。浅い場所では褐色、深場では赤い色をしているが、どちらも保護色。深いところでは赤色は目立たないのである。海底が汚れている東京湾奥のカサゴは真っ黒ですヨ。

産卵期は冬から春で、メバルと同様卵胎生。冬にカサゴを釣ると、ポロポロと腹から稚魚がこぼれてかわいそうだし、産卵期は身が薄くて食味もイマイチ。資源保護のためにも、やっぱり夏に釣るべきだ。

ちなみに、20センチの成魚になるまで4～6年かかる。釣りすぎて個体数を減らさないように注意したいね。大きな回遊をしないカサゴは、釣りきってしまえばそれまで。18センチ以下はリリースしよう。「磯のカサゴは口ばかり」なんて言葉があるくらいに身が少ない魚でもあるし……。

カサゴはフサカサゴ科カサゴ属。アコウダイを含むメバル属やオニカサゴ属、ユメカサゴ属など近似種が多い魚でもある。そして、カサゴ属はカサゴ、ウッカリカサゴ、アヤメカサゴの3種類。なかでも、カサゴと別種なのに1978年までうっかり見逃していたため命名されたウッカリカサゴは、なかなか見分けがつかない。沖の深場で釣れる大型はほとんどがコイツだ。

私も以前、真鶴の水深100メートルで37センチのカサゴを釣ったと自慢していたが、実はウッカリカサゴだった。

カサゴとの違いは、魚体の白点が不明瞭か白点に縁取りがないのがカサゴで、白点が小さくはっきりしていて縁取りがあるのがウッカリカサゴ。また、胸鰭軟条数《きょうきなんじょうすう》でも区別できる。カサゴは18本、ウッカリカサゴは19本だが、18～20本の間で個体により変化する場合もあるので一概には決めつけられ

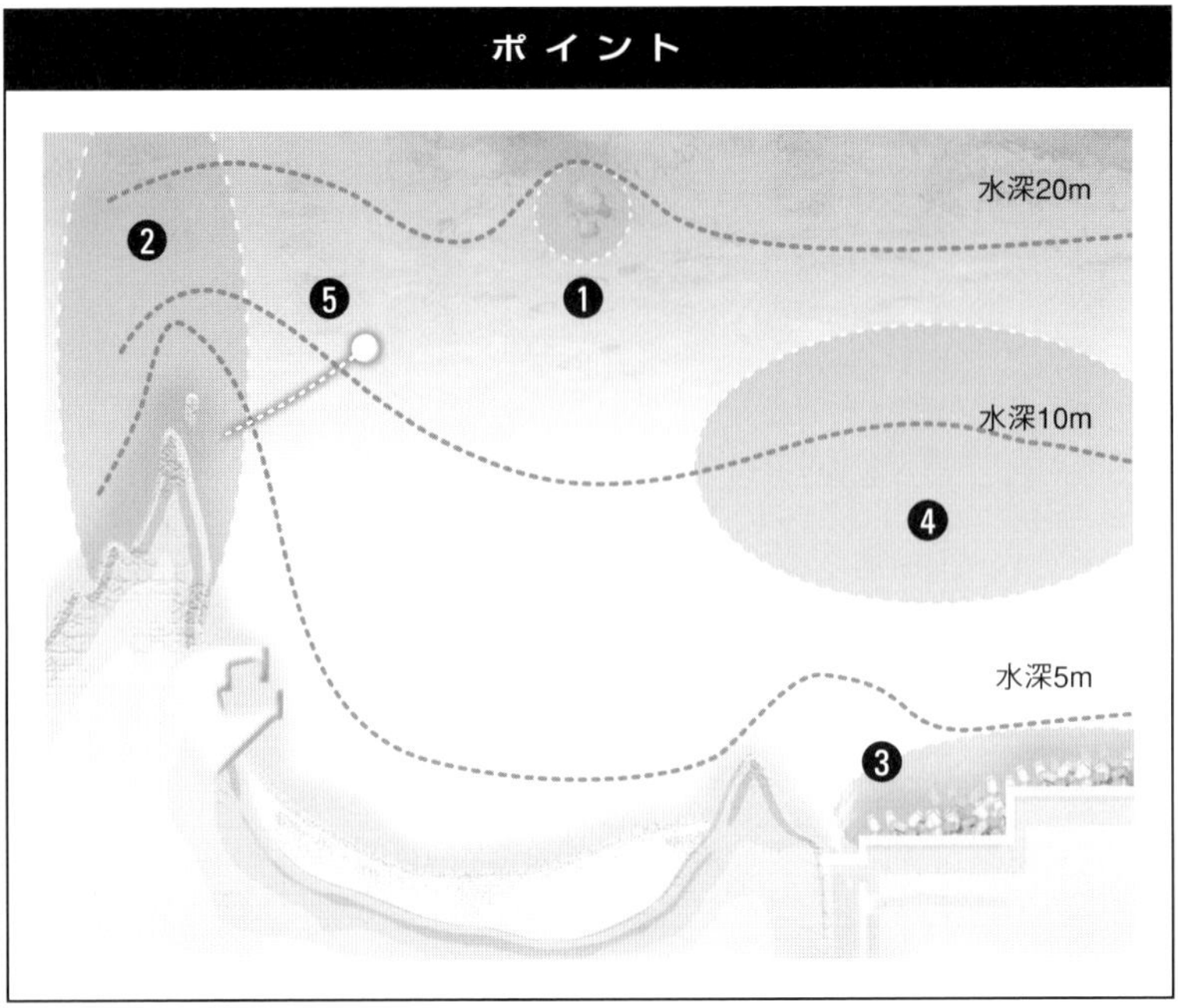

ない。

　また、沖で黄色っぽいカサゴが釣れたら、それはアヤメカサゴだ。黄色斑と目の下にあるトゲが特徴である。浅場なのにやけに赤いカサゴはイソカサゴ（イソカサゴ科）。コイツは小さいくせにヒレで指などを刺す。刺されると猛烈に痛いので要注意。エラブタにある黒点と、尾ビレの赤点（カサゴは白斑）で見分けることができる。

　ヒメヤマノカミ、ハオコゼ、ミノカサゴなどは、カサゴ釣りで混じる危険な魚だ。また、オニカサゴ（イズカサゴ）も、ヒレやトゲを刺すとかなり痛いが、危険だからといってコイツの良型をリリースする人はいないネ。また、私は食べたことはないが、ミノカサゴもウマイらしい。

ポイント

　ポイント図を作ってみると、イチオシはやはり沖にある単独根とその周辺①。ほかには、岬周りのカケアガリの岩礁と、岬先端から沖へ延びる根②も狙い目だ。護岸テトラの際③とその沖④が岩礁帯ならば攻めてみる価値はある。さらに、定置網周りも、係留や接近禁止でなければ見逃せないポイントになる。

カサゴは根やテトラの穴に身を隠していることが多いが、まれに、砂地にぽつんと単独でたたずんでいる場合もある。

また、アンカーの届かない深場では、エンジン流しでピンポイントの根を攻めるか、シーアンカー流しで広い範囲を探ってみよう。なにしろ、水深１メートル未満から１２０メートルくらいまでとヒットレンジが広いので、ポイントは豊富だ。セオリーを無視して、人が探らない場所を攻めてみるのもおもしろいぞ。

釣法

エサ釣りは、ドウヅキ仕掛けが一般的だが、根が平坦ならば片テンビン仕掛けが有効。それに、ドウヅキと片テンビンをミックスさせた欲バリ仕掛け、なんていうのもあるのです。

広い岩礁帯を探るのならウキ釣りが効果的である。また、人気のルアーは、底を釣るので水深20メートルまでが釣りやすい。ジグヘッドとワームで海底をガリガリとズル引きするのが基本。

エサは一般的な魚の切り身と、生きている小魚をエサにする生きエサ釣りでもＯＫですが、良型のヒット率が高い生きエサ釣りの方が資源保護の点でオススメ。

タックル&エサ

エサ釣りや生きエサ釣りのサオは、オモリにあった胴調子で、長めのサオが扱いやすい。オモリはだいたい、水深のメートル数と同じ号数が目安。水深50メートルならばオモリ50号。ただし、潮が速いときや生きエサ釣りでは、重めのオモリを使うほうが釣りやすい。超浅場ならばシロギスタックルの流用も可能だ。ただし、リールは両軸受けタイプを。

ラインは、浅場ならばＰＥ１・５～２号。50号以上のオモリを使う深場ではＰＥ２～４号に。

ウキ釣りなら、２号４・５メートルクラスの磯

ウキ釣り

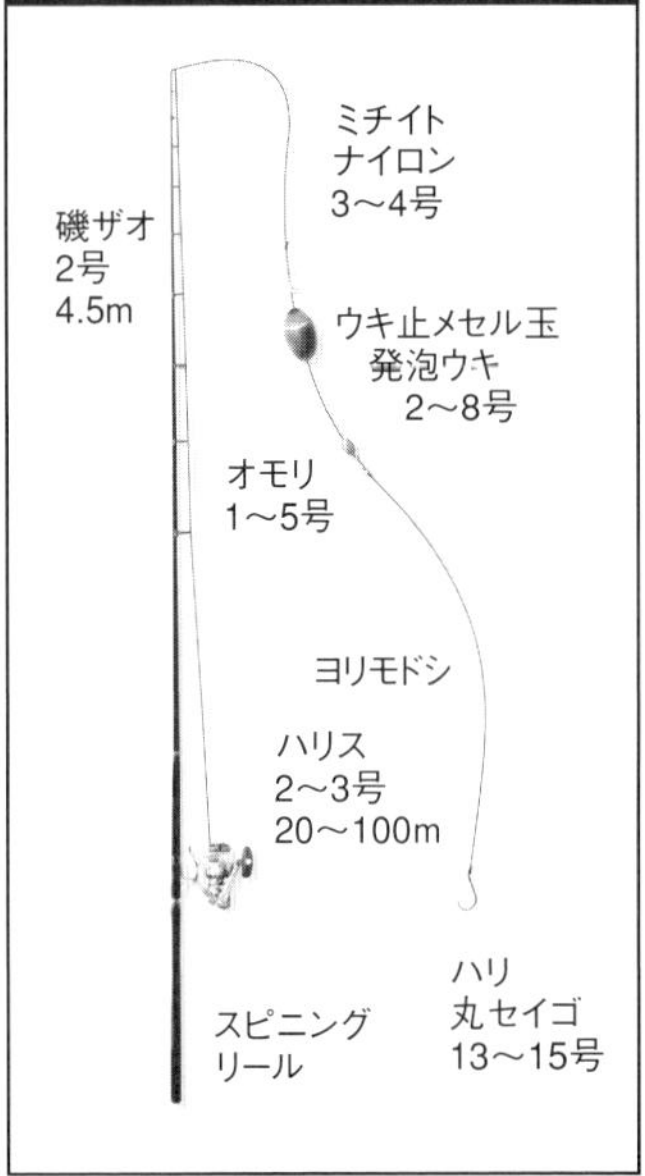
ミチイト
ナイロン
3〜4号
磯ザオ
2号
4.5m
ウキ止メセル玉
発泡ウキ
2〜8号
オモリ
1〜5号
ヨリモドシ
ハリス
2〜3号
20〜100m
ハリ
丸セイゴ
13〜15号
スピニング
リール

ルアー釣り

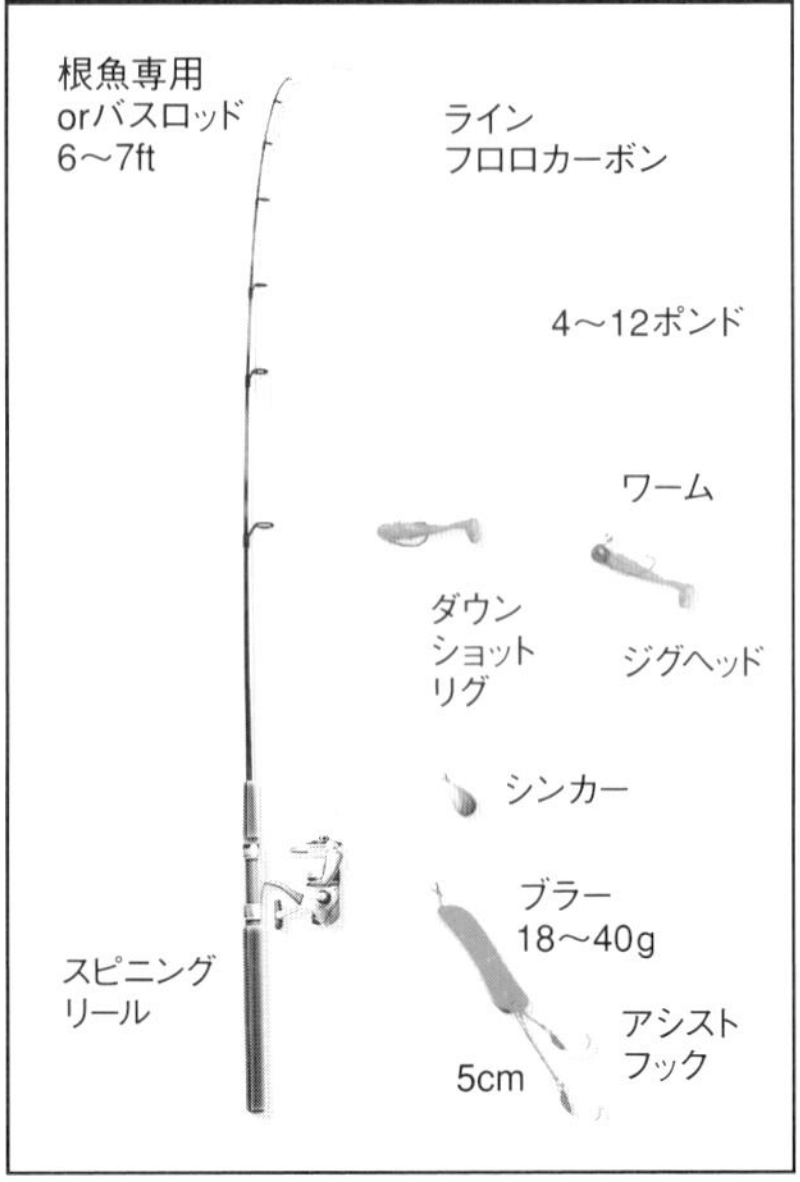
根魚専用
orバスロッド
6〜7ft
ライン
フロロカーボン
4〜12ポンド
ワーム
ダウン
ショット
リグ
ジグヘッド
シンカー
ブラー
18〜40g
スピニング
リール
アシスト
フック
5cm

生きエサ、エサ釣りタックル

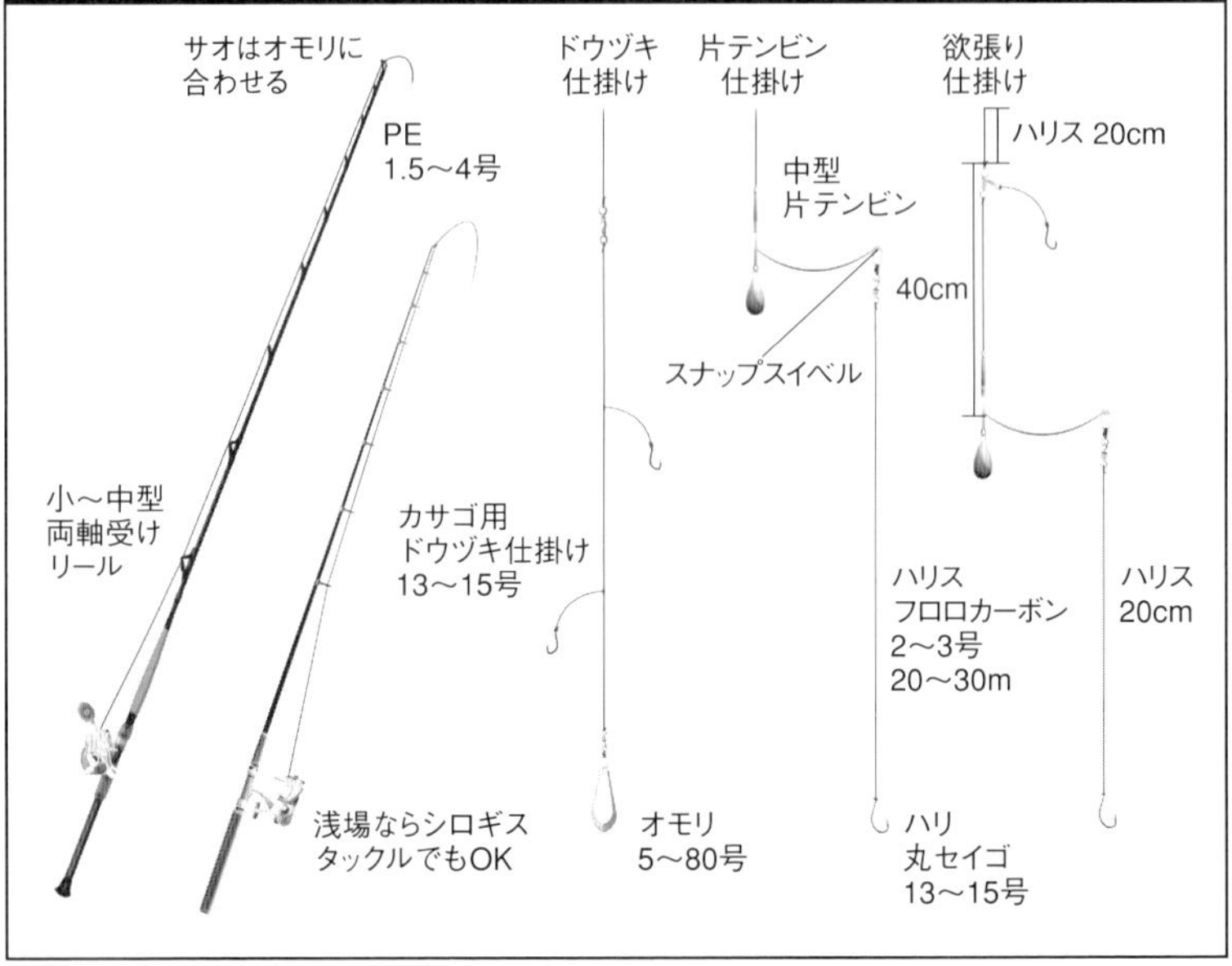
サオはオモリに
合わせる
PE
1.5〜4号
小〜中型
両軸受け
リール
カサゴ用
ドウヅキ仕掛け
13〜15号
浅場ならシロギス
タックルでもOK
ドウヅキ
仕掛け
オモリ
5〜80号
片テンビン
仕掛け
中型
片テンビン
スナップスイベル
40cm
ハリス
フロロカーボン
2〜3号
20〜30m
ハリ
丸セイゴ
13〜15号
欲張り
仕掛け
ハリス 20cm
ハリス
20cm

ザオにスピニングリールの組み合わせで、ラインはPEの1・5〜2号、あるいはナイロンの3〜4号。そして、ウキは2〜8号の発泡ウキを使用する。

エサは、イカ(塩辛もいける)やサバなど魚の切り身、冷凍のイワシやキビナゴに、アオヤギなどの貝類、オキアミ、アオイソメなどさまざま。フグなどのエサ取りに強く、大型がヒットするような大きめのエサが効果的だ。

生きエサは、モエビ、イワシ、キビナゴ、イカナゴ、ドジョウなど。なかでもドジョウは、海水中でも数分は生きているし、死んだとしても硬直するまでは使用可能。イケスなどの装備のないスモールボートには手軽なエサですな。

ルアーロッドは、根魚専用ロッドか6〜8フィートのファーストテーパー。それに、ヒットしたカサゴが根にもぐらないようなパワーも欲しい。ワーム専用のBBロッドでもよい。リールはスピニングで、ラインは根の険しさに合わせて4〜12ポンドのフロロカーボンを。

ルアーのワームは、ストレートテールかシャッドテールがオススメ。カラーは、クラブか甲殻類をイメージしたクロー系を。ジグヘッドは水深に合わせて。ブラーなら18〜40グラムで、切り身エサやイソメ、ドジョウ、カニなどさまざまなエサを試してみよう。アシストフックを付けても効果的だ。根掛かり防止にBB用のウィードガードも便利なアイテムである。

ポイント&釣り方

エサ釣りと生きエサ釣りは、根が険しければ、水深にかかわらずドウヅキ仕掛け、比較的根が平坦ならば片テンビン仕掛けを使う。

ドウヅキ仕掛けは、オモリを海底に着けた状態で、ミチイトを張ったり緩めたりして誘いをかける。また、浅場でのアンカリング時ならば、仕掛けを遠投してはわせ、すべてのハリを海底に近づけてヒット率を上げる方法もあるが、これは根掛かりのリスクも高くなる。

片テンビン仕掛けは、エンジン流し釣りではトントンとオモリが海底をたたくようにタナを取り、シーアンカー流しなら仕掛けの長さ分だけオモリを上げてアタリを待つ。いずれも着底と同時にヒットすることが多いので、着底直前はサミングして沈下スピードを抑えるようにする。アタリが出ない場合は、たまにシャクってエサを目立たせてフォール後のヒットを誘うのがミソ。

一方、ウキ仕掛けは、生きエサ釣りにピッタリ。ポイント図では④周辺がオススメ。アンカリングでの釣りになるため、ほかのドウヅキ仕掛けなどとの同時進行も可能。ヒット率倍増まちがいなしだ。ウキ下は基本的に水深と同じにする。ただし、小サバなどの遊泳力のあるエサを使っている場合は、エサが上ずらないよう、ハリスを短くするのがコツ。ドジョウなら、潮が利いているときはウキを沈め気味にして潮で流し、風のあるときには、海面上に出るウキの部分を大きくして風に流す。つまり、ウキが一カ所にとどまっているようではアタリが極端に減るということだ。

②の岬周りも好ポイントになるが、カケアガリではタナボケに注意すること。

ルアーは、ポイント図②の磯際と、③のテトラ周辺、また、④も狙い目になる。②、③では岸と平行にエンジン流しで攻め、根が荒い場所やカサゴが浮いているときなら、ダウンショットリグでシェイキングしてみよう。

④ならアンカリング、あるいはシーアンカー流しも可能。条件次第で、ドウヅキ仕掛けとウキ仕掛けにルアーという、三つどもえ戦もできる。これは2人以上が乗船している場合に都合がいい。

平坦な岩礁帯やカサゴのアタリが少ないところでは、ボトムバンピングでルアーをアピール。もちろん、アンカリングではロングキャストして広い範囲を探るようにする。

カサゴ

カサゴ釣りは、エサや釣り場シーズンにもよるが、メバルを筆頭にマトウダイ、ソイ、アイナメ、ヒラメ、

釣り方

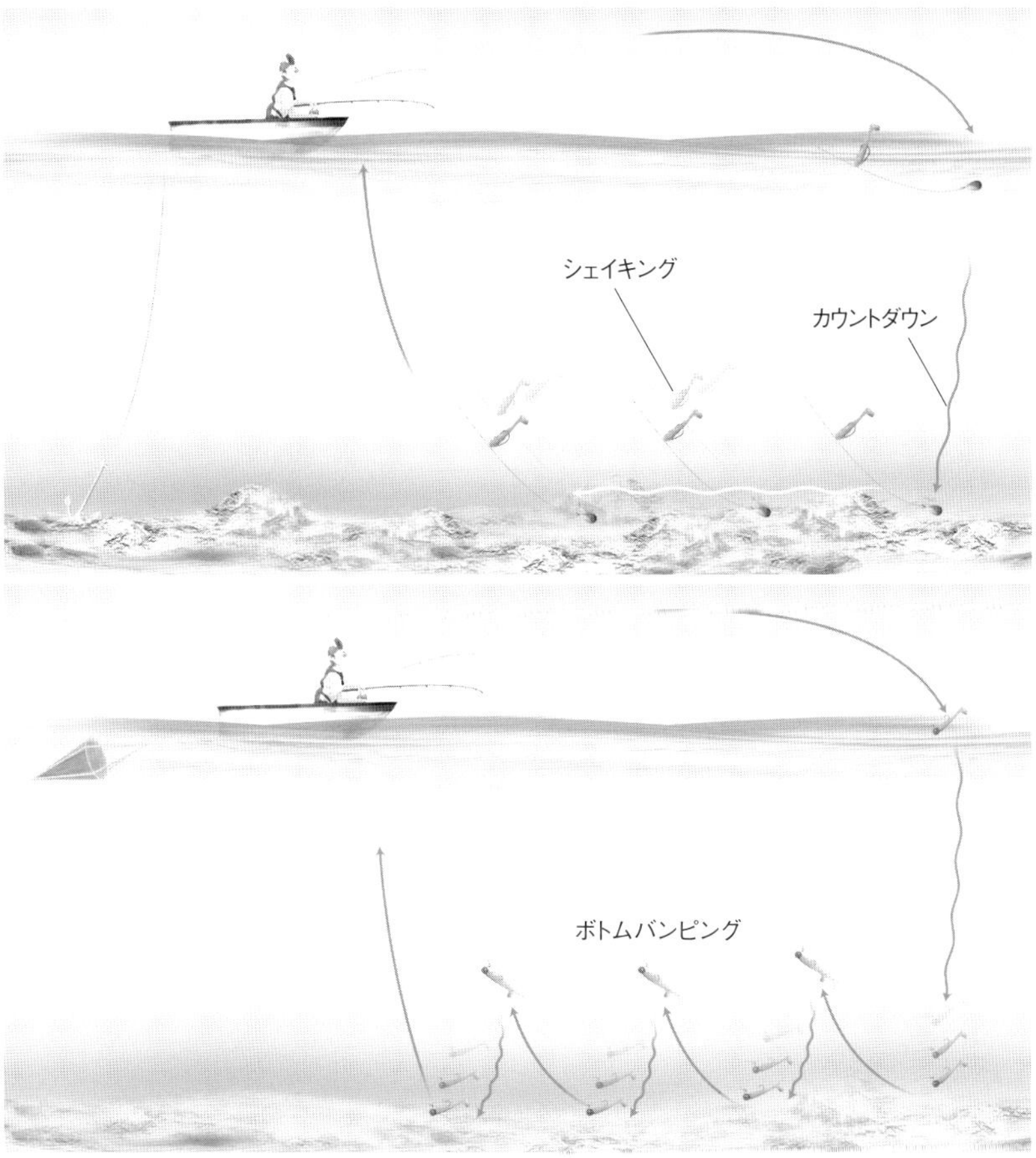

ハタ、マゴチ、サバ、オニカサゴ、スズキ、イナダ、オコゼと、根にいるイロイロな魚が混じって楽しい。もっとも、ウツボ、サメ、エイなど、できることなら参加して欲しくないヤツラもいるし、イカがちょっかいを出して生きエサをボロボロにしてしまうこともあるけどね。

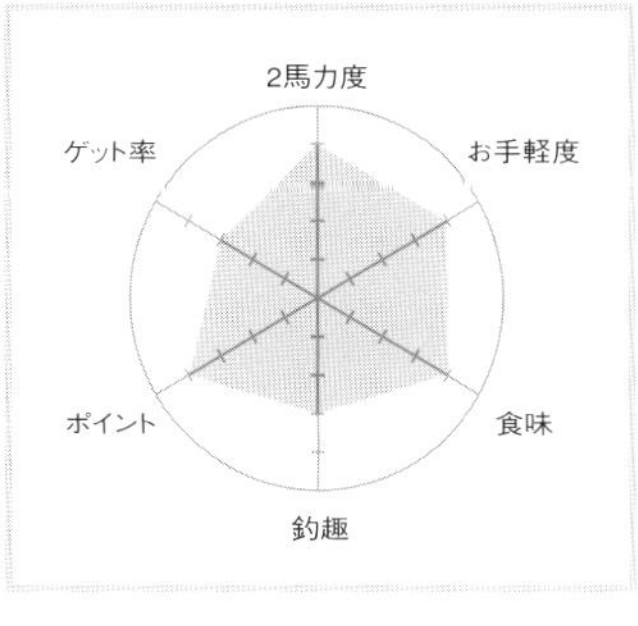

「スモールボート釣りのススメ」

ボート釣りは、いいもんだ!!

その機動性が魅力です

スモールボートのメリットは、なんといってもそのコンパクトなサイズにある。一体型のボートはそれなりのスペースが必要になるが、2馬力エンジンと3メートル未満のインフレータブルボートのセットならば、ベランダに収納可能、マンション住まいでもOKである。

また、経費節減が大事なこのご時世ですからサイフにやさしいのもウレシイ。とくに手漕ぎボートなんて、ボートとオールを調達すれば後はタダ。もちろん、それなりの置き場と釣りのタックルやエサ代はかかりますけど。それにしても、大型クルーザーとは比較にならないコストパフォーマンス。まぁ、クルーザーを持てない貧乏人のひがみと言われりゃそれまでですが、スモールボートは庶民の味方には間違いないです。

さらにスモールボートにとってありがたいことは、「魚が釣れる場所は陸からさして遠くない」ということだ。もちろん、魚種によっては、陸から遠い場所に行かなければ釣れない魚もいるのは確かだが、シロギスやアジをはじめ、マダイやヒラメにブリやカンパチなどの回遊魚とか、多くの魚は想像以上に岸から近い場所で釣れる。そのうえ、釣り場によっては驚くほど岸に近い場所なのに、水深が１００メートル以上もある場所がある。そんなゲレンデを知っていれば、スモールボートでも、アマダイやオニカサゴなどの中深場釣りの対象魚がゲットできるのである。

また、必要以上に沖へ出たがるボートをよく見かけるが、岸から遠い沖へ出れば釣れるってもんではない。釣りはポイントがすべて。釣り方&タックルやテクニックは二の次三の次だ。

ならば、スモールボートの機動性を最大限に利用しないテはない。たとえば、大型の漁船や釣り船が入れない場所も、小回りが利き乾舷の浅いスモールボートならラクにカバーできる。人気ポイントに入った大型船が、場所荒れで四苦八苦している間に、スモールボートは岸近くのウブな穴場で爆釣、なんて、気分イイではないか。

といっても、ポイントの探

スモールボート釣りのススメ

索とチョイスはなかなか難しい。とくに初めての釣り場では、ポイント探しに悩む。正確にポイントを選択し、狙いどおりの魚を釣り上げるには、対象魚の生態を知るのが一番。そのための1冊がこの本！

と言いたいところですが、それほど突っ込んだものではありません。アシカラズ。

自由気ままな釣り、これぞスモールボートの特権です

例えば、シロギスをウキ仕掛けで釣ったって（釣果は伸びませんが）、カワハギ釣りにコマセを使ったって（外道が増えます）、ヒラメのトローリングしたって（スモールボート的にけっこうオススメ）、回遊魚狙いの完全フカセをしたって（フックとラインだけの超シンプル仕掛け）、乗り合い船とは違い、誰も文句は言いません。ただ、ボートの操船はくれぐれも慎重かつ安全第一に。そして、釣りに関しては、大胆な発想で楽しんでいただきたいです。

当然ながら、釣り船のように船頭が存在しないスモールボートは、すべてのことを自力で処理をしなければならない。そこがネックなのだが、それがまた魅力ともいえる。オイラだって、本命どころかナ〜ンにもアタリがなく、「どんな魚でもイイから釣れてくれ」と、海上を右往左往することはしばしばある。

ちなみに、スモールボートとは——定員が1〜4人、大きさは16フィート以下、パワーユニットは人力でも10馬力の船外機でもボートに合っていれば問題なし。

大きなクルーザーにはあこがれはあるが、小さなボートで気軽に大切な休日を楽しみながら、サクッサクッと晩ご飯のオカズまでゲットしてしまう、なんていうのは最高のアソビですぞ。

マナーとルールを厳守して安全に！

このスモールボートの世界は、免許不要の2馬力ボートの出現で大きく様変わりした。

なにしろ、いままでのように船舶免許を取得しな

スモールボート釣りのススメ

くても、小さくたって、ちゃんとしたボートで沖釣りができるようになった。ただし、手軽で便利な2馬力ボートは扱いを間違えると、とても危険なシロモノです。

非力なエンジンを積んだボートは、チョイト強い風が吹けば流されるし、ほかの船舶は当然コチラが海上法規を理解していると思って接してくる。私的には2馬力ボートはベテラン向きのRVだと思う。

そのために、これから2馬力デビューをしようとしている人は、2馬力ボートのレンタルがあるボート釣り場で、若干慣れておくとイイかもね。まぁ、それよりも小型船舶免許を取って、ひとクラス上のスモールボートに乗ったほうが間違いない。

釣行前にもっとも気になるのが当日の天候。とにかく、スモールボートでの釣行は凪《なぎ》の日を選ぶことが重要。電話の天気予報で、「最大風速9メートル、波高1・5メートル」以上の予報がでたら、オイラは釣りに行きません。「海上海岸で風がやや強く」なんて日もハナからパス。さらに、日中はピーカンでも『午後からにわか雨か雷雨」という日もボートに乗りたくない。できれば「最大風速5メートル未満、波高0・5メートル以下」——なんて予報が理想だ。

　楽しみにしていた休日のボート釣り、少々ムリをしても釣りをしたい気持ちはわかるけれど、雨や風が吹く日は絶対にパスしよう。だいいち、荒天の日にムリをして釣ったってゼンゼンおもしろくないのだ。それと、「多少シケぎみのほうがよく釣れる」のは陸っぱり釣りでの話。ボート釣りは穏やかな日が一番いい。のんびり釣れるしアタリもよく取れる。たしかに、〝凪《なぎ》だおれ〟というパターンもあるが、ベタ凪が1日中続くことは滅多にない。凪の日にも必ず〝時合い〟チャンスタイムはくる。その瞬間を逃さないようにしたい。ノンビリしつつも体内センサーは敏感にネ。

　最後に、できるかぎり単独釣行は避けるよう忠告する。身近に同じ趣味の知り合いがいない場合は、スモールボートが集まるゲレンデに通って、他のボートオーナーと親しくなっておこう。当然のことながら、マナーやローカルルールは厳守!!

　スモールボートと釣りのマリアージュは、離婚不可。みなさま、好きなスタイルでスモールボートライフを楽しみましょう。

春　夏　秋　冬

3月—4月

カレイ

食い気先行で いざ寒中釣行へ！

　本来、カレイは夏が旬といわれるようだが、関東の釣りでは冬の貴重なターゲット。しかも浅場での釣りが可能だから、スモールボートで十分狙えるし、タックルなどの道具立てが手軽で、誰にでも楽しめる。

　ヒラメ同様、扁平な魚体はヒキが強くて釣り味はなかなか。釣りたての輝くような白身は最高の料理素材でもある。バッチリ防寒してカレイに挑んでみよう。

カレイの種類いろいろ

　カレイは種類が多く、日本のアチコチに分布しているので釣期は地域によってさまざま。どちらかといえばカレイは北方系。当然、北海道から東北方面でバツグンに魚影

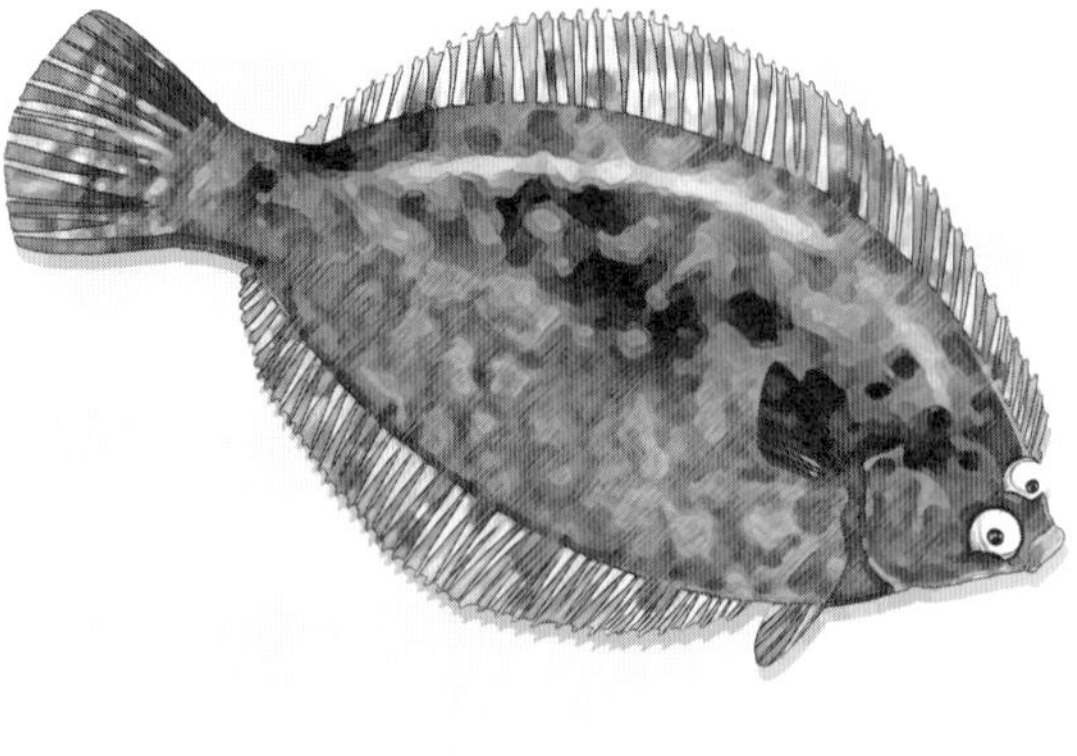

が濃い。ただ、冬はシケてばかりの北の海では夏がシーズンだが、関東近郊では10月から5月までのロングラン。カートップで日本全国を駆け巡れば、一年中カレイを狙うことも可能なのだ。

沖縄地方なら、目が左側にあるダルマガレイにも会えるが、釣りの対象としてポピュラーなのは、マコガレイ、イシガレイ、マガレイ。このうちマコガレイが一番人気で、食味も最高。大分県の城下ガレイもマコガレイで、こちらは、海底から真水が湧いている所にいるせいでとくにおいしいとされ、フグより高い値が付いている。

ところで、関西では「花見ガレイ」という風流な言葉がある。これは、カレイの種類ではなく、産卵後に体力回復のため再び浅場に接岸する〝戻りガレイ〟のこと。花見の時期とリンクするのでこう呼ばれる。関東では「戻りマコ」ですな。

東京湾では、昔からマコは江戸前のネタ。ふた昔くらい前までは、品川近くの黒森沖や東海場で40センチ級のマコがバリバリ釣れた。投げ釣りでも、京浜運河の中央海浜公園で、雪の降る夕マヅメ(アノ頃は若かった)に40センチと25センチを立て続けにゲットしたこともある。

しかし、その後はカレイの数が少なくなり、港区から城南地区の乗合船も東京湾を横切り、木更津、長浦方面へ遠征するようになった。もう、10年以上も東京湾湾奥のカレイ乗り合いに乗っていないが、今はどうなっているのでしょう。

どちらにせよ、東京湾湾奥は船が多くてスモールボートでは攻めにくい場所である。どうせ東京湾で釣るなら、カレイの産卵コース上にあり昔から実績の高い横須賀周辺がイチオシ。カートップがエントリーできる場所は、金田湾と観音崎あたりしか思い浮かばないが、チャレンジしてみる価値はある。

しかし、はっきり言ってマニアックな釣りになるのは覚悟しておこう。1日釣って30〜40センチのカレイが1〜2匹釣れれば上出来。たまには50センチ近い大物も釣れるけれど……。寒風が吹き荒れる障害物のない海上で、そんなに頑張らなくてもイイと思うのですが、カレイフリークは以外に多い。まぁ、オイラもその一人ですがね。

釣り場

観音崎～金田湾のポイントなら、観音崎の北側はワカメ棚周り（あくまでもマワリです）を探り、南側ではワカメ棚周り②か水深5～15メートルの砂地④を釣る。そして、観音崎の南に位置する鴨居と、金田湾北側の野比あたりは、南向きの釣り場で太陽が出ていればポ

東京湾の釣り方（風→潮↓の場合）

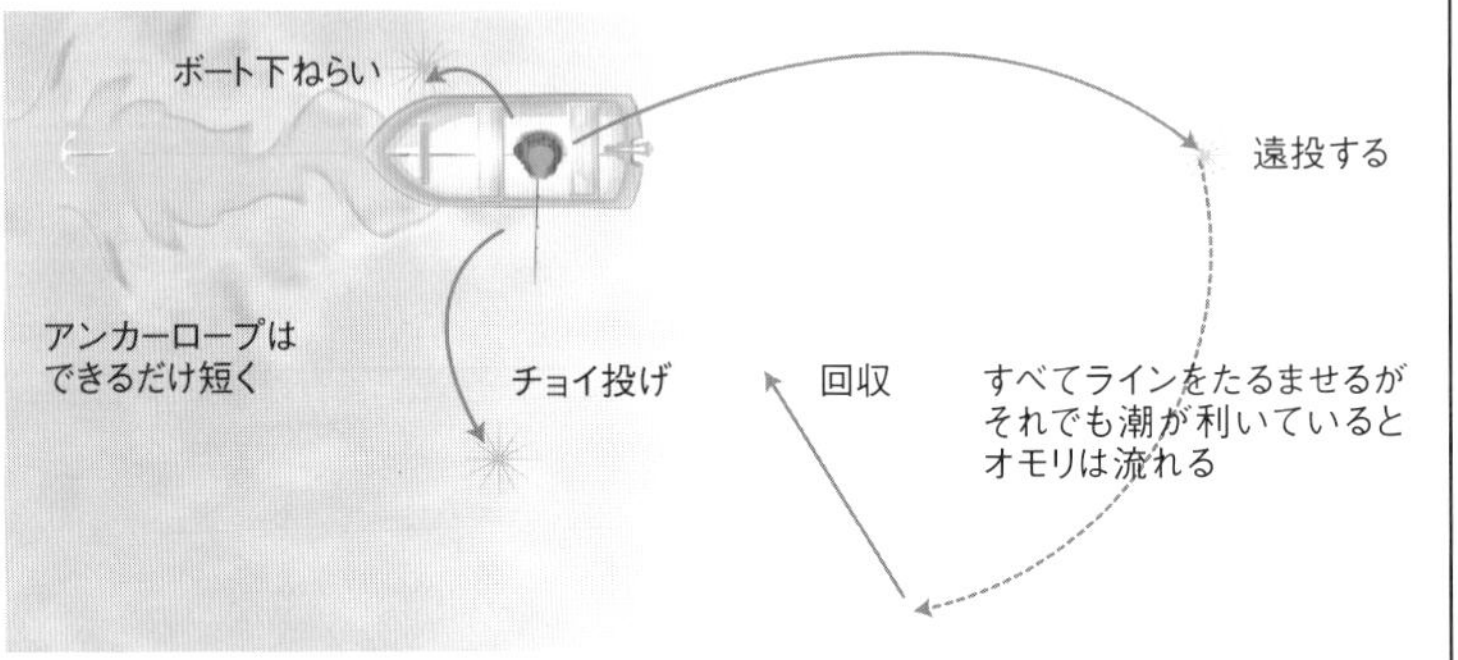

ポイント

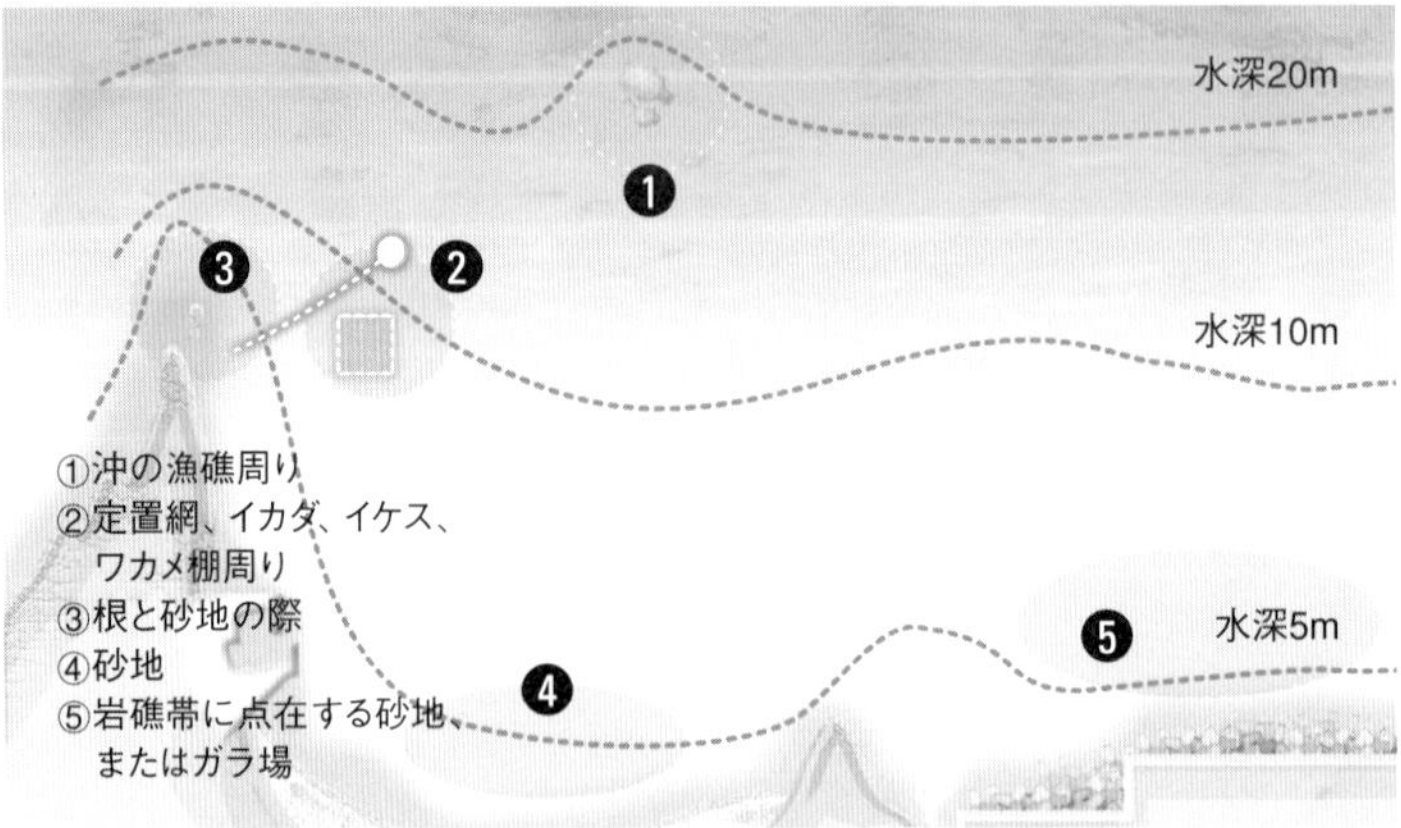

カレイ

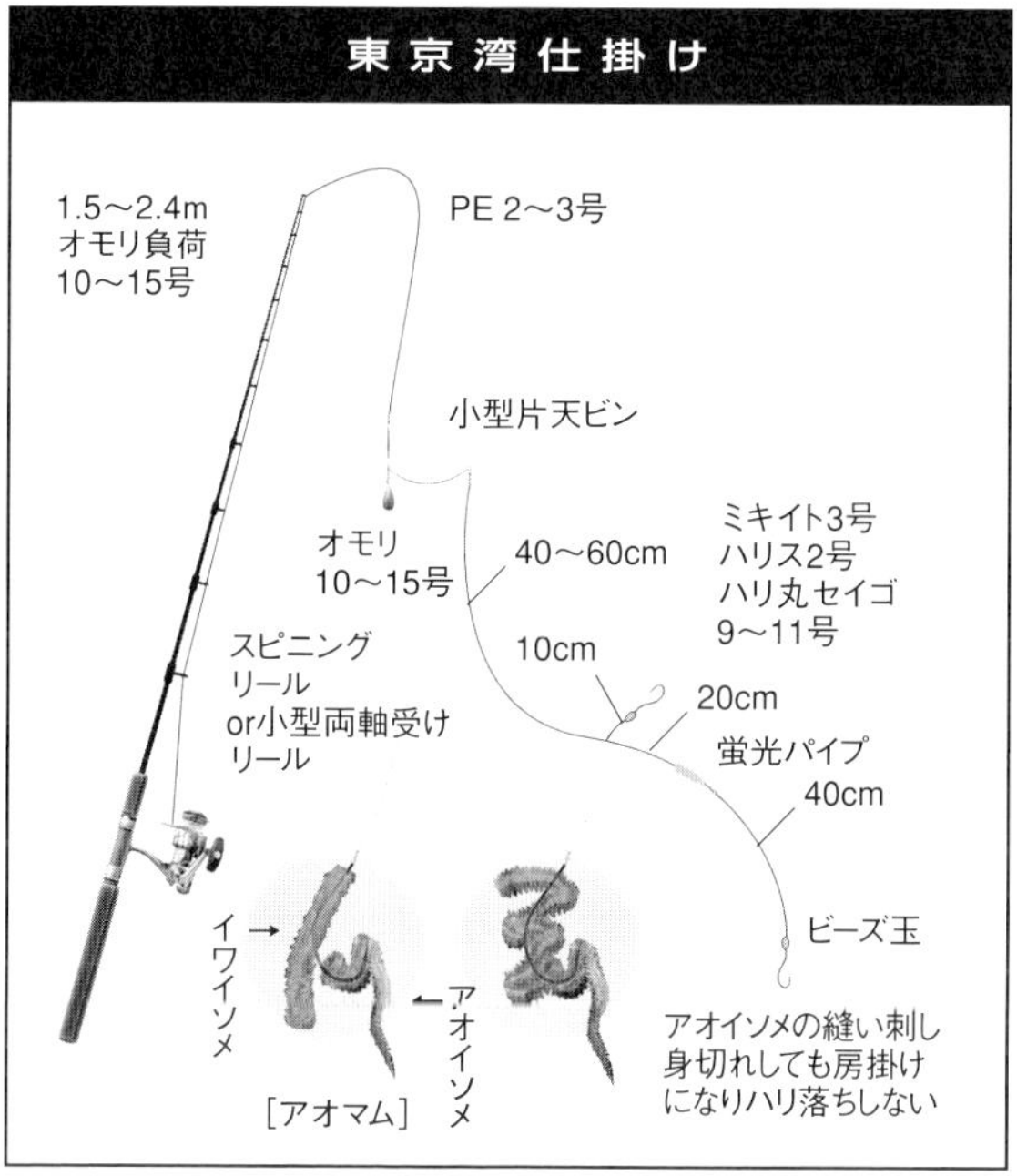

カポカ。冬でも暖かく釣れる、ありがたいフィールドです。ほかは、千葉側にある富津岬の南側、相模湾の葉山周辺がオススメです。

釣り方

東京湾での釣り方の基本は、アンカリングでじっくり粘るのがコツ。むやみに移動はしないこと。アタリが少ない釣りだから、1日に1度あるかないかのチャンス時に仕掛けが下りていなければ、何にもならないですヨ。

なお、海底をオモリで小突いてカレイの食い気を刺激し、たまに誘いを兼ねた聞きアワセをする——という釣り方は東京湾では過去の話。いまでもベテラン連中にはコヅキ釣りをする人もいますが、私は、1人で3～4本のサオを使って単純にヒット率を上げる。2人で乗船すれば6～8本のサオを出すことになる。ヘタな鉄砲も……ってヤツです。それらの仕掛けを遠近に投げ分けて、できるだけ広い範囲をカバーする。

オススメの釣り方は〝完全放置釣法〟。仲間内では、「放置プレイ」なんて言っています。とにかく、仕掛けを置いたまま、誘いもコヅキもまったくしない。さらに、ボートが風で左右に振れても仕掛けが移動しないよう、ラインを張らずにイトフケまで出す。1時間以上放置することだってよくある。潮が強ければ仕掛けは流れますがね……。

当然、フグが多い場所

カレイ

ではたちどころにエサがなくなってしまうし、ヒトデにハリまで呑み込まれてしまうこともあるが、カレイが先にエサに食いつくよう祈りながら、ひたすら我慢してアタリを待つ。究極？の待ち釣りなのです。

　そんな釣り方で楽しいのか？と聞かれると返答に困るけれども、寒空の下、効率よく、釣趣よりも釣果を優先していたら、こうなってしまったのです。

　ちなみに、完全放置釣法ではアワセはしない。時間を見計らってサオを上げ、カレイの感触があれば、そのままそっとゆっくり巻き上げる。活性の低いカレイはエサをくわえたまま居食いをしているだけなので、ヘタなアワセをするとスッポ抜けるだけ。あとは必ずネットランディングすること。海面バラシは死ぬほどクヤシイのです。

仕掛け＆エサ

　コヅキ釣り用は、全長60～80センチの2本バリ仕掛け。一方、完全放置釣法では1～1.2メートルと長めにする。さらに、蛍光パイプやビーズ玉を付けたアピール度重視のハデハデ仕掛けで勝負する。

　エサは、マムシ（イワイソメ）、アオイソメ、コガネムシなど、太めのイソメが効果的である。また、集魚力のあるマムシと、よく動くアオイソメを一緒のハリに付けるアオマムという手法もある。さらに、ユムシ、バイオ、アオヤギなどのエサもオススメ。いずれのエサも、フグなどのエサ取りがチョッカイ出してもへこたれないくらいに、タップリとハリに付けること。

　ハリにゾロリとエサを並べる房掛けが標準で、身切れのしやすいアオイソメなら縫い刺しが有効に

ヒットしたら
追い食いを待つ

なる。

　釣れない東京湾の話しはいいかげん滅入る。もっと威勢のいいカレイ釣りはないものか——。となれば、東京近郊なら常磐あたり。ただ、スモールボートで真冬の常磐沖はチョイトつらいかも。3月過ぎて海が比較的穏やかになってから釣行しよう。

　ねらうポイントは漁礁周り。乗合船では好調な日となると束超えも可能なほど活発に釣れる。ポイントが深くなるのでそ

魚礁周り仕掛け

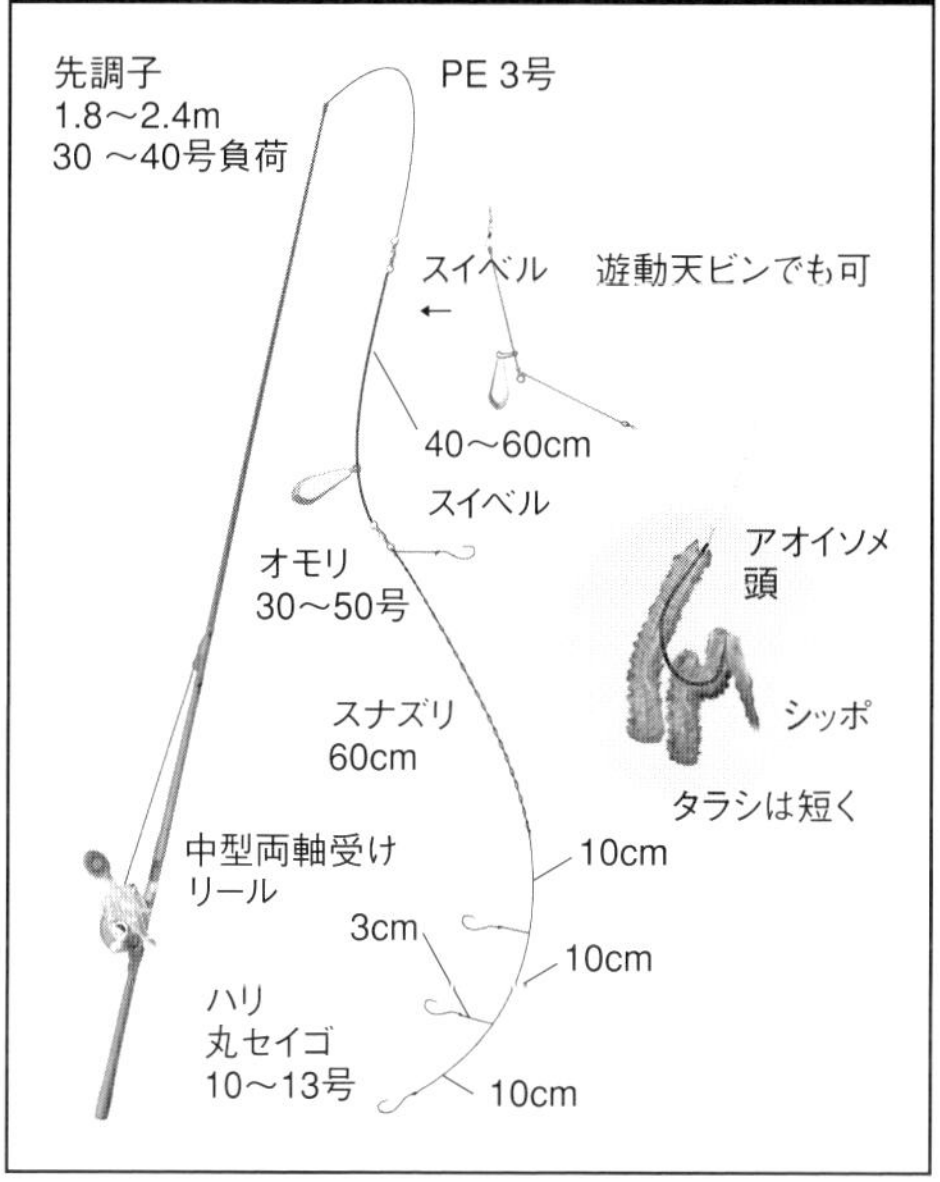

魚礁周りの釣り方

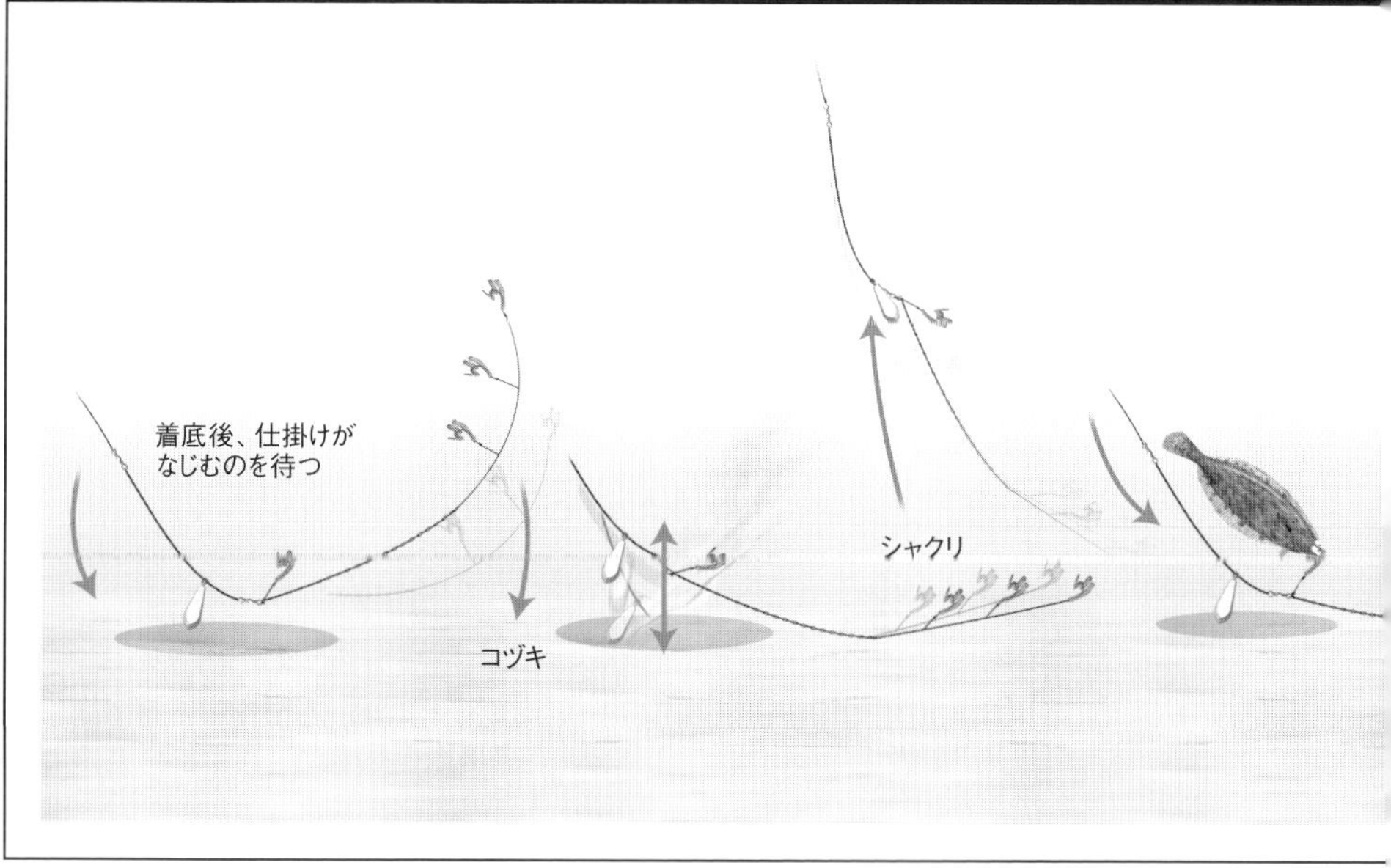

カレイ

れなりのタックルが必要になるが、大型のマコガレイにイシガレイ、場所によってはビールビンサイズのアイナメや、良型のソイが交じって賑やかな釣果に恵まれる。

コツとボートコントロール

常磐沖でのコツはズバリ「追い食い」。

釣れたカレイを1匹ずつ上げていたのでは数は伸びない。一荷釣りをするには、ヒットしたら瞬時に、獲物の大きさと、仕掛けのどの位置のハリに掛かったかを判断する。当然、ある程度の慣れが必要だ。これは当たり前ですが、大型がヒットしたなら無理をせず1匹ずつ回収する。

仕掛け図のように3～5本の多点仕掛けを用いるので、カレイがたくさんいれば追い食いする可能性は高い。一番上か下バリにヒットした場合は分かりやすく、聞きアワセをすれば大体の見当は付くハズ。また、上下両端どちらかのハリにヒットしたときほど追い食いしやすい。暴れるカレイによる相乗効果が期待できるのだ。

ボートコントロールは、魚礁周りがポイントになるため流し釣りが基本。エンジン流しが苦手なボートなら、シーアンカー流しでもいい。魚礁の50メートル程度潮上から流し始め、魚礁の脇を通過させ、さらに50メートルほど流す。水深はポイントによるが、30～40メートルが理想。水深があるので仕掛けを遠投しても無意味だが、ちょい投げすると、長い仕掛けがラインに絡むのを防げる。

オモリが着底したらすぐにイトフケを取り、仕掛けがなじむのを待つ。そして、まずはコヅキ。サオ先を5～30センチくらいリズミカルに上下させ、オモリがトントンと海底をたたくようにする。カレイの食い気と興味を喚起するわけだ。ただ、単調に小突くばかりでなく、たまにカレイがエサに食いつけるような間をつくる。いわゆるポーズですな。その後、再び小突いてもいいし、シャクリ（仕掛けの長さ分サオを大きくあおる）を入れるのも効果的だ。シャクリをゆっくりしたのが聞きアワセになる。

ゴクゴクとカレイのアタリを感じたら、聞きアワセはしないで、すぐスルドク小さく合わせる。食い渋りのときは２〜３秒待ってから合わせるとフッキングする。

そのときに（あくまでも推測ですが）獲物の大体の大きさが分かる。それからゆっくりと聞きアワセをして、掛かったハリの位置を推理。オモリを動かしてから魚の重さが伝わるまでの時間差が長ければ、下バリに食いついているわけだが、仕掛けが伸びきっている場合は下バリでもタイムラグは短い。また、下バリにヒットすると重量感が増し、上バリでは魚のヒキがはっきりと伝わるような感じになる。

追い食いを待つ間はコヅキやシャクリはせず、誘いは釣れたカレイに任せる。もがくカレイの動作で、いい具合に砂が舞い、エサが目立つハズだ。エサがハリに残っていて、近くにほかの魚がいれば、かなりの確率でヒットする。

エサ付けは、たっぷりと付けるのは東京湾と同じだが、ハリからのタラシは少なくするのがミソ。アオイソメなら、シッポまでの縫い刺しか、２〜３切れにしてイソメの頭の部分をハリのチモトまでこき上げ、残りを房掛けか縫い刺しにする。

砂泥地を好むカレイは、もともと夜行性なので、魚礁やワカメ棚、イカダ、定置網の下など、暗い場所を探ってみよう。浅場なら、小さな湾内の岩礁帯に点在する砂地もねらい目で、水深５メートルでもＯＫ。深場なら１００メートルを超えても釣れる。みっちり小突きまわすか、ノホホンと待ちに徹するか、あなたはドッチ？

なお、釣ったカレイは独特の臭みを消すために、必ず血抜きをしましょう。

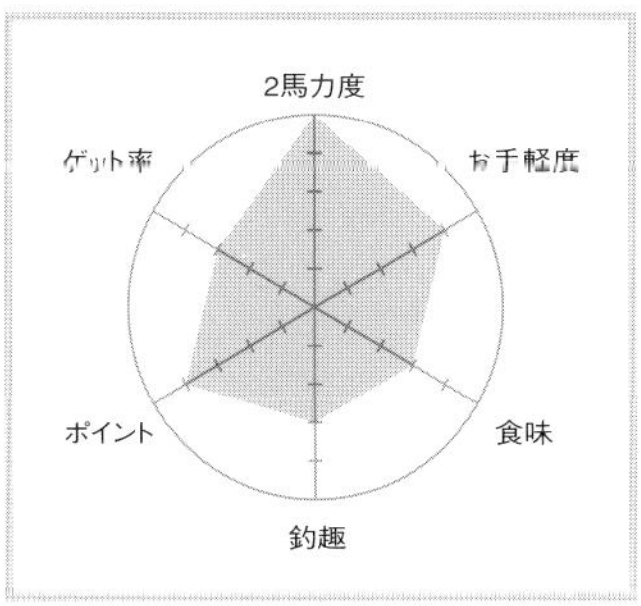

カワハギ

「晩秋から冬が最高にうまいッ!」

ポイントを選べば1年中釣れるカワハギだけれど、やはり寒い時期が旬である。夏のカワハギは、小型が多いうえにキモが薄い。やはりカワハギのベストシーズンは冬だ。

シーズン初期の10～11月はカワハギが深場に落ちる前で、群れが大きくスモールボートでも釣りやすい。寒くなる前にサクっとキモパンなカワハギをゲットしちゃおう。

スモールボート的釣りの極意

スモールボートでの釣りは、単独もしくは2～3人の少人数勝負。当然、それなりの釣り方がある。うまくゆけば、ボート下の獲物は根こそぎ……なんていうシチュエーションも夢ではない。

というわけで、一般的

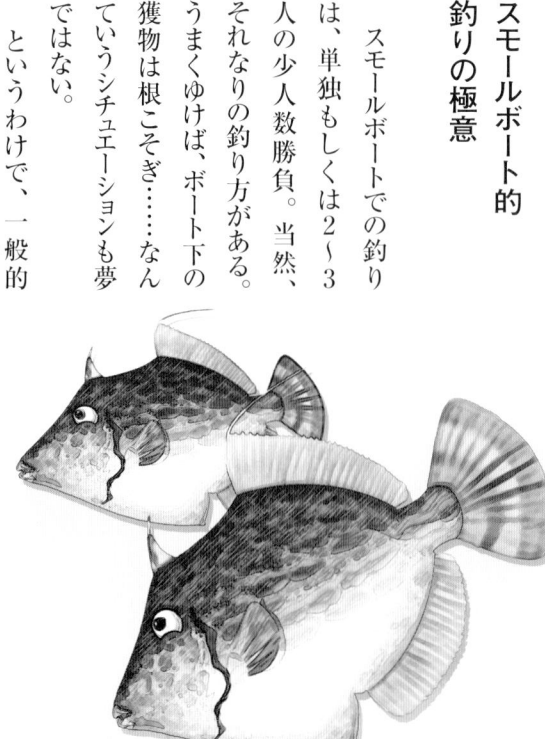

な釣り方とスモールボートならではの釣法もプラスしたい。

　カワハギ釣りは難しいというイメージがあるが、カワハギ自体を釣るだけならわりに簡単。コマセに狂ったカワハギがサビキ仕掛けで簡単に釣れるし、シロギス釣りでは、シロギス仕掛けに、本命のシロギスよりも多くヒットすることもある。

　ただ、繊細なアタリをキャッチしつつ、ベラなどの外道を避け、確実にカワハギだけの釣果を伸ばしてゆくとなると至難のワザといえそうです。まぁ、エサ取り名人の異名を持つ相手に、不足はなし！ですな。

カワハギ雑学辞典

　分類はフグ目カワハギ科。漢字にすると「皮剥」。北海道南部から東シナ海にかけて広く分布しているため、地方名は多すぎてとても書ききれません。

　マルハゲやホンハゲなどハゲがらみの名前はいっぱいあるし、メイボ、アカモチ、ゲバチロ、アワクライ、ギバ、コベ、センバなどなど。なかには、皮をはがすイメージからバクチウオ、ウマヅラの対極でギュウヅラ。なんて、笑っちゃうほどオモロイ名前もある。

　産卵は、5月～8月に浅い岩礁域の藻場でおこなわれる。

　ちなみに、卵に新鮮な水を吹きつけて掃除をするのはメスの役目。かえった卵は秋には5センチくらいまでに成長する。

　その後の成長は、1年で18～20センチ、2年で22～24センチ。したがって、25センチオーバーは3年モノである。そして、最大は30センチちょいですナ。

　それから、背ビレの第二軟条の先が糸状に長く伸びているのがオス。そのほか、カワハギはテリトリー性が強く、オス1匹に数匹のハーレムをつくるとか。しかし、カワハギのオス同士の戦いは想像できないなぁ。

釣り場

　ポイント図では、晩秋から冬は①の沖根がイチオシポイント。水深にもよるが、エンジン流しでの釣りが妥当だ。

　②の定置網まわりやイケスまわりにもカワハギは多く居ついている。しかし、魚網やロープに張り

ポイント

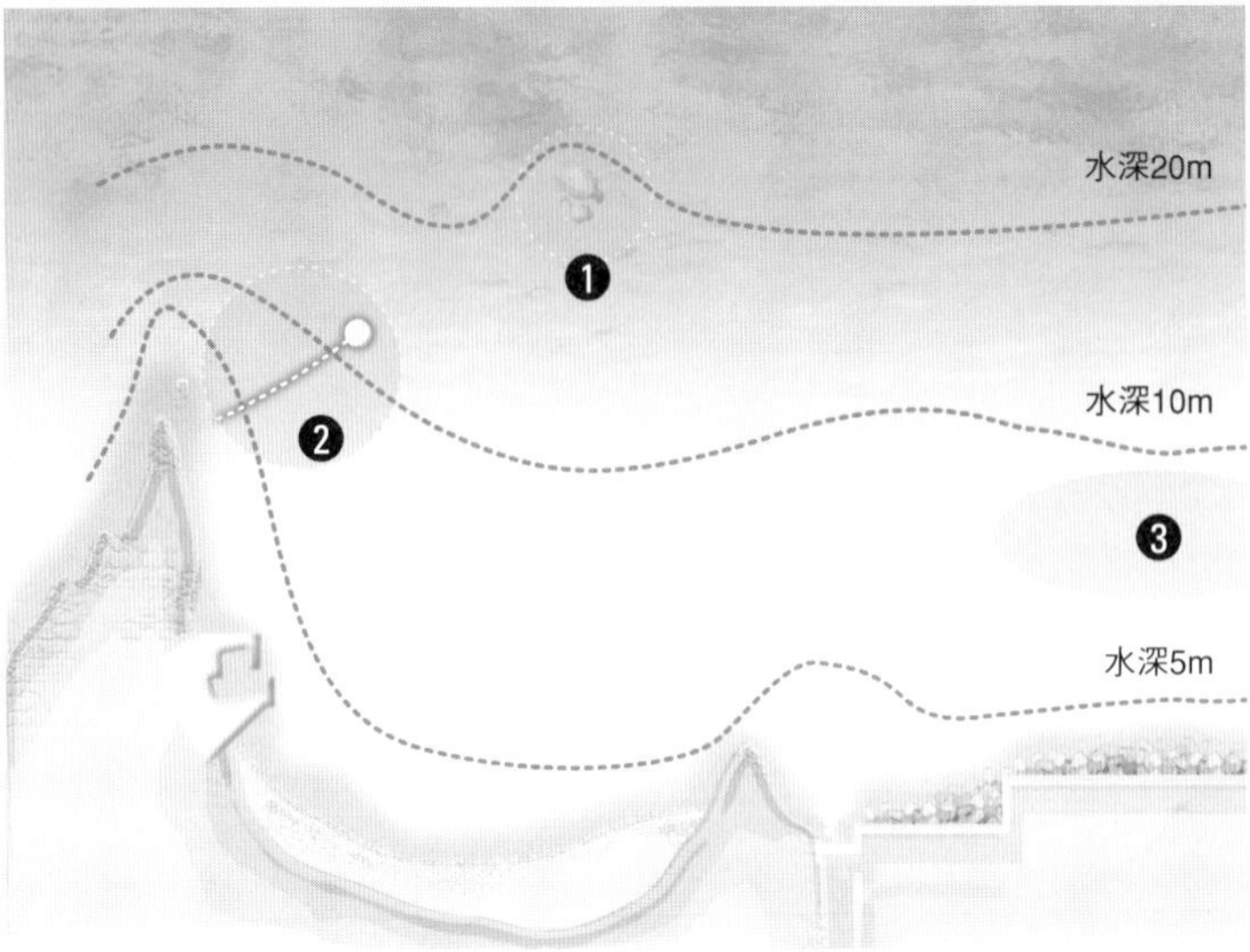

付くように泳いでいるため、接近や係留が禁止されている場所では釣りになりませんな。唯一、イケスや定置網から離れた海底にある、固定ロープのアンカー部分がねらい目です。

③は、平坦な岩礁帯を前提として、釣り方は後述するが、シーアンカーでの流し釣りが有効。たぶん、この辺でカワハギを専門に狙う奇特なヒトは少ないと思うので、思わぬ大釣りになるかもしれませんぞ。

タックル&仕掛け

サオとリールは、やはり専用のモノが使いやすい。ラインは、ＰＥの２・５〜３号を１００メートル巻いておけばＯＫです。

カワハギ仕掛けは集魚器を付けるのが特徴。これは、集魚効果と中オモリとしての機能も兼ね備えている。従って、中オモリとして使わないなら集魚器はなくてもいい。大勢がいっせいに釣る乗合船とは違い、ライバルのいないスモールボートでの釣りなので、自分の仕掛けだけをアピールしなくてもいいのだ。それに、集魚器がないとアタリがとりやすい。しかし、タルマセやハワセ釣りをする場合は、中オモリとしての集魚器は必須である。

最近は市販品の仕掛けが充実していて、2本バリと3本バリにハリスの長短、ワンタッチのハリス留めや替えバリ付きなどパターンはさまざま。その中で、スモールボートでの釣りを前提にするならば、絶対に2本バリ仕掛けが有利。それほど深い場所を釣ることはないと思うので、エサ付けなどの時間的なロスを抑えて、手返しの早さを優先させるほうが得策なのだ。

カワハギ仕掛け

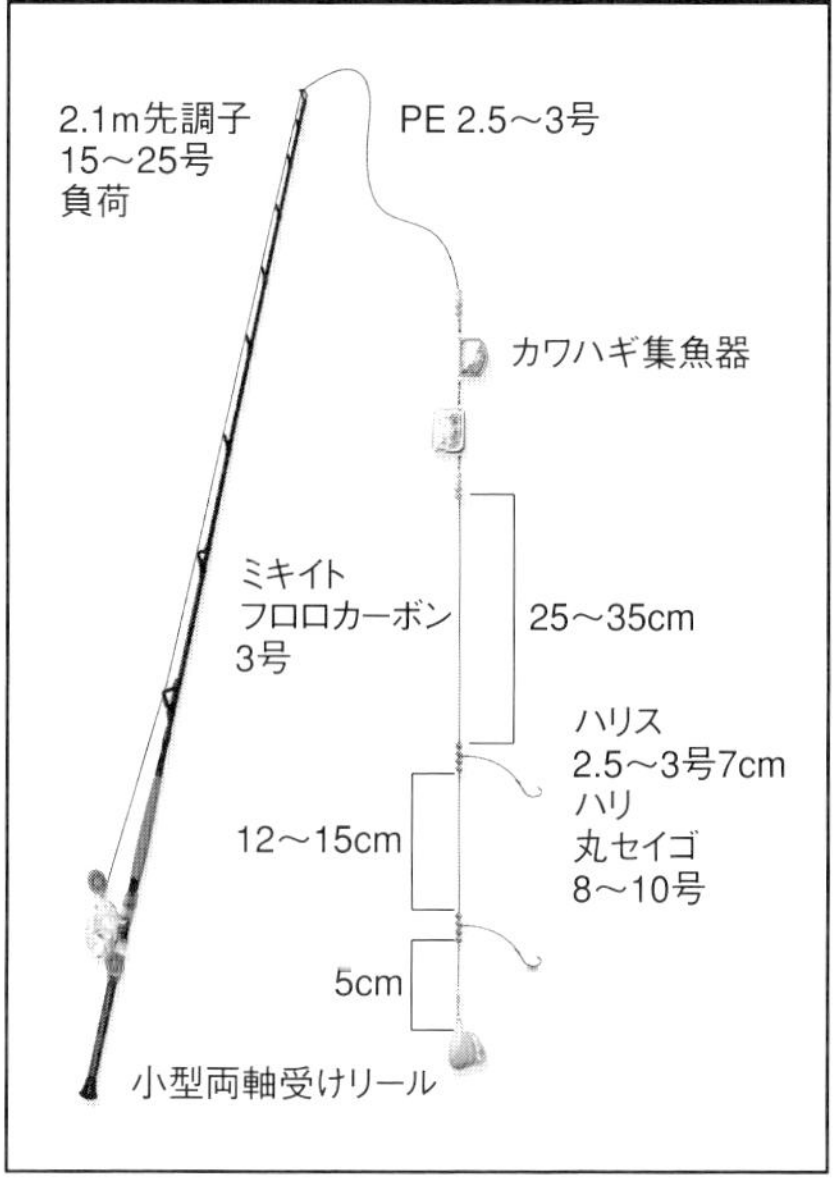

エサはアサリのムキ身

カワハギ釣りのエサはアサリのムキ身が一番。これ以上の特エサはないと思う。カワハギとアサリは、生息環境での関連性はないと思うが、カワハギのついばむような食べ方には効果的なエサである。

ハリへの付け方は、まず水管からハリを刺し、ハリに巻きつけるようにアサリを反転させ、ベロを通して軟らかいワタの中にハリ先を止めておく。丸く小ぢんまりとハリに付けるのがコツで、ヒモやベロがハリから垂れた場合はハサミでカットすること。

エサが大きいときや硬いとき、また食い渋りの対抗策として、水管とベロを取り去ってワタだけを使うテもある。この場合は、すぐにハリから落ちないように縫い差しにする。いずれにせよ、食いが立っている時でもあせらず、ていねいにエサ付けをするのが爆釣への近道なのです。

いまでは生アサリだけ

アサリのムキ方と付け方

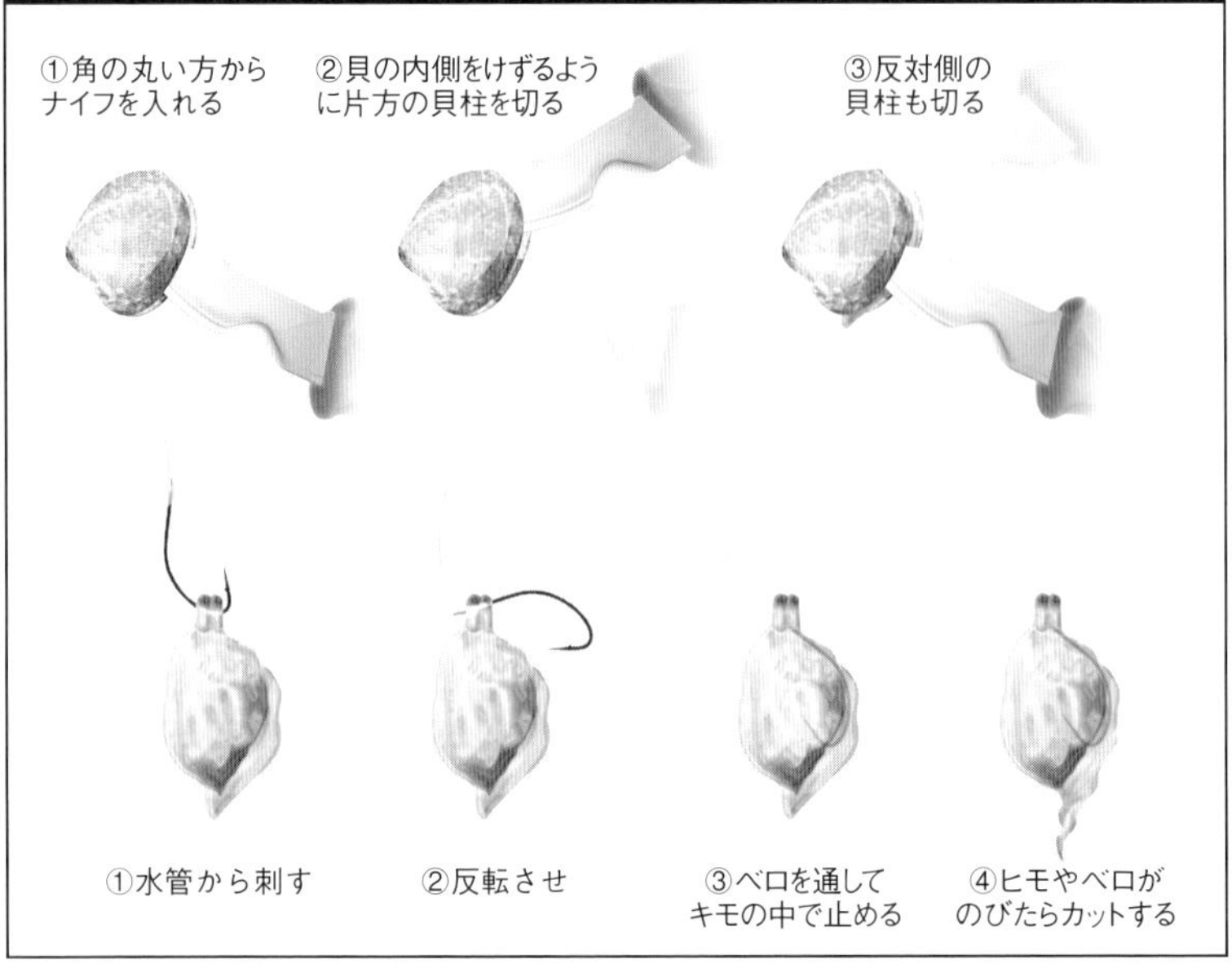
①角の丸い方から
ナイフを入れる
②貝の内側をけずるよう
に片方の貝柱を切る
③反対側の
貝柱も切る
①水管から刺す
②反転させ
③ベロを通して
キモの中で止める
④ヒモやベロが
のびたらカットする

ではなく、冷凍や加工品など多種多様なアサリエサが販売されているが、生きているアサリをむいた生エサが文句なしに最高。ただし、1日に使うアサリの量としては200粒が目安で、それだけの数をむくのはなかなかシンドイ。船宿では、むいたばかりのエサも販売しているが、スモールボートでの釣りを楽しむなら、生アサリを自力でむくことだ。

　それがイヤな人はムキ身の冷凍品が手ごろ。生に比べると弾力がなくて、すぐクタクタになってしまうが、ヘタな加工品よりはマシ。軟らかいだけに食い込みがイイのだ。エサ持ちの悪さを覚悟しておく必要はあるが……。

　一方、加工品は小分けされているので、ほかの釣りからカワハギへ浮気するときの予備エサとしては重宝する。いろいろ買ってみて試すしかない。いいものもあるハズだ。

釣り方とそのテクニック

カワハギのヒキは、シャ

ープで想像以上に強い。お得意のヘリコプター泳法で、巻き上げ途中にフッと抵抗がなくなったりするが、そこでリールを巻く手を止めてはならない。軽くなったら早く巻き、締めこんだらサオの弾力を利用して凌ぐ。

あとは、海面直下での最後のシメコミに要注意。その時点でバラすと、姿を見ているだけにクヤシイ！　そして、25センチオーバーの良型とのファイトは、まことにスリリング。悩ましくも楽しいカワハギ釣りの瞬間です。

カワハギの活性は、あたりまえですが天候などの海況によって変化する。大潮の日や潮が速い時間帯、曇りや潮が濁っている状況はおしなべてよくない。少しでも多くの釣果を望むのならば、ピーカンベタナギの日に釣行すべし。アタリも取りやすいです。

まず、仕掛けを投入したら、海底に着く少し前からリールのスプールをサミングして、沈下スピードを抑える。この時点で、すでに敵は落下してくるエサをつつき始めている。仕掛けが着底する前からカワハギゲームはスタート

釣り方のテクニック

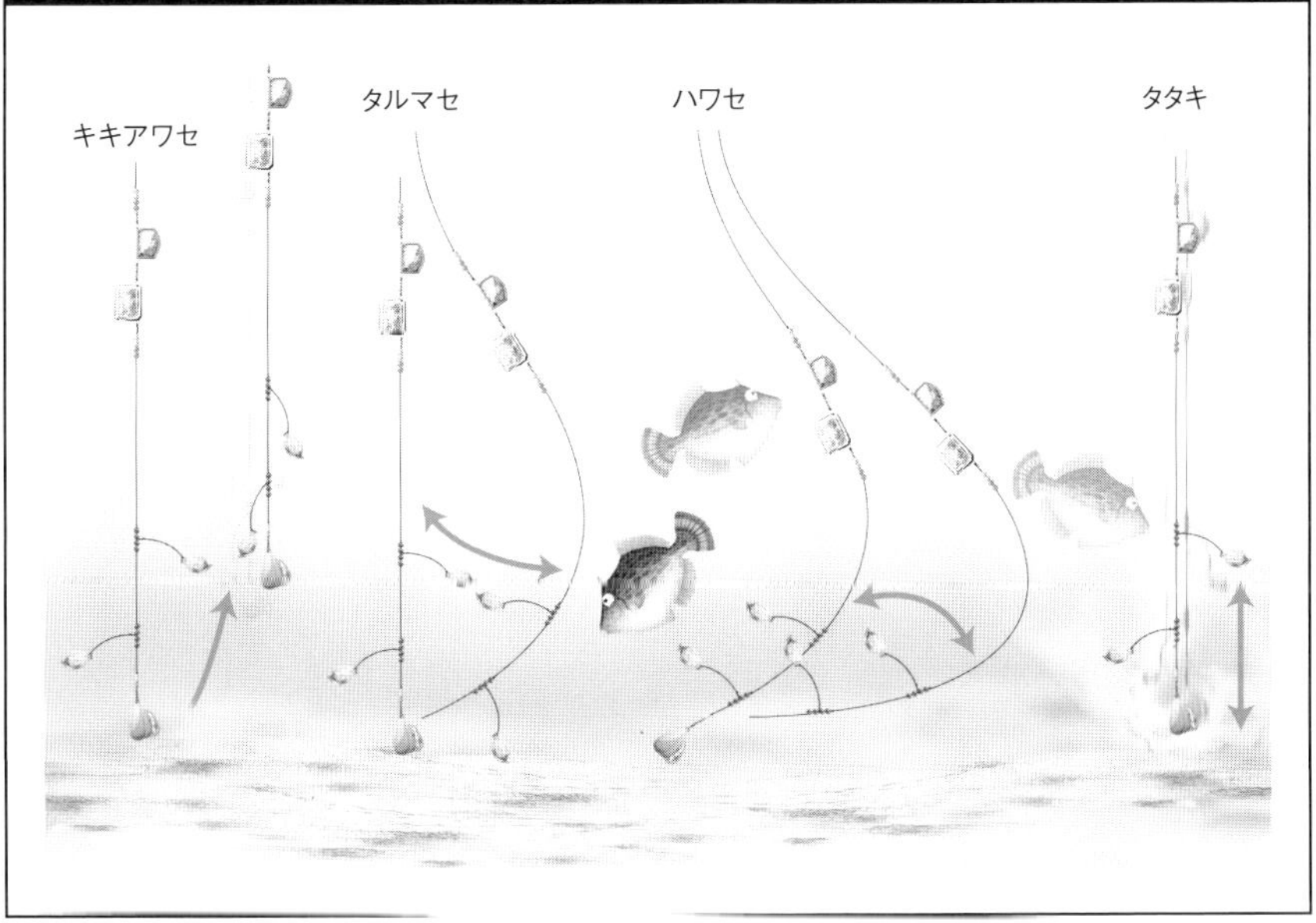

流し釣り

カワハギ

しているのだ。サミングをすれば着底直後のイトフケが少なく、アタリを逃すこともない。

着底後にイトフケを取ったら、軽くサオをシャクってカラアワセするテもある。カワハギの活性が高いときなら、これでヒットする場合もある。しかし、毎回このカラアワセをしていると、無駄な大アワセと同様、せっかく寄せたカワハギを散らすことにもなる。たまにするくらいにとどめておいた方がよろしい。

仕掛けが海底に着いてからの釣法は、聞きアワセをメインに、タルマセ、ハワセ、タタキ、向こうアワセを釣況により組み合わせて攻略する。前記のカラアワセも含め、多くの釣法をマスターしていればそれだけ釣果も増えるハズ。いわゆる複合ワザですな。

聞きアワセは、着底後にサオ先で仕掛けの長さぶんだけオモリを上げ、変化がなければ再び海底へ仕掛けを下ろすことの繰り返しになる。起伏の激しい岩礁帯での基本テクだ。

タルマセは、海面から、仕掛けプラス集魚器の長さの1・5倍ほどサオ先を上げて（ラインを出しながら）、そのままサオ先を海面近くまで下ろすと、仕掛けが湾曲してたるむ（潮が速ければ斜めになる）ことになる。オモリを海底から浮かさないように、テンポ良く、仕掛けを張ったりたるませたりして、アワセとサソイにする。そのたるみを大きくして、仕掛けを海底に張り付かせたのがハワセ釣りだ。

どちらも、仕掛けが横になるので、アタリが取りやすいのが特徴。この釣りには中オモリとなる重めの集魚器が必要になる。比較的平坦な岩礁や砂地で有効なテクになる。

タタキは、オモリを海底に付けたまま、小刻みにエサを揺らしてアピール。さらに、タタキを止めてカワハギがエサに食いつくタイミングも作ってやること。食い渋り時に効果的で、タルマセとのミックスもOK。

最後に、スモールボートならではの「向こうアワセ流し釣り釣法」を。

ボートのコントロールは、シーアンカー流しかベタ流しで。ただ、風が強くて、ボートの流れるスピードが、カワハギの泳力より速いと釣りになりません。風の穏やかな日にどうぞ。逆に、無風でボートが流れない状況でもダメです。

釣り方は簡単、ラインを少し多めにだして、オモリがコツコツと海底をたたきながら移動するように調整して、アタリを待つだけ。当然ながら、根が険しいと根掛かりばかりになるので、砂地まじりの平坦な岩礁帯が理想的です。それでも、やっぱり根掛かりをするので予備の仕掛けは十分にしよう。

そんな釣り方で釣れるわけがない、と思われるかもしれませんが、「向こうアワセ流し釣り釣法」は遊泳力のある良型カワハギのヒット率が高く、外道やワッペンサイズの小型カワハギが釣れにくいスグレ技なのです。

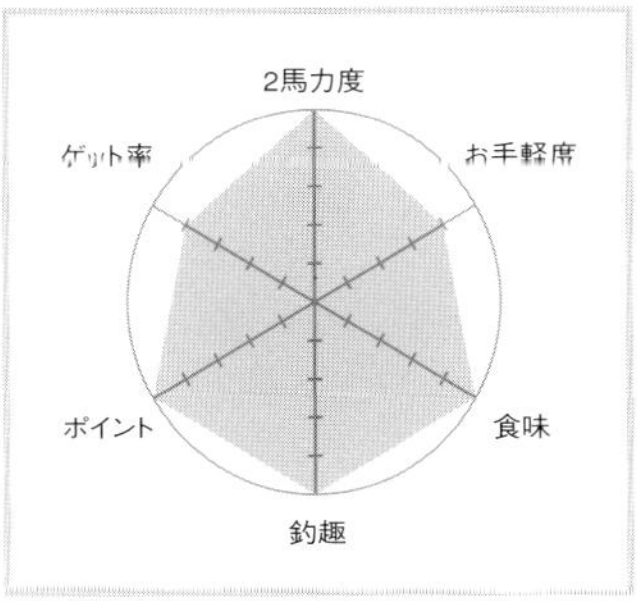

カンパチ

ブリ系御三家の最大魚にシビれたい

カンパチは、英名アンバージャック。またの名を"海のファイター"。アングラー憧れの魚だ。回遊魚のパワフルな走りと、チョイト扁平な体型のファイトは、他の魚とは別格。反転して海底の根へまっしぐらに突き進む重量感は、シビレモノですぞ。

カンパチの雑学的解説

離島で釣れるモンスタークラスは全長2メートル弱、体重は100キロ近くになるという。そんな大物を釣ってみたい人は、離島に通うか、遠征大物乗り合い船に乗ってください。あるいは、マイボートを離島へ持ち込むテもあるな。どちらにせよ、都会近くの海で釣れるのは2~3キロサイズがいいとこ。4~5キロならば大

物といっていい。ポイントが限られるスモールボートではなおさらのことだ。でも、若魚だって元気なファイター。1匹でもフッキングすれば翌日の筋肉痛は確実ですゾ。

ご存じの通り、カンパチは通常スーパーなどに出回っている養殖モノでもなかなかのお値段。天然カンパチともなれば超が付く高級魚だ。さらに、昨今の原油高で価格はうなぎのぼり、庶民には高根の花です。そんなカンパチを釣って帰れば、家族は黙って日頃のボート三昧を許してくれるかも。そのうえ、スモールボートでも手が届く3～4キロのサイズが一番おいしいときてるからうれしいではないか。

そういえば、一部の養殖場では〝カンパチエステ〟なるものを行っているとか。それは、イケスの中に真水のプールを設置して、2～3週間に一度、数分間カンパチを泳がせ、寄生虫除去と美肌効果を狙っているらしい。ん～、カンパチの皮はきれいだものなぁ。

名前の由来は、目から背ビレに伸びる黒褐色のラインが、正面から見ると八の字に見えるから。これは、幼魚ほど明瞭で年とともに薄くなるが、興奮したり釣りあげた直後にはっきりと浮き上がることもある。このラインで他のブリ族とは簡単に見分けがつく。漢字では勘八、間八と書くこともあるようだ

地方名は、アカバナ、アカバラ、アカバネ、ヒラソ、ソジ、サカハリ、ハチカイ、ニリ。幼魚では、ショゴ、ショッコ、シオッコ、シオノコ、シオ、ネイリ、アカイオ、チュウリキなどなどときりがない。成魚と名前が違うので、いちおう成長魚なのか。チビのときはブリと同じくモジャコというらしい。

成長は1年で30～40センチ、2年目で40～60センチ。南方ほど成長が早く、寿命は10年程度らしい。

カンパチは回遊魚の部類に入るが、大型はあまり短期間の移動はしない。それでも、スモールボートのターゲットになるような若い個体は大移動する。春から夏に日本沿岸を北上し、冬前には南下を始めるのだ。したがって、釣り場によって釣期にバラツキが出る。関東ならば、7～8月の短い期間に外房沖を群れが通

カンパチ

過し、三浦半島では10～11月がシーズン。伊豆方面では、夏から晩秋にかけてイケスや定置網などの障害物まわりに居座っているヤツもいる。

　分布をみると、東北以南で日本海よりも太平洋側に魚影が濃い。温帯域の回遊魚で、ブリよりも南方系の魚です。適水温は20～31度。産卵期は5～8月で、産卵適温は20～25度。水温15度以下の海にはいないと思っていい。

　また、大型は北緯36度以南を好むらしい。でも、最近は温暖化の影響か、いままで実績がなかった海域にも、良型のカンパチが姿を見せるようになっている。湘南にある手漕ぎボート釣り場でも、「数キロはあると思われるカンパチが太ハリスをバチバチ切ってゆく」なんて話も耳にするようになってきた。もはや、スモールボート族も黙ってはいられない。他の釣りをしていても、中アジなどエサになるような魚が釣れたら、ダメモトでも、泳がせ仕掛けを投入しておくべきだ。

ポイント

　セオリーとしては、沖合いの潮目や潮通しのよい根まわり。これに、沖堤や定置網などの障害物まわりが狙い目とみる。ハイシーズンになれば、当歳魚が湾内のいたるところを回遊するが、できればなるべく型のよいカンパチを狙いたい。とはいっても、群れによって個体の大きさが決まっているので、30センチ以下の若魚がヒットするときは、ポイントかターゲットを変更するしかなさそうだ。

　ポイント図の①の磯周りは、磯際から数メートルくらいの、水深があり、黒潮が影響する場所なら、大物も望める1級ポイントになる。しかし、そのような名磯には必ず磯釣りマンがいる。磯近くでの釣りはトラブルの元になるので注意しよう。人が乗れないようなハナレ磯か、沈み根の沖側を狙ってみる。

　②の定置網やイケスなどの障害物周りも、見逃せない釣り場になるが、何度も言うように、漁具

への接近係留は禁止！少し離れた場所で釣ること。相手は遊泳力のあるフィッシュイーター、うまくアピールすれば、隠れ家から引き出すことはたやすいと思う。ウキ仕掛けで潮（風）上から仕掛けを

ポイント

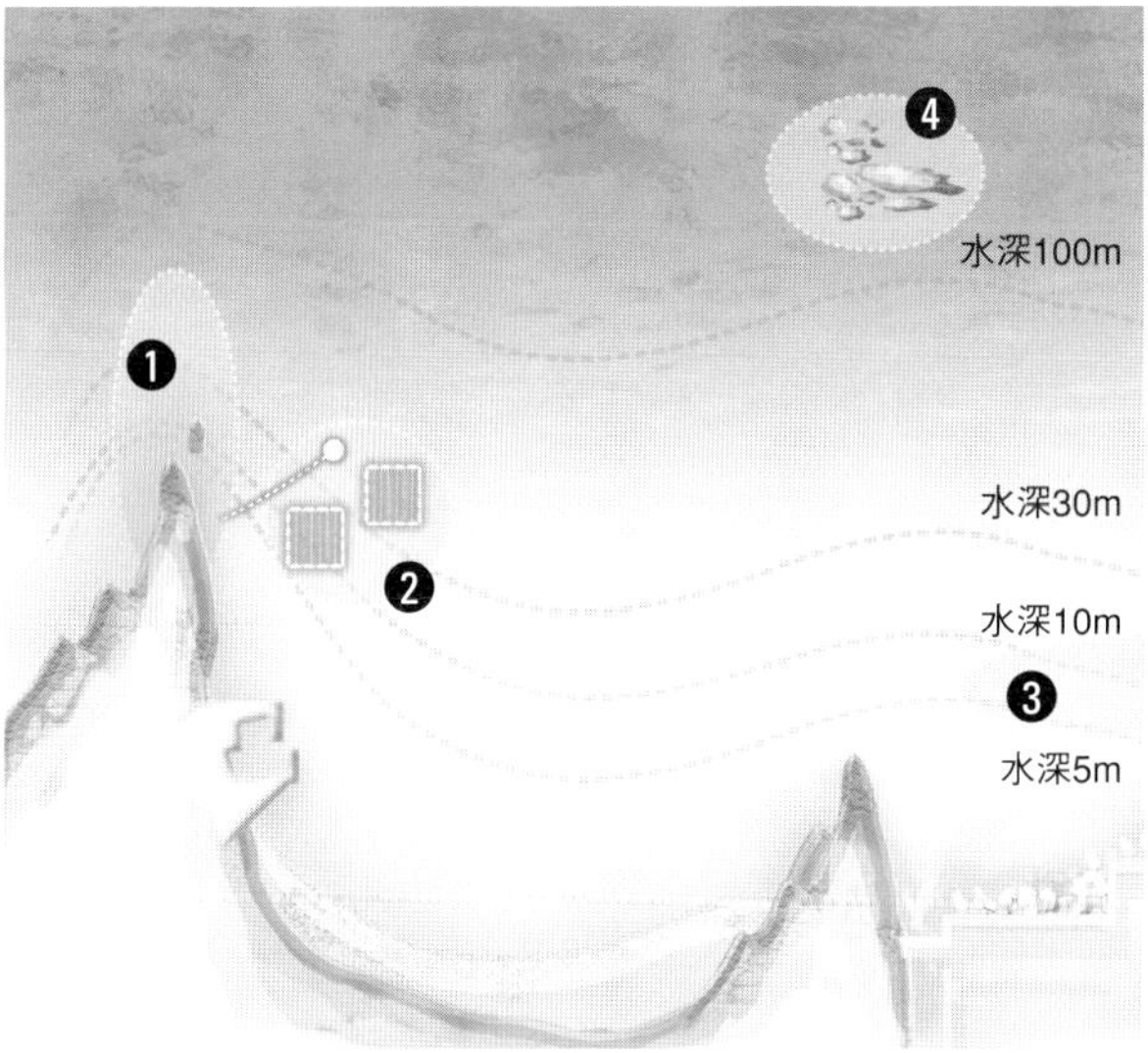

ポイントへ流すテもある。

③は、広い岩礁帯がイメージで水深は10メートル以上。回遊魚のアシを止める大きな根や障害物がない場所でのコマセ釣りは、コマセワークが重要ですな。また、カンパチは仲間が近くにいると移動せず一緒にいる習性がある。群れを散らさないようにしよう。

④の沖の根まわりは本命ポイント。当歳魚から良型まで狙えて釣期も長い。また、当歳魚クラスなら根（瀬）の上も好ポイントになる。水深は30～100メートルくらいまで。エンジン流しが苦手なボートは、シーアンカー流しでポイントを通過するように。

タックル&釣り方

釣り方は大きく分けて、コマセ釣り、ジギング、泳がせ釣りの三つ。そのなかのコマセ釣りは、小型がヒットする確率が高いので良型を望むのならば他の釣り方がオススメ。でもまぁ、夏から秋の回遊魚シーズンは、どの釣り方をしても好釣間違いなし。たとえ本命をゲットできなくても、マダイ、

カンパチ

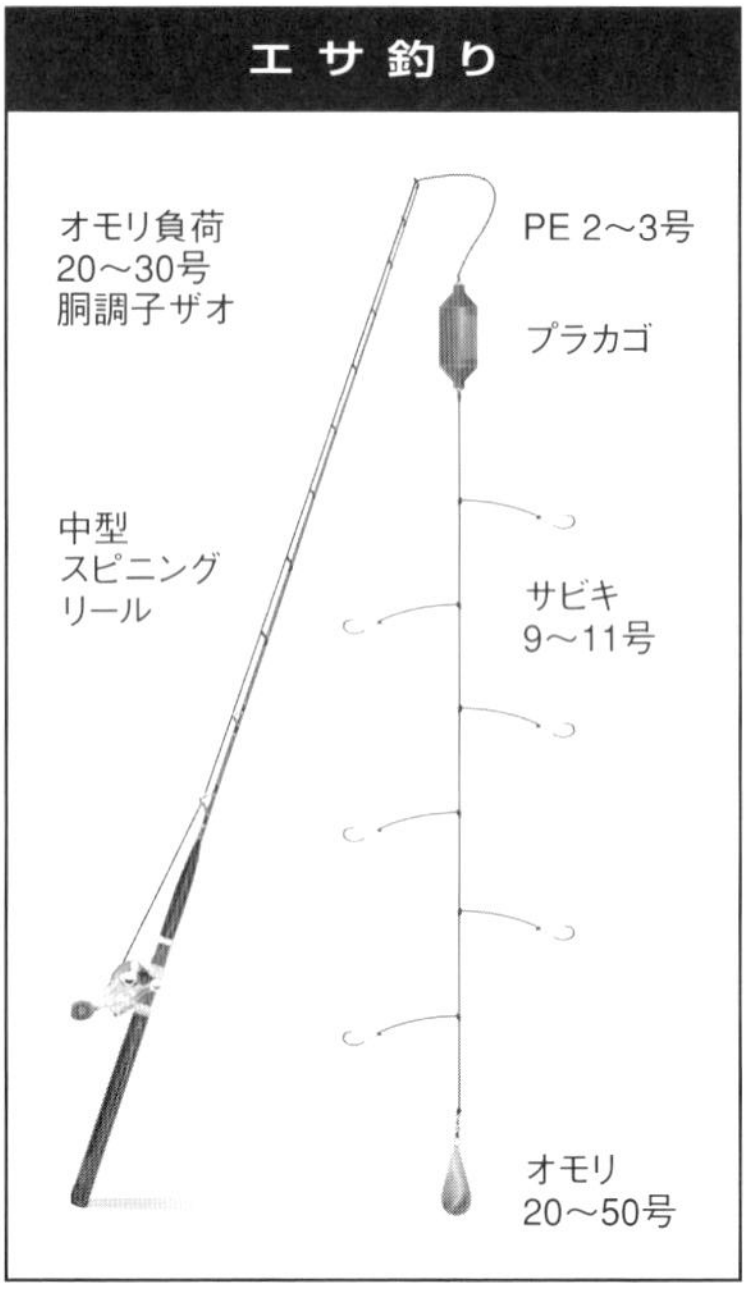

イナダ、ヒラマサ、ハタ、カサゴなど、いろんな獲物が顔を出し、にぎやかな釣果になるハズです。

コマセ釣り

当歳魚がメインになる釣り方だが、カッタクリ、ウイリー、それにビシ仕掛けが一般的だと思います。

カッタクリはヒット後のファイトを楽しむなら、サオカッタクリがオススメ。海面近くをすっ飛んでゆく当歳魚の姿が見えるときに効果的な釣り方。もちろん、底層からカッタクってきてもヨシ。水深は10メートル以上あればＯＫです。

ウイリーは、コマセ釣りのなかでは一番良型が期待できる釣り方。スモールボートでも2キロクラスまでなら普通に釣れるゾ。ただ、当然だけれどウイリーの色と配色によりヒット率は激変。いろいろ研究してみよう。え？　最も効果的な配色ですか？　それは、コッチが聞きたいです。ハイ。

ビシ仕掛けは、カッタクリやウイリーと違って、チョイトは置きザオにすることができるのでラクチン。それでも、マダイのように完全な置きザオはダメ。カンパチは、動かないエサには反応しないのです。また、当歳魚はコマセに突っ込んでくる習性があるので長ハリスは不必要。水深は10メートルもあれば問題ない。海底から2～5メートルをじっくり探ってみよう。

ジギング

ジギングの場合、ほか

コマセ釣り

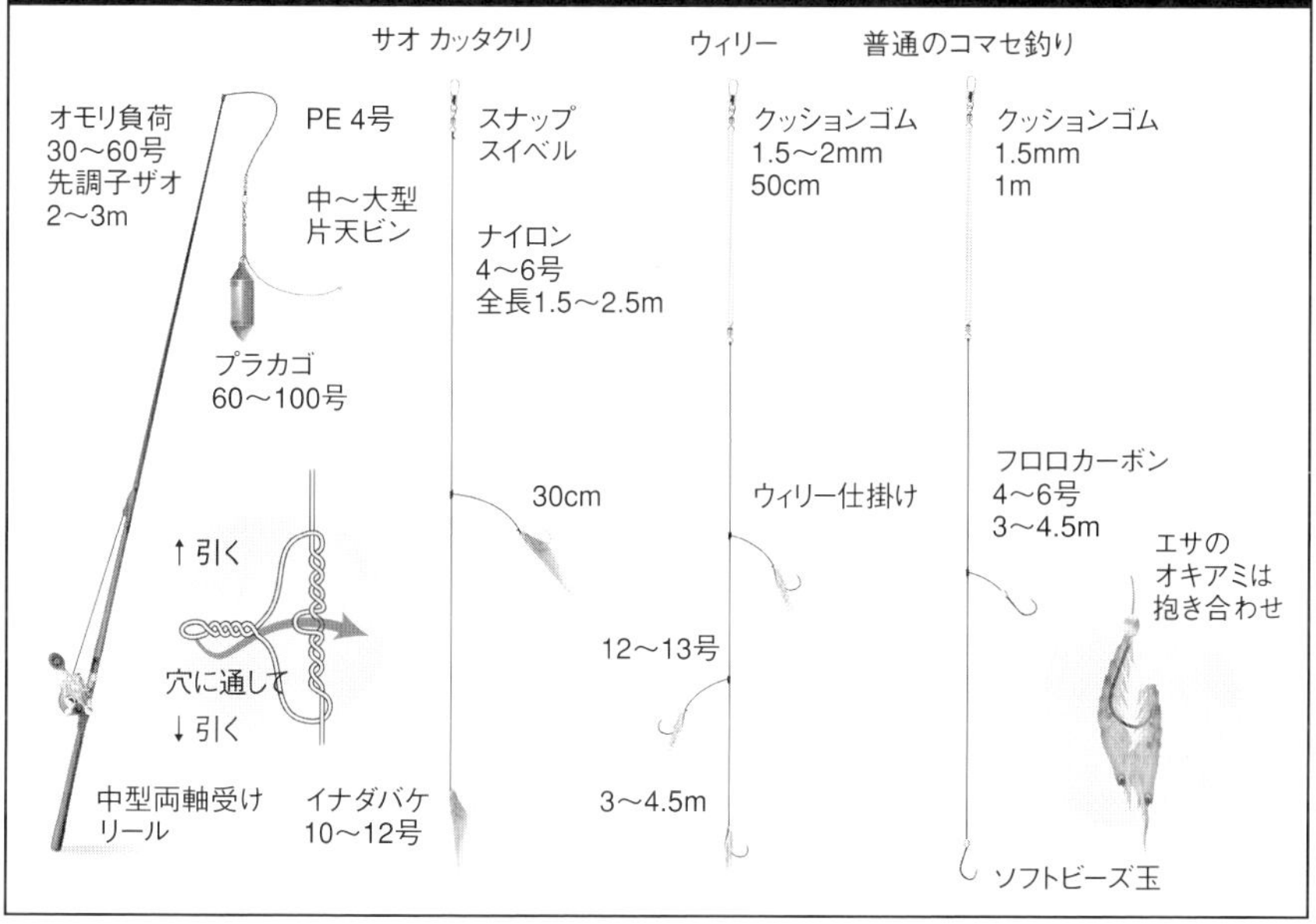

ジギング

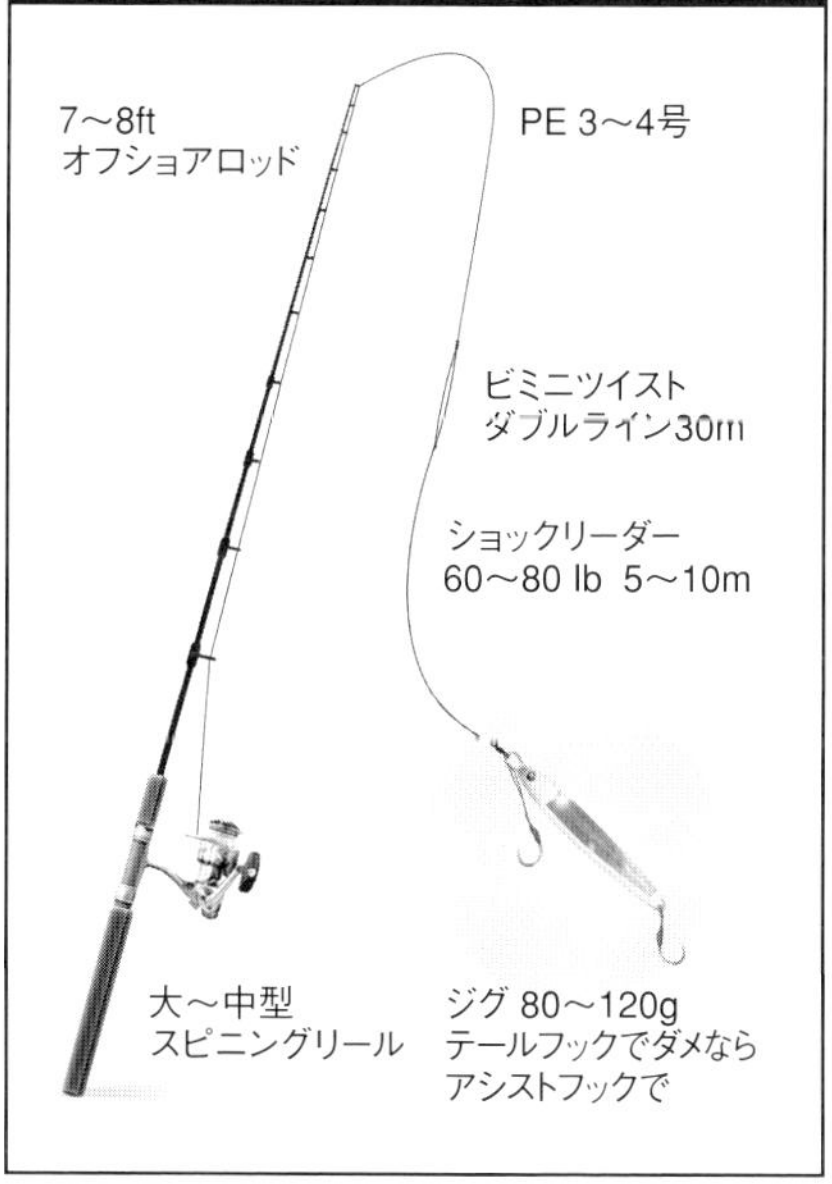

の釣りをしていてもタックルさえセットしておけば、ナブラを発見してからでも速攻で勝負ができる。果たして獲物がいるのかアテにならないポイントで、1日中ジャークしているのは辛いからね。

リトリーブの基本はジャーク&早巻き。しかし、高速リトリーブに興味を示さない当歳魚や食い渋り時には、アクション付きのスローリトリーブが有効になる。さらに、ポーズを入れて食いつくタイミングを作ってやるテもある。

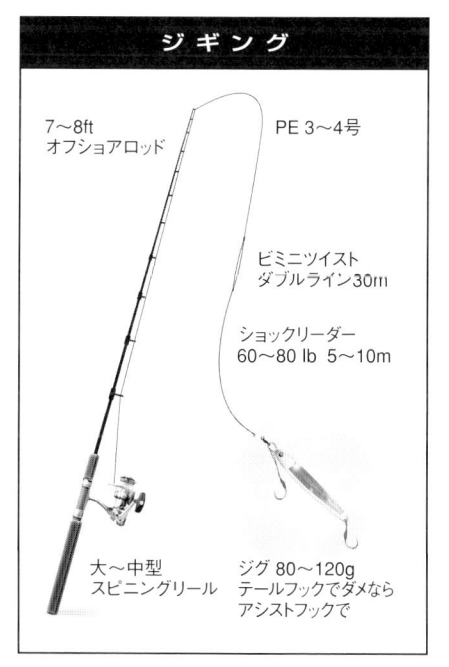

釣り方

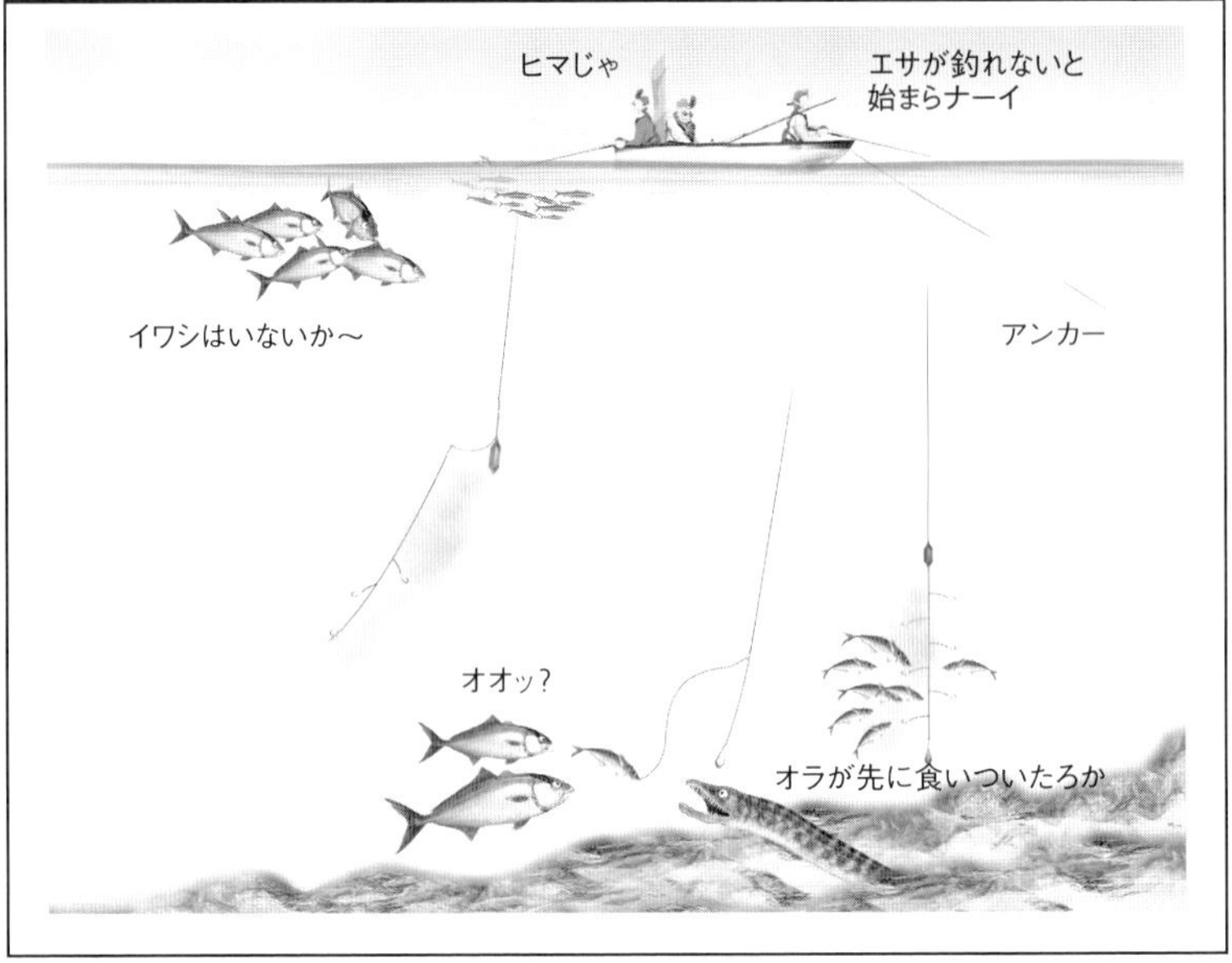
ヒマじゃ
エサが釣れないと
始まらナーイ
イワシはいないか～
アンカー
オオッ?
オラが先に食いついたろか

カンパチ

水深は5メートルから150メートルくらいまで。ディープジギングは体力勝負になるが、電動リールを利用した電動ジギングならラク。電動リールはありがたいアイテムだけれど、狭いボートではコードが邪魔になるのもいなめない。

また、ナブラっているならジグよりもホッパーやミノーがおもしろい。思いっきりのライトタックルでじっくりやりとりする。他の魚ならばヤリトリしている間に群れが散ってしまうが、カンパチの場合はフッキング中でも、その姿が見える間は群れが散らない。その間に同乗者やほかのボートのメンバーも追釣するベシ。

泳がせ釣り

生きた小魚をエサにする泳がせ釣りは、浅場ではウキ仕掛け、深場ならドウヅキ仕掛けと使い分ける。エサはアジ、現地で釣れれば文句なし。大きさは中アジ程度の、普通にエサとして売っているサイズがちょうどいい。

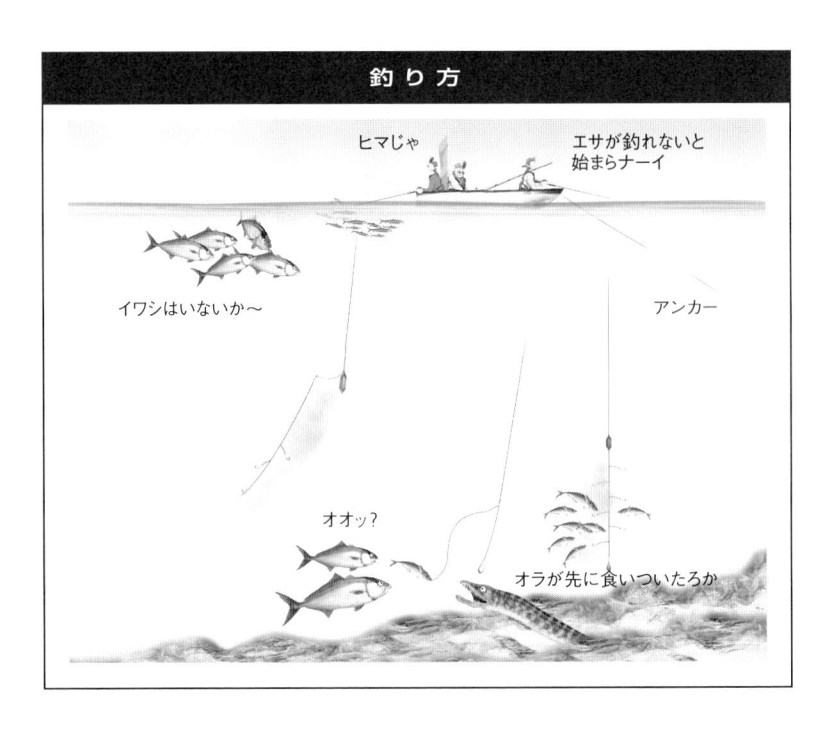

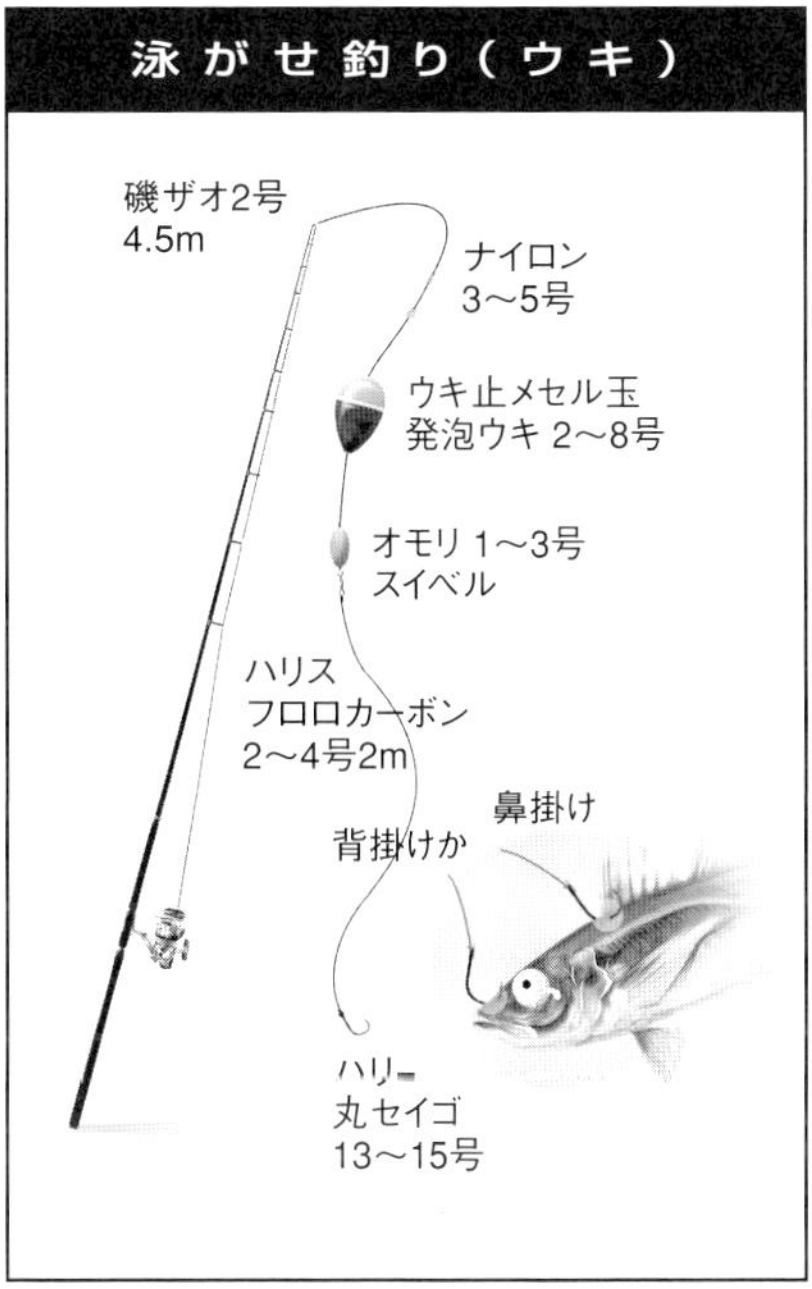

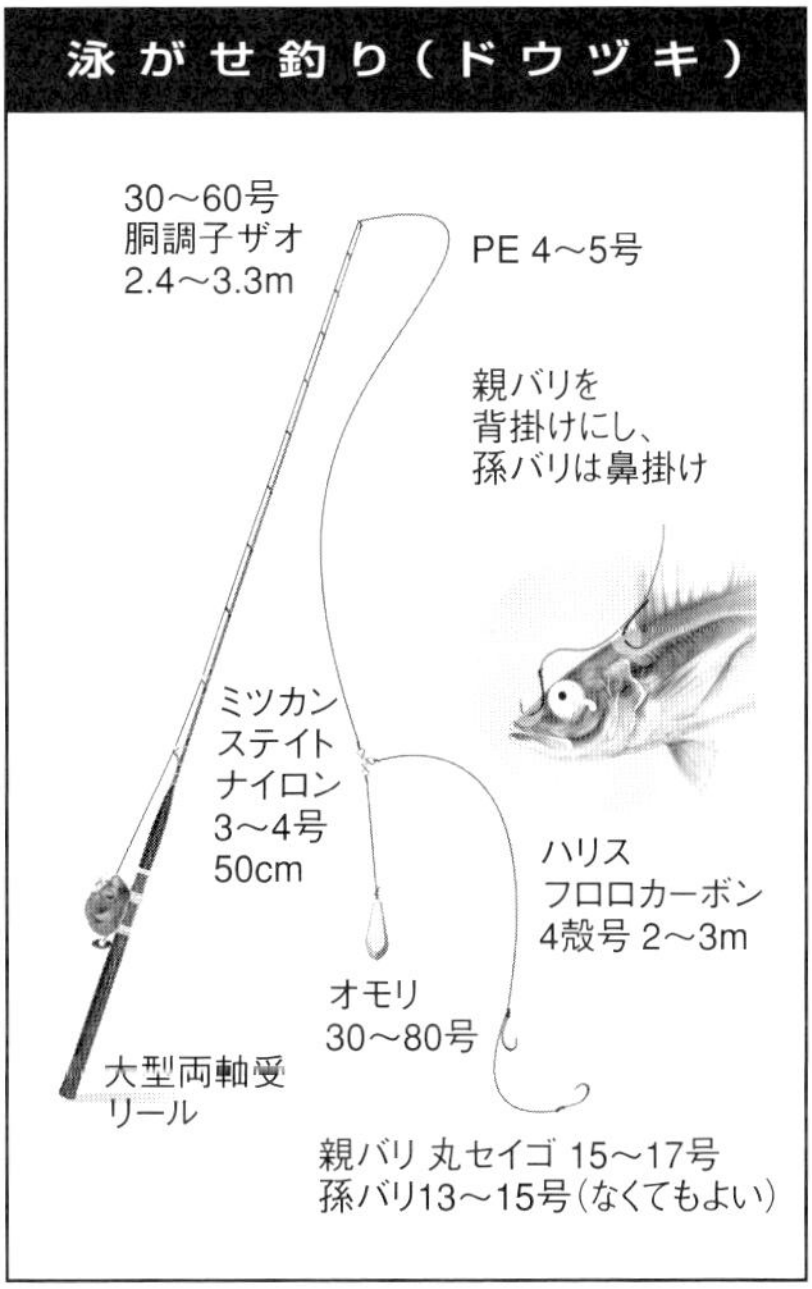

小アジでは小さすぎて弱りも早いし良型も望めない。20センチのアジに30センチのショゴがヒットするのはよくある話だ。

ウキ仕掛けは、水深3～30メートルをカバーできる。潮通しのよい磯まわりや浅めの岩礁帯がイチオシ。ウキがスパッと波間に消しこむ瞬間は最高です。

ドウヅキ仕掛けは、水深10メートル以上のポイントで、水深にあったオモリを使う（当たり前ですな）。沖の根回りや定置網など障害物のあるところで効果的。思わぬ大物がヒットすることもあるので、胴のしっかりしたサオをチョイス。そのうえ、食い込みのよい柔らかな穂先も要求される。サオが重要なアイテムです。

ショゴではなくカンパチ！と言えるサイズをスモールボートで釣ってみたいですな。

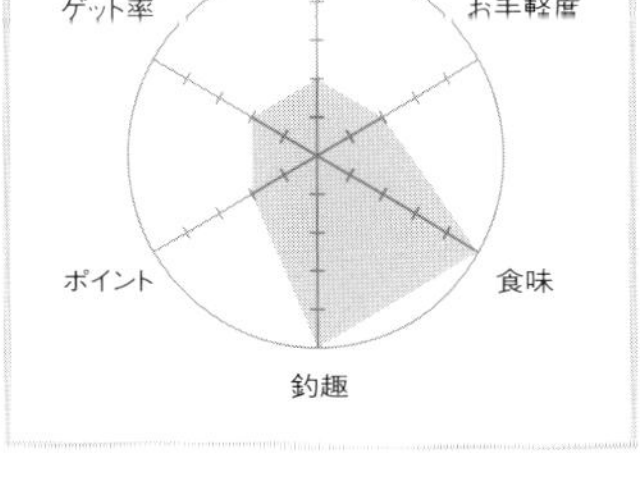

春 夏 秋 冬

7月—8月

キュウセン

こんな浅い場所でも？ 夏なら釣れる

キュウセンは、関東では敬遠されてきた魚だが、食べると想像以上にオイシイのだ。

それにまた、体高のある幅広の魚体はヒキもなかなか力強い。好感度アップ中のキュウセンだから、狙う人が少ない今のうちに本命として狙ってみたい。

浅場に集まる夏から秋が釣りやすい時期だ。

性転換する特異なメカニズム

ベラの仲間は、魚のくせに眠ったり性転換したり曲者ばかりだ。キュウセンも同様に特異なメカニズムをもっている。

まず、青緑色の魚体にピンクやグリーンの斑紋などがあり、ちょいと派手なのがオス。オスより

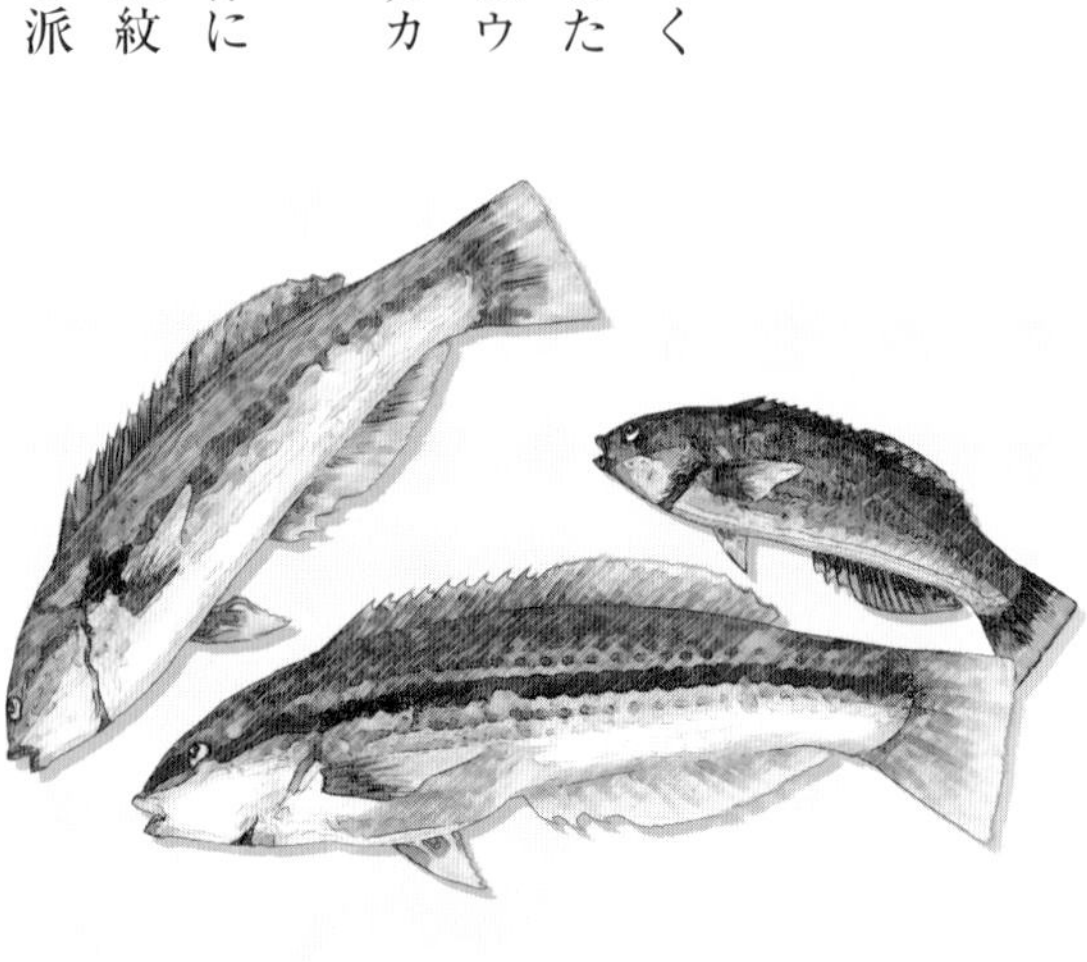

小型で、赤褐色に1本の黒いラインと複数の褐色のラインが入っている地味目なのがメス。

この2種は外見があまりにも違うので、別種と勘違いされたりするが、同じキュウセンなのです。オスをアオベラ、メスをアカベラと呼んだりもする。

関西方面ではキザミといったりもするが、シマメグリ、モズク、ヤギ、スジベラ、ベロコ、クサビ、モバミ、ベリ、シレネズなどなど、地方名はさまざまですな。

キュウセンの語源は、メスの体側に9本の線があることから……、ということらしいですが、いくら数えても9本はないのですけどねえ〜。ま、それはともかく、漢字は、語源からすれば「九線」が正しいのでしょうが、普通は「九仙」とか「求仙」と書く。

南西諸島を除く北海道南部以南、日本海側では佐渡以南に分布し、オスは30センチ近くまで成長するが、1年で7センチ、5年で17センチと、身が柔らかいわりには成長の遅い魚である。小型は絶対にリリースしましょう！

ベラの中では一番寒さに強くて北方系。それでも、水温が13〜15度以下になると活動を休止して休眠する。したがって、冬に水温が13度以下になる海域では釣れません。ま、冬眠ですな。

そして、ふだんでも夜は毎日ちゃんと睡眠をとるから、キュウセンが釣れるのは日中だけ。日が暮れると砂の中に潜り込み、朝になって明るくなると目を覚ます。まずは寝ぼけ眼で顔だけ出して周囲をうかがい、その後、上半身を出してから泳ぎだす。

日中勝負のスモールボートにはうってつけのターゲットになります。

魚でも男はつらいよ

キュウセンの最大の特徴は雌性先熟。簡単にいえば、一夫多妻のハーレムを形成するキュウセンはほとんどがメスで、オスがいなくなると、一番大きなメスがオスに性転換するのだ。性転換した元メスを2次オスというが、生まれながらのオスもいて、これを1次オスといい、体型はメスとまったく同じで見分けがつかない。

では、群れの中に1次

キュウセン

オスがいれば、そのまますんなりとハーレムの王として君臨できるかというと、どうやらそうはいかないらしい。アオベラはすべて性転換した2次オスと明記してある文献もある。どうも、1次オスは体の大きな2次オス予備軍に負けて、アオベラにはなれないようだ。

　そんな訳だから、自己のDNAを残すためにメスのフリをして、産卵行動中のハーレムに紛れ込むような姑息《こそく》な手段を用いているとか。どの世界でも「男はつらいよ」ですなぁ。

　ちなみに、産卵は満1歳から。産卵期は6~10月です。また、2次オス候補は、オスのエラ後方にある黒斑部分と、同じ場所のウロコ2~3枚が青く縁取られるので見分けることができる。

「multicolorfin rainbowfish」が英名だけど、マルチカラーにレインボーなんて、褒めすぎではないの。それとも、アチラのキュウセンが素晴らしく派手なのか——。なんて考えていたが、伊豆方面で、シロっぽい魚体に黄色いラインや、ピンクの魚体にオレンジのラインなんて、ハデハデなキュウセンがごくタマ~に釣れることがある。多分、キレイな海域に住む性転換中の個体だと思うが、これならマルチカラーレインボーもうなずけますな。

　キュウセンの食性は雑食。砂の中に潜む環形動物や小さな甲殻類、それに貝類まで、硬い歯で噛み砕いて食べる。そのなかでも、アサリは大好物で、潮干狩り場の近くでよくキュウセンが釣れる。あのすねたようなオチョボ口は、エサをくすねて釣り人を翻弄《ほんろう》するだけでなく、砂を掘って寝床を作り、貝を砕く力もある……それがキュウセンなのです。

ポイント&釣り方

　やや内湾性で、岩礁近くのゴロタ場や、ツブ根が点在する砂地を生活圏にしているキュウセンは、波打ち際や磯、防波堤近くの超浅場から、水深20メートル前後の沖まで、釣り場は広い。

　ポイント図では①が本命場になる。潮あたりの良いゴロタ場や小磯の沖も有望。磯の上からでは探ることのできない根の間や沖側が狙い目。もちろん、近くに磯釣り師がいる場合は遠慮しよう。釣り方は、ノベザオか、水深が深ければシロギスタックルなどのリールザオを使用する。

　ポイント②は小さな根が点在する砂地。どちらかといえばシロギスポイントですな。ここでは、シーアンカーの流し釣りで、タックルもシロギスのもので、シロギスとの両狙いが無難だと思う。同時に、生きエサ釣りでマゴチなどハモノを狙えば、釣りが大きく広がり、楽しみも増える。

　水深は5～10メートルくらいが釣りやすく、風が強くてやむをえずアンカーリングするなら、ロープの長さを調整して頻繁に小移動しながら釣れば、アタリが落ちない。あるいは、ドウヅキ仕掛けのウキ釣りで広く探るテもある。

　広い岩礁帯の③もオススメポイント。根掛かりが少なければ、シーアンカーもしくはエンジン流しの流し釣りが効果的。

サオとリールはシロギスの流用で問題ない。仕掛けはドウヅキタイプの2～3本バリ。カワハギ仕掛

ポイント

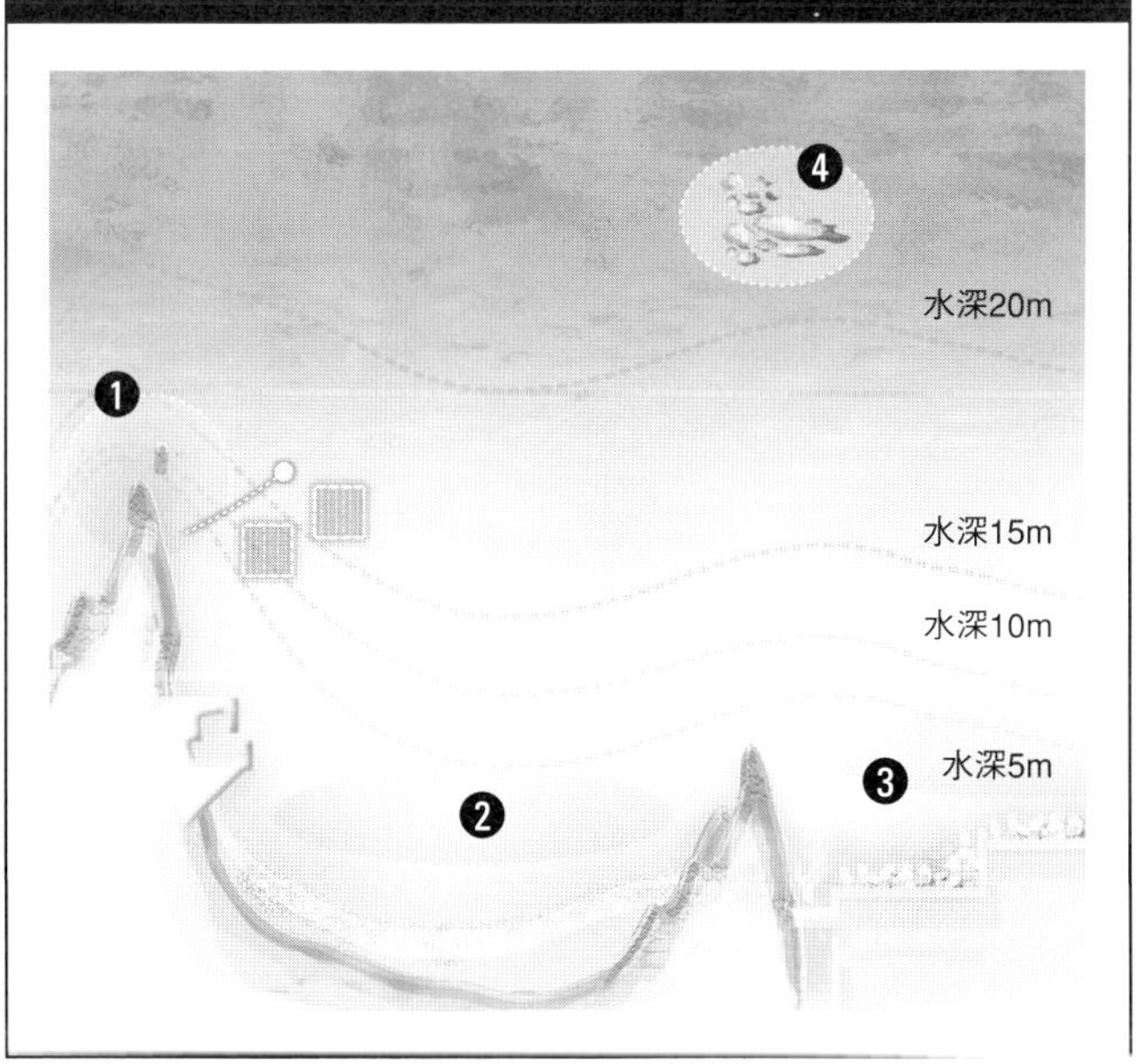

けのように短ハリスにすれば、アタリが取りやすく根掛かりも少なくなる。エサは、ジャリメやアオイソメなどのイソメ類か、潮が濁っている日ならオキアミエサが有効です。

④の沖の単独根は、大型が望めるポイントで、水深は20メートルくらいまで。アンカーリングしてドウヅキ仕掛けで。また、うまいこと根際にアンカーリングできたら、砂地方面にはシロギス仕掛けを遠投してもよい。

ハッキリ言って、キュウセン釣りはそう難しくはない。ポイントを探しておけば、真冬以外はいつでも釣れると思っていい。ただ、大きなアオベラから釣れてしまう傾向があるので、釣っているうちにアカベラだけしか釣れなくなったら移動しよう。もちろん、最初からアカベラしか釣れない場所も敬遠すべきだ。

通常、アオベラがいなくなると、次の2次オスが出現するまで、そのハーレムはアカベラだけになってしまうのだ。従っ

海中イメージ

オレは釣らんのかぁ
スズメダイ
ネンブツダイ
今日はオレが
エサとりじゃ
メゴチ
たまにゃ遊んだろか

て、多くのポイントを知っていれば、アオベラのゲット率は高くなるという計算です。

時々、10センチ前後の小さなアオベラが釣れることがある。多分、群れの絶対数が減って小さなアカベラの中から、無理やり2次オスが発生したのだろう。なにせ、成長の遅い魚です。簡単に釣れるからといって釣りすぎにはくれぐれも注意してくださいヨ。

青ベラと赤ベラ

ダイバーの話を聞くと、キュウセンはヒレで砂地をあおってエサを探したり、砂地のエサを探すほかの魚の後ろにくっついて泳いだりしているという。また、石をコツコツと叩いていると、いつのまにかたくさんのキュウセンが集まるともいう。それでは、カレイ釣りのコヅキ釣りのテクニックが有効になるのではないか。砂地では砂が舞うようにコヅキ、根ではコツコツと音を立ててキュウセンを寄せればいいわけだ。

また、キュウセンを釣るなら朝イチの速攻勝負に限る。

なにしろ、一晩中寝ていたキュウセンは、かなり空腹になっているに違いない。朝のうちにに本命ポイントでバタバタと良型を釣り、あとは好きな釣りをノンビリと楽しみましょう。

知っておいたら ソンしないこと

シロギス釣りなどをし

キュウセン

ていて、アカベラはしようがないとしても、良型のアオベラまでリリースするヒトを良く見かける。理由を聞くと、「見た目がまずそう」「食べたことがない」「（良型の見た目は）気持ち悪い」などなど。ちゃんと処理をすれば絶品の刺し身になるのに。

確かにキューセンの身は水っぽいので、３枚に下ろしたら塩水に30分ほど漬けて身を締める。そして、できるだけ早くいただくことです。

キュウセンの上手な持ち帰り法は、イケスに泳がせないで、釣ったらすぐ氷海水の入ったクーラーに入れること。いわゆる氷締めですな。いつまでも泳がせておくと、内出血して臭みが出るし、身も柔らかくなってしまう。

少し深場のオモリ仕掛け

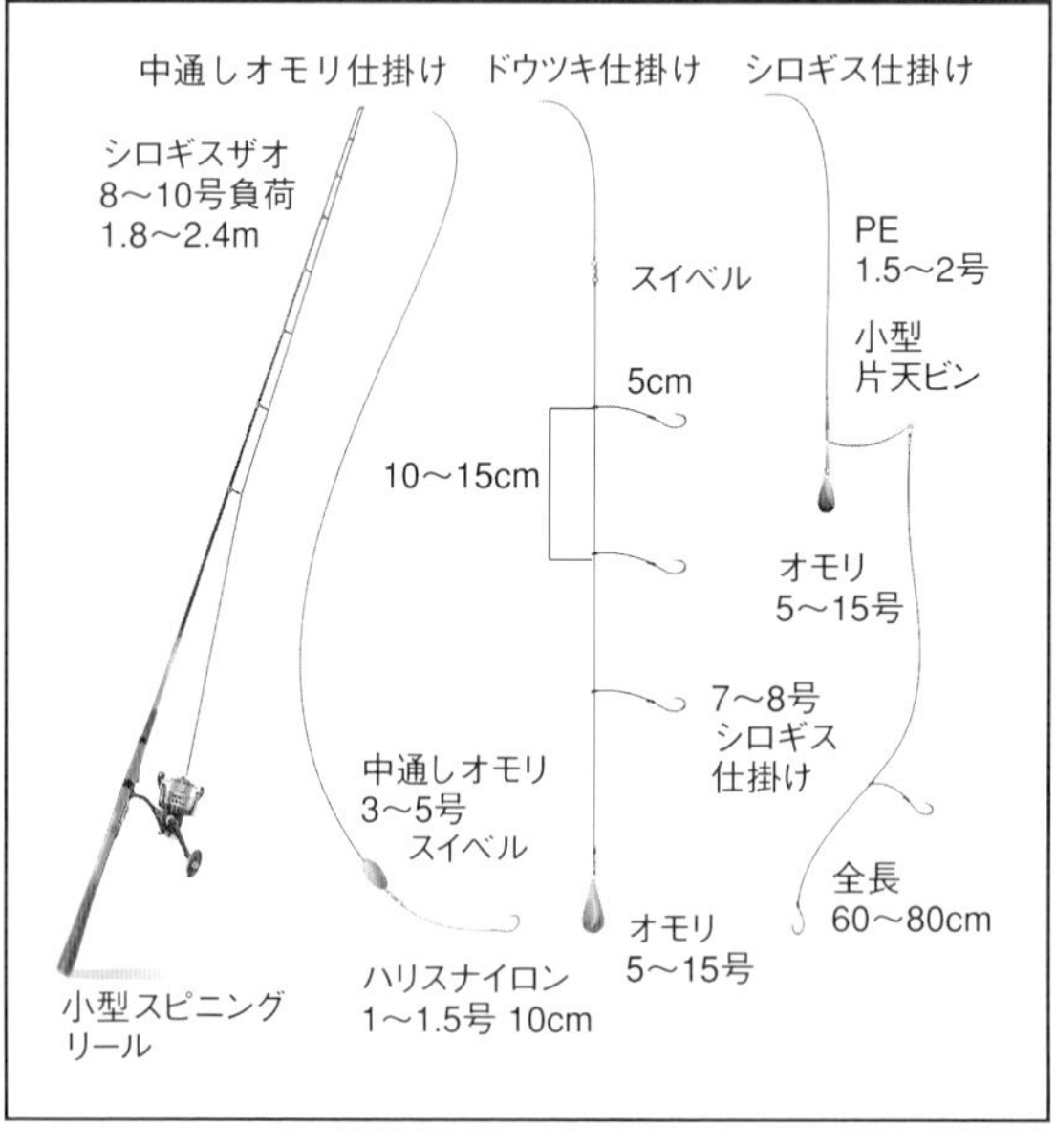

クーラーの海水はできるだけ多めにしよう。身が柔らかいので魚体が浮いている状態を保たないと、氷が当たり身崩れしてしまいます。

キュウセンに似ているホンベラは、環境による体色の差が著しく、かなりキュウセンに似通った個体がいる。見分け方は、キュウセンほど側線部のラインがハッキリせず、オスに見られる胸ビレ上方の黒斑もない。更に、ホンベラは、背ビレの前部に暗色斑がある。

十数年前のキュウセン釣りの話

ボクが最初にキュウセンを専門に攻めたのは、もう20年近くも前のこと。東京湾内にある横須賀、走水の手漕ぎボート釣りだった。走水のボート釣り場は、夏のシロギス、アジに、冬のカレイ、アイナメと、1年中何かしらの魚が釣れるゲレンデ。そこでボートを貸してくれる釣具店のオヤジさんが、「夏はキュウセンがおもしろいヨ。専門に釣る人は少ないし、入れ食い確実」といって、わざわざボートに同乗までして、キュウセン釣りを教えてくださいました。

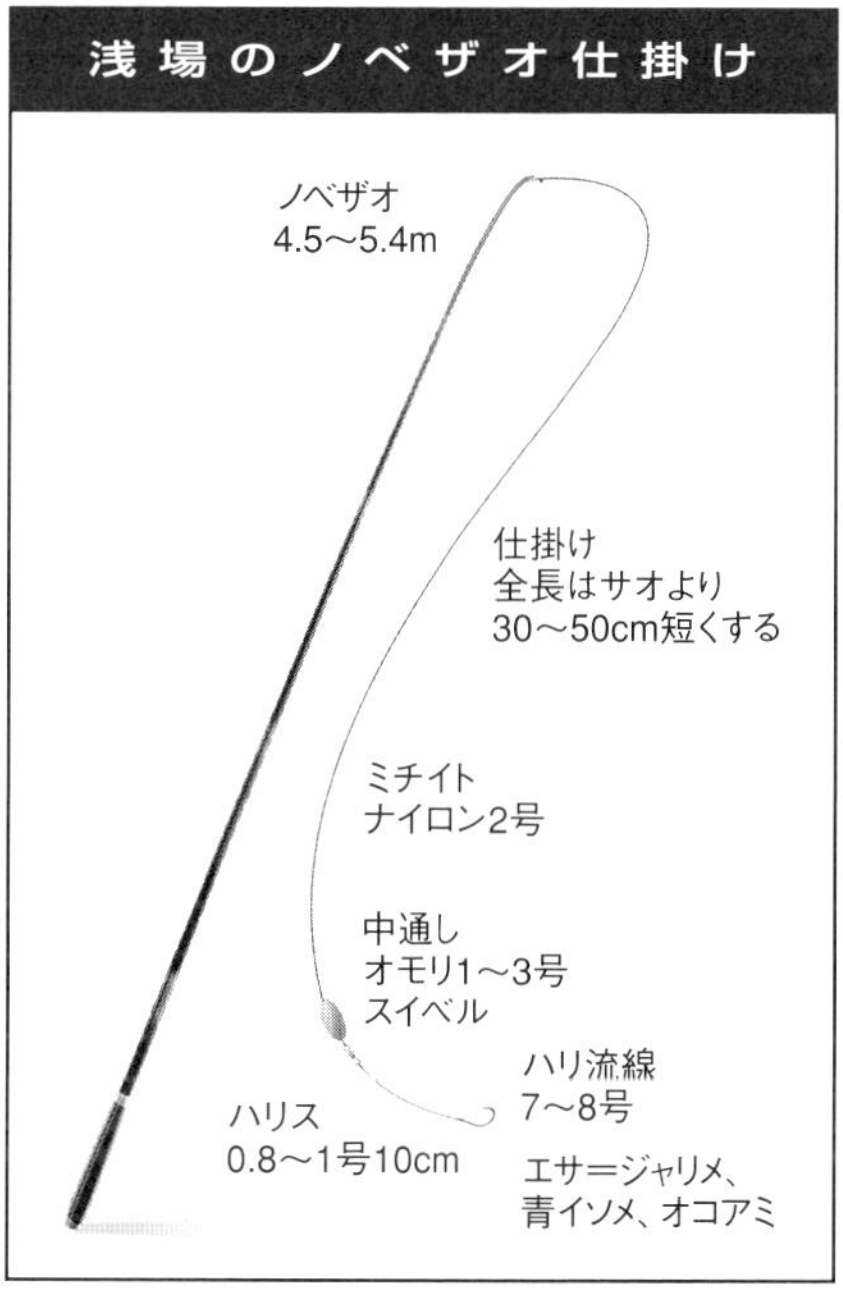

港の赤灯のすぐ脇には大小の根が集まっている浅瀬があり、そこがポイントで水深は2～4メートル。根の間にアンカーリングでボートを固定して、タックルはリールなしのノベザオ。それに、中通しオモリに1本バリのシンプルな仕掛け。

ホントによく釣れました。これ以上ないライトなタックルだから疲れないし、キュンキュンと糸鳴りをさせて抵抗するキュウセンのヒキが、ダイレクトで心地よい。オヤジさんと二人で、昼前まで2時間ぐらい釣ったら、十分なお土産が確保できた。それから数年は、夏の走水通いが恒例になったのはいうまでもない。そういえば、走水のポイントもアサリのいる小浜が隣接していたっけ。

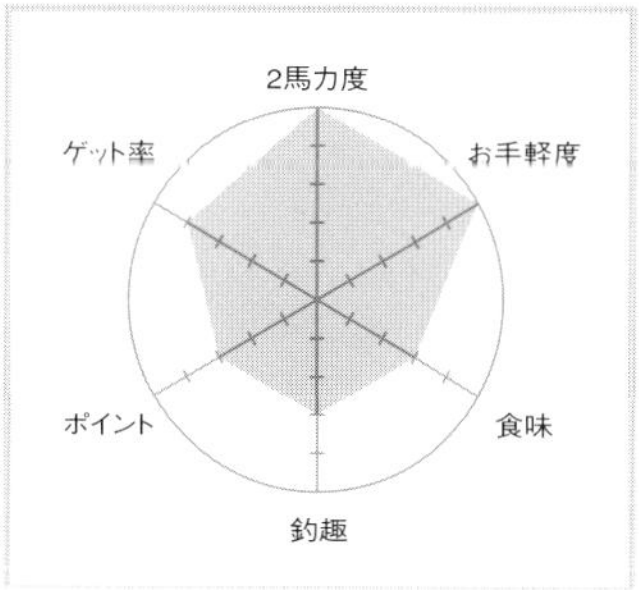

クロダイ

荒武者は春先の浅瀬でゲット

海中でぎらりと光るいぶし銀、荒武者――なんて言葉も似合うのがクロダイ。磯やイカダ釣りのイメージが強いが、沖釣りでも人気ターゲットだ。もちろん、比較的浅場にいる魚なのでスモールボートにピッタリです。

興味津々のオモシロ生態

クロダイは、北海道と琉球方面を除く日本列島に分布し、釣り人でなくてもなじみの深い魚だ。関西ではチヌ。これは昔、大阪湾の一部が茅渟（チヌ）の海と呼ばれ、クロダイの宝庫だったことが由来らしい。ほかの地方名は、チン、ケイズ、カイズ、クロ、チンダイ、カワダイ、ツエ……などなど。

また、ブリなどと同じ、成長とともに呼び名が変

わる成長魚だ。関東は、チンチン→カイズ→クロダイで、関西では、ババタレ→チヌ→オオスケとなる。

生態的には、2～3歳まではオスという雄性先熟で4～5歳からメスに性転換する。ただし、すべてがメスになるわけではなくオスのまま成長する個体もいる。

また、タイ科の魚の例にもれず、クロダイも成長がとても遅い。1年で12センチ、5年で25センチ。40センチの良型になるまでには、なんと9年を要する。そのためか、関東では50センチオーバーを「トシナシ」などと呼んだりもする。

するってぇと、70センチ近い日本記録のクロダイは何歳になるの？　オイラの計算ではジャスト20歳。そんなに長生きするのだろうか。それとも、エサや生活環境がバツグンによかったのか。あるいは、巨大になるDNAを持った一族なのか。

想像していくと実に楽しいですな。

釣期

昔、冷蔵庫などの保存設備がなかった頃、真水でもある程度までは生きているクロダイは、料理屋などで重宝されたというくらいだから、いうなれば1年中釣れるわけですが、見逃せないのが春先のノッコミシーズン。驚くような浅場で大物がゲットできる好機である。その後、初夏から真夏にかけては、日中の釣りがメインになるスモールボートではチョイト釣りにくくなるかもしれない。しかし、秋からはベストシーズンの開幕。磯や堤防などの人気ポイントは、クロダイフリークでごった返すこと間違いない。また、秋から冬が食の旬で、40センチ前後のサイズが一番おいしい、と思う。冬季はアタリが極端に落ち、ボーズは覚悟の釣りですな。しかし、ヒットすればビッグワンの可能性が高い。ただ、水温が下がる冬から春先の期間はエサ取りが少なくて、その点では釣りやすくなる。

ポイント

河口近くの汽水域から、水深数十メートルまでの広い範囲に生息している。岸近くでは、磯、テトラ、根のある砂浜、防波堤、護岸、橋脚などの障害物まわり。沖では、おもに根

ポイント

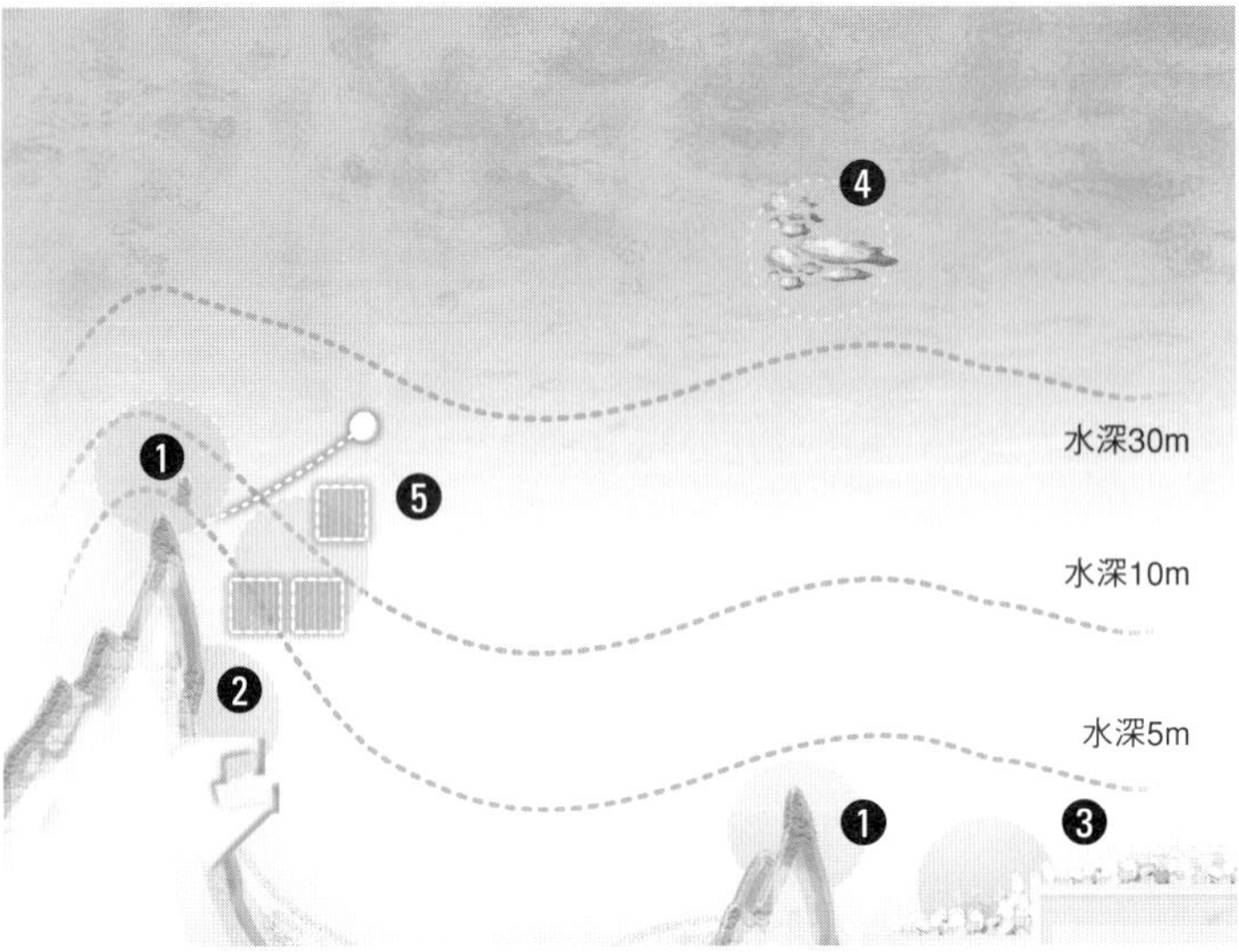

クロダイ

と定置網まわりなど。いずれもエサが豊富な場所である。ただ、真冬は深場に落ちる個体が多くなるため、沖のポイントを狙ったほうが無難かも。それでも、真冬なのに水深1メートルの超浅場で釣れるところもある。

　ポイント図の①は磯周り。ほかの場所も同じだが、岸近くで釣るときは、岸からの釣り人とトラブルにならないように、釣り人のいない場所を選ぶこと。

　②は堤防の際や、潮が通らないタイトなポイント。落とし込みやダンゴ釣りに適しているが、ほかの船舶の通行には十分注意する。

　③は、護岸およびテトラ際。護岸をポイントにするなら、どの釣り方でもヘチすれすれを狙う。護岸にイガイなどが付いているようなら期待大。また、テトラでは、海底のテトラにエサを張り付けるように流す。クロダイがテトラに付いたエサをついばむ感じをイメージするのだ。

　④は沖の根まわり。水

深20メートル以上ならウイリー。それより浅ければ、ウキフカセかルアーで。⑤の定置網やイケスまわりではウイリー。また、湾内の穏やかな場所にあるイケスの近くではダンゴ釣りも可能。もちろん、定置もイケスも直接係留はご法度です。

釣り方&タックル

警戒心が強く、人影や聞きなれない音にでも食い気をなくしてしまうのがクロダイ。しかし、好奇心旺盛な部分も持っているのでターゲットになるのだ。スモールボートで釣るなら、ウキフカセ、ウイリー、落とし込み、ダンゴ、ルアーがおすすめですな。ヘチを釣る落とし込み釣り以外は、基本的に底付近がクロダイのタナになる。根掛かりを恐れずにガリガリ攻めるベシ。

ウキフカセ釣り

イチオシの釣り方。いわゆるカカリ釣りです。ポイントは、渡船ができない満潮時に水没するような低い磯（ポイント図①）や沖の単独根（同④）まわりがベスト。水深は、5～15メートルが釣りやすい。タックルは磯ザオにクロダイウキのごく一般的な磯釣りタックルでOK。ただし、サオは3・3メートル前後の短いものが扱いやすい。もちろん、コマセを併用する。

このコマセワークが、この釣りの一番のキモ。コマセはウキにかぶせるように遠投しないで、ボートの近くから少しずつ途切れないように投入する。コマセは、かなり薄めて使うのがセオリーだ。くれぐれも、最初から濃い目のコマセを使わないように。エサ取りが集まるだけですぞ。逆に、エサ取りが多い

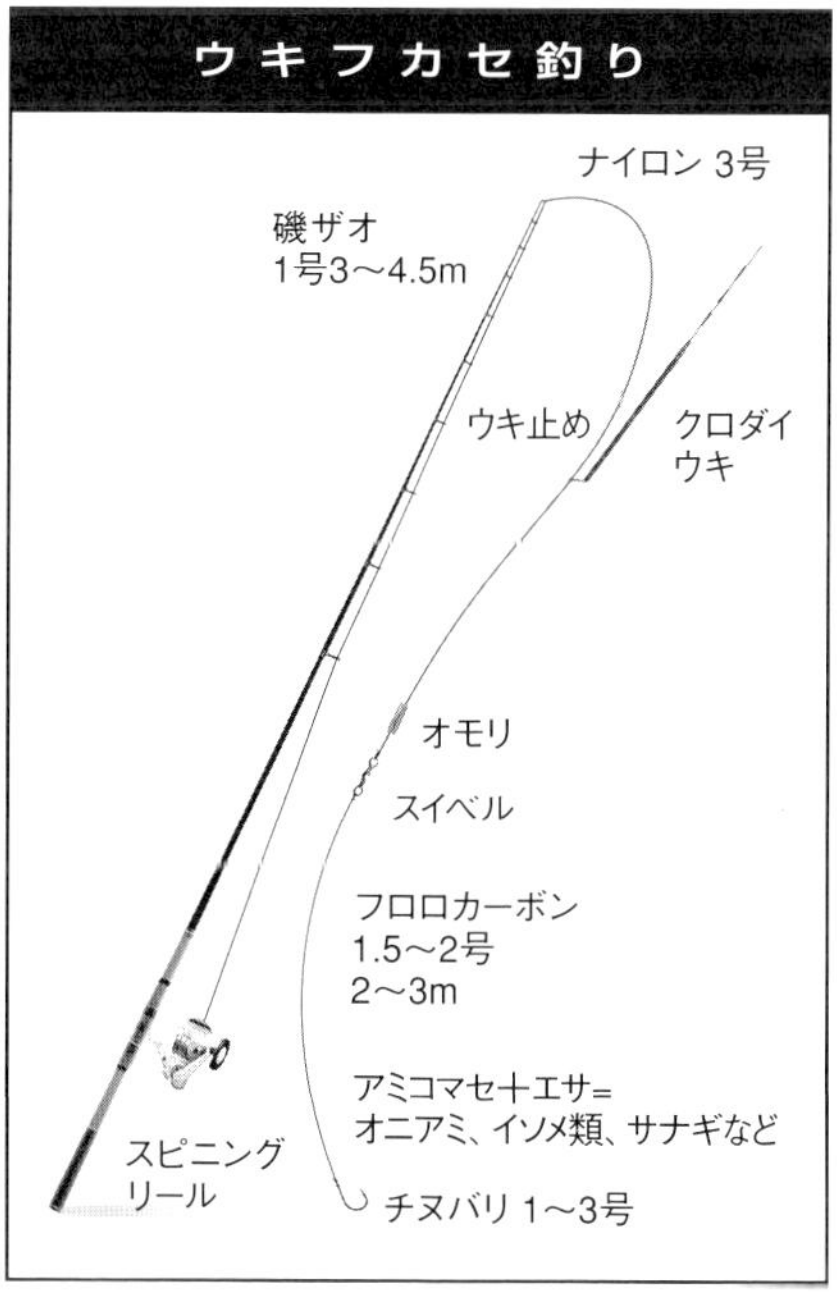

季節や集まってしまったときは、クロダイのタナまでコマセが届くように多めにコマセをまくこと。

この釣りのコツは、いかにして付けエサとコマセをシンクロさせて狙ったポイントへ流すかにつきる。たとえば、風と潮が同じ方向へ流れていれば何の問題もナシ。コマセも仕掛けもボートの脇から同じように流せばよい。しかし、風と潮の向きがリンクしないのはいつものことだ(イラスト「釣り方・コマセ、ウキの投入点」参考)。そうなると、この釣りが俄《が》然《ぜん》楽しくなる。風の強さ、潮の速さ、コマセの比重、潮に乗せる仕掛け、風に流す仕掛け、ボートの動きなど、さまざまなファクターを推察してクロダイに挑む。それだけに本命ヒットの瞬間はたまらないのだ。

ウイリーシャクリ

比較的、手軽なのはウイリーシャクリ。ただし、本命のクロダイのみを釣るのは難しい。メバルやアジなど、ほかの魚がヒットする割合のほうが高くなるが、そのぶん、ビギナーには取っ付きやすい。ポイントは沖の根周り④で、水深は最低20メートル。できれば、30メートル以上の水深がほしい。

たとえウイリーシャクリでもクロダイを狙う場合は、底付近からシャクリ始め、基本底に海底付近を重点的にシャクル。コマセの影響でクロダイが上ずったとしても、海底から3~5メートルくらいま

落とし込み釣り

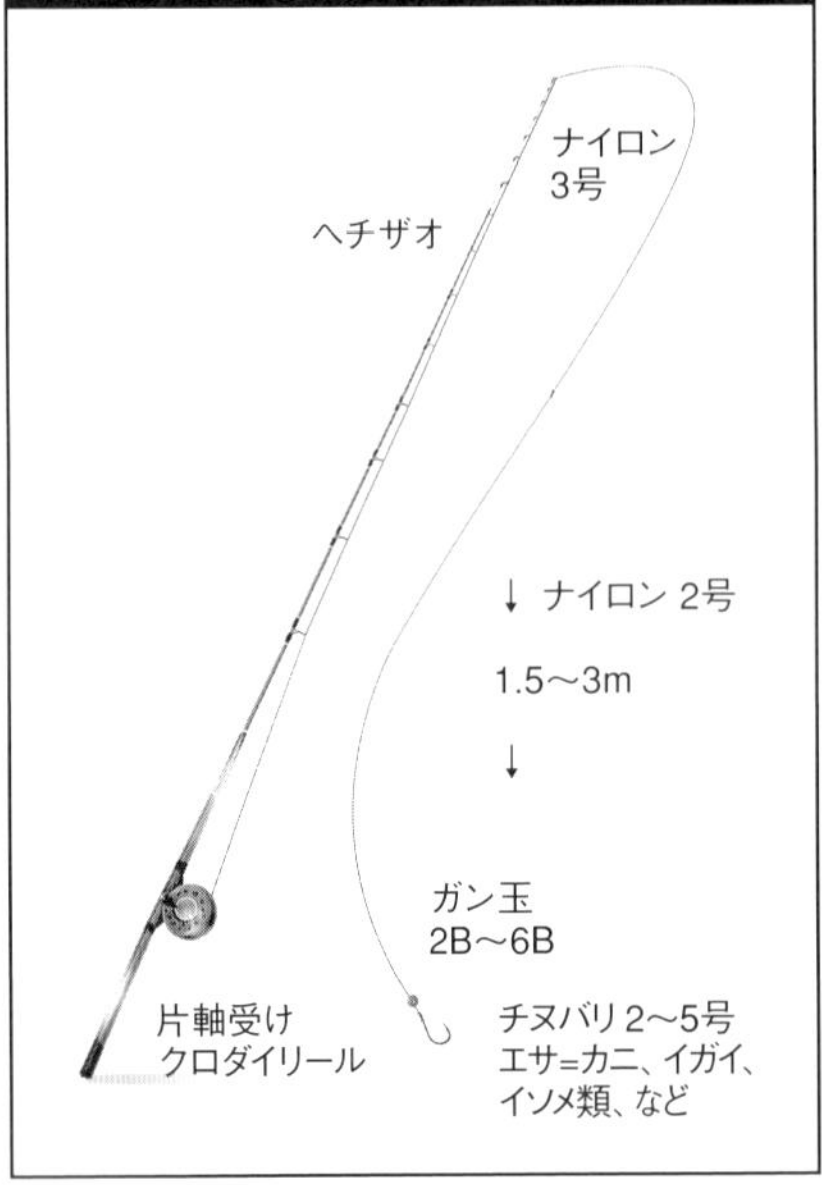

でがタナになる。

落とし込み釣り

ボートからのヘチ釣りと思えばいい。護岸や沖堤、橋ゲタなど、海中の垂直な壁のような場所がポイントになる。このような場所は、立ち入り禁止、接近禁止などの規制が掛かることが多いのでルールは厳守すること。水深は5メートル以上欲しいが3メートル程度でもなんとかなる。

コツは、エサを護岸などの際から20センチ以上離さないこと。ただ、ボートをヘチのギリギリに寄せてしまうと、クロダイが警戒するので、少し離れた場所からキャストする。仕掛けがポイントに入ったら、ラインを少しずつだして、沈んでゆくラインの変化でアタリを取る。ラインが途中で止まるとか、逆にツンと沈んだらアタリ。このとき、ラインを出しすぎているとアワセが遅れるぞ。

また、船があまり通らない静かな釣り場では、ポイントへ接近するときから手漕ぎで静かに。さらに、釣っている間もボートが流されないように手漕ぎで対処する。当然、一人では不可能ですな。漕ぎ手と釣る人を交代しながら釣るのがよろしいようで。ちなみに、船を係留してクロダイを釣るカセ釣りでは、船上で何かを落としたりしてチョットした音を立てただけで食いが止まるという。う〜ん、繊細な釣りですなあ。

ダンゴ釣り

人気のダンゴ釣りもスモールボートでできる釣りだ。ただし、風波に影響されない静かな湾内など釣り場は限定される。それに、ダンゴを同じ場所

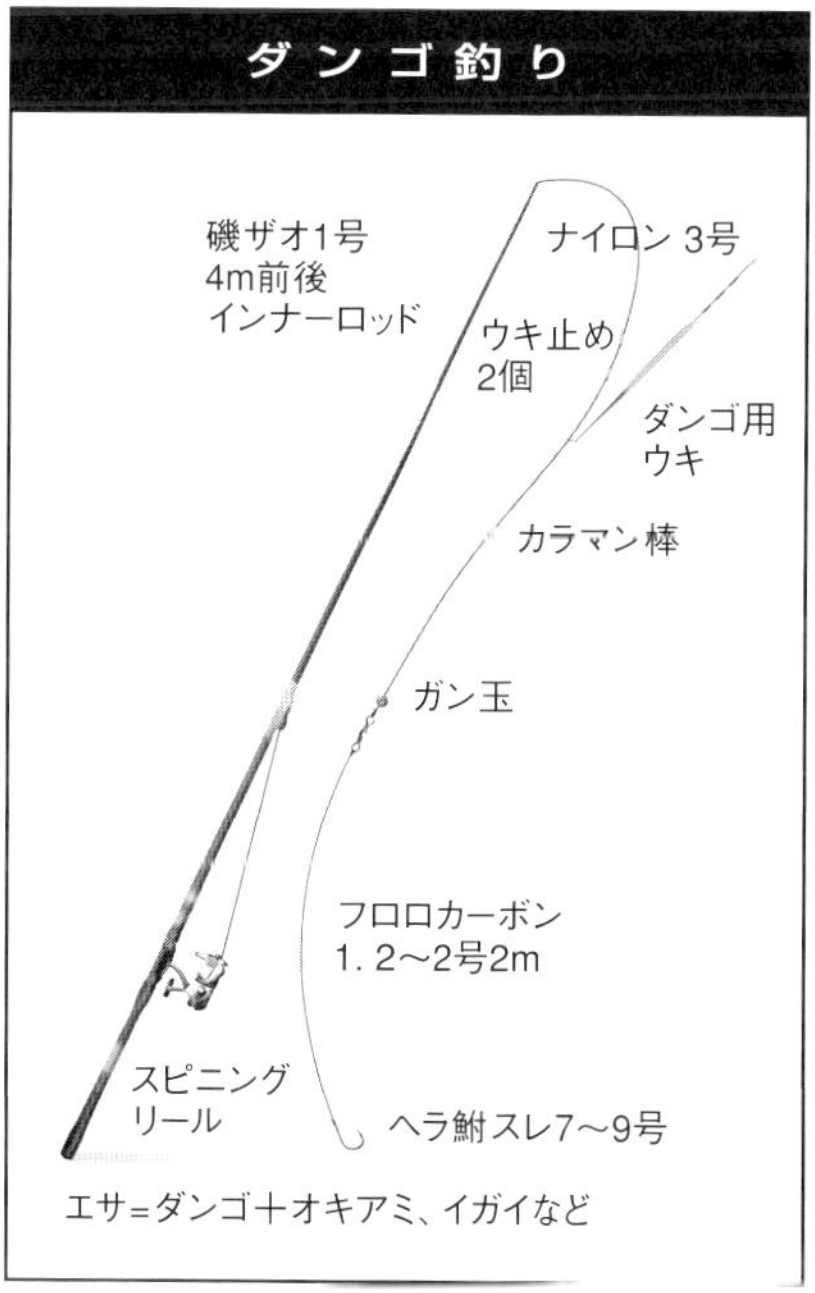

クロダイ

に投入し続けるためボートを固定する必要がある。バウとトランサムの両側からアンカーを入れ、Wアンカーでボートをしっかり固定する。通常はバウ側を風上にするが、場合によっては真横に風を当てたほうが安定することもある。しかし、あくまでもWアンカーは穏やかな湾内での方法。風波のある湾外では危険だし、航路上で行なえば自殺行為に等しい。

ダンゴ釣りは、ダンゴが底に潜むクロダイのタナまでエサをガードし、なおかつコマセにもなるスグレモノ釣法である。ダンゴが割れて中から付けエサのオキアミが元気なエビのように飛び出した瞬間が勝負。それゆえダンゴの良し悪しが釣果を左右する。ファンは独自のレシピでダンゴを作るが、ビギナーは袋に書いてある作り方を忠実に守

ルアー釣り

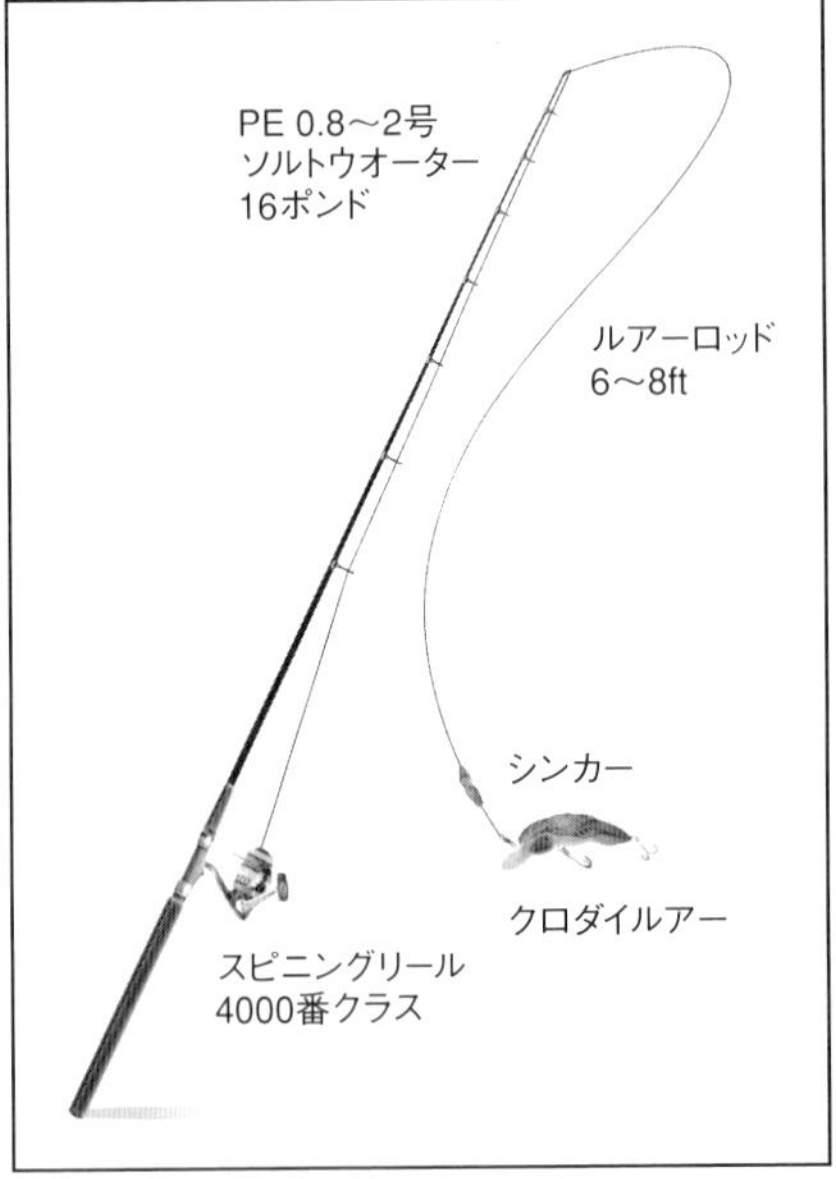

釣り方—コマセ、ウキの投入点

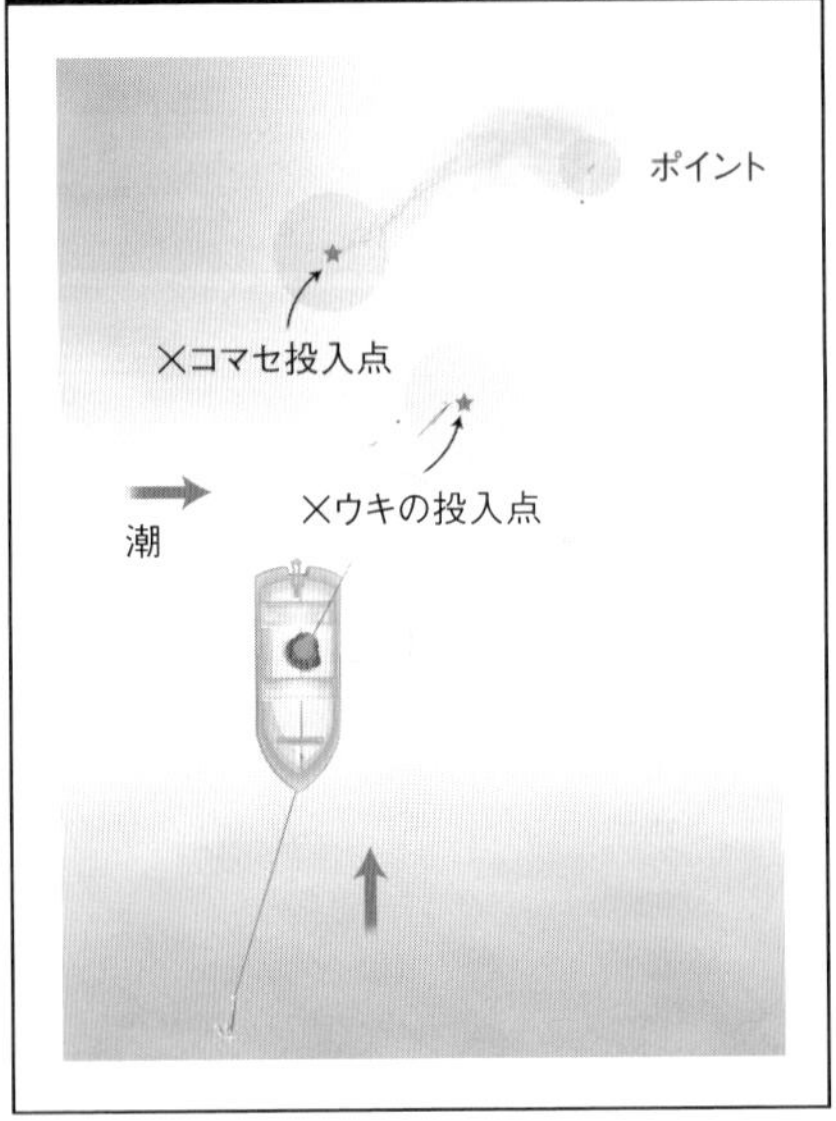

ったほうが無難である。

ルアー釣り

ひと昔前ならば「ルアーにクロダイがヒットしちゃった！」ですが、いまではクロダイもルアーのレギュラーメンバー。当然、専用のルアーもソフト、ハード、ホッパーなどが市販されている。なかには、シャコやイガイのレプリカもある。

ポイントは、水深10メートル以内の実績のある場所ならどこでも。特に、釣りやすいのは護岸や磯から少し離れた岩礁帯（ポイント図②③）。ボートコントロールはアンカリングかシーアンカー流しで。ルアーにシンカーを付けて海底のコツコツを感じるように。特別なアクションは不要でストレートリトリーブが基本。冬など活性が低いときは、よりスローなリトリーブで攻めたい。夏なら、スイカのパクン釣りをイメージしたホッパーがおもしろそうだ。

クロダイは、スモールボートでも病みつきになるターゲットだ。繊細なアタリのあとに襲い掛かる強烈なシメコミ。大物とのヤリトリは忘れられない興奮となる。精悍な姿もイイ。それほど大型でなくても、「釣った！」と自慢できる魚ですな。

アンカー二つ投入のしかた

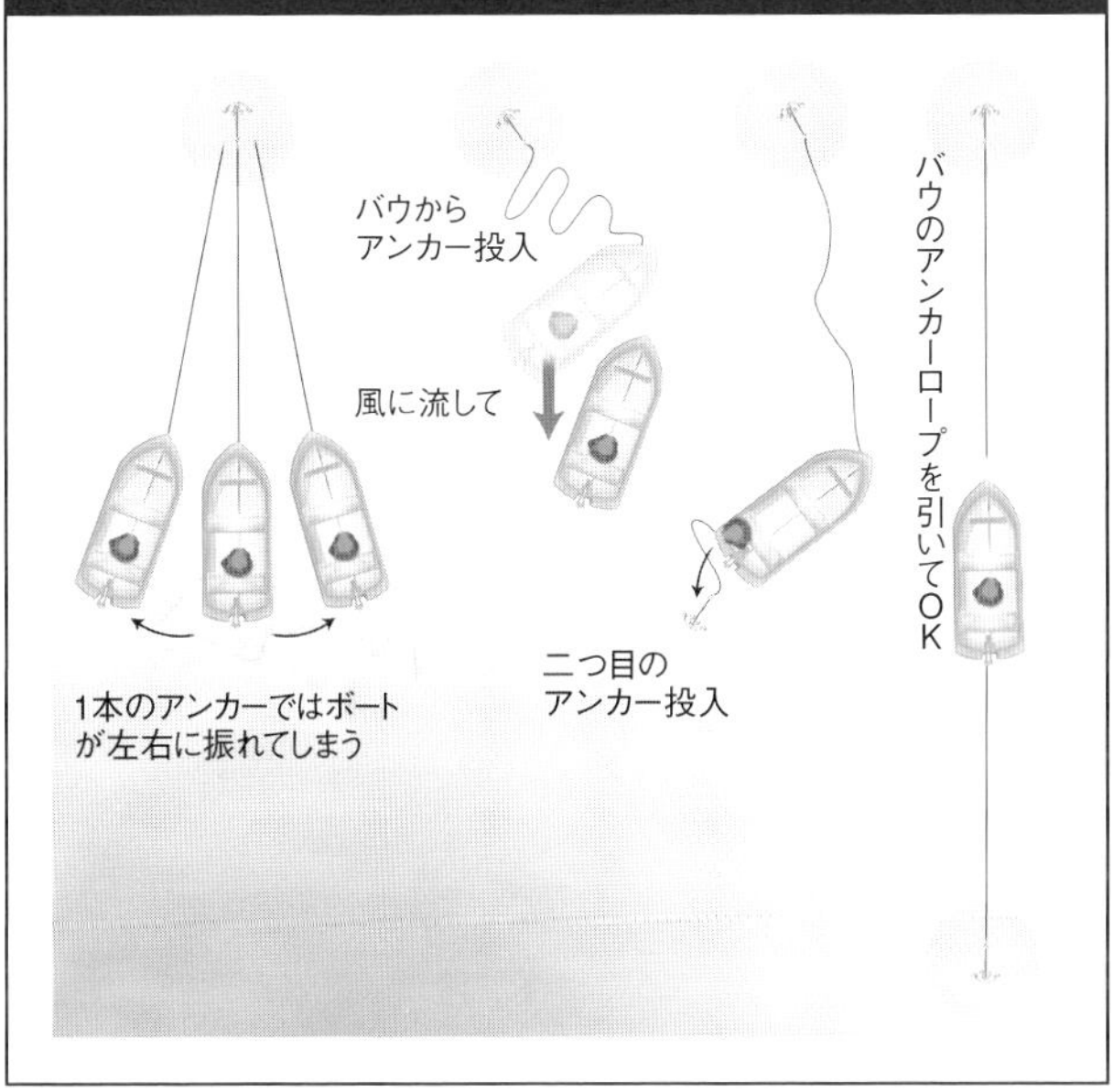
1本のアンカーではボートが左右に振れてしまう
バウからアンカー投入
風に流して
二つ目のアンカー投入
バウのアンカーロープを引いてOK

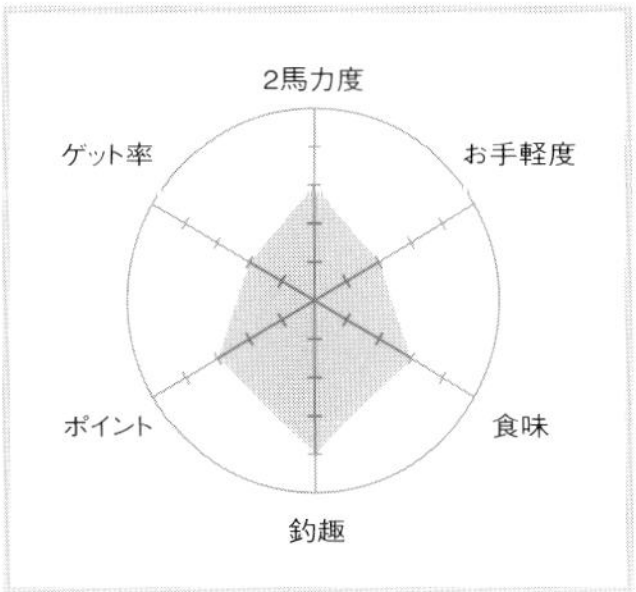
2馬力度
お手軽度
食味
釣趣
ポイント
ゲット率

サバ

今や高級魚 裏本命の代表格

最近、サバを釣りたいとかサバが食べたい、なんて話をよく聞く。かつての大衆魚はいつのまにか高級魚に変身。一見、軟弱に見えるが実は獰猛《どうもう》なフィッシュイーター。味噌煮もイイけれど、やっぱサバの刺し身は釣り人の特権ですな。

サバ雑学事典

「サバをよむ」、「秋鯖《さば》は嫁に食わすな」なんて言葉があるくらい、昔からサバは日本人になじみ深い魚である。

名前の由来は、小さな歯という意味の「小歯」「狭歯」がなまってサバだとか、ほかには、山口県の周防にある「佐波郡」が昔の名産地だったからだ、という説もある。

日本近海には、マサバ、

ゴマサバ、グルクマ、ニジョウサバの4種類がいるけれど、メインはマサバとゴマサバ。釣り人は、この近似種のマサバとゴマサバの見分け方が気になると思う。体形はマサバが平たくゴマサバが丸いので、ソウダガツオと同じようにヒラサバ、マルサバと呼び分けたりもする。

一番目立つ特徴は、ゴマサバには銀色の腹に黒いゴマ状の斑点がある。マサバにはそれがないけれど、最近は釣った時点ではゴマのないキレイな腹なのに、あとで見ると腹一面にゴマ斑が浮き出る〝なんちゃってマサバ〟なんてヤツもいる。コイツは、よく見れば丸形体形で、三枚におろすと血合いが大きいのでゴマサバなのであろう。

もう一つの簡単な見分け方は、背ビレの棘条《きょくじょう》数。マサバで9〜10本、ゴマサバだと11本以上になる。また、ゴマサバには背と腹の中間に、ゴマ斑とも違う縦走斑紋がある。頭から尾の間に帯状に18〜22個あるが、この縦走斑紋のないゴマサバもいるらしいので確実ではない。逆に、不明確ではあるが縦走斑紋のあるマサバもいるからややこしい。

より確実に判別するには、尾叉長《びさちょう》と第1背ビレ底長との比率を計算する方法がある。

公式は「第1背ビレ底長÷尾叉長×100」。

たとえば、第1棘条の付け根から第9棘条までの長さが50ミリで、サバの口から尾ビレの一番深い部分までの長さが400ミリなら50÷400×100＝12・5になる。この数値が12以上ならマサバで12未満ならゴマサバ。ただ、この方法だとミリ単位で計測しなければならず、現場には不向きですな。

ほかには、白目の部分が白銀に輝いていればマサバで、黒く濁っているのがゴマサバ。これも個体差があるのでなかなか難しい。もうメンドくさいから、「死んで時間が経っても腹にゴマ模様がないのがマサバ！」と、乱暴に決め付けてしまおう。

付け加えれば、ゴマサバのほうが若干南方系なので、適水温は、マサバが14〜18度、ゴマサバは19〜25度。この水温差が旬の違いにもなり、マサバは秋から冬で、ゴマサバは夏が旬になる。ん〜正確には、夏に味が落ちるマサバに対して、ゴマサバは水温の

サバ

マサバとゴマサバの見分け方

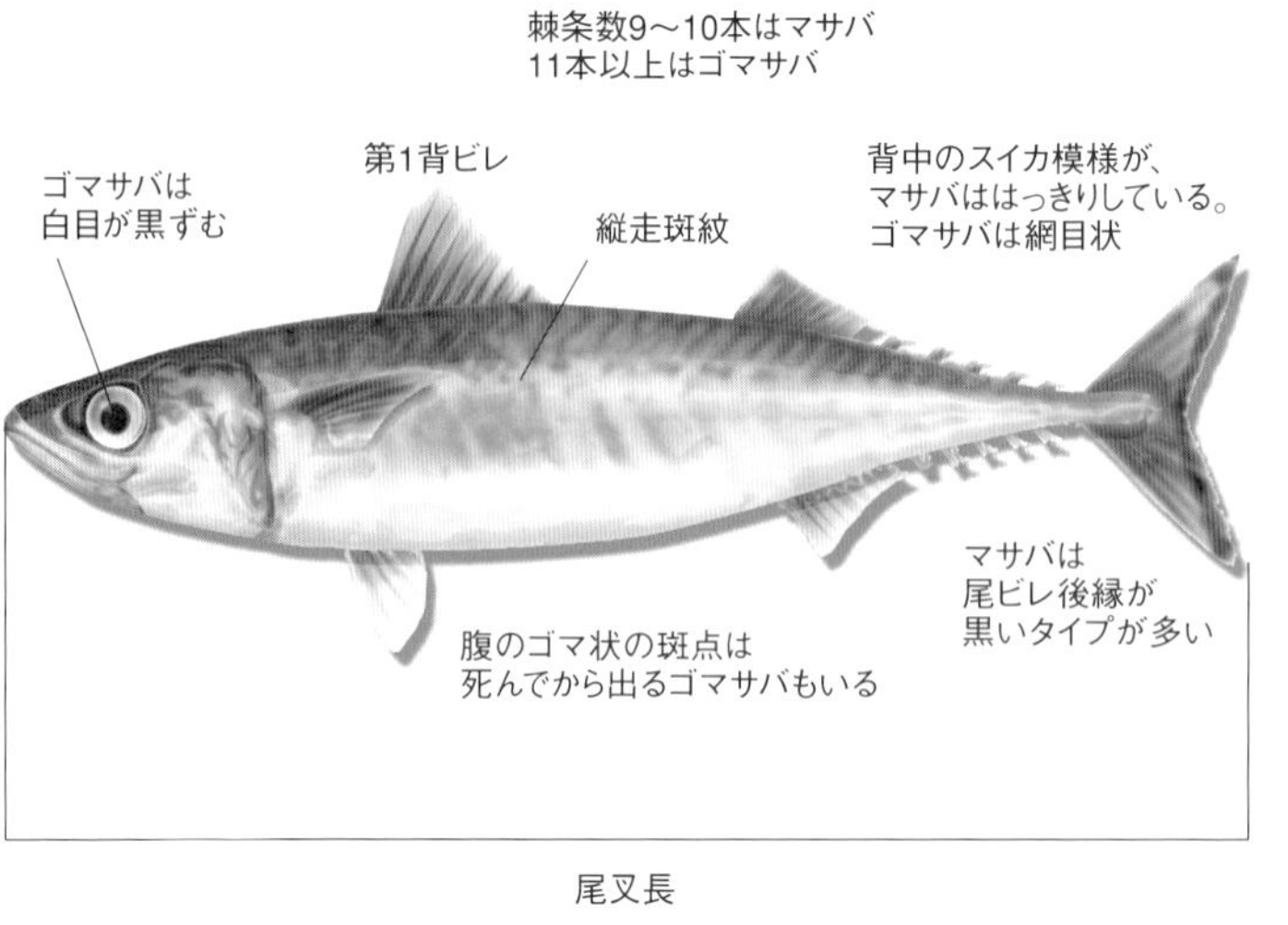
棘条数9～10本はマサバ
11本以上はゴマサバ
第1背ビレ
ゴマサバは
白目が黒ずむ
縦走斑紋
背中のスイカ模様が、
マサバははっきりしている。
ゴマサバは網目状
マサバは
尾ビレ後縁が
黒いタイプが多い
腹のゴマ状の斑点は
死んでから出るゴマサバもいる
尾叉長

高い夏でもおいしい。と言ったほうがイイのかもしれない。

ちなみに、漁獲高はゴマサバがマサバの約20倍。豊漁の時期は年間１５０万トン以上もあった漁獲量が、今では30万～50万トン程度。これでは、値段が高くなるのは仕方ない。かつては、イワシと並ぶ大衆魚だったのに、いまでは養殖のマダイやヒラメよりも高価なのはご存じのとおり。ひと昔前の話ですが、不漁続きでブランドではない普通のサバに、市場価格でキロ３４００円なんて高値が付いたこともある。５００グラムを超えれば大物といえるサバだ。このときのサバは1匹いくらで小売りされたのでしょうか。考えたくありませんな。もちろん今では、サバも養殖モノがあります。それに、脂が国産モノ以上にのっている大西洋サバ（ノルウェーサバ）も人気商品です。

すでにおなじみでしょうが、サバ人気の象徴としてブランドサバが存在する。有名なところでは、豊後《ぶんご》の関《せき》サバ、屋久島の首《くび》折《おれ》サバ、土佐の清水サバ、東京湾の松輪《まつわ》サバあたりですか。

松輪サバは〝ワナカのサバ〟と、呼んだりもする。1匹あたりのお値段は想像にお任せします。

生態

スモールボートでブランドサバが釣れるポイントへ入ることは無理だが、釣り場次第でブランド品に匹敵するサバを釣ることは可能だ。やや扁平だけれどマルマルと太った金色に輝くマサバ。いわゆる黄金サバがそれ。

サバも、回遊タイプと居着きタイプに分けられるが、居着きタイプのブランドサバも、回遊しないわけではない。スモールボートにもチャンスがあるのだ。

その回遊コースは、日本各地にローカルなルートがある。ちなみに、関東のマサバは伊豆半島〜伊豆諸島沖で産卵し、北の海へエサを食べに上り、産卵のために再び伊豆方面へ下るというのが大まかなラインになっている。

3〜4月に産卵を終えたサバは、伊豆半島、相模湾を経由して東京湾へ。東京湾への進入は、まず三浦半島沖から東京湾をいったん横切り、房総の洲崎側から松輪へ。エサが豊富な松輪でノンビリしてゆくヤツが松輪サバになり、さらに北を目指すサバは金田湾から東京湾外へ。そして、夏から秋を三陸や北海道方面で過ごしたあと関東へ戻り、産卵場近くで越冬する。言うまでもなく、回遊コースは黒潮を利用している。マサバの成長は、1年で24センチ、2年で31センチ、3年で35センチ、4年で38センチ、5年で39センチ、6年で40センチ。

余談ですが、GWに内房の保田で釣りをしたとき、黄金アジに交じって35センチくらいのマルマルと太ったマサバが3匹釣れた。まさに、春に産卵したサバが松輪へ行くコース上だったのだろう。松輪での漁期は8月からなので、内房にたどり着いたばかりだったのかも。長い旅の途中に申し訳ない。ポイントは明鐘岬の水深15メートル。初夏に釣れたマサバとは思えないほどのずんぐりむっくり体形で、刺身で食べたら超美味でした。

ポイント

サイズを選ばなければ、サバは堤防から沖までいたるところを回遊し、誰にでもそれなりに釣ることができる。しかし、小さなサバは釣りたくない。スモールボートで釣る場合はなるべく沖のポイントで良型のみをねらっていこう。

ポイント図の①、沖の根周りが本命ポイント。晩秋に旬真っ盛りのマサバを狙うなら、80～１００メートルくらいの深さがほしい。数は出ないが、きっと5歳以上の居着き高級マサバが釣れるハズだ。長ハリスのビシ仕掛けでじっくり釣りたい。

②は、潮通しの良い岬の根周り。回遊してくる時期を狙って大物を標的にしたい。潮通しが良くて急深なら、かなり岸近くでもOK。サビキ、ビシ、ルアーにウキ釣りもおもしろそうだ。

③は、まだ本格的に青ものが回遊してこない初夏から夏にかけてが狙い目

ポイント

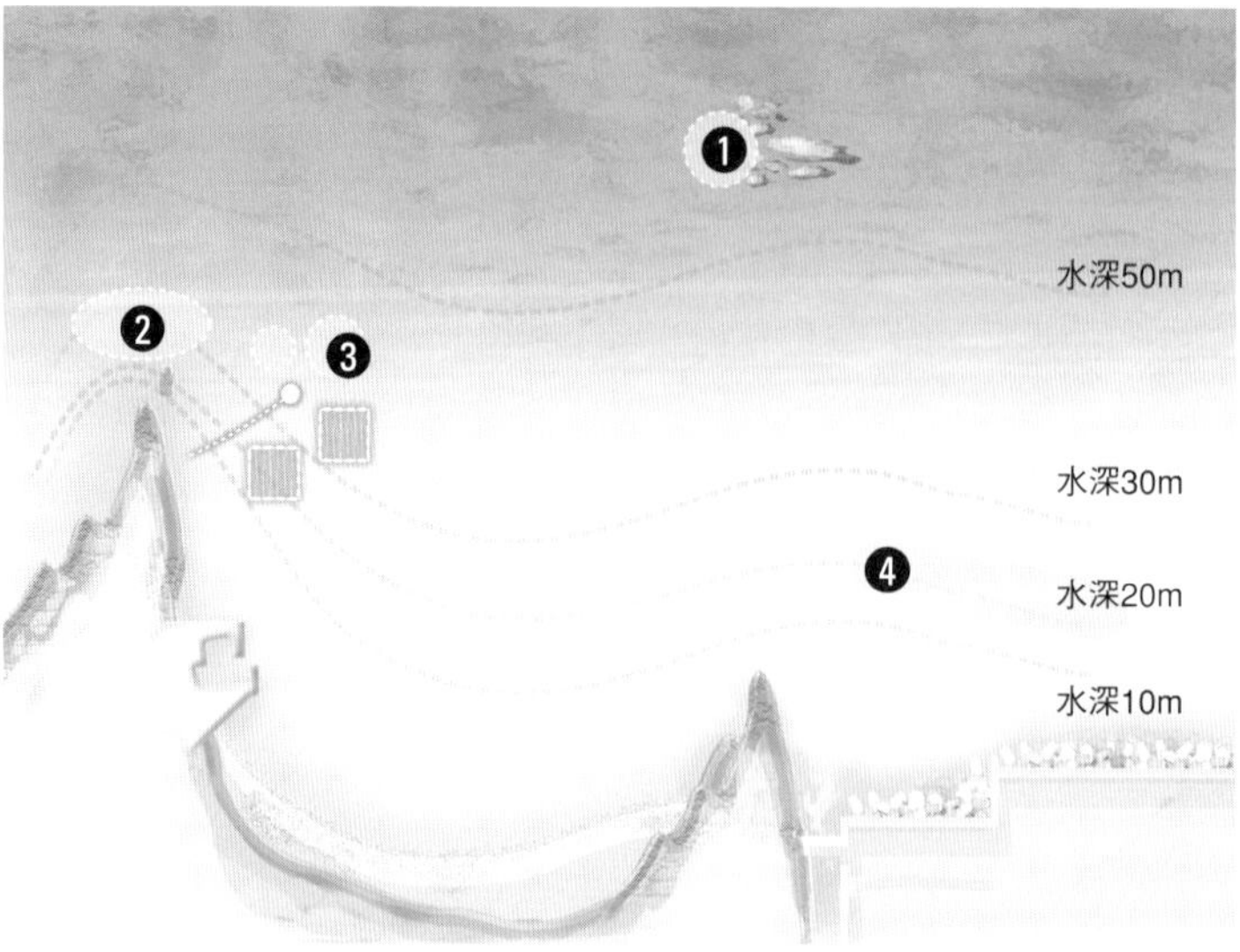

になる。ターゲットは当然ゴマサバ。でも、③周辺では、小さなマサバばかり釣れてしまうこともある。そんなときはルアーで良型のみをねらう。当然、定置網やイケスへの接近は禁止！ ポイントの近くでしかアタリが出ない場合は、潮(風)上からウキ仕掛けを流してみよう。

④の、平坦な岩礁帯は穴場です。魚が居着くような大きな根がないからコマセワークがカギ。コマセを切らさないようにして移動中のサバを足止めすること。ここも、浅場で釣ると小サバ地獄に陥りがちなので要注意。ビシ仕掛けかサビキで。

タックル&釣り方

通常、趣味の釣りでは、サバを本命にすることは少ないように思う。良型のほとんどは、アジやタイ釣りの外道としてたまにヒットするくらい。でも、それでちょうどイイかもね。サバを大量に釣ってしまうと後の処理に困る。釣りすぎに注意しましょう。

良型のサバを釣りたいのなら、長ハリスのビシ仕掛けが有利なのは間違いない。しかし、サバはコマセに突っ込んでくる習性があるので、コマセダイのような超ロングハリスは必要ない。長くても5メートルくらい。それでも、海面近くで走り回るサバをランディングするのは苦労をと

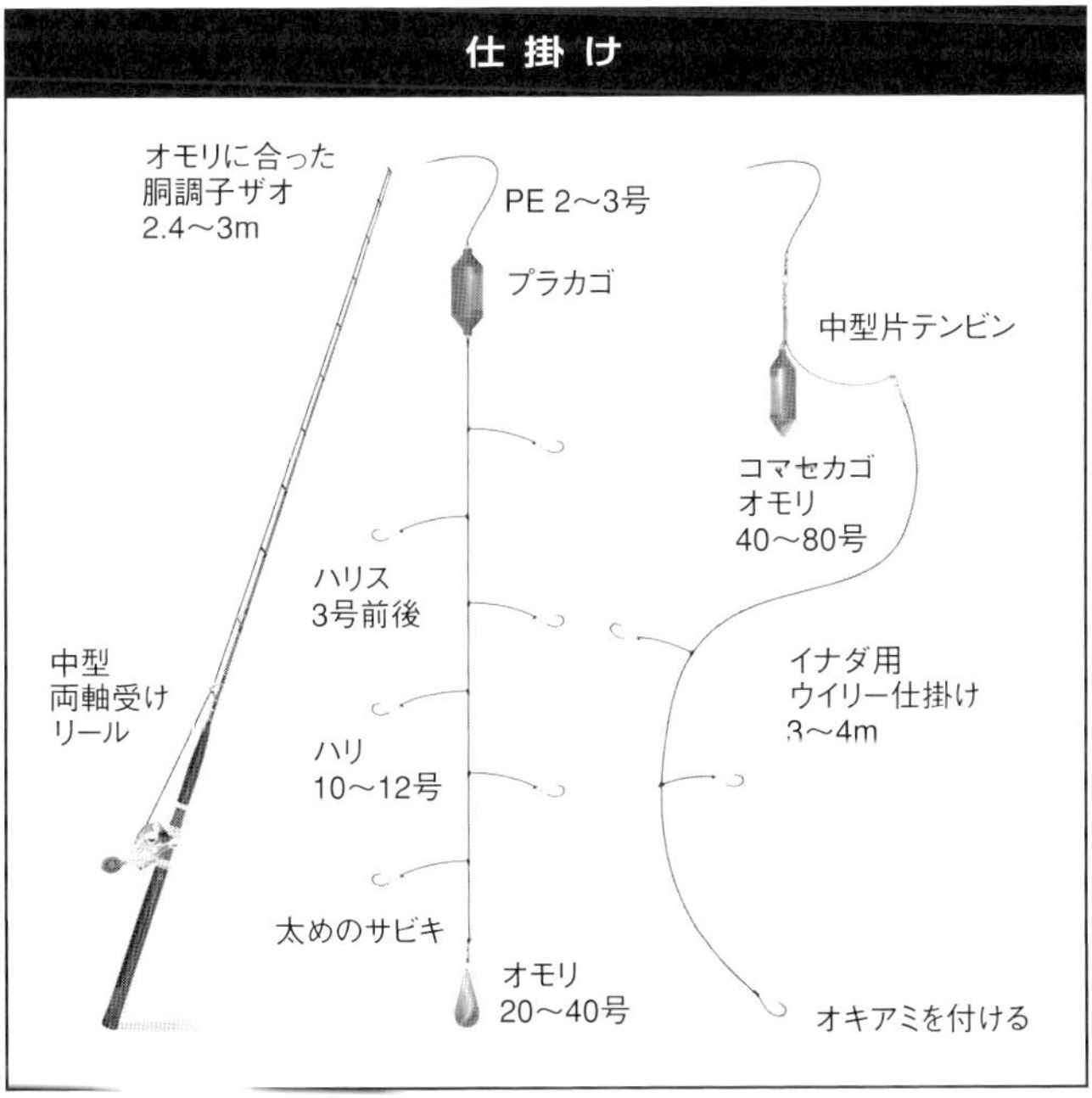

サバ

もなう。使い勝手がよいのは、3～4メートルの太めのウイリー仕掛けかな。

サビキ仕掛けは、障害物周りのポイントやランディングにラクな仕掛けだ。確実にコマセと仕掛けが同調するから、ビギナーでもバリバリ釣ることが可能。ただ、大サバが相手だと、ばらす確率が高くなる。イト縒《よ》りが出にくい太いハリスのサビキを選ぶこと。

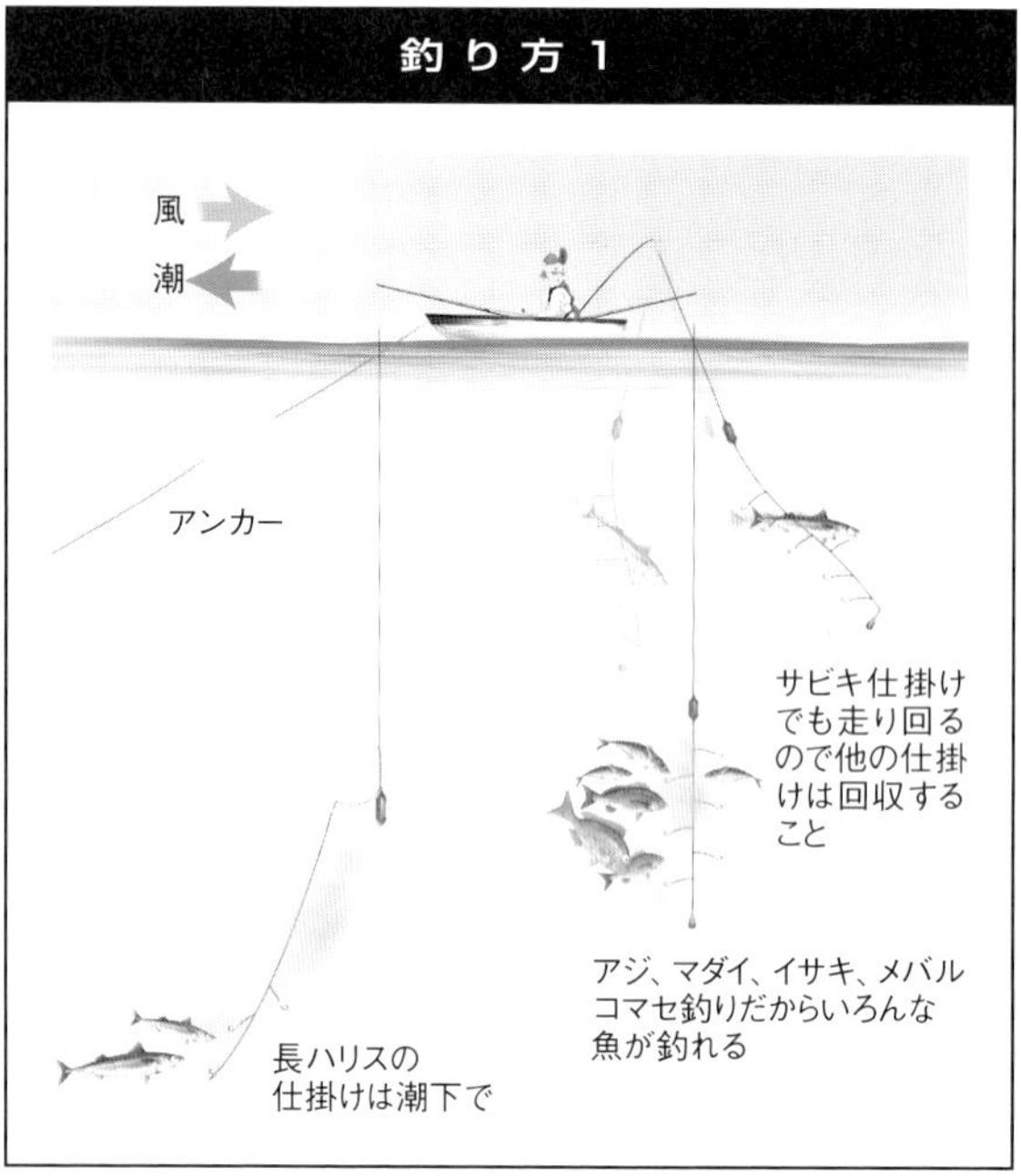

ルアーは、ヒットすればまず大型である。ディープジギングができるタックルがあれば、水深100メートルでも問題なし。それほど深くないポイントではシーバスやBBタックルを流用することもできる。

サバルアーのセオリーは、ほかの回遊魚と同じジャーク&高速リトリーブ。まぁ、ジャカ巻きですな。また、エサを追って海面をバシャバシャとナブラっているようなら、ホッパーやミノーでのキャスティングで。ヒットの瞬間が見えるのは楽しいですよ。ナブラはいつ出現するかわからないので、キャスティングタックルはあらかじめ用意しておくこと。

サバを釣りすぎてしまったら、適当な大きさに切って衣を付けた状態で冷凍しておく。そうすれば冷凍乾燥しにくいうえに、そのまま揚げて食べてもいいし、南蛮漬けや煮びたしなど他の料理を楽しむこともできる。

上手な持ち帰りかた

「鯖の生き腐れ」といわれるくらいにサバは傷みやすい魚である。これは、サバの身に含まれるヒスチジンが犯人。コイツはアレルギーのもとになるヒスタミンを生じやすく、蕁《じん》麻《ま》疹《しん》の原因になる。しか～し、じつはサバは他の魚と比べるとヒスチジンの含有量は少ないのだ。ただ、サバは自己消化が早く、その辺がネックになっているのだろう。

もちろん、悪い面ばかりではない。なんたって食べておいしい。それに、脂の量はアジの2倍ある。日ごろから脂ののった青魚を食べていると、喘《ぜん》息《そく》予防になるとか。さらに、魚の脂肪酸はアルツハイマー予防にも効果があるというぞ。

さて、サバの締め方だが、私は、釣ったらすぐエラの下を切りながら、エラと内臓を取って、身崩れしないよう多めの海水と氷を入れたクーラーに入れるだけ。それで不十分なら神経ジメを。

釣り方2

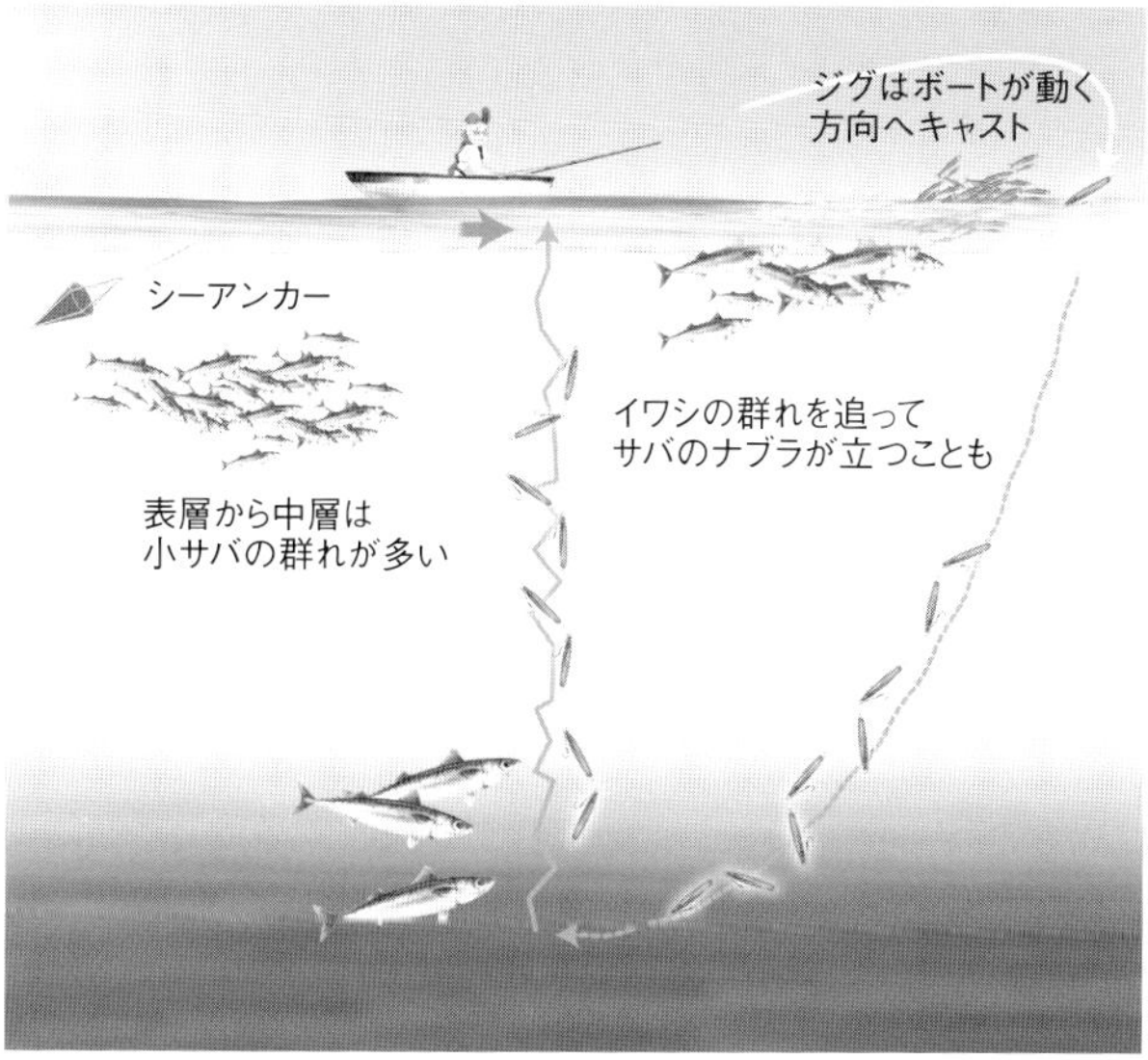
ジグはボートが動く
方向へキャスト
シーアンカー
イワシの群れを追って
サバのナブラが立つことも
表層から中層は
小サバの群れが多い

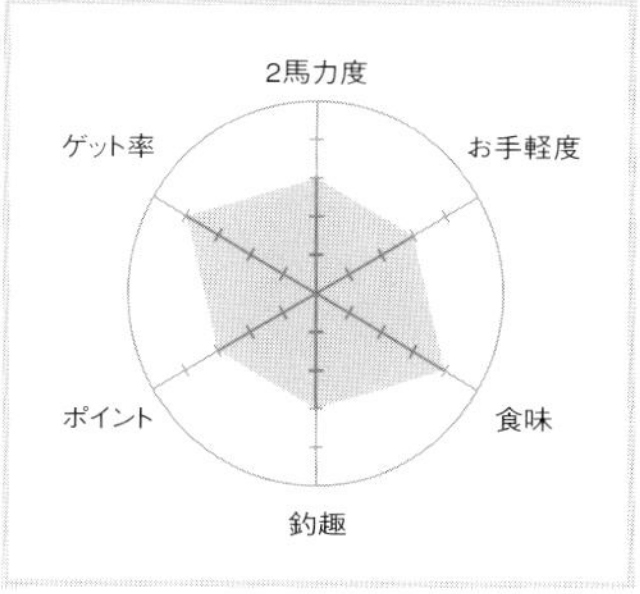
2馬力度
お手軽度
食味
釣趣
ポイント
ゲット率

シロギス

ボート釣りの本命 ビギナーも手軽に楽しめる

ボート釣りデビューにうってつけのシロギス。比較的簡単に釣れるが、それなりに難しい釣りでもある。

数を追求すればウデの差は歴然となる！

三拍子そろった秀魚

シロギスは手軽に釣れて、見た目も美しく、食べてもおいしい三拍子そろったターゲット。唯一ネックになるのがエサのイソメか……。イソメ類が苦手な人は、オキアミやバイオワームなどを工夫して使ってみよう。

ウミギス、マギス、シラギス、アカギス。これらの地方名はアオギスと区別するためですかね。大型のキスはテッポウギス、ヒジタタキ、ナカネ、ボラギスと呼んだりする。また、地方名に多いキスゴ(幾須吾)は、

ポイント

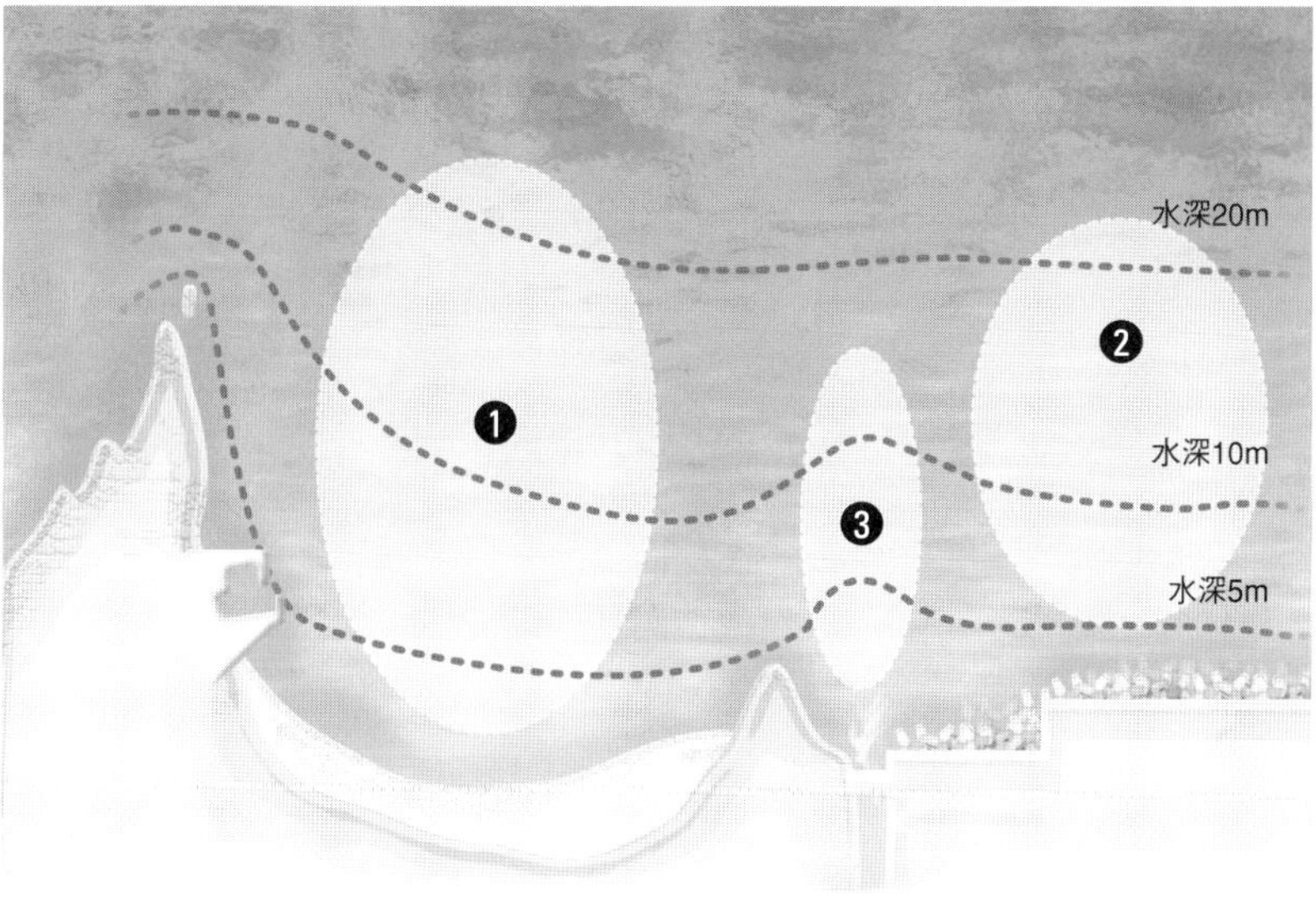

シロギスの古い呼び名だ。現在、使われている魚偏に喜は当て字ですな。

　北海道南部から琉球を除く日本列島各地に分布する。最大は30センチ以上に成長するが、東北方面で1年に5センチ、九州方面では10センチ。2年目は東北で14センチ、九州で17センチ。できるなら3歳以上をターゲットにしたいですな。ちなみに、産卵期は6〜10月で多回産卵タイプ。

シーズン

シロギスはポイントを選べば1年中釣れる魚だ。ただし、秋からの産卵期は禁漁としているエリアもある。相模湾の釣り船は9月から12月まで。1月には解禁になるが、スモールボートで1〜2月の低水温時期にシロギスを狙うのはチョイト辛いかな。やっぱ、いちばん釣りやすいのは初夏の頃。時季的にも海は比較的穏やかな日が多く、楽しい釣りになるのは間違いない。初夏のシロギス釣りがイチオシ!

　あと、真夏も冬ほどの深さではないが深場へ落ちる。真夏にアタリが少

シロギス

ない場合は沖のポイントを攻めてみよう。さらに付け加えれば、シロギス釣りは晴天続きの水色がキレイな日が狙い目。薄曇りで肌寒い日は釣果が格段に落ちてしまうし、潮が濁る雨の後も避けたほうが無難だ。

ポイント

スモールボートでもっとも釣りやすいのは、夏は海水浴場になるような砂浜がある湾内。ポイント図では①のあたり。岬近くの海底は岩礁でシロギス釣りには向かない。また、砂浜に岩が見える場所も、その真沖には根が延びている可能性が高いので避けたい。まぁ、根際のジャンボギスを狙うのなら話は別であるが。

また、埋め立て地の沖②は、護岸近くは岩礁でも沖側は砂地になっている場合が多いので魚探でチェックしてみよう。ライバルの少ない好ポイントかもしれないゾ！

河口付近の③は穴場だ。濁った雨水が流れ出す雨の後はまったく釣りにならないが、海が澄んでいるときなら思わぬ大釣りをすることも。もともと、河口付近はエサの宝庫だし、周りの海域との温度差でシロギスが集まっている場合もある。条件がよくて、周りのポイントが混んでいたらダメモトで狙ってみたい。

タックル

シロギス釣りは、タックルが単純でそろえやすいのも人気の一つ。できる限り荷物を少なくしたいスモールボートにはうってつけともいえる。

繊細でシャープな釣趣を重んじるシロギス釣りは、手持ちの1本ザオが基本。なので、リールザオ1組、仕掛け、エサ、釣果を入れるクーラーバッグがあればヨシ！

でも、さらに2組のサオと少しのアイテムをそろえると、ぐっと釣りの幅が広がり釣果もにぎやかになる。それにシロギスザオは、ボート釣りの場合、ほかの釣り物にも流用が利くので複数のサオがあっても全然困らない。

　沖釣りでのシロギス仕掛けは片天ビンに２本バリが一般的だ。仕掛けの全長は60センチ～1メートルで、短いほうが投げやすい。キャストする前に仕掛けが海面に着くと、エサが落ちてしまうので注意。流し釣りのときや食い渋りには長仕掛けが効果的である。

　仕掛けへ付けるビーズ玉や蛍光チューブなどのヒカリ物は、潮が濁ってアタリが少ない状況以外では使わないほうが無難である。ヒカリ物が好きなフグのいるところでは、格好の目標になり一瞬でハリスを切られてしまう。そんなときのためにハリス付きの予備バリも購入

シロギスの基本タックル

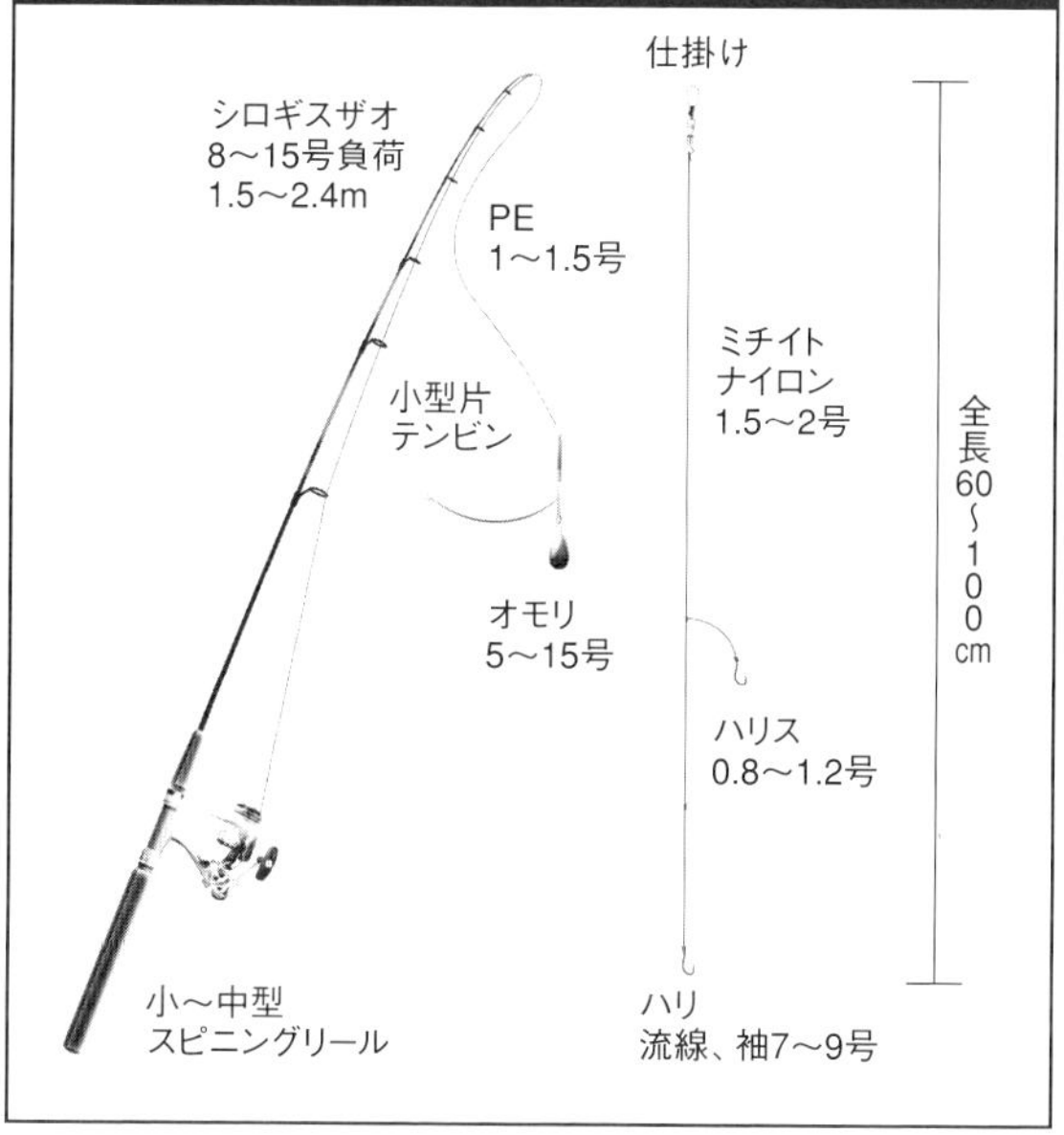

欲バリ仕掛け

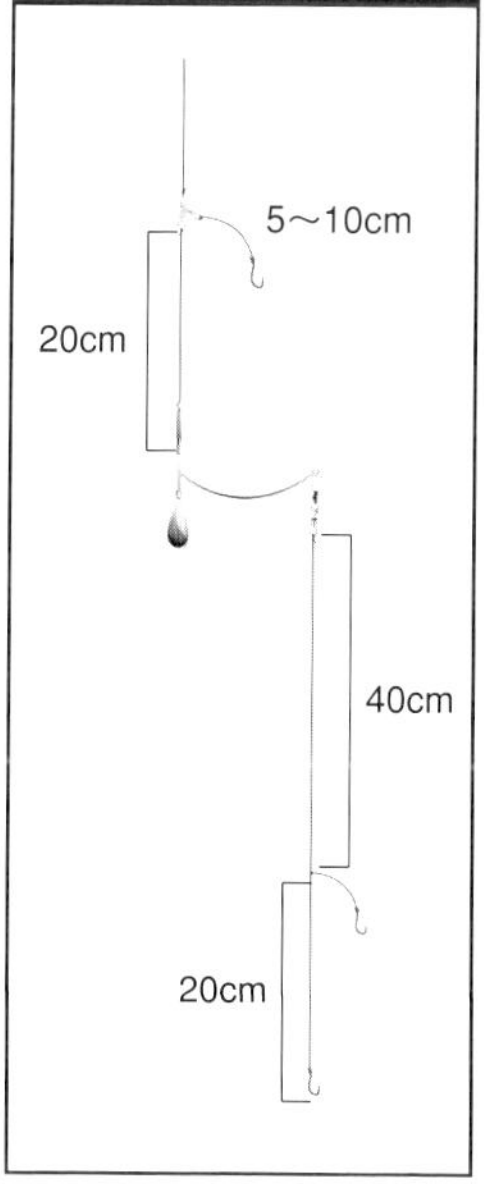

ドウヅキ仕掛け

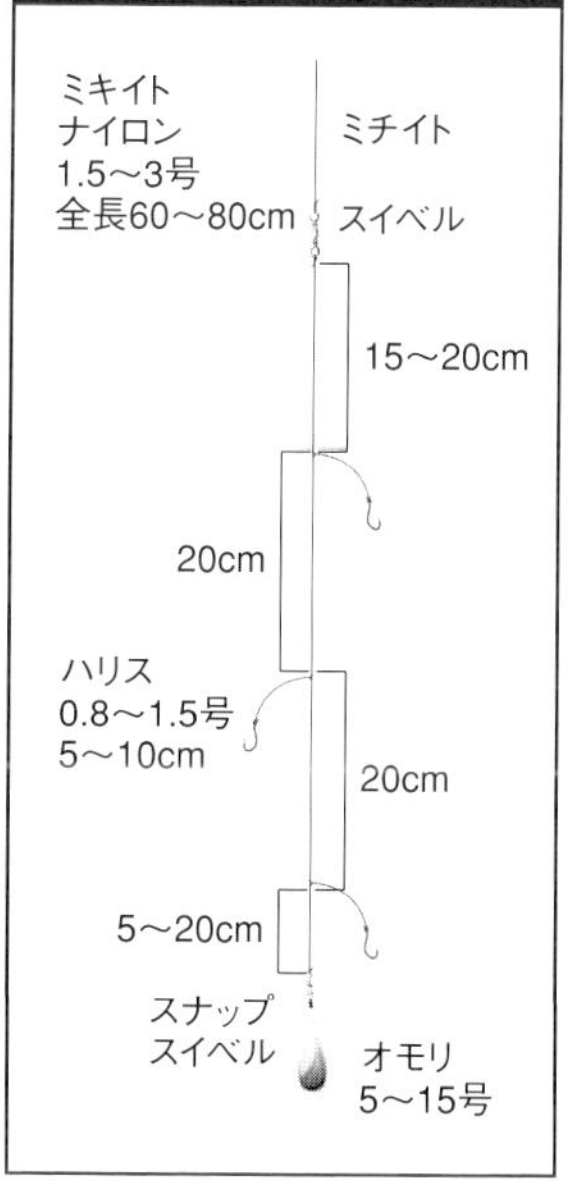

しておいたほうが便利。それと、しばらく使ってハリスが傷んだり、パーマになった仕掛けはドンドン取り換えよう。疲れた仕掛けではシロギスのノリも悪い。

　片天2本バリ仕掛け以外には、日本海方面でよく使われるドウヅキ仕掛けも有効である。実際、シロギスは底魚と思われがちだが、遊泳層は海底より20センチほど上だから理にかなっている。それに、遠投してラインを寝かせればベタ底のタナを攻めることも可能だ。

　さらに、片天仕掛けとドウヅキ仕掛けをミックスさせた欲バリ仕掛けなんていう欲張った仕掛けもある。しかし、うまくハリスの長さを調整しないと投入時に絡みやすく、ビギナーにはあまりオススメできない仕掛けである。

　蛇足だが、自分としては、近ごろ滅多に仕掛けを自作することはなく、いつも市販品の2本バリ仕掛けに頼っている。言い訳じゃないが、市販品も最近はバリエーションが増えて信頼度がアップしている。

エサ

　エサは細いイソメ類が主流で、入手しやすいジャリメ(イシゴカイ)が多用されている。でも、大型狙いならばアオイソメやイワイソメ(マムシ)、さらにはボケジャコを使う人もいる。オススメはチロリ。見た目は昔の東京スナメに似ていて、私のお気に入りとなっている。潮濁りによる食い渋り対策としてオキアミも効き目があるようだが、個人的には使うかどうかわからないのに高価なエサを用意するのはジャマくさい。参考までに。

　エサのハリ付け方は、ハリ先からのタラシ部分を

エサの付け方

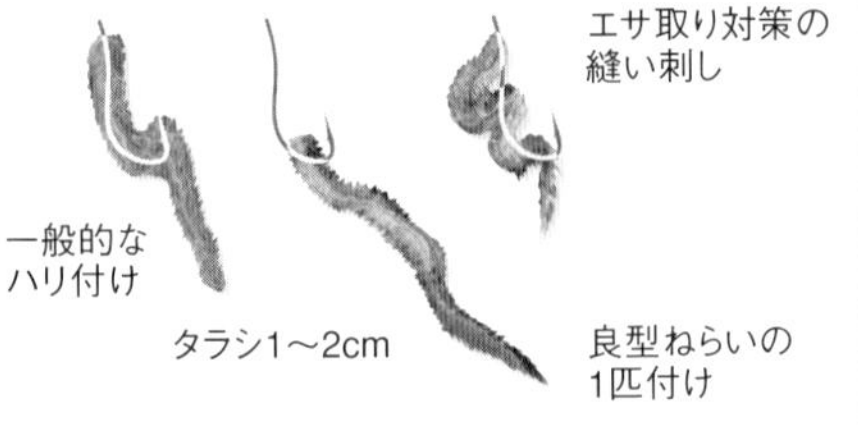

1～2センチと短くするのが普通だが、食い渋り時や型狙いの場合には1匹丸ごとハリ付けするといい。1匹付けは、頭の堅い部分に1回だけハリを通し、自由に泳がせるアピール型。一方、頭から順に3～4回ハリを通し縫い刺しにして、エサのハリ落ちを防ぐガッチリタイプ。このふたつを、釣況にあわせて使い分ける。

　要するに、アタリが少なく海底が砂地で平坦ならアピール型で、根掛かりするような場所やエサ取りがいるならガッチリタイプをチョイスする。ほかに、ハリスまでエサをこき上げて、イソメを大きく見せながらタラシは小さくするエサの付け方もあるが、これはハリ付けに時間がかかり手返し勝負のシロギス釣りには向かない。食い渋り時限定ですな。

釣り方

　シロギスの釣り方は、広範囲をサビく（さそいながらエサをゆっくり移動させる）攻めの釣りである。したがって、ボートを止めるアンカリングでは、遠投してできるだけ広く探らないと釣果は伸びない。その点、ボートを固定しない流し釣りは、仕掛けを下ろしているだけでOKな高ヒット率釣法だ。ただ、流し釣りをするためにはある程度のテクニックが必要になる。

　まず、シーアンカーを使わないとボートが風に対して横向きになり、よけいに風を受けて流れるスピードが速くなる。あまりに流れるスピードが速いとシロギスも食い気をなくしてしまう。そして、流し釣りをしている間は、当然ながらボートは移動しているので、釣りに没頭しているときでも危険回避のため、周囲に気を配れる余裕と慣れが必要だ。

　流し釣りでは、置きザオにしていてもヒットするから2本ザオにすれば数は飛躍的に伸びる。しかし、釣趣を楽しみたいならやはり1本ザオでしっかりと釣りたい。ヘタすると釣りではなく漁になっちまう？　それに、流し釣り自体、流し始めの元の場所まで戻らなくてはならないので結構忙しい釣りなのだ。あとは、流すラインを少しずつ変えるのがミソで、頻繁にアタる場所を見つけたらそこを重点的に攻めるのはいうまでもない。

風が強いときは流し釣りが不可能になるので、アンカリングしかない。あと、好ポイントを見つけた場合や、最初からノンビリ釣りたいときもアンカリングでじっくり釣る。

アンカリングのコツ

まずアンカーを投入したら、アンカーロープは全部出してしまおう。といっても、15～20メートルが限度ですが。すると、アンカーを中心としたボートの振り幅が広がり、ボート下を釣っていても広い範囲を探っていることになる。これは、水深が浅い場所ほど効率的。それから、アタリが遠のき移動する際はアンカーロープの長さを変えればプチ移動が可能。ちょっと場所がずれただけでもアタリが復活する場合もある。それでもダメなら大移動するしかないが。

アンカーの上げ下ろしはチョイト大変だけれど、横着して移動をおろそかにすると釣果は伸びない。

流し釣り

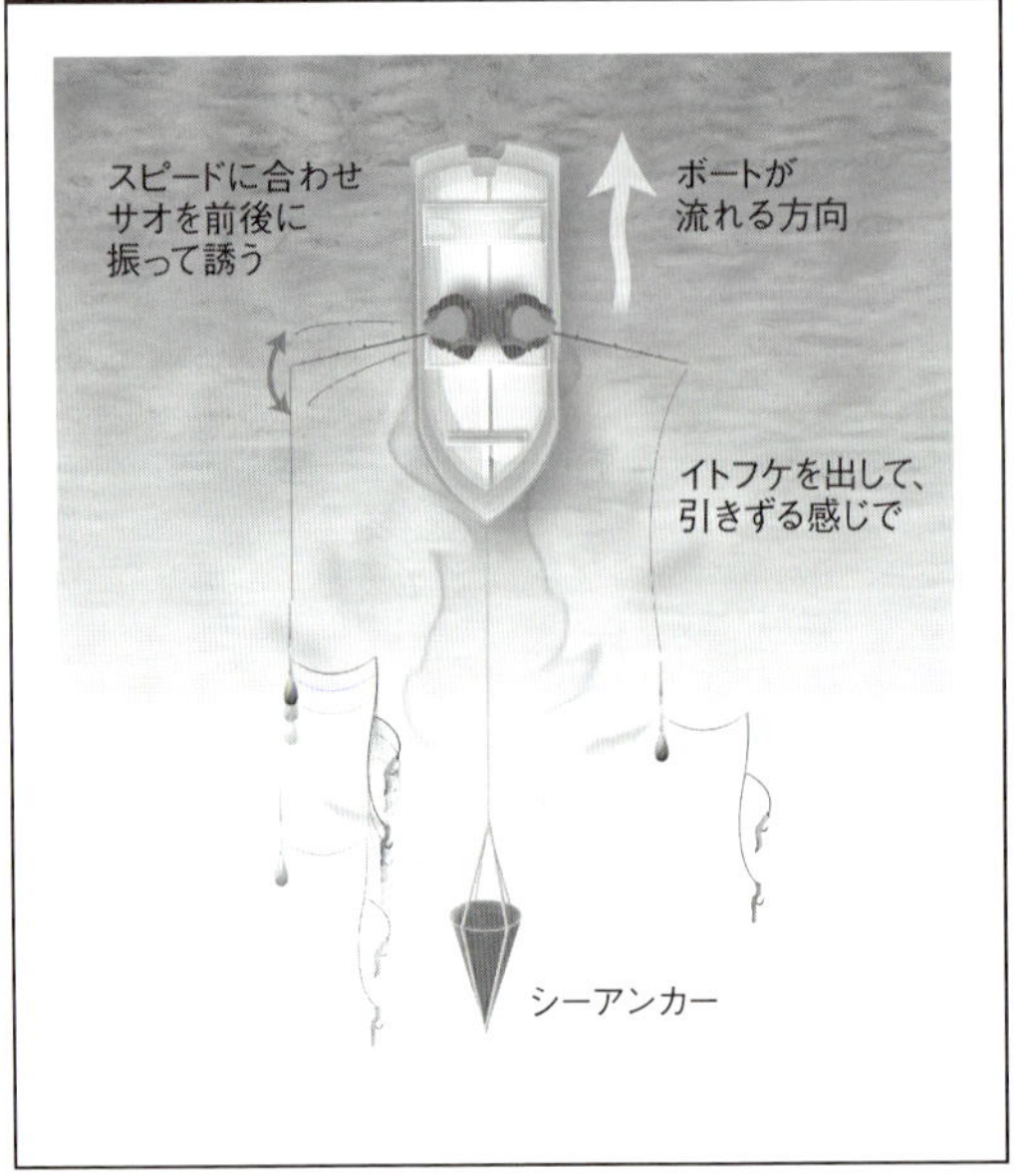
スピードに合わせ
サオを前後に
振って誘う
ボートが
流れる方向
イトフケを出して、
引きずる感じで
シーアンカー

シロギス

釣り開始から3投目までにアタリやエサに変化がなければ即移動が鉄則だ。

それから、アンカリングの釣りでは全方向に仕掛けをビシバシ遠投して探りまくる。それに、サビくスピードも重要だ。ルアーをリトリーブしているようなスピードでもアタックしてくる活性の高い日もあれば、水温が低くて食いが渋い日は置きザオのほうがよく釣れることもある。その日のタイミングを早くつかむのが好釣への近道か。それには、たくさんの引き出しを持っているほうが有利。だから、シロギス釣りではベテランがビギナーに負けることはまずないのだ。

掛かり釣りの仕方

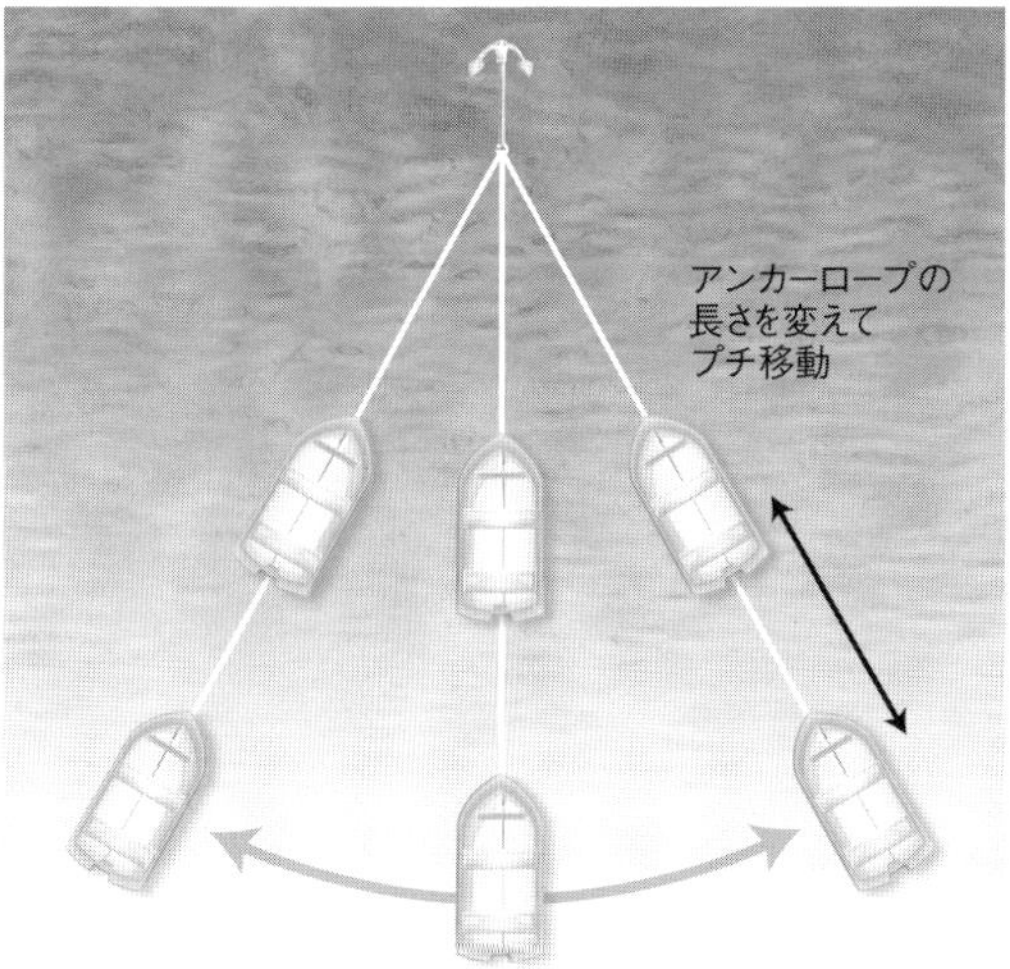

風によるアンカーを中心にしたボートの振れは、ロープが長いほど大きくなる

シロギスの上手な持ち帰り方

釣ったシロギスは、バケツやイケスで泳がせておくよりも、氷で冷やした海水入りのクーラーの中へすぐに入れて氷締めにすれば鮮度が保てる。ただ、気温が高い時期に何度もクーラーボックスを開け閉めしていると内部の温度が上がってしまうため、小蓋のあるタイプが使いやすい。そして、夏なら帰り道の途中で氷を買い足しておこう。

シロギスの定番外道であるメゴチは、一度バケツに入れてからヌメリを取り、ポリ袋に入れて隔離状態で持ち帰る。数によってはシロギスも袋に入れたほうが無難だ。メゴチは頭部にある棘で袋に穴が開きやすいからね。あと、釣った瞬間から刺激臭のする、通称クサメゴチはそのまま海へお帰りいただく。臭いがシロギスに移ると取れないゾ。

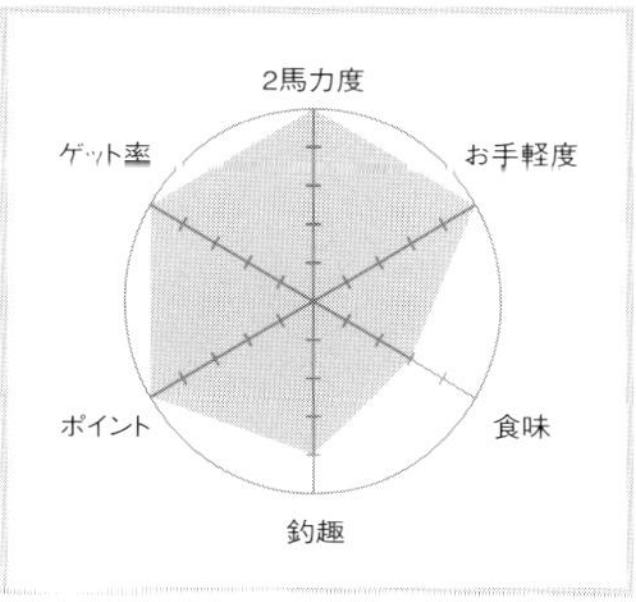

春　夏　秋　冬

6月―8月

スズキ

古代人もその美味を知っていた

シーバスといえばゲームフィッシングで、スズキといえば釣っても食べてもおいしい魚。どっちにしたってガチンコファイターである。

学名は、スズキ目スズキ亜目スズキ科スズキ属スズキ。まさに魚のエリートだ。

凛として流麗な魚体はいかにもサカナらしい体型で、〝海の貴公子〟とも呼ばれる。

なんとも多彩な呼び名

ルアーマンにはシーバスとしておなじみだが、英語ではJapanese ser-parch。パーチ類は世界中のアチコチにいて、ナイルパーチという魚は日本にも輸入され、〝白スズキ〟なんて名前で、スズキの代用品としてこっそり流通していたりするのだ。

ま、そちらは同じスズキ目でもアカメ科で、2メートル200キロにもなる大型淡水魚。身の色合いが似ているだけで、涼やかな味わいの本家スズキとは味的には比較になりません。

漢字は鱸。語源は諸説あるが、どれもいまいちピンとこないので省略。古くは、古事記に〝須受岐(スシュキ)〟と呼ばれる魚が登場している。沿岸性の魚なので古代から食用にされていたのだろう。各地の古墳でスズキの骨が出土しているが、地方によってムラがあり、現在のシーバスポイントとダブっているのがオモシロイ。

スズキはいわゆる出世魚。関東では、稚魚の〝コッパ〟から当歳魚の20センチ前後は〝セイゴ(世比古)〟。2年を過ぎ35センチを超えたら〝フッコ〟(二つ子が訛った)。そして、60センチ以上に成長すればスズキ。さらに最長して、メーターオーバークラスになると〝大太郎〟。あるいは〝トド〟。ただ、トドはボラの老成魚と混同するのであまり使いたくない。また、コッパとセイゴの間の15センチ位を〝ハクラ〟と呼んだりもする。産卵期の良型は〝ハラブト〟ですナ。

フッコクラスを関西では〝ハネ(波禰)〟。この名は、海面を「跳ねる」からきているのか、若魚時代が終わる意味の「はねる」なのか。同じように、伊勢、紀州方面では、スズキ手前のフッコを〝マダカ〟と呼ぶ。「スズキにはまだか!」って感じですかねェ。気持ちはよくわかりますな。さらに、鈴木さんが多く住む地域では、スズキを〝オオマダカ〟だって。山陰では、フッコを〝チュウハン〟とか〝アンサン〟。これも納得。老成魚を北陸では〝ニュウドウ〟。九州で〝ヌリ〟。ほかには、土佐でセイゴより大型を〝セイロク〟、〝セイシチ〟、〝セイハチ〟と、成長とともに呼び名の数が増えてゆく。

さて、スズキ目は大ファミリーですが、スズキの近似種は少なくてヒラスズキのみ。コイツは50年前まではスズキと一緒にされていたのだが、市場や漁師は昔から味の面で高いスズキ(ヒラスズキ)と安いスズキ(スズキ)に区分けをしていた。

見分けかたとしては、ヒラスズキは体高が高く

スズキ

スズキよりも平たい。あと、背ビレの軟条数がスズキ12～14本に対し、ヒラスズキは15～16本です。スズキよりもひと回り小さくて90センチ止まり。ヒラスズキと比較して、釣り人はスズキを「マル」と呼んだりもする。

外来種では、関西方面でメジャーなタイリクスズキがいる。スズキよりも大型で、成魚になっても体側の黒点が目立ち、頭と口が小さい。成長が早く大食漢で、デイゲームでもバリバリヒットする。さしずめ海のBBですな。中国名は「七星鱸」。

もう一匹、有明海のみに住むアリアケスズキがいる。この魚は、はるか昔にタイリクスズキと交雑をし、そのグループが有明海に隔離されて今に至るとか。ロマンですなぁ。

成長生態

暖かな南の海ほど成長が早いのはどの魚も大体同じだが、60センチ級の立派なスズキになるまで南で6年、北では8年もかかる。ちなみに、1年20センチ、2年30センチ、3年40センチが成長のおおまかな目安。

分布は北海道南部から日本列島全域。産卵期は冬。仙台12～1月、千葉10～11月、東京11～2月、静岡1～3月、瀬戸内10～1月、四国11～4月、九州11～3月と、南方の産卵期が長いのが特徴。ということは、同じ年の魚でもサイズにバラツキがあり釣期も長く、釣り人にとってはありがたいパターンです。

産卵地である、湾口部周辺など外洋流の影響する岩礁帯で孵化した稚魚は、2カ月ほど浮遊生活を送って、体長15ミリ程度まで成長したら沿岸の藻場や河口付近の汽水域へ移動する。そして、そのまま沿岸に残るグループと、川に入るグループとに分かれる。ただ、真水の川を上るには体を改造しなければならない。それに1カ月あまりかかり、2センチほどの大きさになってから溯上する。

それでも、初夏の頃の4～5センチの段階で川を下り始め、夏には沿岸の仲間と合流する。

その頃で体長10センチ、冬になれば20センチにまで成長する。

越冬場は水深90～100メートルの深場で、2年目からは4月頃に浅場へ接岸する。

そして、川育ちのグループの一部は、再び川を上り9月頃まで川や河口付近で過ごす。

3歳魚以上は9月頃から深場へ移動を開始し、産卵と越冬の準備をする。

シーズン

越冬するはずのスズキが、真冬のナイトサーフでバカスカ釣れる湘南あたりの問題はドーなるのだ？しかも、産卵間近のメガシーバスばかりだ。なんてコトが頭の中をよぎる。きっと、産卵場所が近くて波打ち際までエサを求めてくるのだろう。それとも、湘南の鈴木さんは宵っ張りで産卵中でも遊び好きなのかしら？

どちらにせよ、スズキは太陽が出ていない時間帯のヒット率が高いのは間違いない。したがって、夜間航行ができないスセールボートはマヅメ時を攻めるのが最良ですな。

沖釣りでは6～8月が釣期とされているが、産卵前のハラブトも捨てがたい。しかし、汚染の進むいまどきはかなりキレ

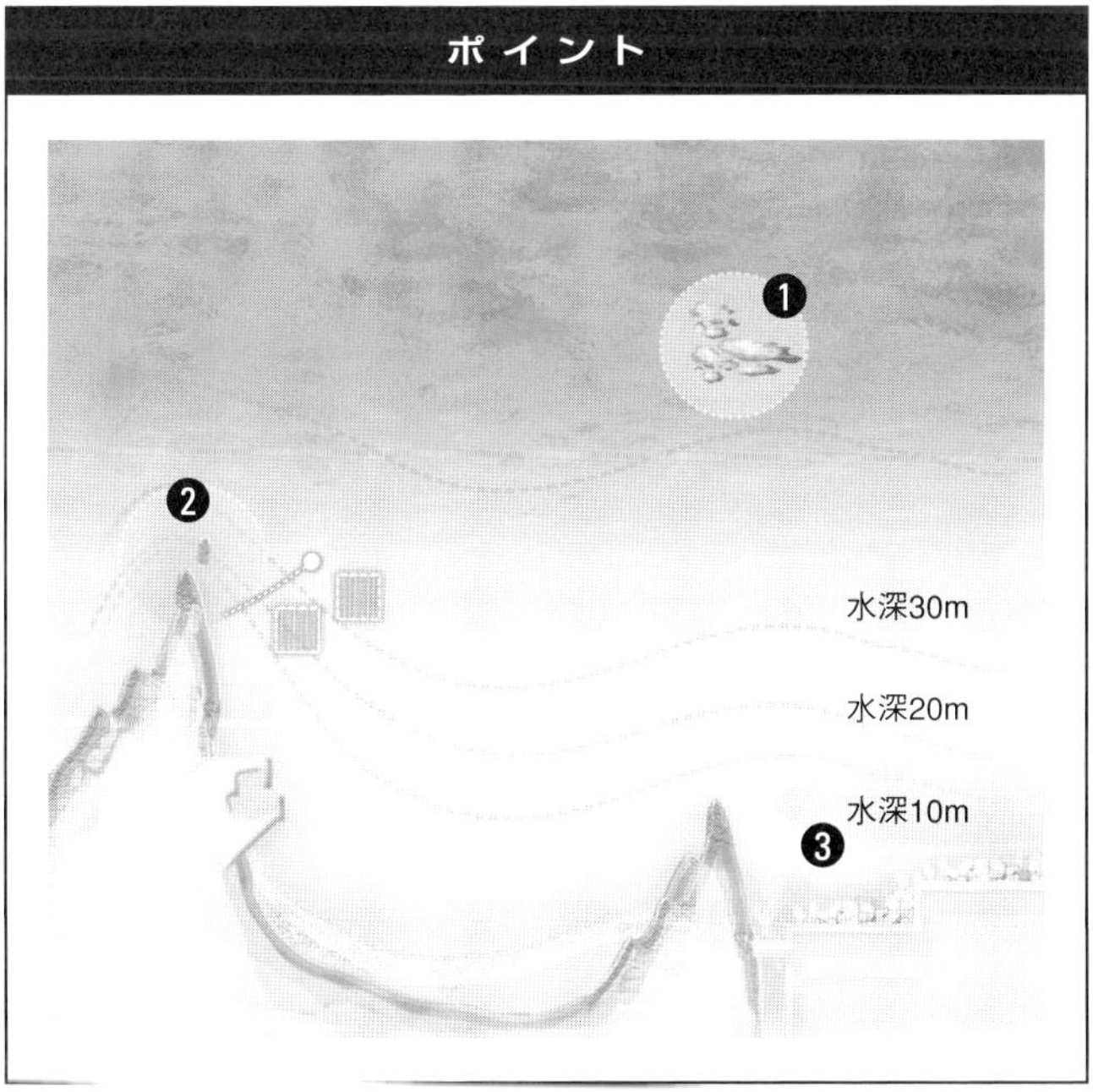

スズキ

イな海域のスズキでないとおいしくいただけない。とくに、夏は独特の臭みが強くて、都会のウオーターフロントで釣ったスズキに「やっぱ、夏はスズキの洗いに限る」なんてセリフは間違ってもいえない。その点、晩秋のスズキは、臭みが少なく脂の乗りもいい。ただし、東京湾に限っていえば晩秋もあきません。東京湾の産卵地は湾口付近で、潮通しが良く汚染の少ない海域だが、夏の間に湾奥で暮らしてきたため臭みが蓄積されている。東京湾口で釣るならせめて春に。もちろん、キャッチ&リリースのゲームに徹するなら、どこでもいつでも全く関係ありません。

ポイント

沿岸の汽水域から産卵場へと、大まかな回遊コースが決まっているので、おのずとポイントは限定される。スズキを釣るのなら実績のあるゲレンデに限る。条件としては、近くにちょっとした大きめの河川があり、岩礁帯と藻場があること。

デイゲーム限定のスモールボートでは、夜釣りができない。それだけでも、スズキ釣りの場合は大きなハンディだ。また、好ポイントになる堤防、護岸、バース、定置網、イケスなどの障害物周りも規制や危険が伴うのでスモールボートからの釣りはできませんな。

ダメダメばかりで、いったいドコで釣ればいいのか……。イチオシは沖の根周り①。ここなら、水質もよくて釣れるスズキもキレイである。水深は、10〜30メートル程度が釣りやすい。沖の根周りでは、じっくりと生きエサ釣りでスズキを狙う。釣行はやはり中〜大潮まわりがよい。できれば、曇りがちで潮が暗い日がベスト。秋は他の回遊魚にジャマされるから晩秋と春〜夏がオススメです。

次は岬先端の磯まわり②。ここでは、ルアーかウキ釣り。ウキ釣りはエサ取りが多い場所なので生きエサを。マヅメ時が狙い目だ。

　ほかに、穴場として③のテトラから広がる岩礁帯。可能ならばテトラ際を流してルアーで攻めてもいいし、沖側の岩礁帯でエサ釣りもOKだが、トローリングも面白い。トローリングは、メタルジグでも生きエサでも可。どちらも、ボトムを流すので2馬力エンジンがピッタシ。

釣り方

　私のボート釣りではキャッチ&イートが信条なので、マダカ以下はできるだけ釣りたくない。大型のみを狙うならば、ルア

ウキ釣り仕掛け

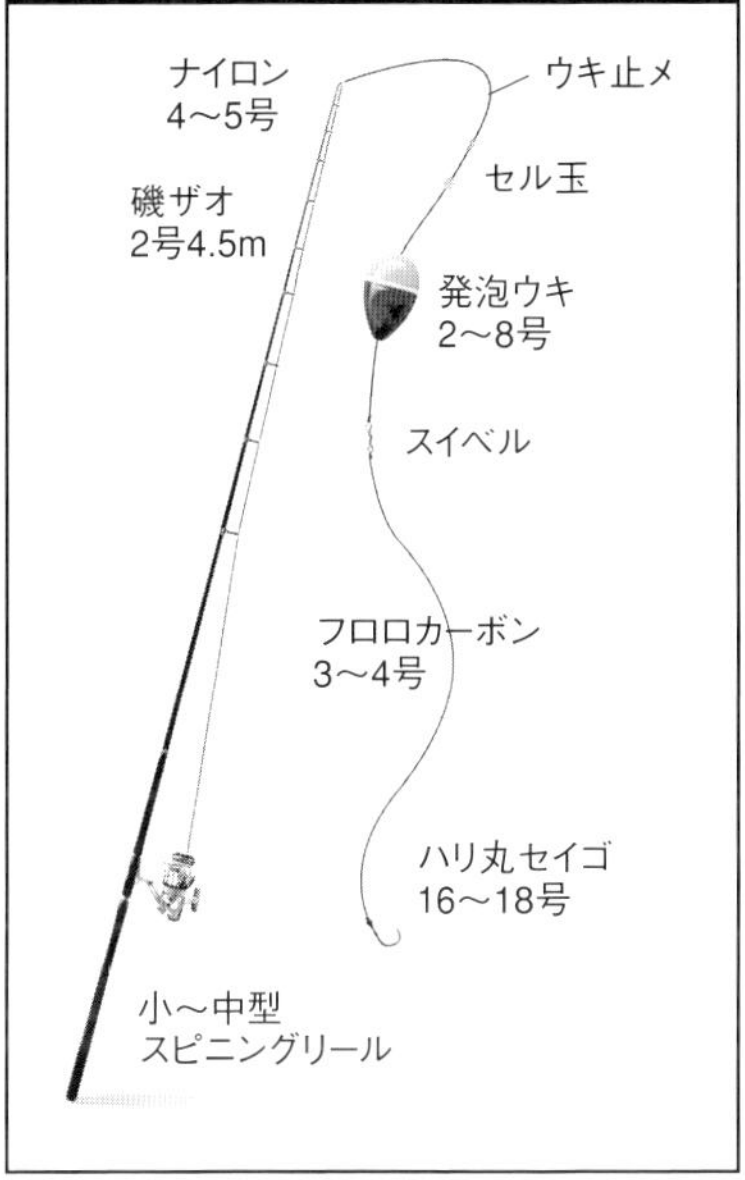

トローリング（生きエサ仕掛け）

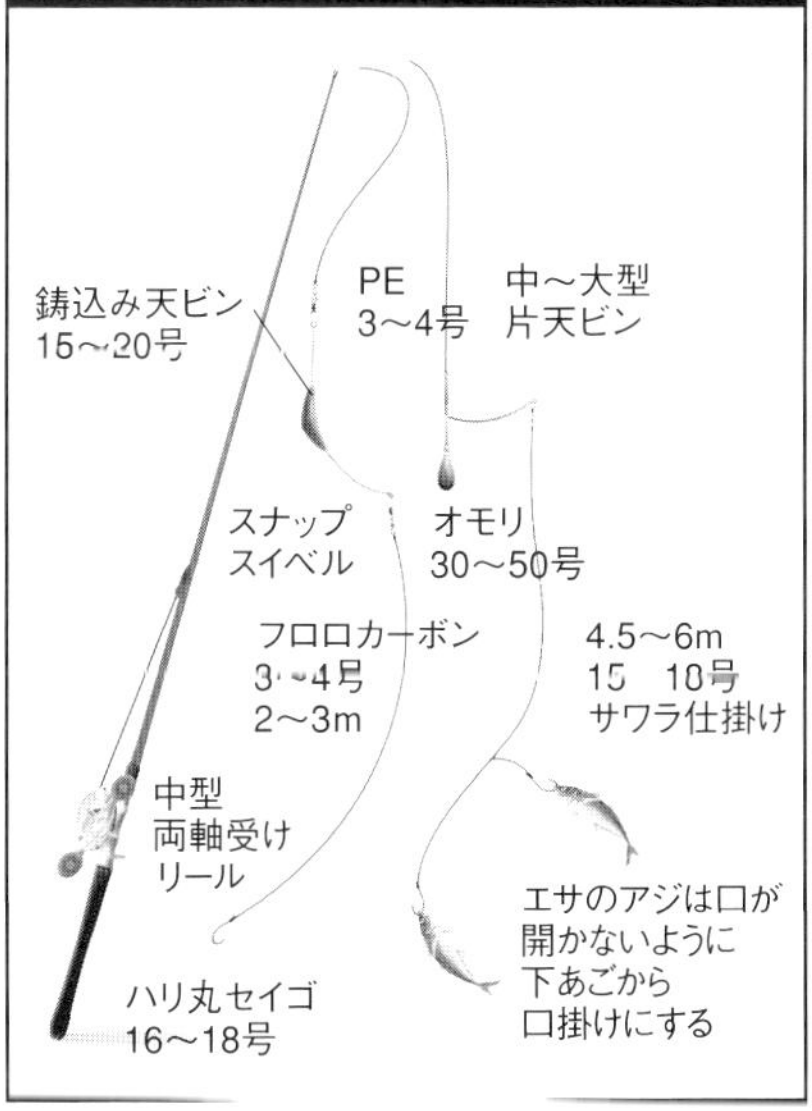

トローリング（キャスティング、ジギング）

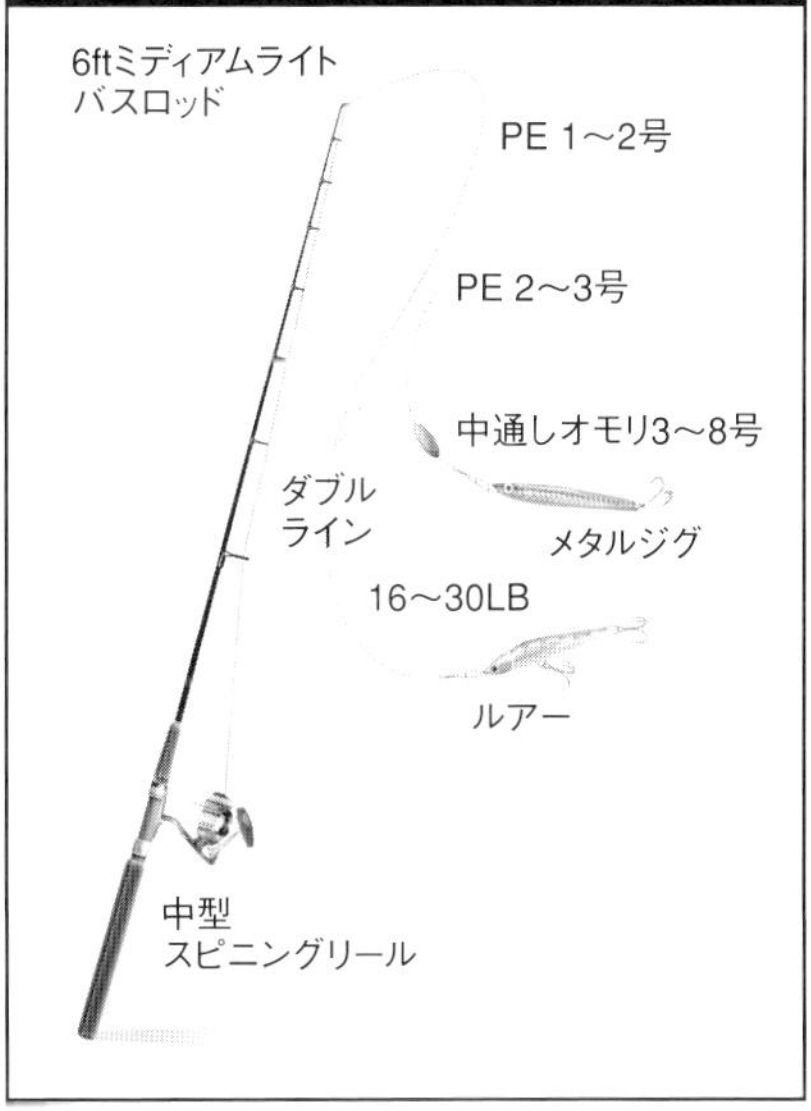

スズキ

ーか生きエサで釣ろう。ただ、立って釣ることができないスモールボートからのキャスティングは、いささか疲れるし、エキサイティングなルアーフィッシングには程遠いような気がする。

それにしても、シーバスルアーのタックルとテクは、次から次へと新しいものが出てきてついていけません。あしからず。

標準的なタックルなら、ロッドは6フィートのミディアムライトなバスロッドに、中型スピニングリールにはPE1～2号とショックリーダーにフロロの16～30LBを。このセットなら、キャスティングからジギングまでなんとかカバーできる。ルアーは、ミノー、バイブレーション、メタルジグなど。ただし、ミノーはカウントダウン中に潮で流されるから、シンキングタイプよりもロングリップ系が使いやすい。

生きエサ釣りでは、フッコクラスがメインならばシロギスタックルでも十分OK。ひと昔前の佐島のイワシフッコでは、シロギスタックルを使っていた。でも、マダカ以上が相手ではパワー不足。20号負荷程度のムーチングロッドがいい。肝心の生きエサは、生きているアジ、イワシ、エビ。仕掛けは、15～20号の鋳込み片天ビンかドウヅキ仕掛け。浅場ではウキ仕掛けがおすすめ。

釣り方は、生きエサだから基本的にはエサ任せ。でも、タナ取りは重要。通常、深場では海底から2～5メートルを探り。魚探にベイトの反応がある場合は、ベイトの上を生きエサが泳ぐようにする。また、磯周りのウキ釣りでは、ウキ下を根掛かりしない長さにして、ノーシンカーでエサを自由に泳がせる。

もうひとつはトローリング。これは、メタルジグか生きエサを利用する。ただ、生きエサは消耗が激しいので、イワシよりもアジがベター。

どちらも、ボトムを流すため、メタルジグには中通しオモリをプラスし、生きエサ仕掛けには10～20

釣り方

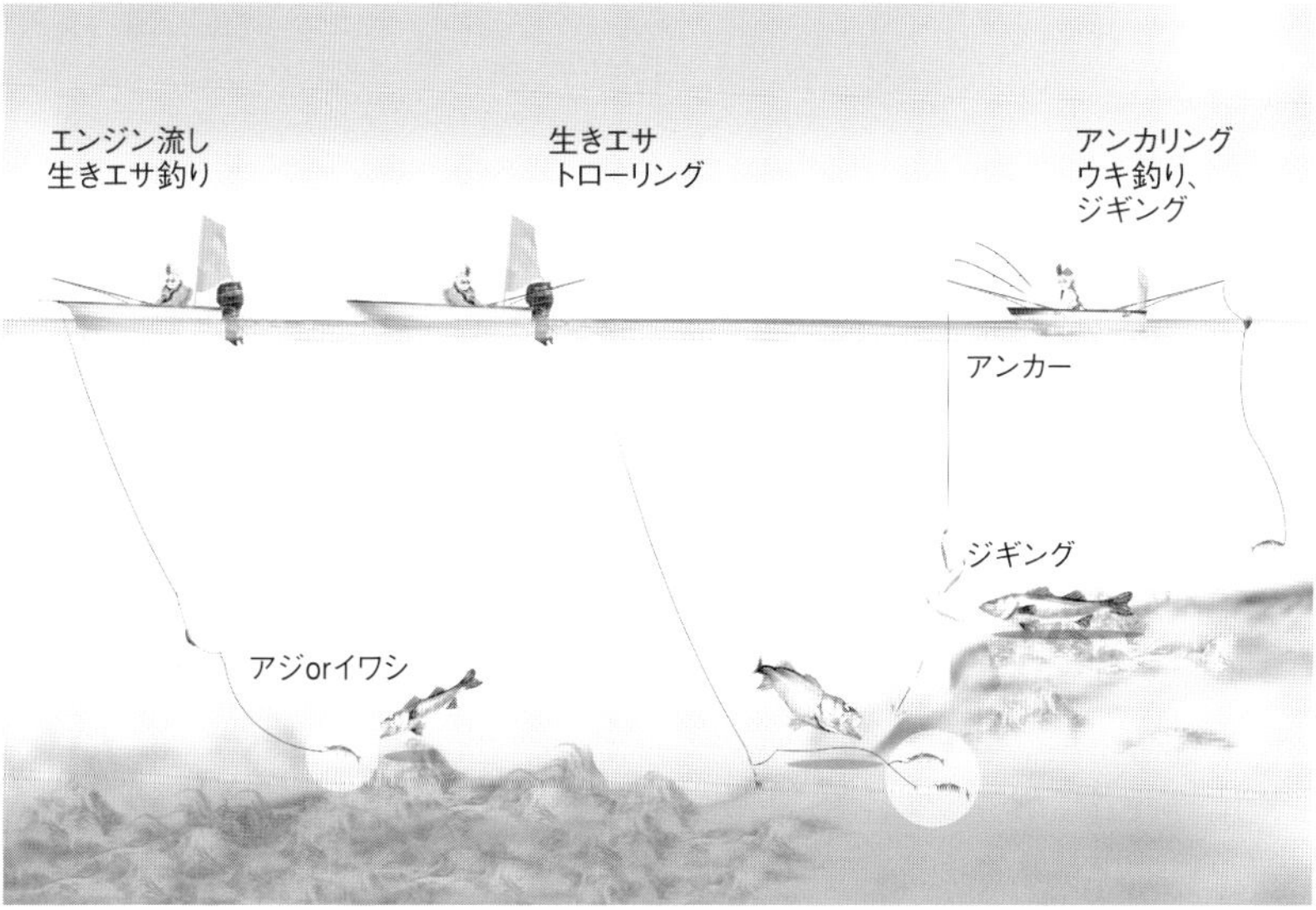

号のオモリを背負わせてしっかり沈める。そして、ジグやエサが浮き上がらないスピードで流す。あと、少し波っ気がある日のほうが、波による揺れやスピード変化がベイトに付いて効果的である。

一般的に、アタリが派手なのは小型のフッコクラスで、良型スズキのアタリは小さい。コツッと小さなアタリのあとに、ギュイーンとロッドが絞り込まれると、上下左右にと激しいファイトのスタート。海面に突進してきたら、負けないスピードでリールを巻くこと。そして、海面近くではお得意のジャンプとエラ洗いだ。ラインが緩むとハリが外れる可能性がある。落ち着いて対処しよう。首尾よく、ランディングしたあとは、カミソリの切れ味を持つエラとハリのような背ビレにご用心。でも、血抜きはしっかりと。頭とシッポの骨を断ち切る。

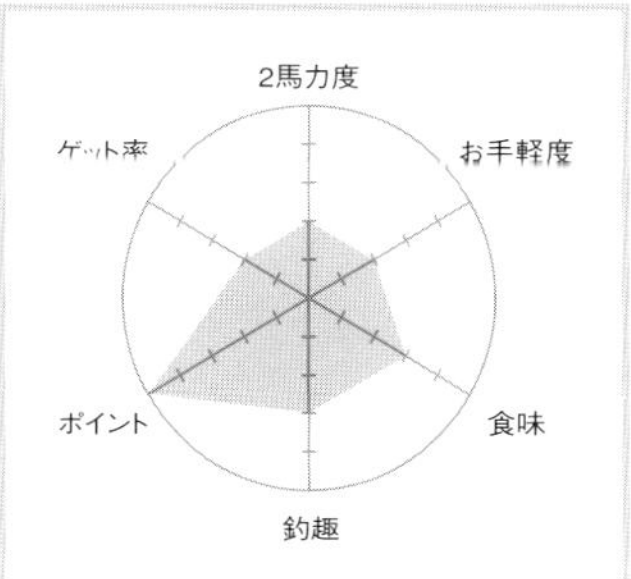

秋　春
冬　夏

8月—10月

タチウオ

「秋のサーベルは指四本！」

顔はいかついが食べれば超美味。家庭の食卓でもおなじみのタチウオは、釣りでも人気のターゲット。夏から晩秋にかけては、釣り船はもちろん、波止や磯でもタチウオ釣りは大盛況。スモールボートファンもこれは絶対に見逃すな！

タチウオあれこれ

ご存じのとおり、扁平で細長い銀色の魚体は刀剣のように美しい。姿形がそのまま名前の由来なのか、はたまた立ち泳ぎをするからタチウオなのか。

一部の水族館で見られるように、頭を上に群れを作って立ち泳ぎをする光景は、あやしくも美しいですなァ。どちらにせよ、標準和名どおりに、タチウオ（太刀魚）で日本

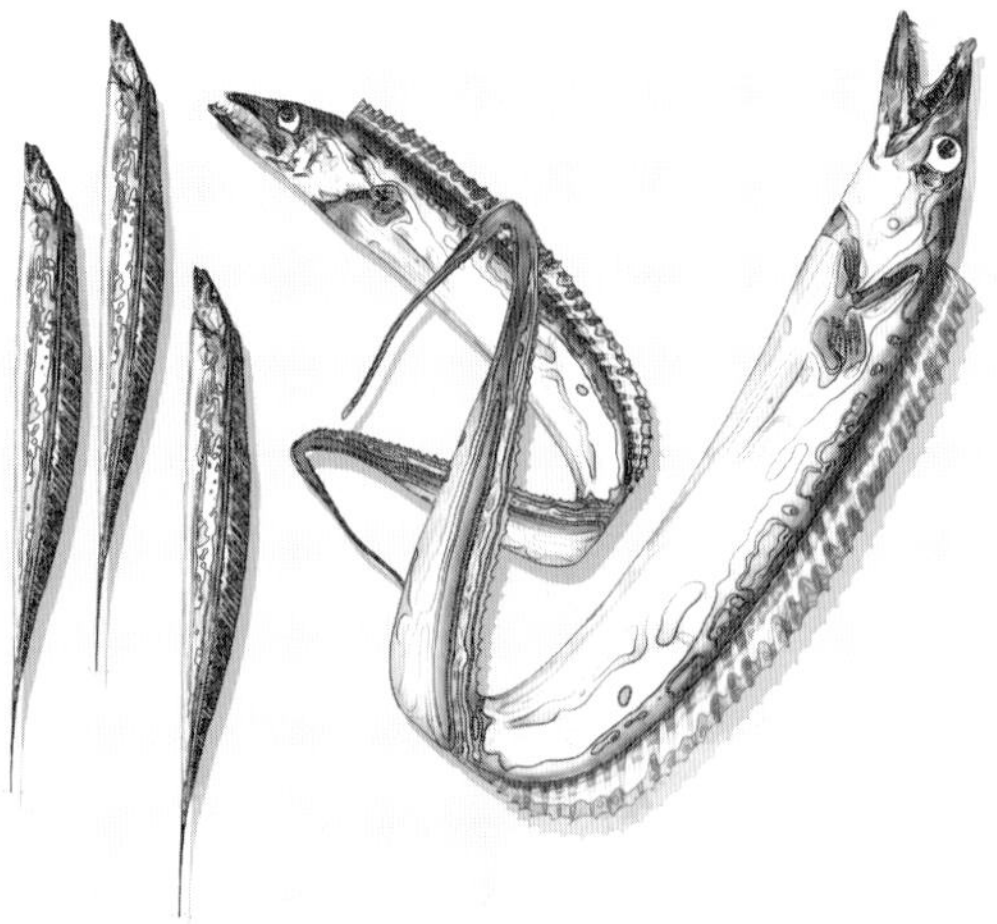

国中どこでも通じる。地方名では、タチ、オタチ、タチノウオ、タチノヨ、タチヌイユ、ハクウオ、ハクヨ、ハクナギ、シラガ、サーベル、カタナなど。

銀色の魚体にはウロコがなくて、釣りたてはホントに銀ピカだ。その銀色の正体はグアニンと呼ばれる成分。かつては、人工真珠やマニキュアの原料になっていた。店頭での鮮度の見極めは、その銀ピカ度が基準になる。

大きさは１・７〜２メートル、４〜５キロまで成長するが、釣り人はタチウオの体高を、指を横にして測り、「指３本、いや指４本の良型だ」などと自慢したりする。

生息域は、世界中の温帯から亜熱帯と広く分布しており、日本では北海道以南。大まかには、水深１５０メートルから浅場までの範囲を移動するが、個体の大きさにより、回遊するエリアと水深が微妙に異なる。これが釣り人を悩ませるところだ。それがまた、沖でも陸からでも、それなりに釣れるゆえんでもある。

ちなみに、成魚は、朝夕のマヅメ時は海面近くにいて、夜は深場へ移動。幼魚の場合、日中は海底付近で過ごして、夜は浅場へ浮いてくる。したがって、スモールボートで良型をねらうなら、朝夕がチャンスタイムだ。日中の釣りでは、ベイトを追っているとき以外は海底付近がタナになり、大物ほど下層にいる。しかし、いったん摂餌態勢に入ると逆転して、群れは上層へ浮き、大物の個体が一番上に来る。タチウオは頭上を通るエサをねらうからである。

産卵は初夏といわれているが、ばらつきがあり、場所を選べば周年釣ることもできる。ベストシーズンは夏から晩秋にかけて。時期的に見ると、シーズン初期はタナが浅く、ルアー釣りのチャンスだ。秋が深まるにつれてタナが深くなり、タチウオの型も良くなってくる。

タチウオはフィッシュイーターなので、釣り方としては、身エサ、生きエサなどのエサ釣りと、ルアーが主流になる。生きエサで孫バリを使うなら、孫バリは腹掛けにするのがコツ。タチウオ用のテンヤはほかのテンヤとは異なり、ハリが下側を向いている。下方から獲物のノドをめがけて飛びついてくるタチウオの習性を利用しているのだ。

ポイント

　基本的には中深場の釣りになるので、イラストでは①が本命ポイントになる。水深は100メートル前後。大きな単独根よりも広い岩礁帯のほうがいいようだ。まずは魚探でベイトを探そう。イカほどのスピードはないけれど、群れの移動は頻繁で神出鬼没的な感じは似ている。スモールボートでタチウオと追いかけっこをするよりも、同じポイントで粘ったほうがヒット率は高いかも。

　ポイント②は朝イチにねらう場所。水深は5～30メートル程度。ただ、どこでも釣れるわけではない。実績のあるポイントを攻めること。陸っぱりの夜釣り情報を参考にするといい。でも、確実にタチウオをゲットするつもりなら、やはり朝イチから本命ポイントへ直行したほうが無難ですかね。

ポイント

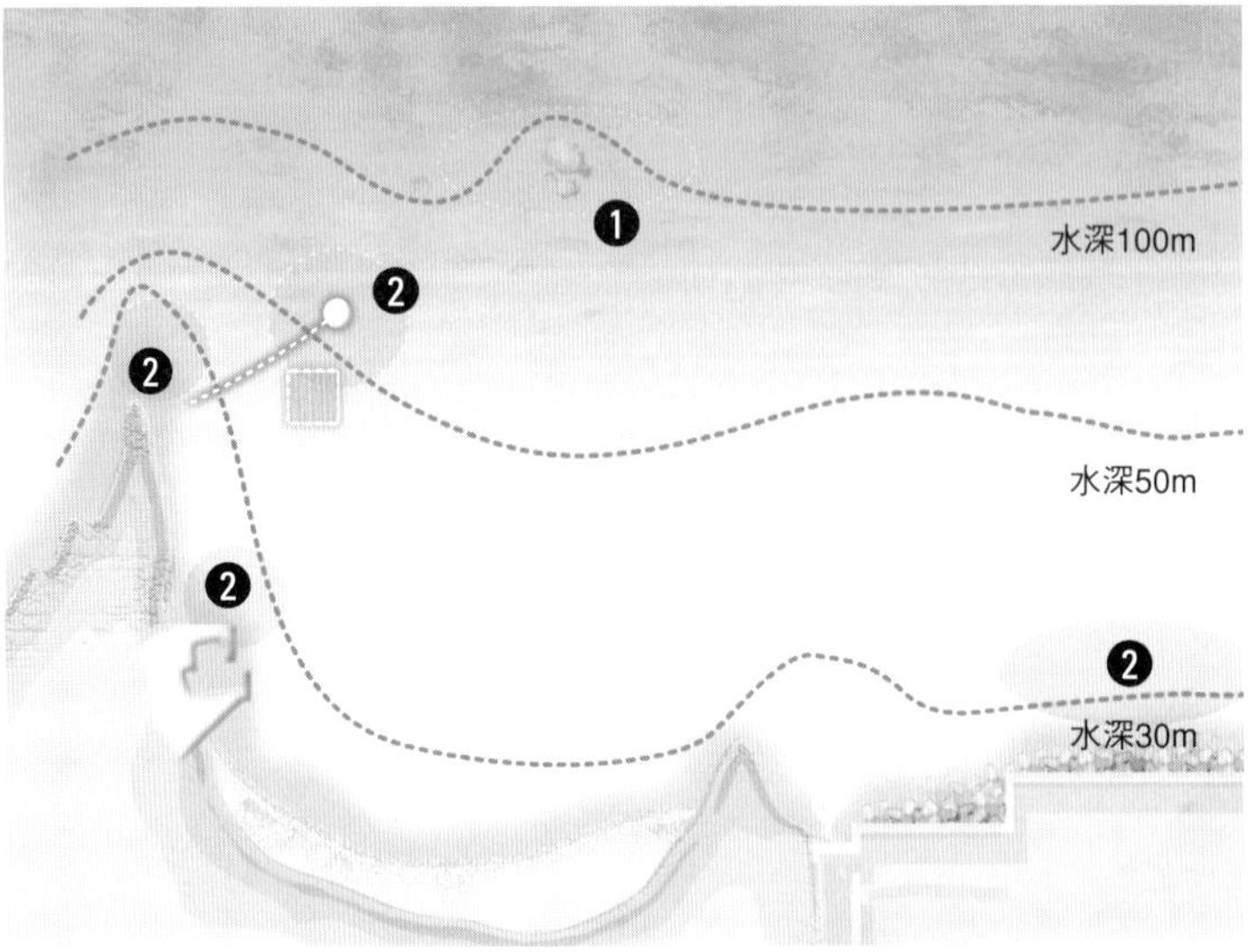

釣り方&テクニック

エサ釣り、テンヤ釣り、ルアー釣りが一般的だが、スモールボートでは生きエサ釣りも可能である。

エサ釣り

魚の切り身がエサで、通常は2本バリ仕掛け。ハリ近くのハリスには、タチウオの鋭い歯を防御しつつ集魚効果も期待できる蛍光パイプや、タコベイトを付ける。これは関東方面でよく使用される仕掛けで、どちらかといえば小型の数釣りに向いている。深いポイントや潮が濁っている場合は、テンビン近くに水中ライトを付けると効果的。ただし、水中ライトが禁止されているエリアもあるので注意しよう。エサは、サバ、サンマ、イカなどのタンザク切りでOKです。

テクニック

着底後、底を数メートル切ってから、ス～ス～とゆっくりしたリズムでサオをシャクりながら、水深の70パーセントくらい上まで誘い上げてタナを探る。ただ、スモールボート上で1日中サオをしゃくり続けているのはかなりキツイ。そこで、リールの回転を利用してアクションをつけるとラクだ。電動リールがあれば、もっとラクチンなのはいうまでもない。

シーズン初期でタナが浅いときや、中層のベイトを追いかけているときは、水深にかかわらず海面下30メートルでの待ち釣りも有効である。もちろん、待ち釣りといっても誘いは必要。上下数メートルを探ってみよう。アタリは小さく、コツ

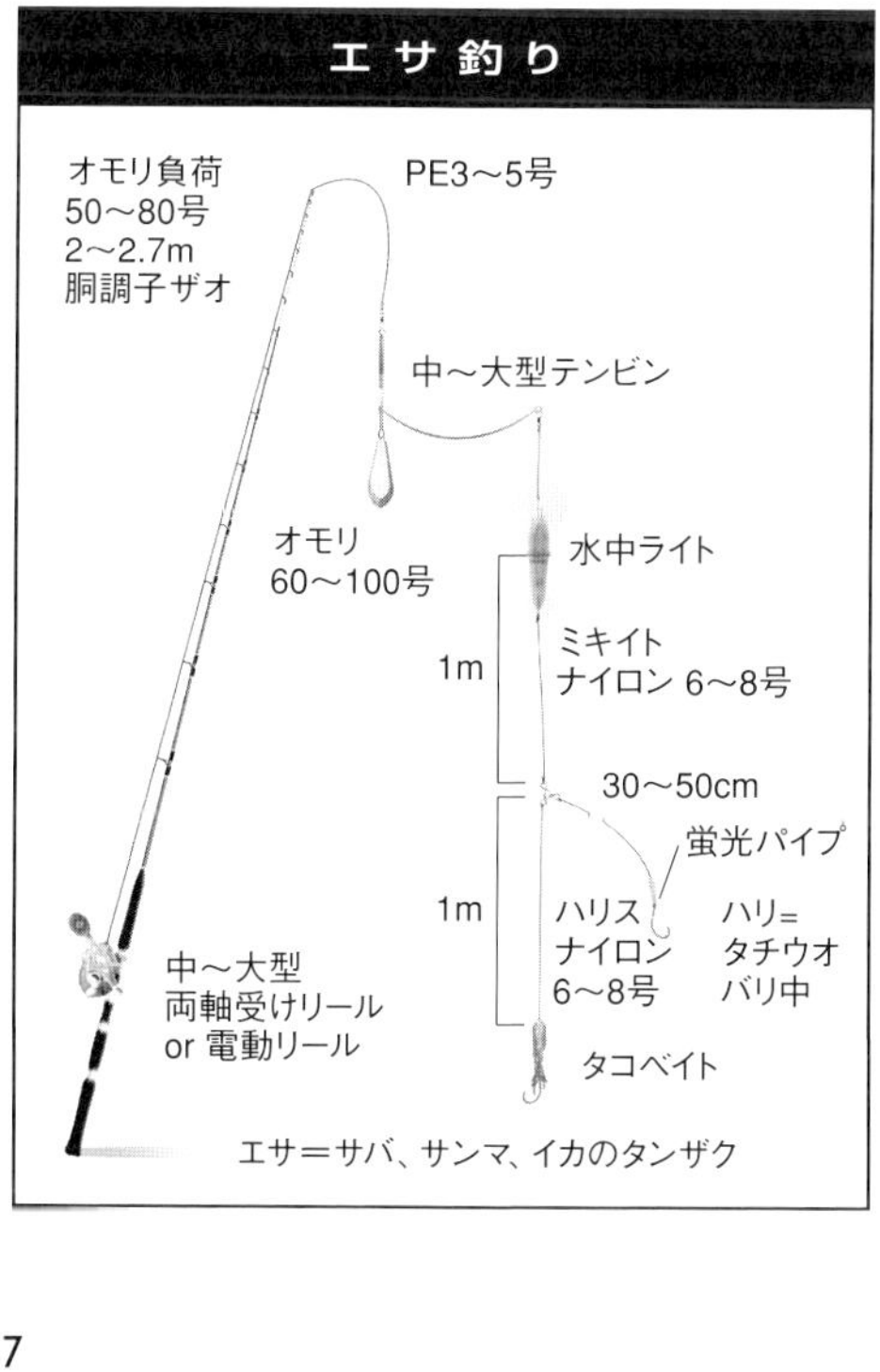

タチウオ

ンときたらサオ先を下げて十分待ってから、キキアワセをするようにサオを立ててアワセる。巻き上げ中は、カワハギのように食いあげてフワッと抵抗感がなくなる場合もあるが、迷わず巻き上げを続けること。

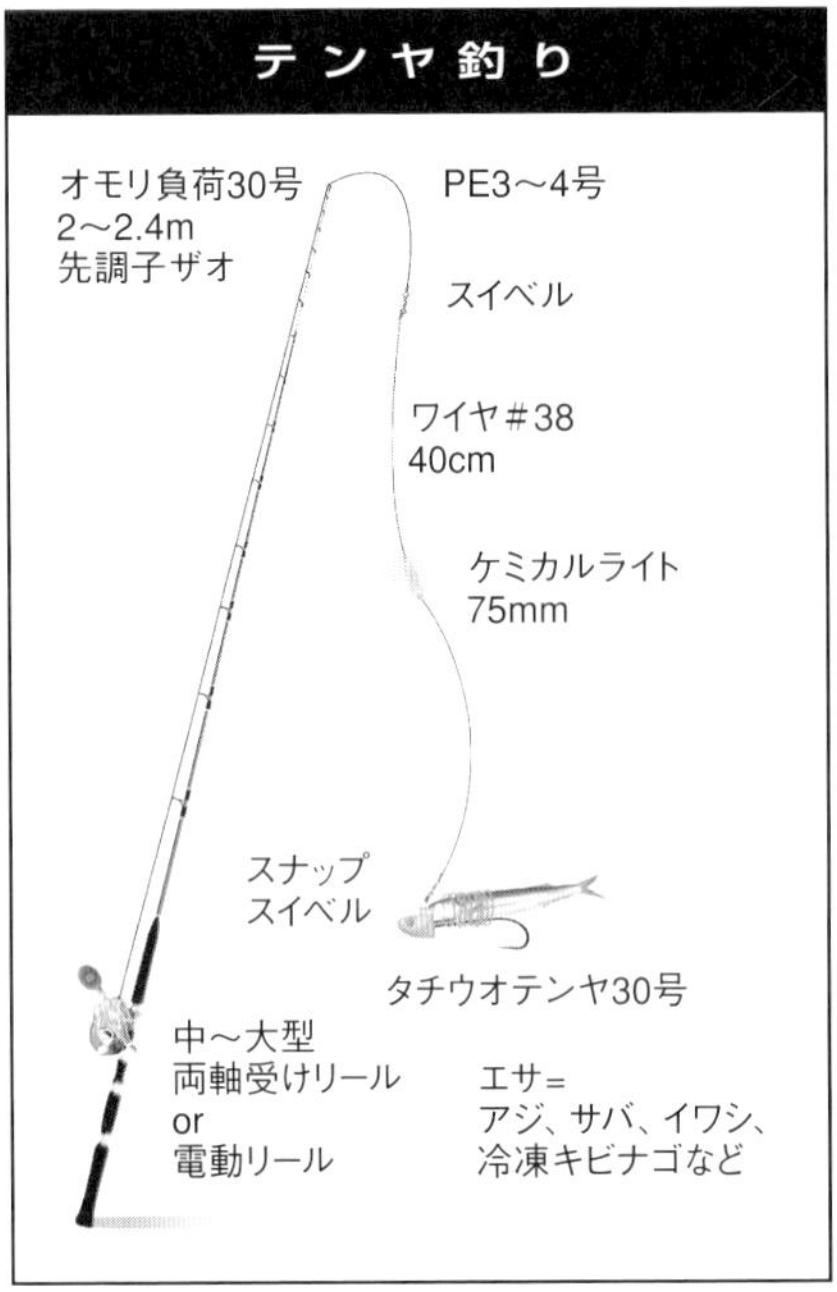

テンヤ釣り

テンヤ仕掛けは関西方面で人気の釣り方だ。ミチイトの先はワイヤのハリスで、テンヤの上にケミカルライトを装着するのが主流。ケミカルライトの大きさは75ミリでタチウオ専用もある。

テンヤは30号前後。針金でエサを巻き付ける。エサが大きすぎるときや、ジャミアタリが多いと、すぐにエサが落ちてしまう。そのようなときのために、予備の針金を忘れずに。

エサは、アジやイワシなどのヒカリ物。生きているほうがよいのは当然だが、冷凍エサでも十分。エサの背中が上になるようにしっかりと固定すること。

テクニック

釣り方はエサ釣りとほぼ同じだけれど、より大型を狙うならばタナの中〜下層で待ち釣りをするテもある。ただし、サオ先に出るような大きなアタリはないので、置きザオはダメ。エサをちびちびかじるだけのときは、エサが逃げるようなイメージで小さくサオを誘い上げてみよう。逆に、ガツガツ食べ始めても、ガツンをサオが曲がるまで待つべし。エサ釣りと同様、遅アワセがこの釣りのセオリーです。しっかりと食わせないと、巻き上げ途中のバラシにつながる。

　食い渋り対策として、テンヤをストンと30～50センチほど落とすのも効果的である。タチウオが思わず食いついてしまうようで、ハリ掛かりがいい。タナを探っているときも使えるテクです。また、食い上げアタリには大アワセで対応する。大アワセをすると、テンヤのフックがテコの原理でガッチリ

ルアー釣り

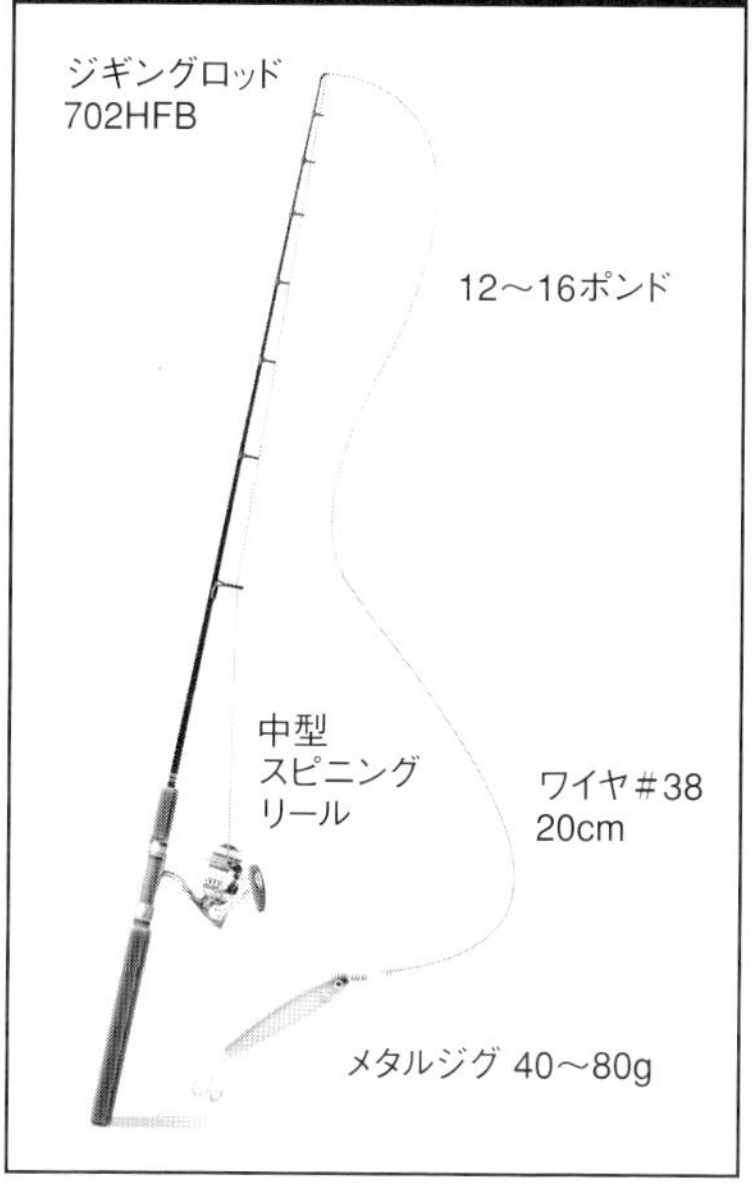

生きエサ釣り（ウキ仕掛け）

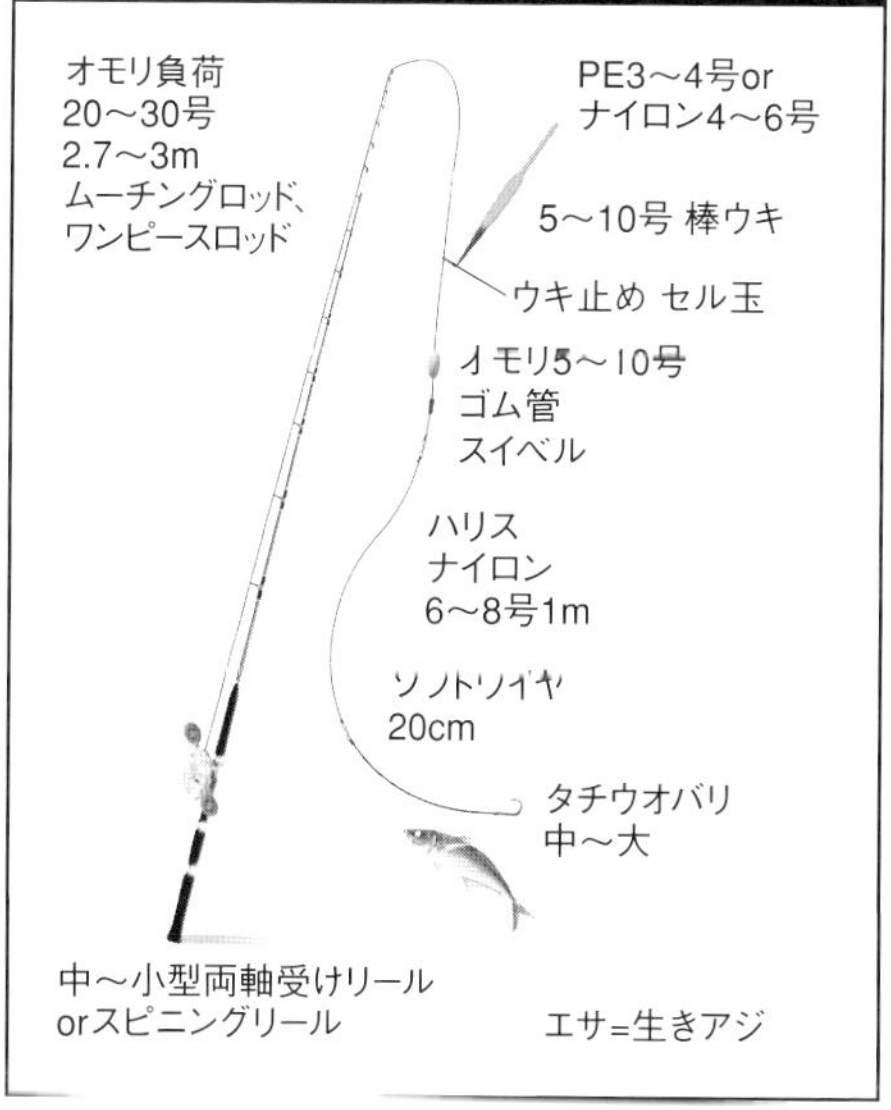

生きエサ釣り（ドウヅキ仕掛け）

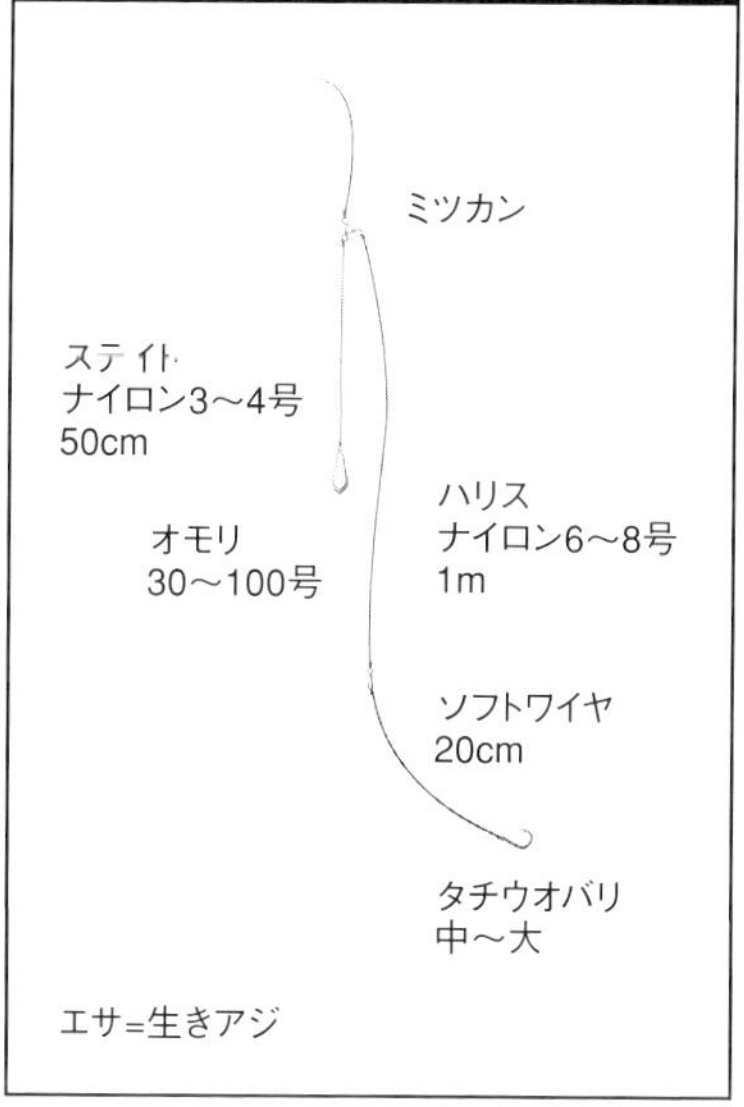

タチウオ

とフッキングする。さらに、フッキングせずにバラしても、追い食いする可能性もあるので、誘いを続行しよう。

ルアー釣り

　タチウオが浅場に群がるシーズン初期がねらい目。朝夕のマヅメ時ならば、磯際や防波堤近くも好ポイントになる。また、手漕ぎトローリングも楽しいヨ。

　ルアーは、40～80グラムのメタルジグか専用ジグを使ったジギング。アシストフックタイプでもいい。念のため、リーダーはワイヤを。

テクニック

　タチウオの捕食は、エサを追うのではなく、エサの動きの先を読んでアタックする。したがって、ルアーに複雑なアクションやイレギュラーな動きをつけるのはあまりよくない。また、ほかの釣りと同じように、ルアーもタナが重要。魚探にベイトの反応がある場合はルアーをベイトの中か上方に通す。

生きエサ釣り

　乗員の少ないスモールボートならではの釣法ですな。タナが海面下30メートル以内ならウキ仕掛け、それ以上ならばドウヅキ仕掛けで泳がせる。エサはアジが一番です。前述したとおり、孫バリを付けるのなら必ず腹掛けにする。

　ウキ仕掛けは、ほかの釣りと同時進行できるのが最大の利点だ。ウキは食い上げアタリを見逃さないように棒ウキがいい。また、大物のヒット率が高い生きエサ釣りに、ワイヤは欠かせない。しかし、エサが弱らないように、ワイヤの長さは20センチにとどめる。ノドから口先までの長さがあれば問題ない。最近では、柔軟なソフトワイヤがあるので利用しよう。ワイヤの上にケミカルライトを付けてもよろしい。

　生きエサ釣りでもタナ合わせが重要。サソイは波とエサにまかせておけばイイ。魚探にベイトの反応があるなら、ベイトの群れの下にエサを置き、弱って群れから落ちてゆく個体を演出するように。

スモールボートなら、これだ！

まぁ、〝行きがけの駄賃〟程度の軽いノリで、ポイントまで手漕ぎトローリングに挑戦してみよう。もしかして、イナダなどの回遊魚がヒットすることがあるかもヨ。

　朝イチのポイントは、岸寄りの浅場をルアーで攻めてみたい。水深は5～20メートル。タチウオの魚影を魚探で探すのは難しいのでベイトの反応がある場所を狙う。ベイトの反応が出ている層の中か、その下をタナにして探る。そして、ここでエサ用のイワシやアジをサビキ釣りで確保する。

　8時を過ぎて日が高くなったら本命ポイントへ移動。水深は50～100メートル。深いほどタチウオのいる可能性は高くなるが、海面から30メートル程度の浅いタナでヒットする場合もある。魚探の反応には十分に注意しよう。

　釣り方は、エサ釣りかテンヤ釣りのお好きなほうで。ただ、良型を望むならば、やっぱテンヤに分がある。

　同時に、朝釣ったアジかイワシをエサに生きエサ釣りにチャレンジしよう。仕掛けは、ドウヅキのヒラメタイプで。

　ただし、タチウオが釣れている場合は、極力サオの本数を減らしたほうが無難である。釣れたタチウオの口に、ほかのラインがからむと、簡単に切れてしまうから。ラインの高切れ（海面に近い場所でミチイトが切れてしまうこと）は、釣りの続行ができなくなるばかりか、環境にもまたよろしくない。

　スモールボートでのタチウオ釣りはマニアックでしょうか。なかなか、ねらいにくいターゲットですが、ゲーム性が強くてヤミツキになる釣りだと思います。

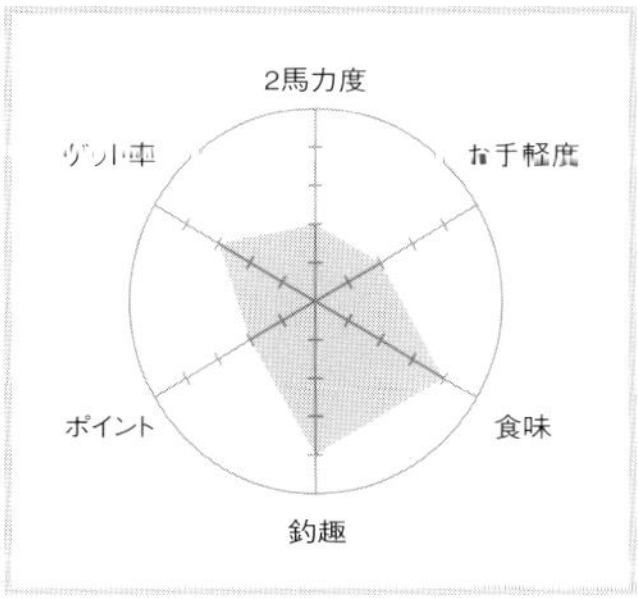

チダイ

6月—8月

春 夏 秋 冬

水ぬるむ春先 最も美味になる

マダイの味が落ちる頃に旬を迎えるのがチダイ。マダイとは産卵期のずれが半年あるので、時期を選んで釣れば一年中タイ三昧。型は小さくても、ちゃ〜んと三段引きをしてくれるのだ。ウレシイネ。

呼び名イロイロ、マダイのソックリさん

○○ダイとか、あやかりタイ的な名の魚は多いが、マダイに近い種類はチダイ、レンコダイ、クロダイの人気御三家がメジャー。その中で、マダイに一番似ているのがチダイである。しかし、いくらそっくりでも見分け方は簡単です。エラブタの縁が赤く彩られて、マダイのように尾ビレの後縁が黒くない。マダイよりも鮮やかなピンク色をしている。この3点で、

釣り上げた瞬間にマダイと区別できる。また、マダイほど目の上のアイシャドーのような紫の線がはっきりしていません。ただ、チダイも老成魚になると、目の下にクマのような紫の色が出たりする。そして、成魚のオスは目の上が出っ張るので、釣り人は〝デコダイ〟と呼ぶ。

関東ではチダイのことをハナダイというが、その出っ張りが鼻のように見えるから鼻鯛なのか、あるいは花のようにキレイな魚体なので花鯛なのか。江戸の昔は、花見の宴席に出る鯛はマダイよりもチダイのほうが喜ばれていたようで、少し前までは桜鯛とも呼ばれていた。チダイという名前は、エラブタの鮮やかな赤が血を連想させて血鯛、また、小さな鯛だから小鯛（チダイ）という説もある。

地方名は、チコダイ、レンコダイ、エビスダイ、マトダイ、コダイ、ゲンゴ、シロコダイ、マコダイ、ヒダイ、ヘイハチなどなど。おもしろいのは、チダイの幼魚をマッチ箱、なんていうのもある。

サクラダイ、レンコダイ、マトダイは、他の魚と混同しそうです。特にサクラダイは、桜の時期に釣れるマダイをそう呼ぶし、ハタ科にその名の魚がいる。また、シキシマハナダイなど、名前の下にハナダイが付く魚がけっこういるが、チダイとは別種で、こちらはハタ科です。ま、書けば書くほどこんがらがりますな。

ところで、魚河岸や小売店でも、マダイとチダイを区別しないで販売している場合が多いけど、アレっていいのでしょうかねぇ。ちなみに、家の近くのスーパーでは、メアジをマアジと称して売っていた。顔がドー見てもマアジではないので大量に売れ残っていたけど、あたりまえです。正しくメアジとして販売したほうが、珍しがって買う人がいたかもね。

生態

昭和50年代後半から、漁具の大型化の反動で減少し続けてきたチダイの漁獲高は、平成に入ってから持ち直しているという。釣り人にはありがたい傾向だ。

産卵期は9〜11月。釣りやすいのは大きな群れを作る産卵期直前だが、旬は初夏の頃。マダイは3

チダイ

～5月に産卵するが、初夏にはネコマタギと呼ばれるくらいに味が落ちる。だから、6月前後のチダイはマダイよりも美味といわれるのだが、もっとおいしいのは3～4月である。真冬のチダイは小さくても脂が乗っていて超美味。とはいうものの、水温が13度台まで下がると釣るのが難しくなるから、周年釣れる魚でも厳寒期の2月はチョイトきついかも。これは、急な水温低下も同じで、雨が降った後や、風の影響で水温が下がった翌日に釣行すると、とんでもない目に遭うから注意しよう。また、手のひらよりも小さなサイズはリリースしましょう（連れて行った子供の手をスケールにしちゃダメですよ）。なにしろ、20センチになるには3年、30センチになるには5年を要するほど成長が遅い。40センチオーバーのデコダイは、ホント貴重ですタイ。

分布は北海道と琉球諸島を除く日本各地。水深20～100メートルの岩礁帯やその付近にある藻場、または砂礫地やツブ根のような地形を好む。本によっては、マダイよりも深場にいると書いてあるが、マダイは産卵場が浅いだけで、生活圏はマダイのほうが深いようだ。チダイを釣るなら、30～60メートル、深くても80メートル止まり。それ以上深いと、場所によってはレンコダイのテリトリーになってしまう。

ポイント

ポイント図でいえば、①のみ。水深は30～60メートル。単独根や岬から延びる険しい根より、砂礫地やツブ根が点在する比較的平坦な場所が釣りやすい。チダイ釣りはピンポイントを攻めるよりも、ボートを流して広く探ったほうが有利です。

分布範囲が広くて、アチコチで盛んに釣られているチダイは、関西、四国、九州方面はもとより、新潟以北の日本海側でも乗合船が出るほどの人気ターゲット。

関東では、外房から東

京湾口を含めて相模湾、伊豆に至るまでポイントは豊富である。なかでも、常磐の鹿島周辺や外房の片貝〜銚子が本場になるが、いささかスモールボートでは無理がある。

スモールボート的なゲレンデは、内房の勝山〜洲崎。東京湾口の下浦〜城ヶ島。相模湾なら長井、江ノ島、茅ヶ崎、平塚沖、大磯沖あたりが有望。あとは伊豆方面ですかね。

やはり、ターゲットをチダイだけに絞るとなると若干シンドイ。特に、大きな群れを作らずに散らばっている夏は困難だ。ココ！といったアテもなく釣るなら、有力な根の周りをチダイ五目気分で探ってみるしかない。運良くチダイのコロニーが見

ポイント

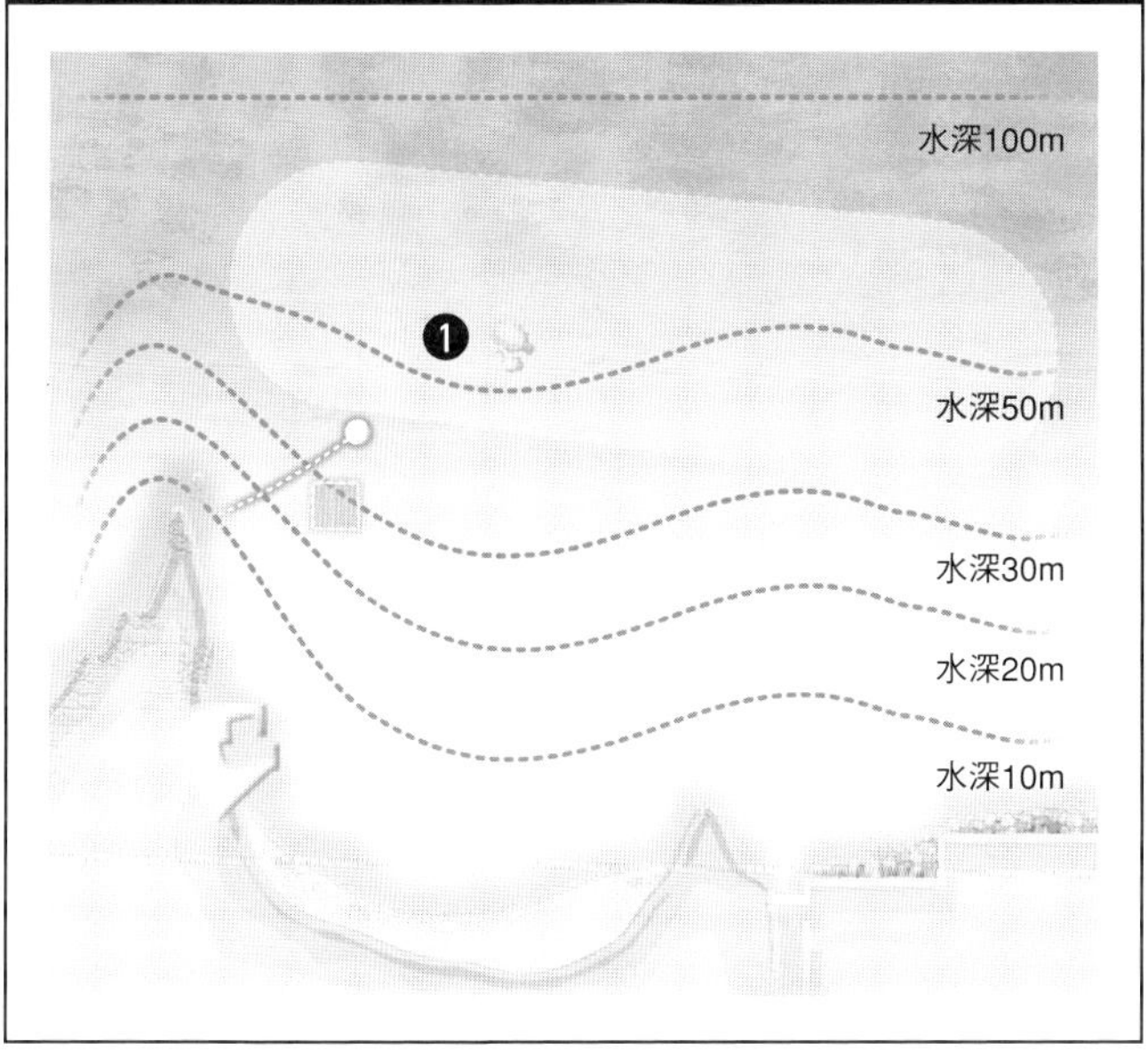

ドウヅキ仕掛け

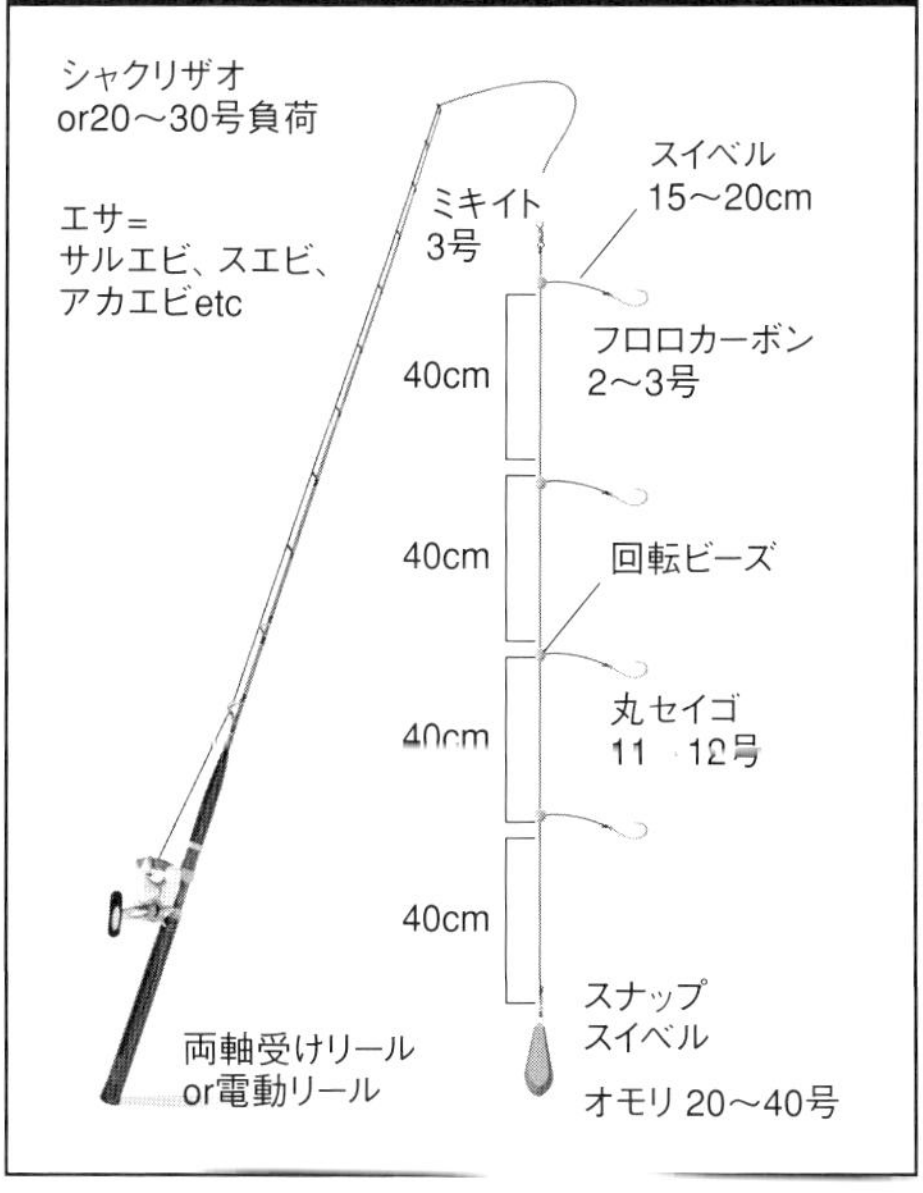

つかったら最高ですな。

チダイのポイントは他の魚種も好む場所だから、もともと多種な魚がヒットして楽しい。ざっと思い浮かべても、マダイ、クロダイ、キントキ、メバル、ハタ、カワハギ、ウマヅラ、カサゴ、フグ、メジナ、イサキ、アジ。それに、秋ならイナダやソーダガツオなどの回遊魚も加わり、もうお祭りですな。

ウイリー仕掛け

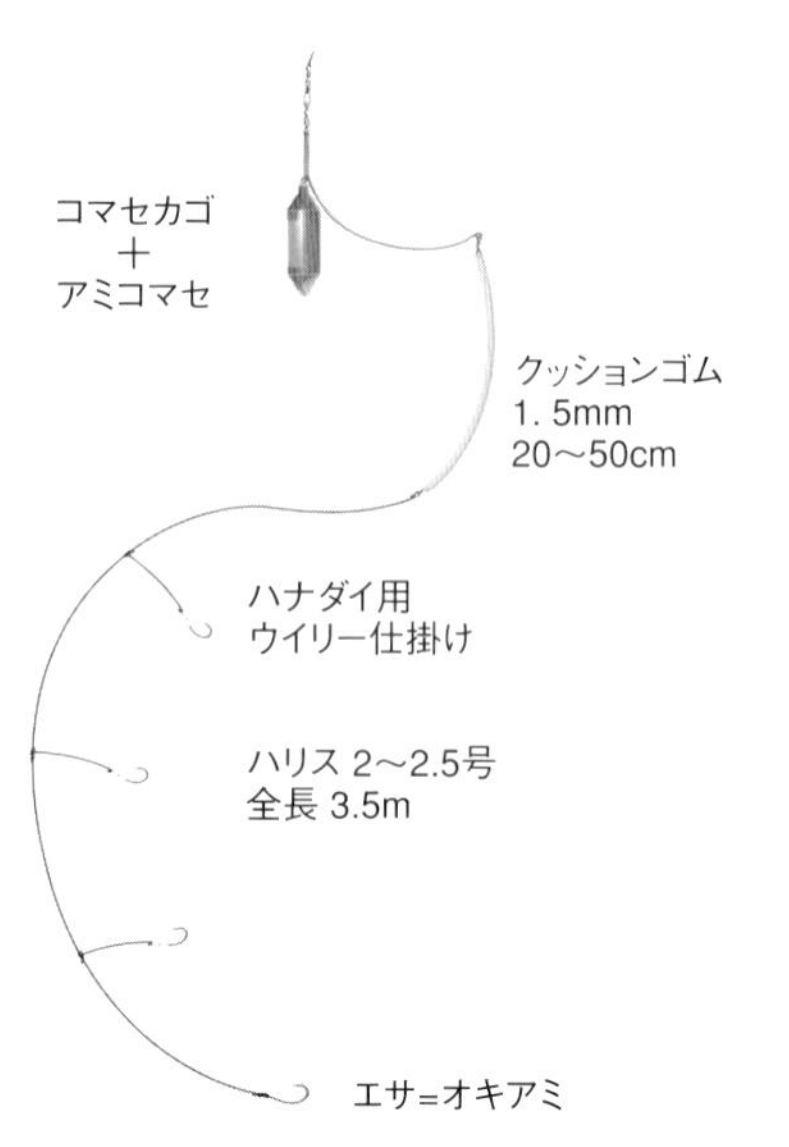

タックル

サオは1日中シャクるので軽いものが使いやすい。ウイリーシャクリ用のサオを持っていれば問題ないですな。

リールは両軸受けタイプにPEラインの3〜4号が200メートルも巻いてあればよろしい。もちろん、電動リールがあればラクだけれど、水深60メートル程度までなら手巻きリール（スプールの大きなもの）でもそれほど辛くはない。バッテリー&ケーブルはジャマだし。

仕掛けは、細いハリスと小さなハリを使うと確かに潮なじみがよく、アタリは活発に出るが、40センチオーバーのチダイや、それ以上のマダイやイナダがハリ掛かりする可能性もある。したがって、ハリスは細くても1・5号までにしたい。また、どれだけ好調な日でも、一日中釣れ続けるわけではない。釣れるときに手返しよく釣るのが釣果を伸ばすコツだ。チャンスだ！　というときに余計な仕掛けの交換などしたくない。トラブル回避の点でも太めの仕掛けが有利になる。

釣り方

　チダイも、地方色豊かでさまざまな釣り方があるが、一般的には生きエビをエサにしたドウヅキ仕掛けか、コマセを使うウイリー仕掛け。どちらも基本はシャクリ釣りだから、釣ったという充実感を味わえる。ただ、エビエサとコマセでは当然シャクリ方は違う。

　まず、エビエサのドウヅキ仕掛け。本来は、生きたサルエビ、スエビ、アカエビを使う。エビの尾羽を切り取り、エビがまっすぐになるように尾の切り口から腹側にハリを抜く。そして、生きエビといえども誘いをしないと食いが悪い。オモリが着底したら、まずはそのままアタリ待ち。反応がなければ、誘いながら、少しずつ上に上げてタナの間を探るわけだ。

　誘い方は、シャクるというよりエビがピンピンと跳ねているイメージ。小エビが1メートルも2メートルも跳ねるわけはないので、くれぐれも小さなアクシ

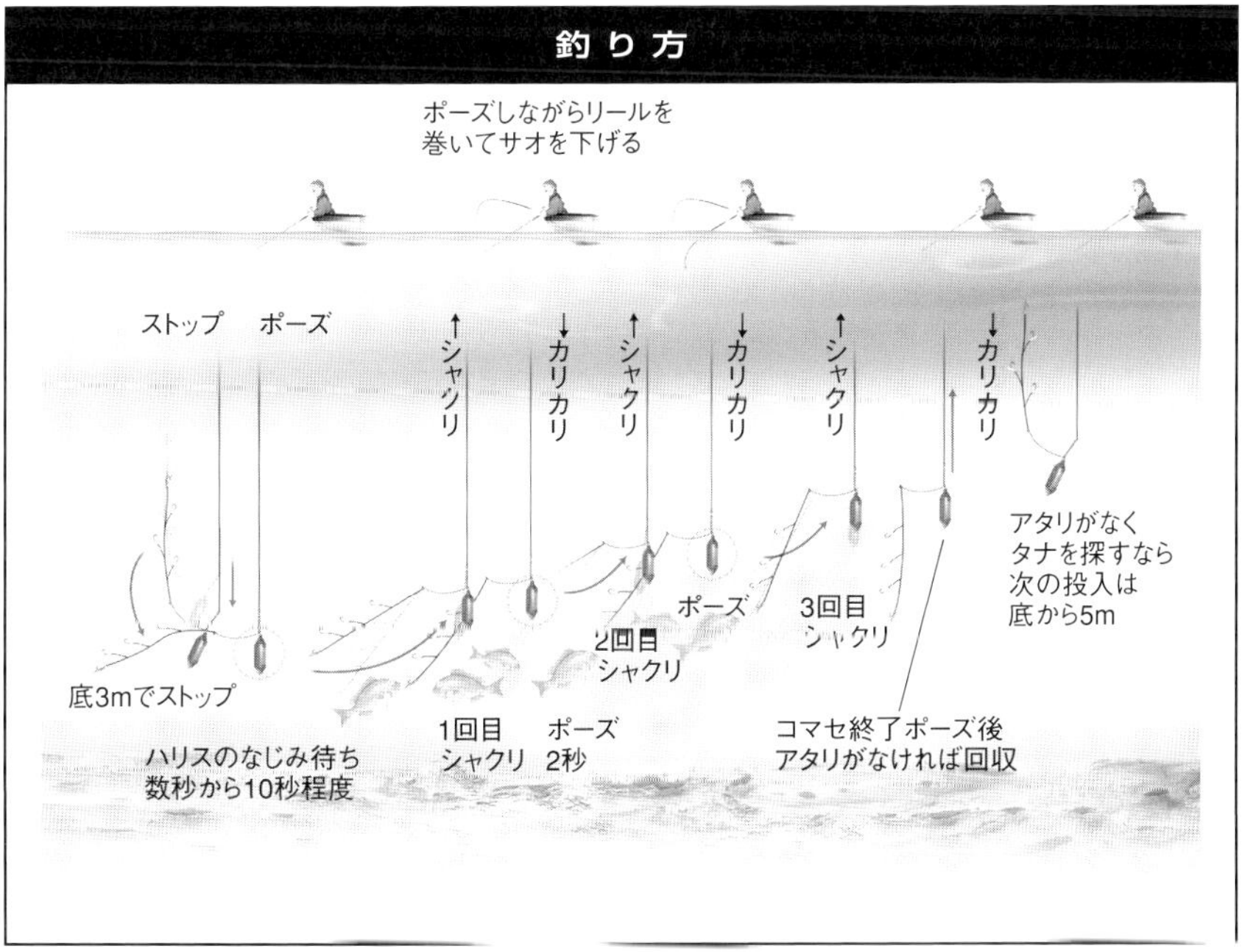

チダイ

ヨンにしたい。また、常に誘いばかりしていては魚が食いつくヒマがない。仕掛けを一息止めて、隙を作ってやるのも大切だ。タナが底付近ならタルマセ釣法も効果的。オモリを海底に付けたままエサだけを躍らせるようにする。この方法だと、エビが横移動するので、より自然に見える。ただし、覚悟しなければならないのは、ベラ類に高価なエサを取られること。

　生きエビが手に入らない場合は、モエビか冷凍アカエビ、最悪の場合はオキアミやアオイソメでも代用可能だが、釣趣、釣果ともに、生きエビにはかないません。

　タナの上端からゆっくり20～40センチくらいの段を付けながら、少しずつ仕掛けを下ろす釣り方もある（こんなことを乗合船でやったらヒンシュクを買うのは確実）。この落とし込み釣法はスモールボートにピッタシ。釣り始めにチダイのヒットゾーンを探すとき、食い渋り時やスレたチダイに効果てきめん。コツは、仕掛けを止めるたびに、潮でハリスが横へ延びるまで待つこと。沈下スピードが速いと、エサが躍らないし、ミキイトにエサが張り付いてしまいダメです。

　次は、ウイリーシャクリ。この理にかなった釣り方は、他のターゲットにも応用される。仕掛けのハリ数は3～6本。市販品なら4本バリで一番下のハリにオキアミを付けるタイプが使いやすい。そして、ウイリーバケの配色で釣果に差が出るのは確実。できれば自作したいが、最もアタリの多いグリーンをどこに配置するかがポイントになる。たとえば、上から白、ピンク、グリーンという感じなどだが、すべてをグリーンにしても効果ないですヨ。イヤ？　そういえば、試したことがないから断言はできないなぁ。さすがに、乗合船でオールグリーン仕掛けを使うのは恥ずかしいので、次のボートウイリーの機会に。

　ウイリーシャクリは、シャクリのタイミングやスピードで悩む人が多い。しかし、そんなに気にすることはない。何度か釣って自然に身に付いたものでよい。その日の釣況によって、自分の釣り方とマッチしないことがあるのは当然で、どんな状況でもガッツリ釣ろうとするから大変なのだ。

次に紹介するシャクリ方は、自己流なので参考までに。

まず、仕掛けを海底から3メートル上（カゴの位置）で止め、数秒から10秒ほど仕掛けがなじむのを待つ。このとき、サオ先は海面近くにキープ。

次に、サオ先を50センチ程度、サオの弾力を利用して軽くシャープに上へシャクル。2秒待ってアタリがなければ、リールを巻いてサオ先を海面近くまで戻す。そして、再び50センチシャクル。3回シャクったらコマセが無くなるようにカゴを調整する。

アタリが出ない場合は、次の投入は2メートル上げて海底より5メートルから始める。次はさらに2メートル上げて。それを、海底から10メートルくらいまで繰り返します。

チダイのタナは、海底2メートルから、水深が40メートル以上あれば、15メートルくらい上までの広範囲。タナが見つからないと苦労します。魚探とにらめっこして反応が出ているところを重点的に探るのもひとつのテ。最初は底付近で食っていても、コマセを使うと次第にタナが上ずってくるのは他の魚と一緒です。

産卵前で群れを作っているときは、大型は群れの上方にいて、春から夏に散らばって生活している時期は、底に近いほど大物がヒットするような感じである。

最後に、オキアミシャクリ。仕掛けの形はウイリーと同じで、ウイリーバリの代わりに普通のハリを付け、エサはすべてのハリにオキアミ、コマセはアミでOK。釣り方は、シャクるというよりも軽い誘いのみ。これは、マダイよりもコマセに突っ込んでくるチダイの習性を利用した、すぐれ釣法です。

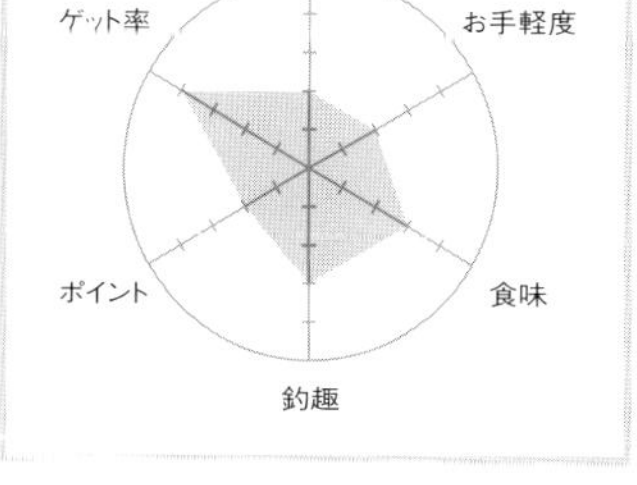

旬の魚を狙え！

春 夏 秋 冬

11月—12月

ハゼ

「手軽に釣れる高級江戸前ネタ」

ハゼはなじみ深い魚である。ポイントが岸に近いので手軽に釣れ、スモールボートにはうってつけのターゲット。しかし、それなりに奥は深いゾ。「ハゼに始まりハゼに終わる」――関東の海釣りにはこのフレーズが似合うようで……。

ハゼはけっこう手ごわいゾ

ハゼは、市街地のウオーターフロントで手軽に釣れる身近な魚。それでも、釣りをしない家庭の食卓では、滅多にお目にかかれない代物ですな。なんせ、河岸では旬の高級魚扱いで、生きているモノならキロ2000円。背開きしてあれば1枚約80円となかなかお高い。気合を入れて立ち向かうべき相手である。「ハゼなんて」

と言う前にケタハゼに挑戦してみよう。けっこう手強いよ。

　ケタハゼとは、晩秋すぎて20センチ以上に成長したマハゼのことを指す。その頃には深場に落ちるのでオチハゼとも呼び、産卵直前の黒ずんだ個体はオハグロハゼという。逆に、幼魚はデキハゼ。マハゼは基本的に1年魚で、翌年の1～5月の産卵期に産卵したあとは衰弱死する。しかし、終盤に孵化した個体の成長が産卵期に間に合わず、翌々年の産卵期まで生き延びる場合もある。そんな2年目のハゼがヒネハゼ。夏のチビハゼに交じってときおり釣れる大物がソイツだ。

　ついでにマハゼの方言ですが、グズ、ゴズ、ゴリ、カマゴツ、カワギス、シロハゼ、カジカなど。違う魚の名前が交じるのはどの魚種も同じですな。

　日本でのマハゼ分布は北海道から種子島まで。また最近では、例のバラスト水による外来種問題で、マハゼもカリフォルニア湾とシドニー湾で問題になっているとか。なんかイメージ的に日本産は外来種よりも弱い感じがしていたが、マハゼは海外でも頑張っているようだ。喜んでいる場合ではないけど……。

釣期

　産卵期は1～5月で、産卵後2センチまで成長したら底生生活が始まる。その後、体長数センチまで成長したチビハゼは警戒心がなく、エサを発見すれば無条件で飛びつく。「今年のハゼの湧きはどんなあんばいかな」、と気になりだすのが初夏の頃である。初期に釣れば爆釣間違いなしは当然だが、あまりに小さなハゼを釣るのは避けたいですな。乱獲になり、本格的なシーズンまでに数が減ってしまうではないか！　それに、小さすぎて釣ってもつまらない。ちなみに、東京近郊の人気貸しボート釣り場では、超初期に1人で1日に数百匹もチビハゼを釣るベテランが何人もいるらしいが、いかがなものか。そうでなくても、毎週末に大勢の釣り人が、かなりの数を釣り上げているのだから……。

　河口や埋め立て地の浅場に群れるデキハゼを、立ち込んで釣るのが、いわゆる夏ハゼ。東京都心でもチビッコに大人気の釣りであるが、夏ハゼの釣り始めは、せめて梅雨明けからにしたい。

　スモールボートでのハゼ釣りは9月後半からが本番で、ポイントによっては1月はじめまで釣れる。ただし、入れパクでヒットする夏ハゼに比べて、秋からのオチハゼは、そうそう簡単には釣れない。特に、水温が下がり活性が低くなる12月過ぎはシブ～イ釣りになり、ハゼ釣りファンを熱くさせる。そして、シーズン終盤になるほど型は良くなり、食味もバツグン。22～23センチになれば、立派なテンプラタネになるし、刺し身にも堪えられる。エサを食わせるのは難しいけれど、小気味良いヒキはなかなかのものだ。

ポイント

　近年は10月の初めまで、真夏のような水深数十センチの浅場にデキハゼが群れている。温暖化のせいでしょうか、今後

ポイント

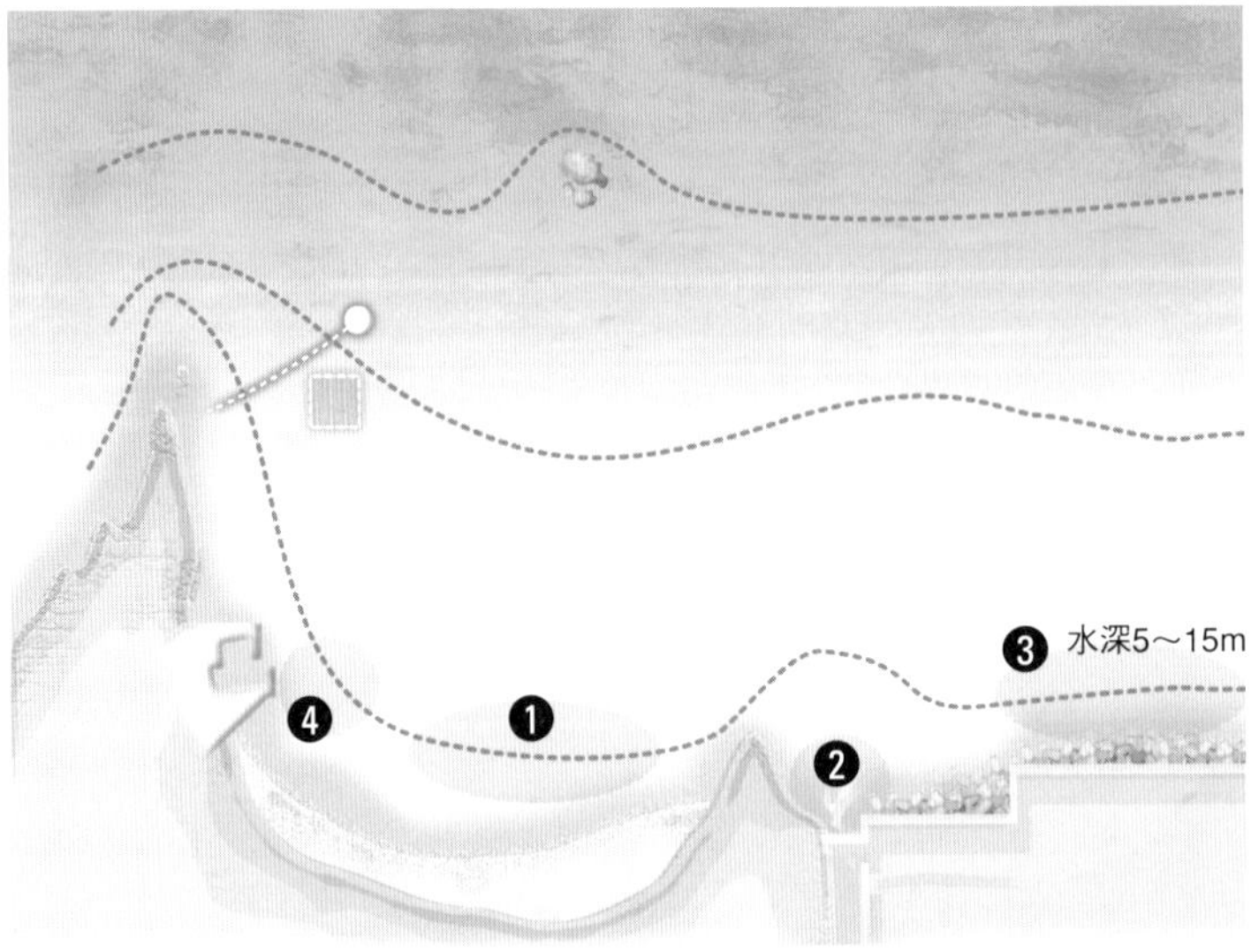

もハゼの移動が以前よりも1～2カ月は遅れると思う。

浅場のポイントは、①の岸近く。イラストのように、外海に面しているような湾よりも、内湾で砂泥質の海底が適している。岸に近いため、アンカリングで釣ることになる。アタリが遠くなったらすぐに移動すること。

②は河口付近か運河。河口と運河ではかなりロケーションは異なるが、水深しだいで初期～後期までカバーできるポイント。ここでも、アンカリングでマメに移動を繰り返す。どうしても、河口付近はスモールボートで釣りのできるエリアは限られるだろう。かつては、馬入川(相模川)河口もハゼ釣りの貸しボートで賑わっていたものだが……。

③は、水深5～15メートルの砂泥地で、時期にあった水深を流す。深ければエンジン流しでもいいが、浅いときはシーアンカーで。アタリが集中するポイントが見つかった場合は、アンカリングでじっくり攻めてもいい。

また、湾内や防波堤の内側にイケスが常設してあるような場所(④)などでは、イケスの下の海底が砂泥地化していて、ハゼの格好のすみかになっている。このようなポイントは、ある程度の水深があり、潮はまったりとしていて真冬の穴場的存在になる。当然、イケスへの直接係留はご法度でしょうから、イケスの風上(潮上)にアンカリングし、遠投してイケス際をねらう。もちろん、イケスの固定ロープに注意するように。

初期のハゼは河口などの汽水域の超浅場、中期

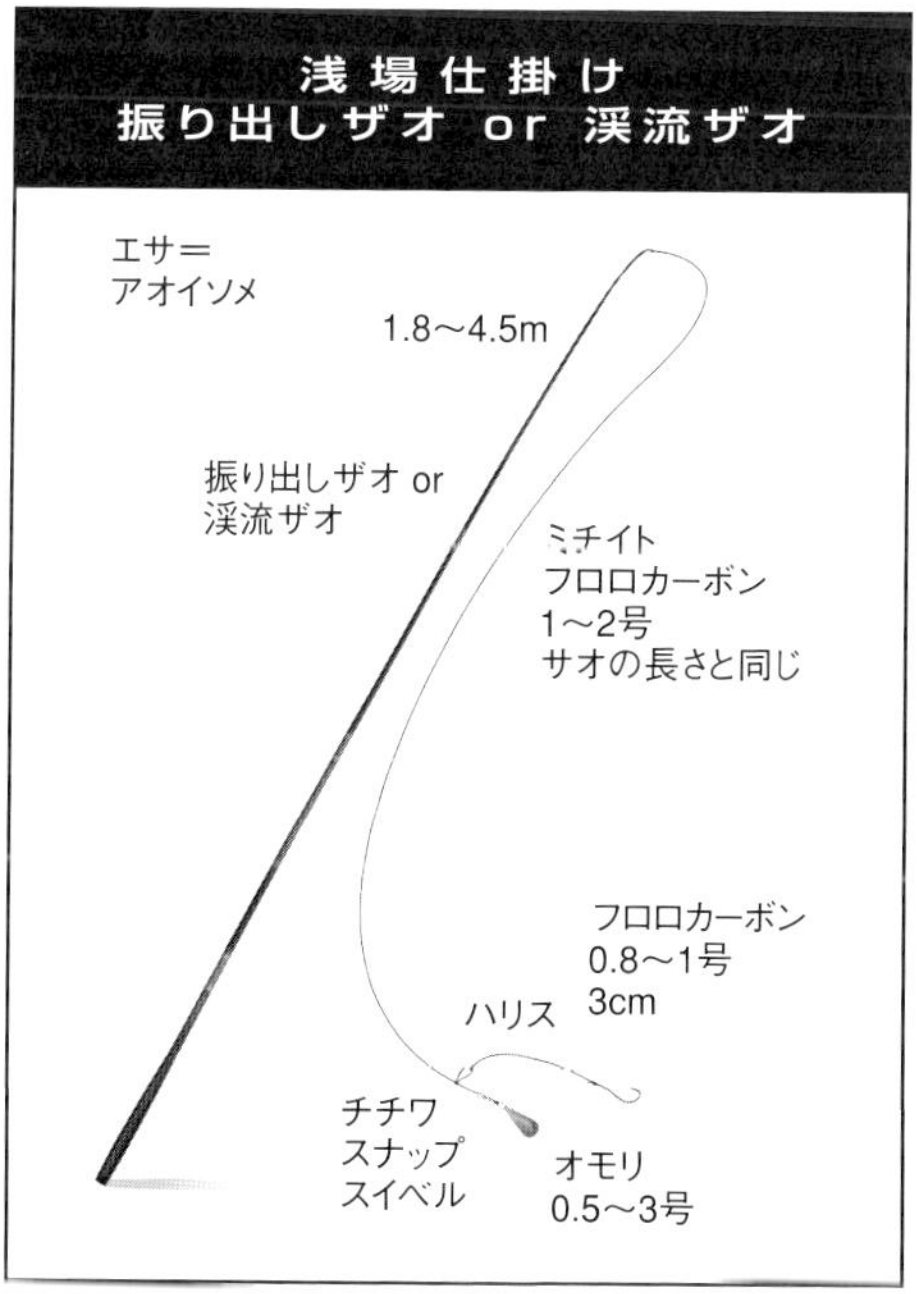

は内湾の水深5～10メートル、また後期は内湾や埋め立て地周辺の水深10～15メートルあたりになろう。どちらにしても、潮通しのあまり良くない砂泥地がポイントになる。

　また、全体的に浅い場所でも、船道やミオ筋などの深い場所が、好ポイントになっているところもある。

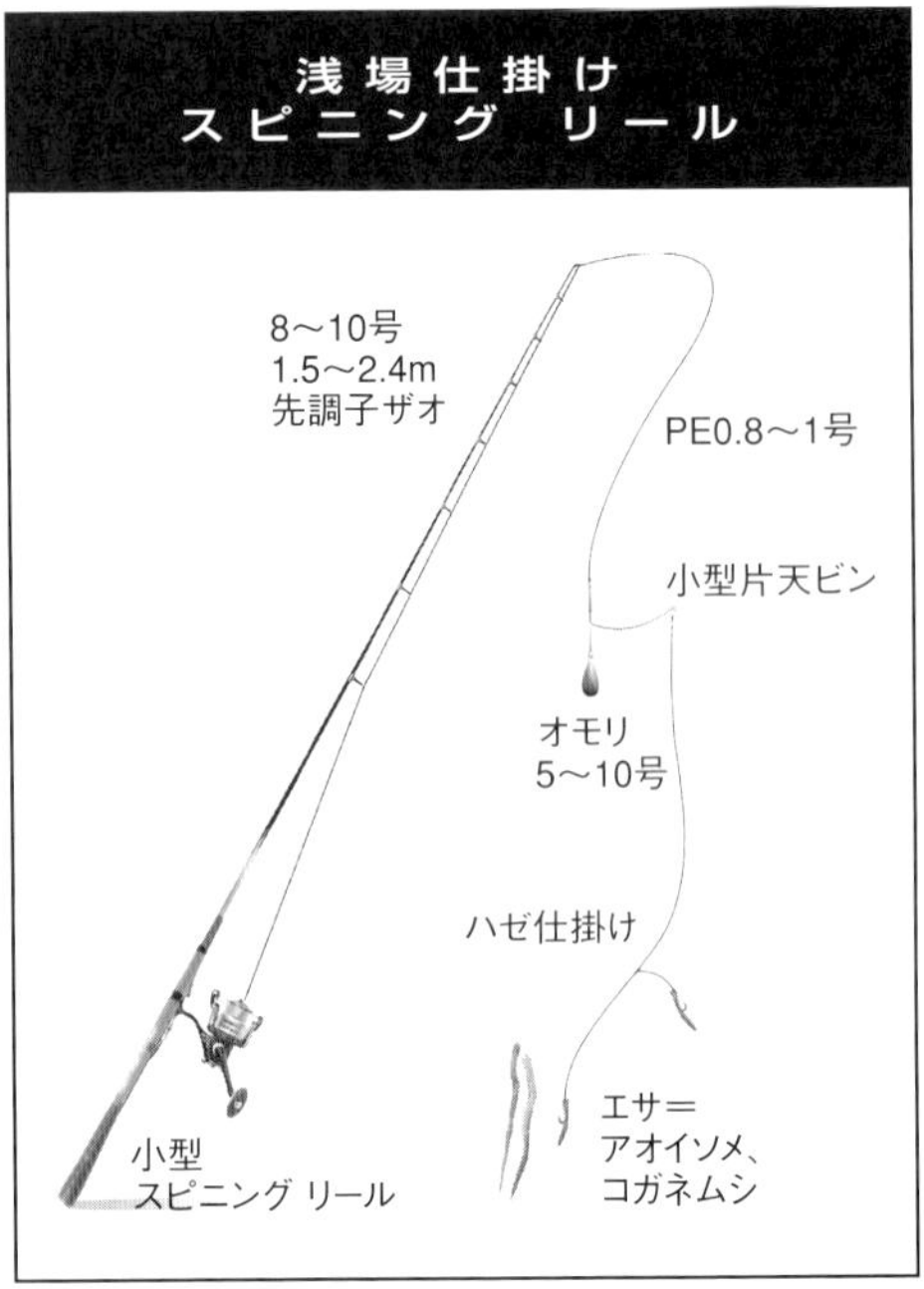

浅場仕掛け
スピニング リール

ハゼ

タックル&仕掛け

ハゼ釣りはタックルが簡素で準備しやすいのも魅力だ。夏ハゼならサオ、仕掛け、エサにクーラーがあればＯＫ。冬の深場でもリールが加わるくらいだ。

　水深3メートルまでなら、リールを使わない振り出しザオか渓流ザオが手っ取り早く（イラスト前ページ）、繊細なハゼのヒキを十分に楽しませてくれる。それでも、水深に合わせた長さのサオを使い分けたい。水深1メートルならサオは1・5～2メートルで、水深3メートルならば、3・9～4・5メートルといった感じで。浅場の仕掛けは、1本バリでハリとミチイトが直結するドウヅキ型。これなら、アタリが取りやすくて手返しも早い。こんな仕掛けで釣れるのかよ？　と思われるほど単純ですが、まったく問題ありません。

　浅場でも、水深4メートル以上ではリールザオで対処する。まぁ、シロギスタックルでいいでしょ

ケタハゼ仕掛け

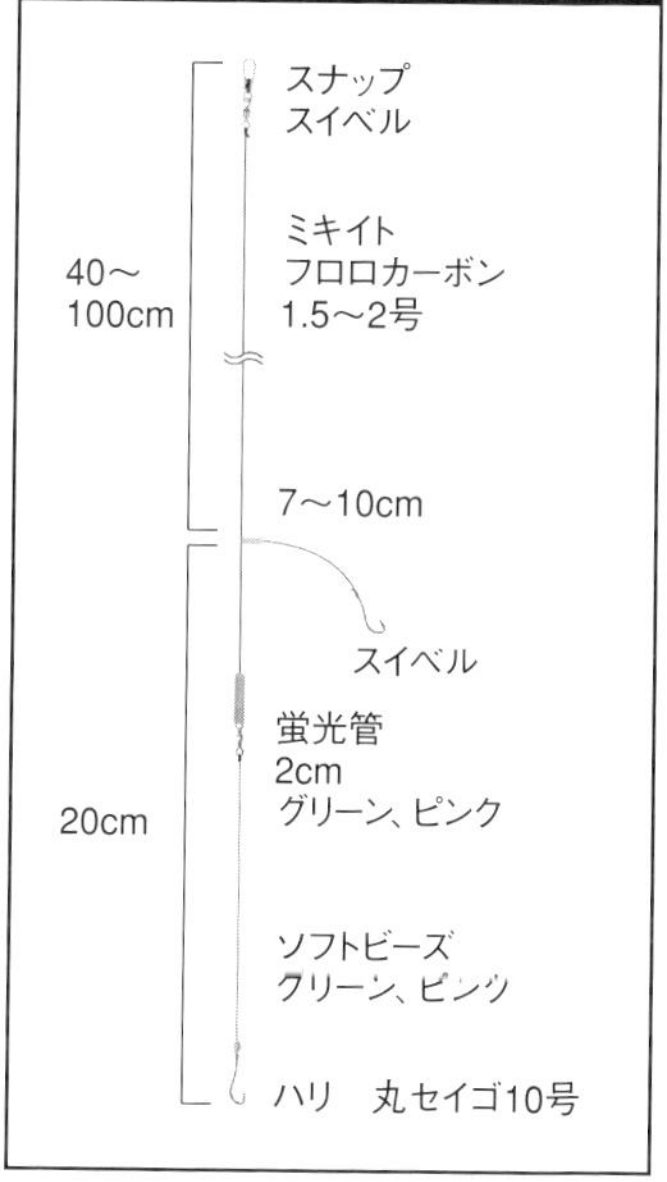

う。オモリ負荷8号程度のライトタックルなら言うことなし。リールは小型のスピニングタイプでラインはPEの0・8～1号程度を。

深場（水深10～15メートル）では、チョイ投げあるいは遠投が主流になるので、仕掛けはシロギスの2本バリタイプが使いやすい。もちろん、ハゼ専用の市販品もある。

オチハゼになると仕掛けが長いほどヒット率は高くなる。数よりも確実な釣果を望むなら全長1・2メートルほどの長仕掛けをチョイスすればい。ただし、ハゼはシロギスより口が大きくハリをのみ込みやすい。したがってハリスは細く、ハリは大きめにするのがハゼ仕掛けのセオリーです。スモールボートで、1メートル超の仕掛けを振り回すのはかなりシンドイ。遠投用に60センチ程度の短仕掛けを用意しておくと便利だ。

エサはアオイソメでいいと思う。初期の入れパクでバリバリ食いついてくるようなときに、1匹ずつエサを取られていては数が伸びない。そんなときは、アオイソメの頭の硬い部分を叩いて軟らかくして使うとエサ持ちが良くなり、ひとつのエサで10尾以上釣ることも可能になる。

ところが、冬のケタハゼの季節になるとそんなエサでは見向きもしてくれない。頭の固い部分は捨て、数センチに切って通し刺しにする。できれば、コガネムシやゴカイなどの柔らかなエサのチョン掛けが望ましい。短いサイズの1匹付けができればさらにヨシ。

釣り方

ハゼはシロギスほどの遊泳力はなく、1カ所に固まっていることが多いので、釣り始めの1～2投でア

ハゼ

タリが出ない場合や、アタリが遠くなったら移動すること。マメな移動が数を伸ばすコツになる。

アンカリングするにしても、まず流し釣りで好ポイントを探ってからアンカーを入れるようにする。浅場では手漕ぎで移動すること。エンジン音やスクリューの回転でハゼが散ってしまう。浅場のアンカリングでアタリが遠のいた場合は、ちょっと移動するだけでもアタリ復活の兆しがある。そのようなときは、アンカーロープの長さを調節するだけの移動で十分です。深場のアンカリングでは、ロープを全部出してボートの振り幅を大きくし、広い範囲を探れるようにする。

水深が5メートルを超せばエンジン流しも可能だ。うまい具合に潮に乗せることができれば、エンジン流しのほうが移動もラクで効率的。ただ、軽いオモリでのエンジン流しは難しいですねえ。

シーアンカー流しは、風が弱くてボートの移動が少ないときのみ有効。ボートの移動スピードが速いと、ハゼは追いつけません。

ハゼは底生の魚だから、エサが浮いているとアタリは極端に減る。オモリは確実に着底させるように。また、仕掛けを遠投したときは、さびくスピードが大切。その日のハゼにマッチしたスピードを早くつかむこと。そして、ボート下を釣るときでも、仕掛けを置きっぱなしではアタるわけがない。オモリが浮かない程度の細やかなサソイが効果的です。

ハゼのザラザラの口で、エサをくわえたときの

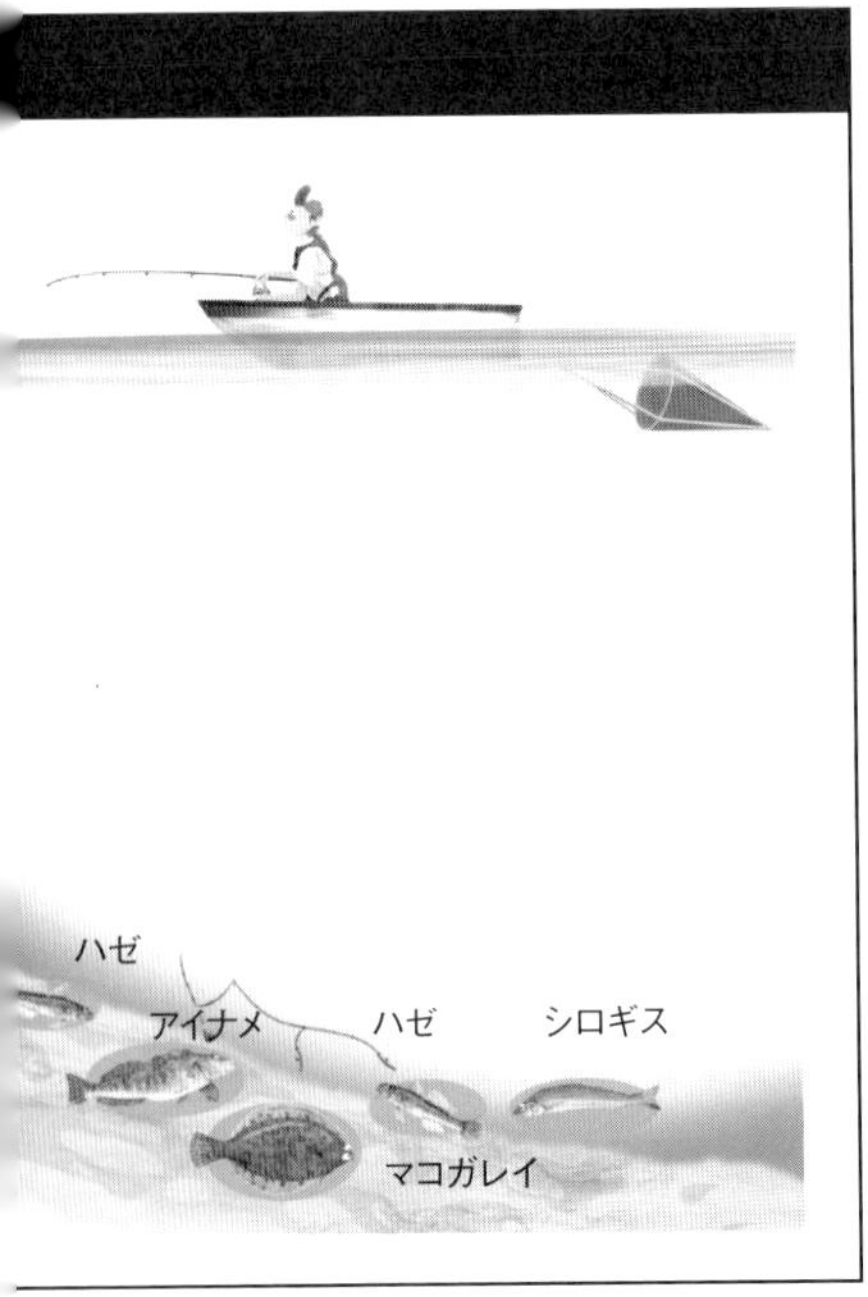

釣り方

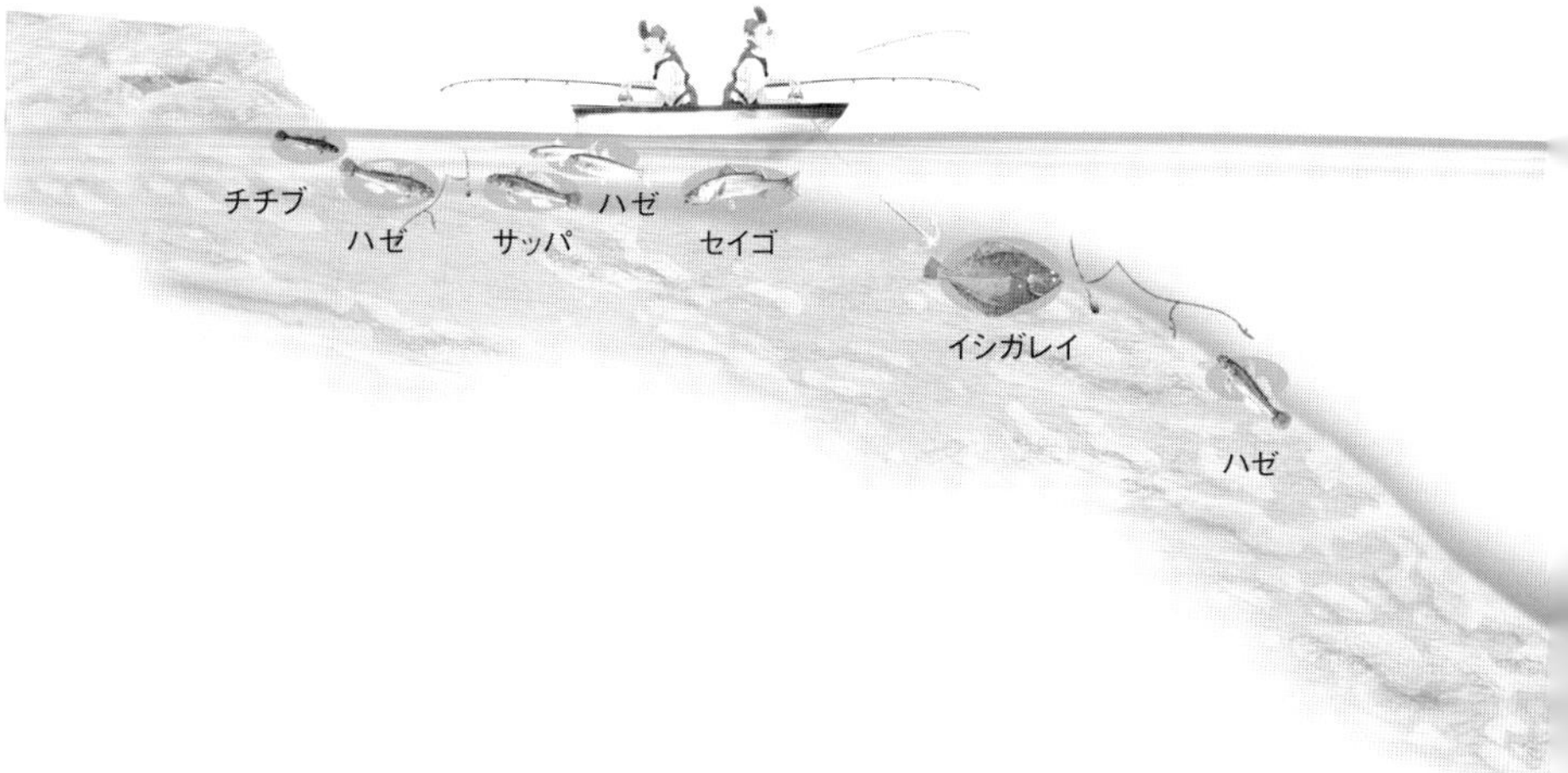

「コツッ」というアタリであわすことができれば、釣果アップは確実。そのあとの「ブルブル」は、ハリから逃げようとしているときの手ごたえです。とはいえ、ブルブルの前にフッキングしていなければスカ。最初の「コツッ」であわせると、タイミングが早過ぎる場合もある。とくに、12月後半の水温が低い時期はひと呼吸待ってから合わせるのがミソ。要するに、ハゼの気分によってヒットパターンは変わる。このような小物釣りでは、経験を積んだベテランにはかないませんな。

ちなみに、西高東低といわれる釣りの世界で、東西同じくらいに分布しているハゼなのに、関東のほうが関西より人気が高いのはナゼでしょう。

それはともかく、ハゼは貴重な存在です。ヒット直後のキュキュ～ンとなるイト鳴りの音はたまりませんな。

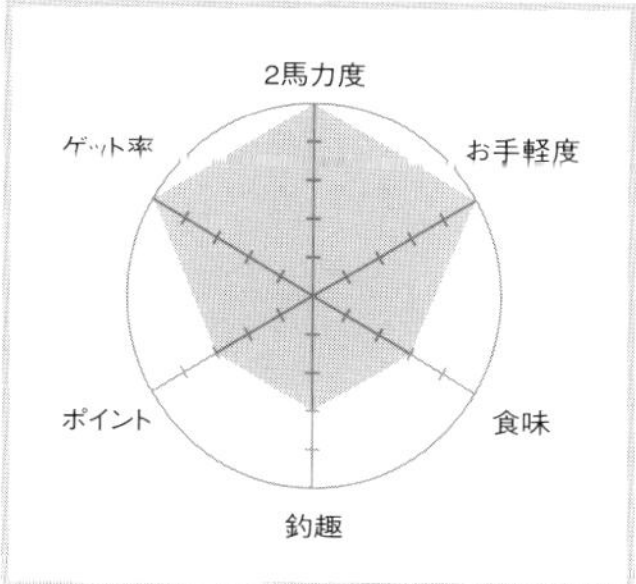

秋　春
冬　夏

10月—11月

ヒラメ

「至福の釣果　意外に釣りやすい？」

食味もさることながら、堂々とした風格と重厚なファイトでヒラメファンは多い。

さらに、前アタリからヒットまでのプロセスにも魅了される。

もちろん、スモールボートのターゲットとしても文句なしの存在であることは言うまでもない。

1匹でもゲットすれば意気揚々、凱旋《がいせん》気分で帰れますナ。

ヒラメはスモールボートと相性がいい!?

「お～い、絶対に大きなヒラメを連れてくるんだゾ！」

と、エサのイワシをやさしく海に入れる。暇つぶし的なハモノ釣りでは、エサを泳がせるだけで終わってしまう場合も多いが、状況が良ければグイグイ

と力強いアタリがサオ先に出ることも。まぁ、同乗者がいる場合、この時点では大げさに騒ぎたくないですな。バラすと恥ずかしいから、「ヒラメ40ヒラメ40」と、心の中で唱えながら強いシメコミを待つ。別に、40待ってから合わせても100パーセント確実にヒットするわけではないけどネ。強いシメコミがないまま終わってしまう場合もあるし。逆に、向こうアワセで簡単にフッキングしまうこともある。が、とにかくタイミングを見計らってエイヤ！っと、アワセる。サオにヒラメの重さが乗れば至福の瞬間ですな。

大きな声では言えないが、ヒラメ釣りはそれほど難しい釣りではない。特に、生きエサの泳がせ釣りは、狙ったポイントにヒラメがいれば、かなりの確率で食いついてくる。もちろん、それなりの仕掛けを使っていることが最低条件になりますが。

問題は、いかにうまくハリ掛かりさせてランディングまで持ち込むか、だ。ん～、やっぱ少し難しいかな。というよりも、スモールボートのテリトリーではヒラメの生息数が少なく、ヒット率が低いと考えたほうがよさそう。乗合船のような船頭がいないので、ポイント選びが最大のネックになる。生きエサの確保も何かと大変だ。

しかし、スモールボートならではの利点もある。大人数が乗船する乗合船などでは、好位置に陣取った人は絶好調でも、他の人たちは総スカ、なんて状況に陥りやすい。そこで、できるだけ多くのお客さんが釣れるよう、ローテーションで釣り座を移動させる。それくらい、潮先有利な釣りなのだ。その点、1～3人しか乗れないスモールボートでは、条件は同じで誰にでもヒットチャンスはあるし、1人だけならば根こそぎ独り占め！……な～んてワケないか。さらに、コマセサビキやウキ釣りとの同時進行とか、乗合船ではあり得ないシチュエーションも可能だ。

日本中に分布するヒラメは当然のように地方名が多い。オオグチカレイはたまに耳にするけれど、トイタ（戸板？）やテックイ（手っ食い？）なんて呼ばれる大物に出会ってみたいものだ。

遊漁船では30センチ以

ヒラメ

下をリリースサイズにしているが、スモールボートでは40センチ……せめて35センチをリリースサイズにしたい。ソゲクラス（40センチ前後）はおいしくないしさ。美味なのはやはり2～3キロ級。ただ、3キロ以上になるとさばくのがチョットたいへんかな。5キロを超えればファイトは強烈で頭の中は真っ白になる。夢は10キロオーバーをスモールボートで。自分の記録は、乗り合いで5キロ、手漕ぎボートで2キロ、カートップで1キロ弱です。トホホ。数は釣っているが、型にはあまり恵まれていないのです。かつて手漕ぎボートで、同じ日に35センチのカレイと25センチのヒラメを釣ったなんて、ウレシハズカシな記憶もある。

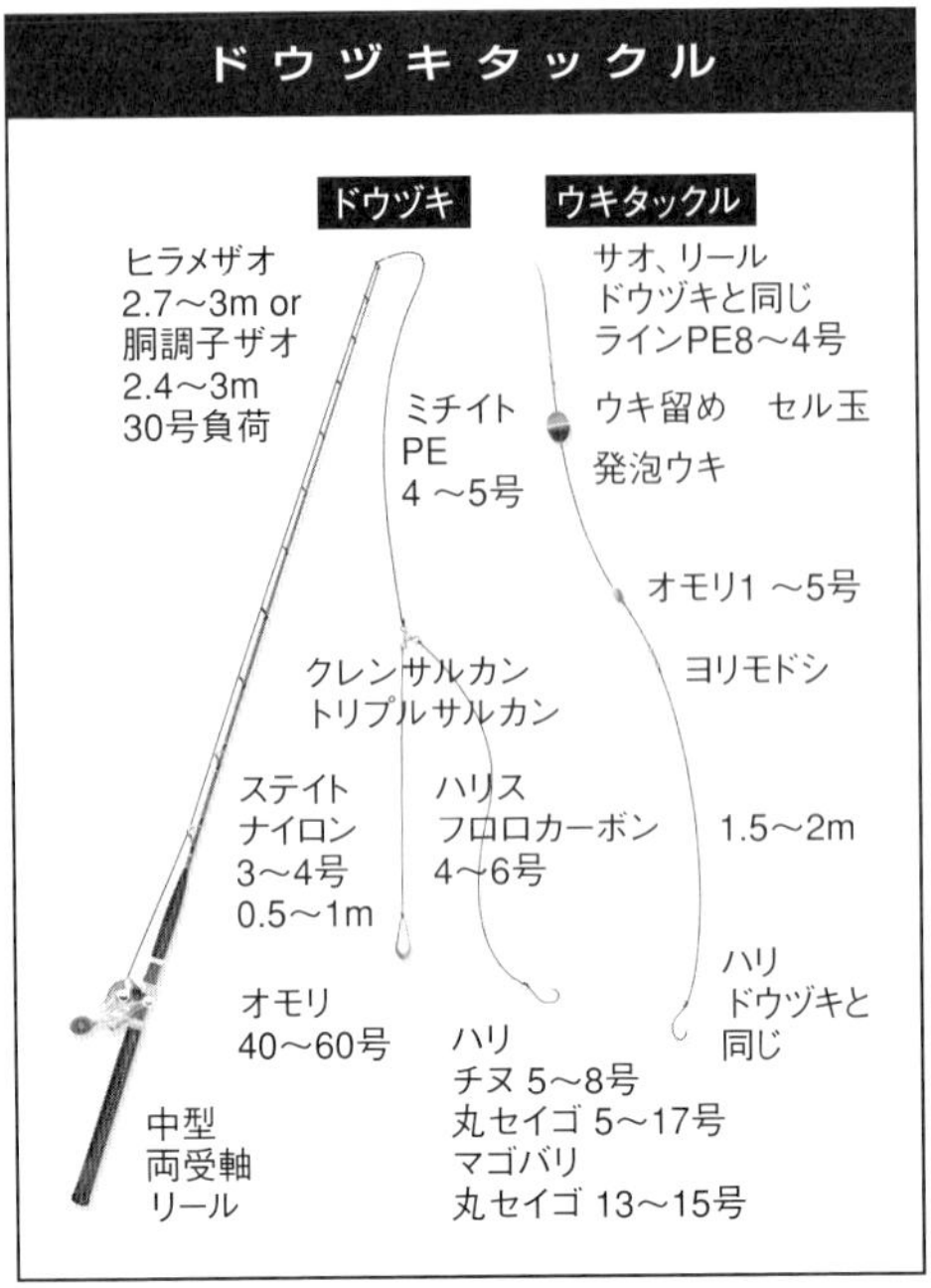

釣り方

釣り方も地方によってさまざま。一般的な生きエサ釣りでも仕掛けやエサの地域色は濃い。私は、ドウヅキ仕掛けとウキ仕掛けを、ポイントによって使い分ける。ドウヅキは深場や障害物周りを攻めるときに適し、アンカリングでは広い範囲を探ることができるウキ仕掛けが有利だ。そして、サビキ仕掛けでアジなどの小魚を釣りつつ生きエサをキープし、相乗効果でコマセに群がるベイトを狙うヒラメをアタック。ヒラメがダメでもアジなどのお土産は確保でき

トローリング

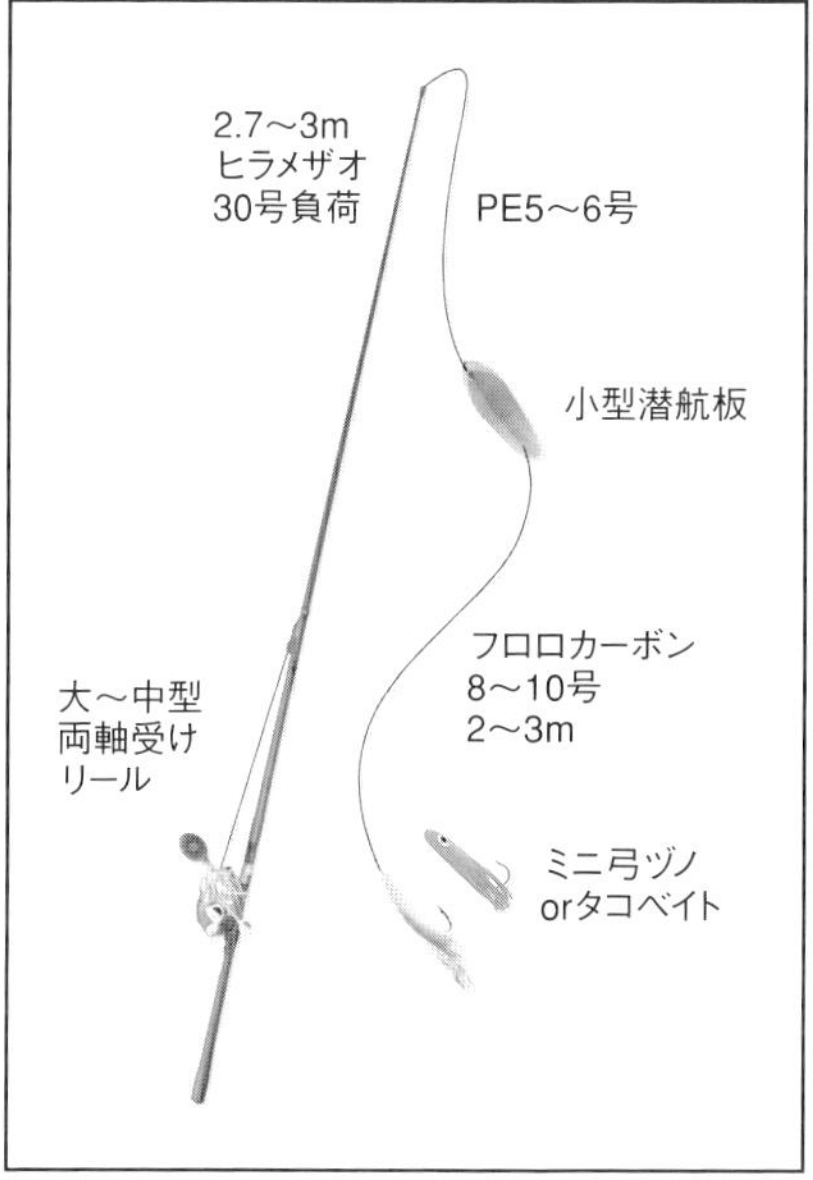

エサ釣り（テンヤ）

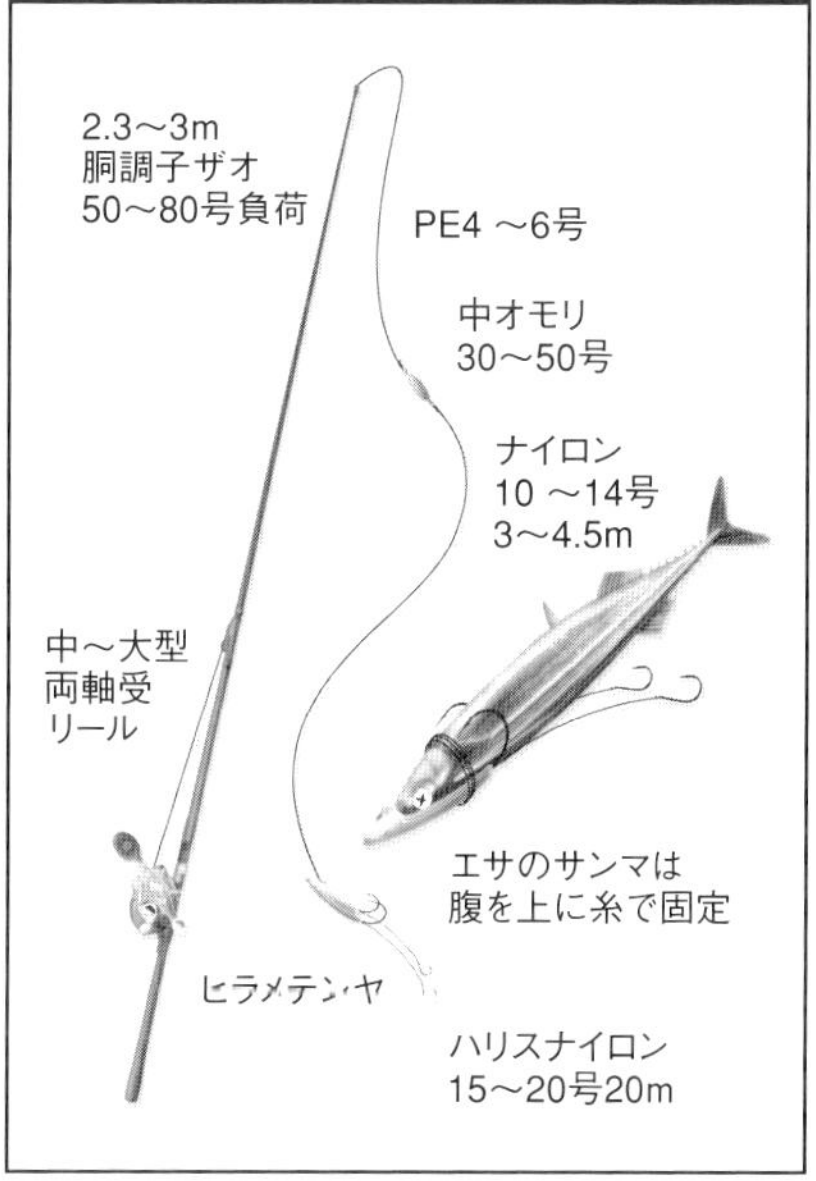

サビキ（カラバリ）

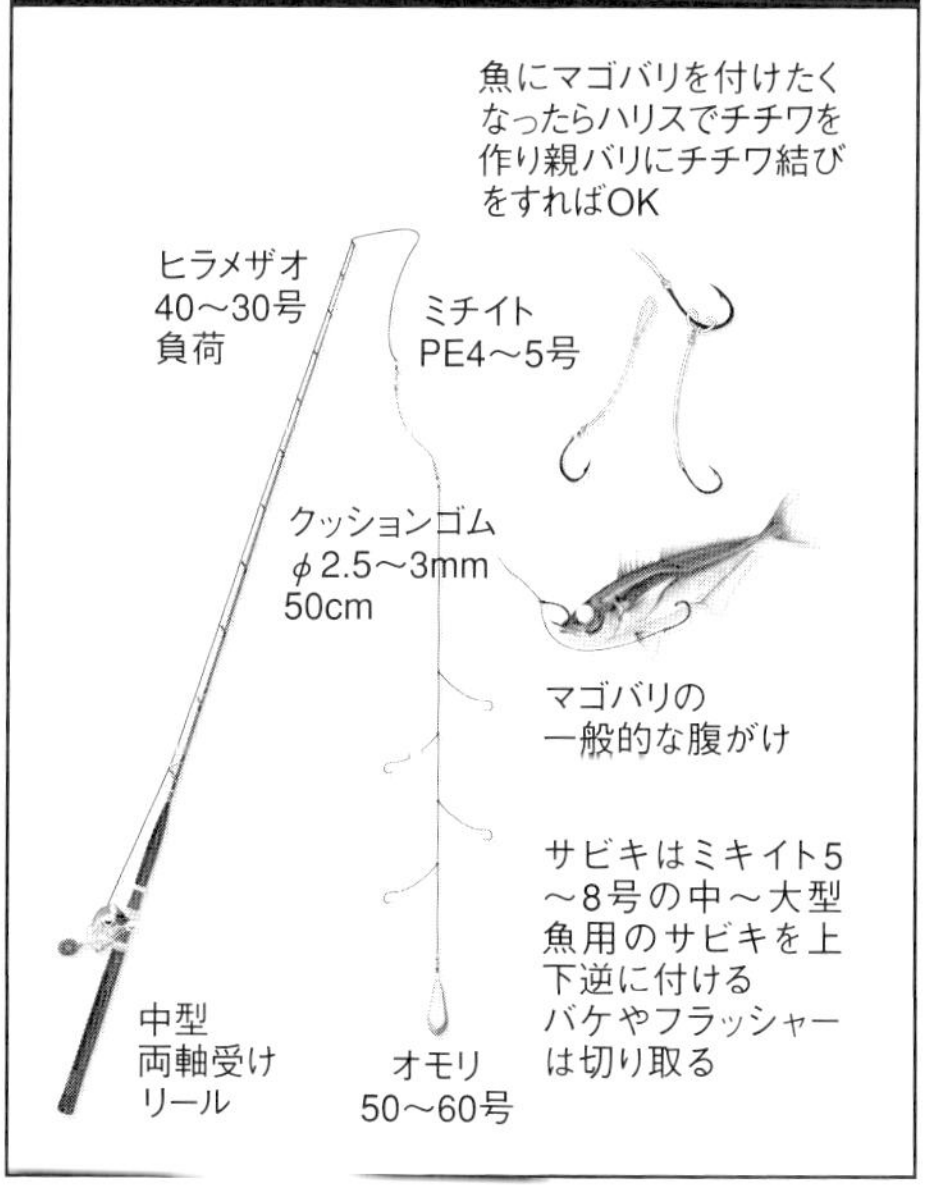

る、という次第。

生きエサのほかには、サビキ仕掛けを使ったカラバリ釣法。これは、サビキに掛かったアジなどの小魚を、そのまま仕掛けごと海中に放置し、その小魚にヒラメがヒットするのを待つという、二度オイシイ釣り方である。太目のサビキを使うが、予想以上の大物がヒットしたときなどは、ミチイトを送り込んでサビキ仕掛けで、ヒラメをがんじがらめにして取り込んだりもす

マスナタ（テンテン）ライト

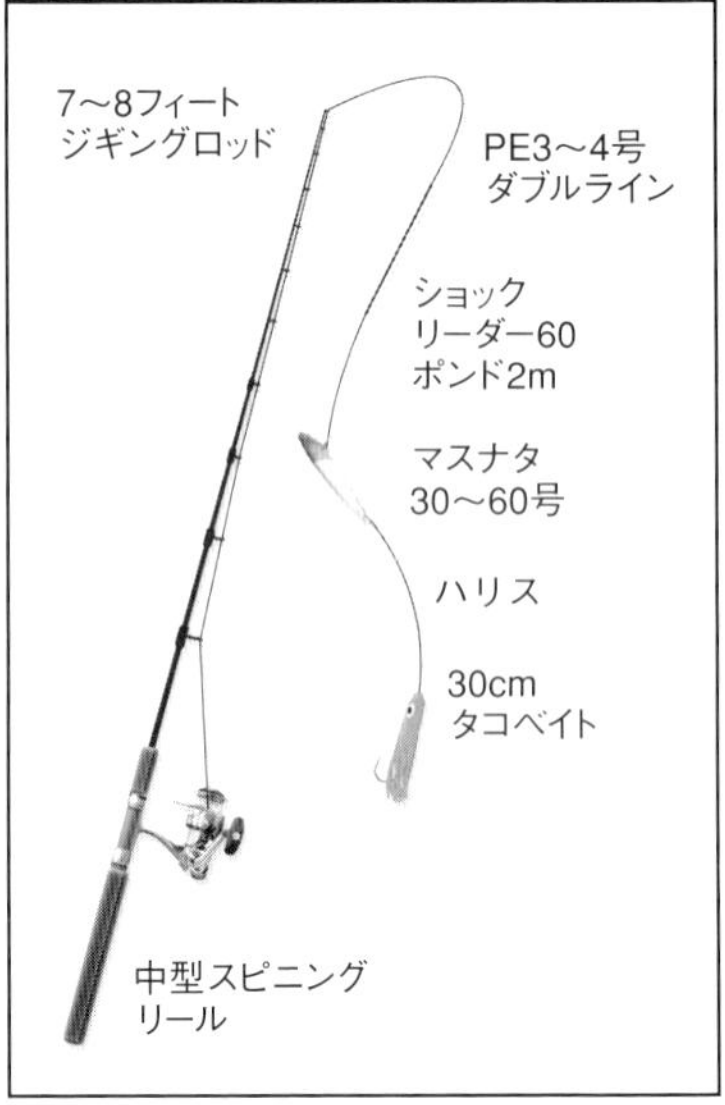

マスナタ（テンテン）ヘビー

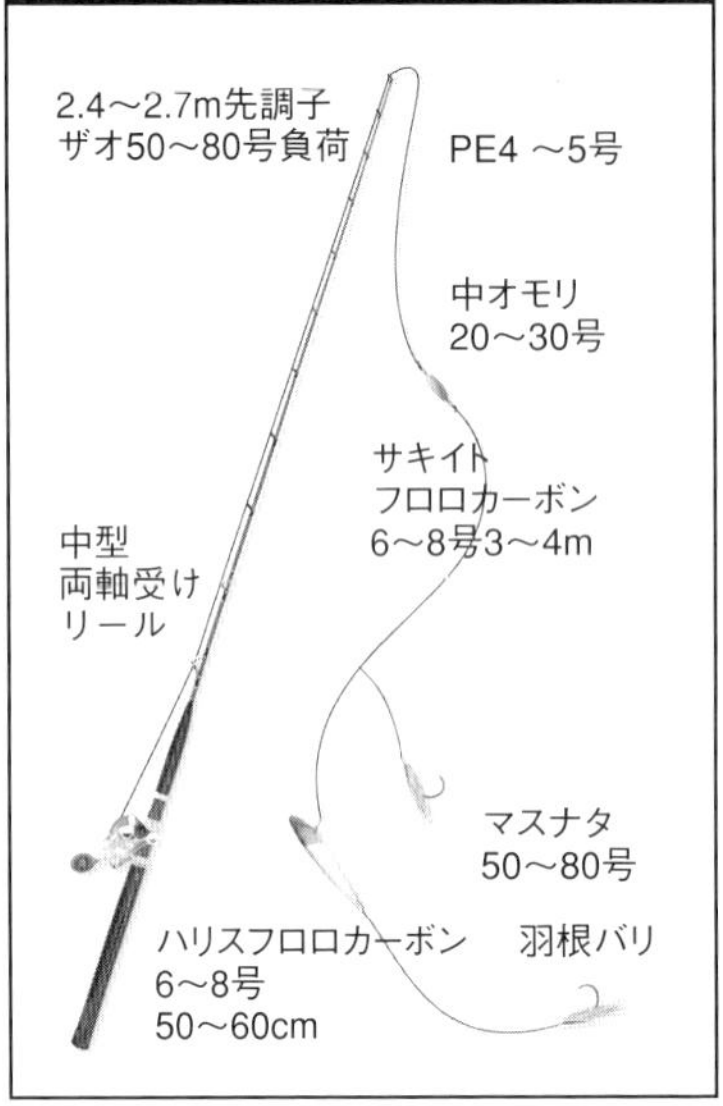

ヒラメ

る。仕掛けのサビキは、ミキイトが5～8号、ハリ13～15号程度の大物用を、上下逆につける。コマセは使わずに、ベイトの群れの真上から落とし、ベイトを引っ掛ける。ハリにバケなどが付いていそうなときは、切り取ってカラバリ状態にして使用する。

　ルアー釣りは、メタルジグやジグヘッドのソフトルアーが一般的だが、これも水深によって使い分けたい。また、マスナタ（テンテン）釣りってのもある。これはルアーの一種になるだろうか。バケと呼ばれるティザーを走らせて、その先に付いているタコベイトや羽根バリでヒラメをかける。ルアーは、ロッドアクションを与えないとほぼ直線の動きしかしないのに対して、このマスナタは、フォールさせるだけで数メートルくらいのスパンで、ジグザグにトラバースする。シャクって上げるときも斜めにスライドし、タテよりも横を広く探りたいヒラメ釣りにうってつけだ。

　ほかには、テンヤのような仕掛けに冷凍サンマをくくりつけた、青森方面のエサ釣り。釣り方はシャクリ釣りで、この仕掛けも、斜め下方へ魚が泳ぐみたいに沈むよう工夫されている。ヒラメのほか、ブリやマダイもヒットする。

そのほかは、引き釣り（トローリング）。小さな潜行板に、弓ヅノやベイトを付けただけの単純仕掛けで、サオ釣りも可能。長さ3メートル30号程度のマダイザオでも流用ができる。低速でボートを走らせ、波っけがないときはスロットルワークでアクションをつける。海底から仕掛けが浮き過ぎないようにラインの長さを調節する。（イラスト前々ページ）

ポイント

根周り、砂泥地、イケスなどの障害物周りと豊富です。

ポイント図では、沖の単独根①、定置網、イケス周り②、浅場の砂泥地③、広い岩礁帯のある④。時期と釣り方を選んで攻めてみよう。ちなみに、春から夏にかけては産卵期で、その期間を禁漁としている地域も多い。釣り場のローカルルールをチェックすること。

まず、①と②は周年狙える。①はエンジン流しで②はアンカリング。仕掛けは一般的なドウヅキタイプの泳がせ釣りか、カラバリ釣法やジギングもOKです。

③は見逃しがちな場所だけれど、水深が10メー

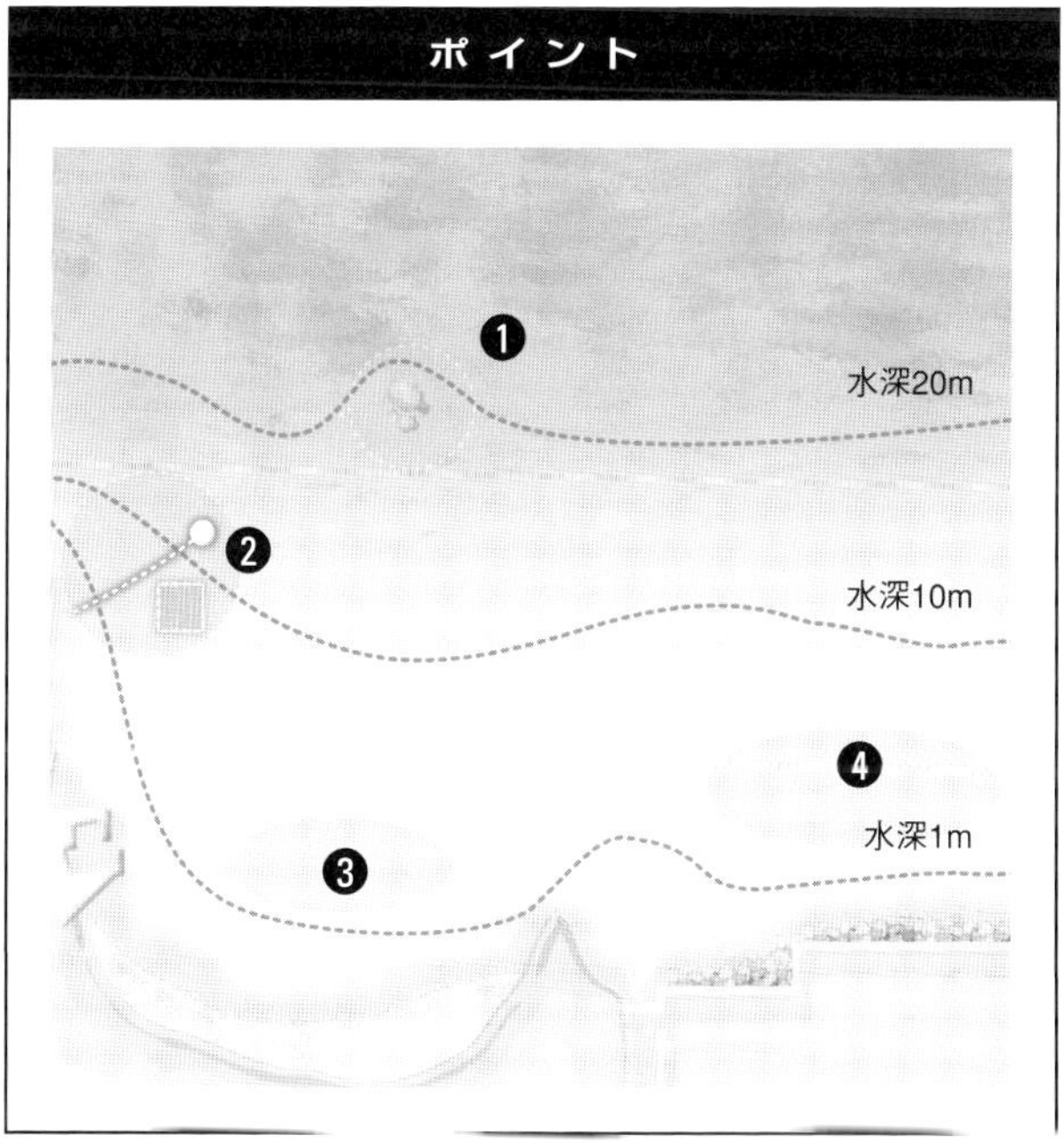

トル程度あれば周年ＯＫ。初夏ならシロギスエサも有効だし、シロギスを釣りながらのハモノ狙いでもいい。釣り方は、シーアンカーでの流し釣りが断然有利。仕掛けはドウヅキタイプで、同時進行のシロギス仕掛けはオマツリしないように遠投する。

④ではどんな釣り方もできる。水深が浅ければトローリングやウキ釣りが有効。岩礁帯ではタナ取りに注意。タナは海底より０・５〜１・５メートルが基本。ヒラメは体型がカレイに似ているので、常に海底にへばりついているように思われるが、遊泳力はかなりあって、ご飯時はけっこう泳ぎまわっている。タナは高いほうがアピール度は強く集魚効果を望めるが、食い渋り時や潮が濁っているときは、タナを低く取ったほうが無難。

ドウヅキ仕掛けは、ステイトを短くするとハリスがらみが少なく、生きエサもステイトを気にせず泳ぐことができる。しかし、タナ取りは、常時オモリを海底に付けていられ

ステイトの長さ　1

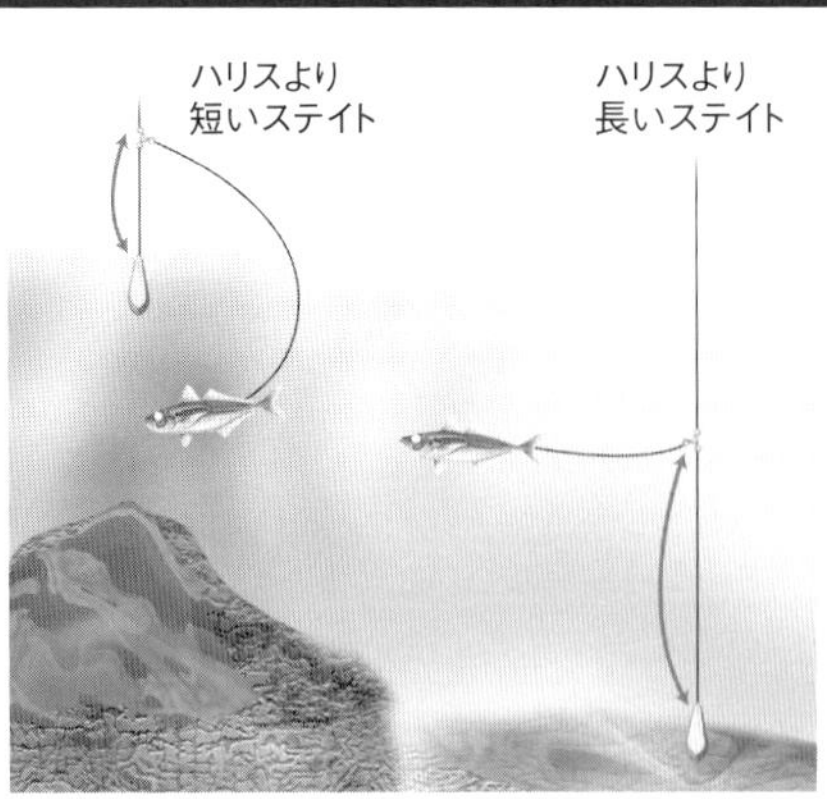

ステイトの長さ　2

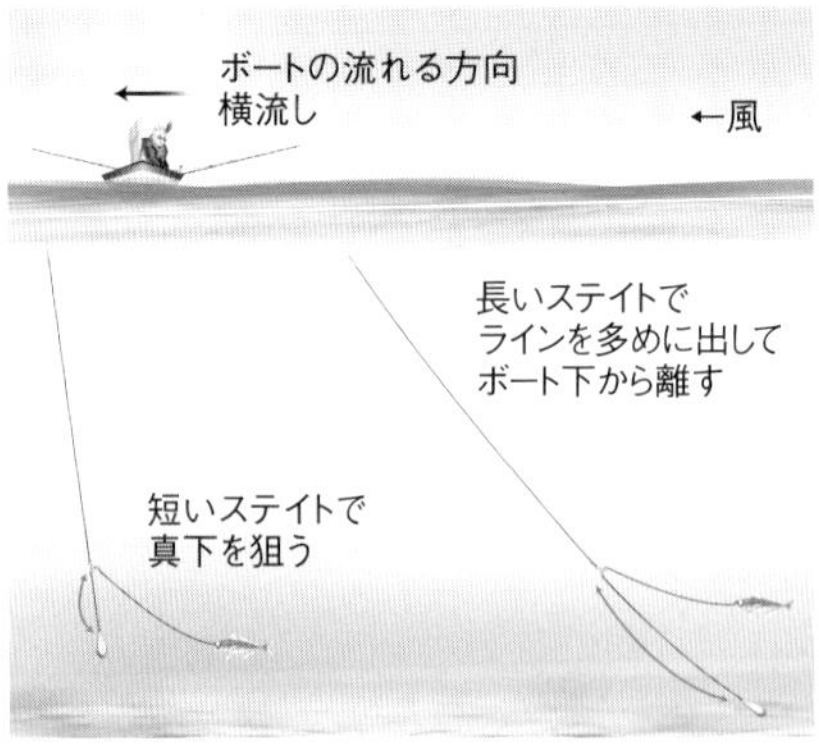

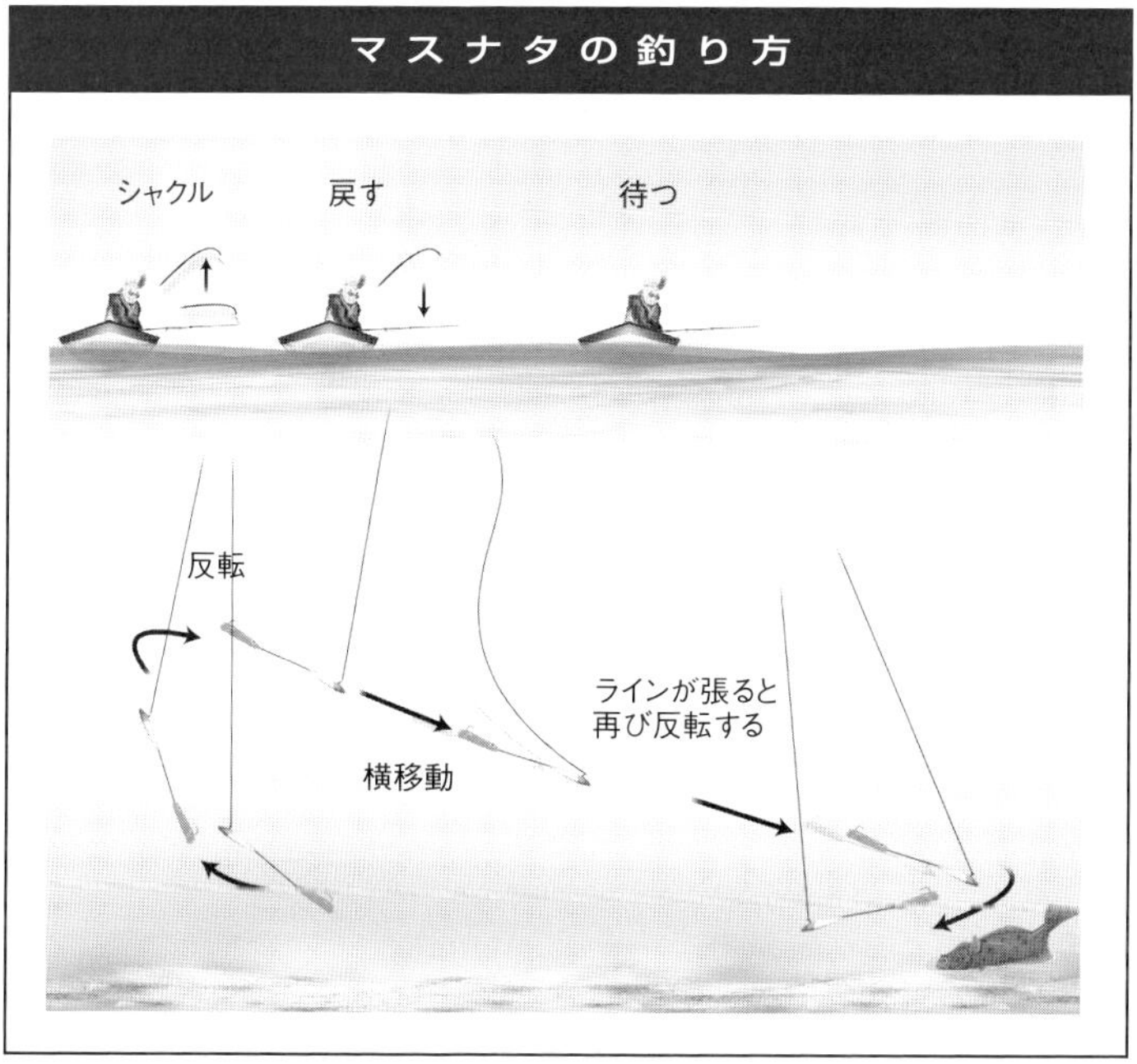

る長いステイトの方がラク。したがって、海底が険しい根では短いステイトにし、海底が平坦なところや流し釣りでは長いステイトにする。

エサ

遊漁船などではセグロ（カタクチ）イワシがよく使われているが、入手困難だ。釣り具店で売られているアジは、ヒラメには大きすぎる。キビナゴもイワシ同様取り扱いに苦労する。かといって、エサがないと釣りにならない。押さえに冷凍イワシやキビナゴを用意する。ただし、冷凍エサはフグなどのエサ取りの多い海域では一瞬でボロボロにされる。オススメはドジョウだ。真水で生きているし、ブクもいらず運搬はラク。死んでも、死後硬直前なら十分エサになる（叩いたりして軟らかくすればOK）。冬は鍋用にスーパーなどでも売っている。それでもダメなら、サビキやシロギス仕掛けでエサになる小魚を確保するしかない。アジ、イワシ、小サバに、シロギス、ハゼ、トラギスなどエサになる魚は多い。

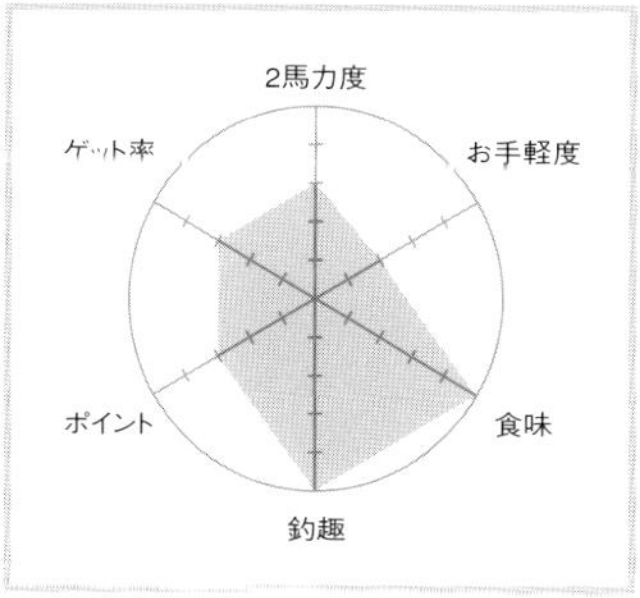

ブリ

大型回遊魚で至高のファイトを

中～大型の回遊魚はボート釣りでは最高のファイトが味わえる貴重なターゲット。中型以上の回遊魚といえば、ブリ、ワラサ、ヒラマサ、カンパチ、カツオ、メジマグロなどがあげられる。今回は身近で美味なブリを取り上げたい。

呼び名いろいろ、出世魚ブリ

ブリは、成長とともに名前が変わってゆく出世魚。地域でいろいろな呼び名があるが、関東ではワカシ、イナダ、ワラサ、ブリ、関西ではツバス、ハマチ、メジロ、ブリ、北陸ではツバイソ、フクラギ、ニマイヅル、サンカ、まことに多彩です。また、モジャコと呼ばれるブリの稚魚は、ハマチの養殖には欠かせないもの。近年の

ブリ族の好釣は、ハマチ養殖の衰退でモジャコの漁獲量が減ったためだ、という説もあるようだ。

チョイト残念なことに、丸々のブリが本格的に北海道方面から南下を始めるのは年明けになるので、秋にスモールボートで釣るならワラサが本命。ワラサといえどもヒットすればボートを引き回すほどのパワーで、腕はガクガク、息は絶え絶え、翌日の筋肉痛は必至ですな。それに、ワラサクラスなら岸近くにも回遊するので狙いやすい。雑誌や新聞の沖釣り欄がワラサフィーバーで賑わうアタリ年なら、驚くような浅場まで大群が押し寄せてくる。かくいう私も、ボート乗り場の目の前(貸し手漕ぎボート)の、水深5メートル(アジポイント)で70センチのワラサをゲットしたことがある。

ちなみに、夏から釣れ始めるワカシはひと潮ごとに成長して、秋にはイナダ、晩秋にはワラサ、翌年にはブリになる……な~んて話があるわけもなく、たまたま釣期が一致しているのでそんな錯覚に陥りやすい。当歳魚のワカシは20センチ以下で、40センチ前後に成長したイナダは2歳魚。そして、3~4歳になり3キロを超すとワラサになる。サイズでいえば60~80センチですか。

ブリは7・5キロ以上を指し、年齢は5歳を超える。ほかの魚から比べれば、成長は早いほうだ。

生きエサ釣り

ワラサもそれ以上の大物でもコマセ釣りは可能だが、より大型を確実にキャッチしたいなら、生きエサ釣りがオススメ。エサはアジが手ごろだ。アジなら釣り具店などでも入手できるが、やはり現地

生きエサの付け方

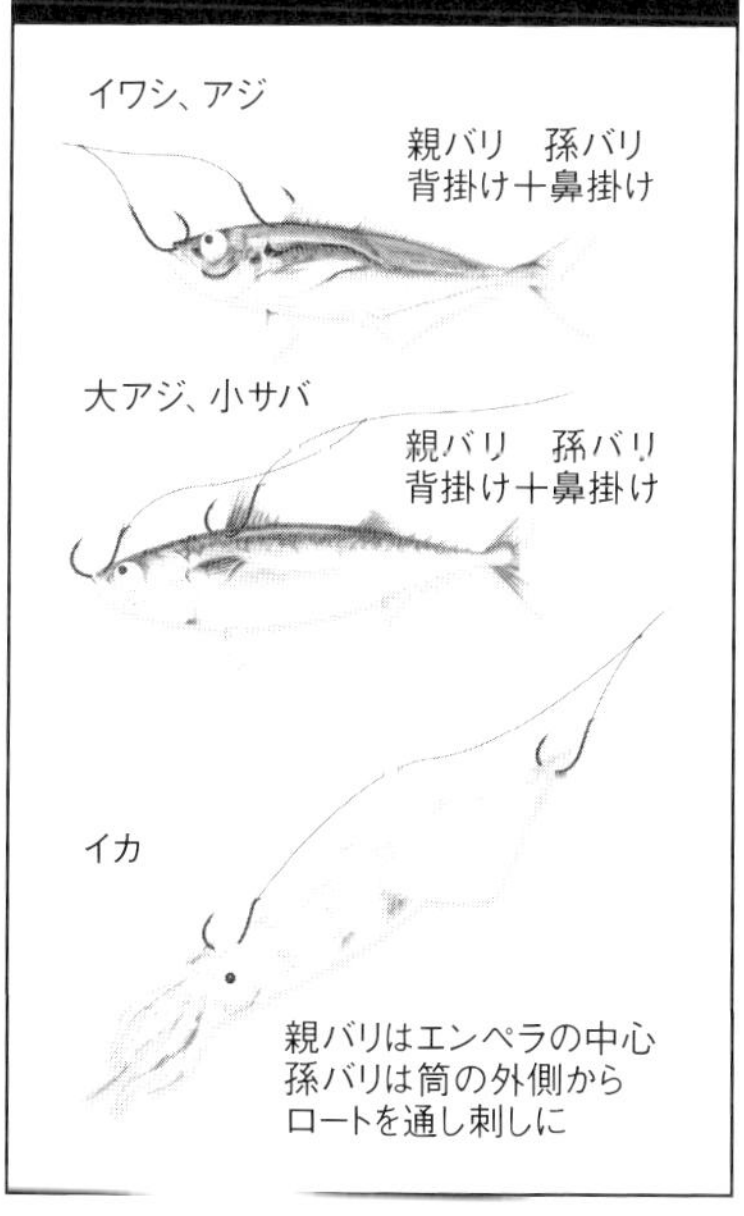

ブリ

調達が一番。

　生きエサ釣りはドウヅキ仕掛けが一般的だが、浅いポイントやナブラがときおり見えるようなときは、アンカリングでのウキ仕掛けが効果的。たとえば、イワシを追ってボイルが立っている場合は、サビキ仕掛けでイワシを釣ってエサにするとよい。ウキ仕掛けのほか、ノーシンカーでの泳がせ釣り(ラインとハリのみ)もおもしろいゾ! ちなみに、アジは海中へ潜ろうとするので表層狙いには向かない。

　生きエサのエサ付けは鼻掛けがセオリーだが、大きめのアジや小サバなど遊泳力のあるエサは、背掛けにすると仕掛けがらみが少なくなる。さらに、孫バリを付けるなら、親バリが鼻掛けの場合は孫バリを背掛けに、親バリが背掛けならば孫バリを鼻掛けにすると、ハリ掛かりがよくなる。

　アジやサバ、イワシ以外にイカもおいしいエサだ。マルイカやヤリイカなどが釣れたら、迷わずエサにしてしまおう。これは必釣激熱エサだ。

カラバリ釣法

　よりスピーディーに生きエサ釣りを楽しむならば、カラバリ釣法がスリリング。これは、編み付けで

仕掛け

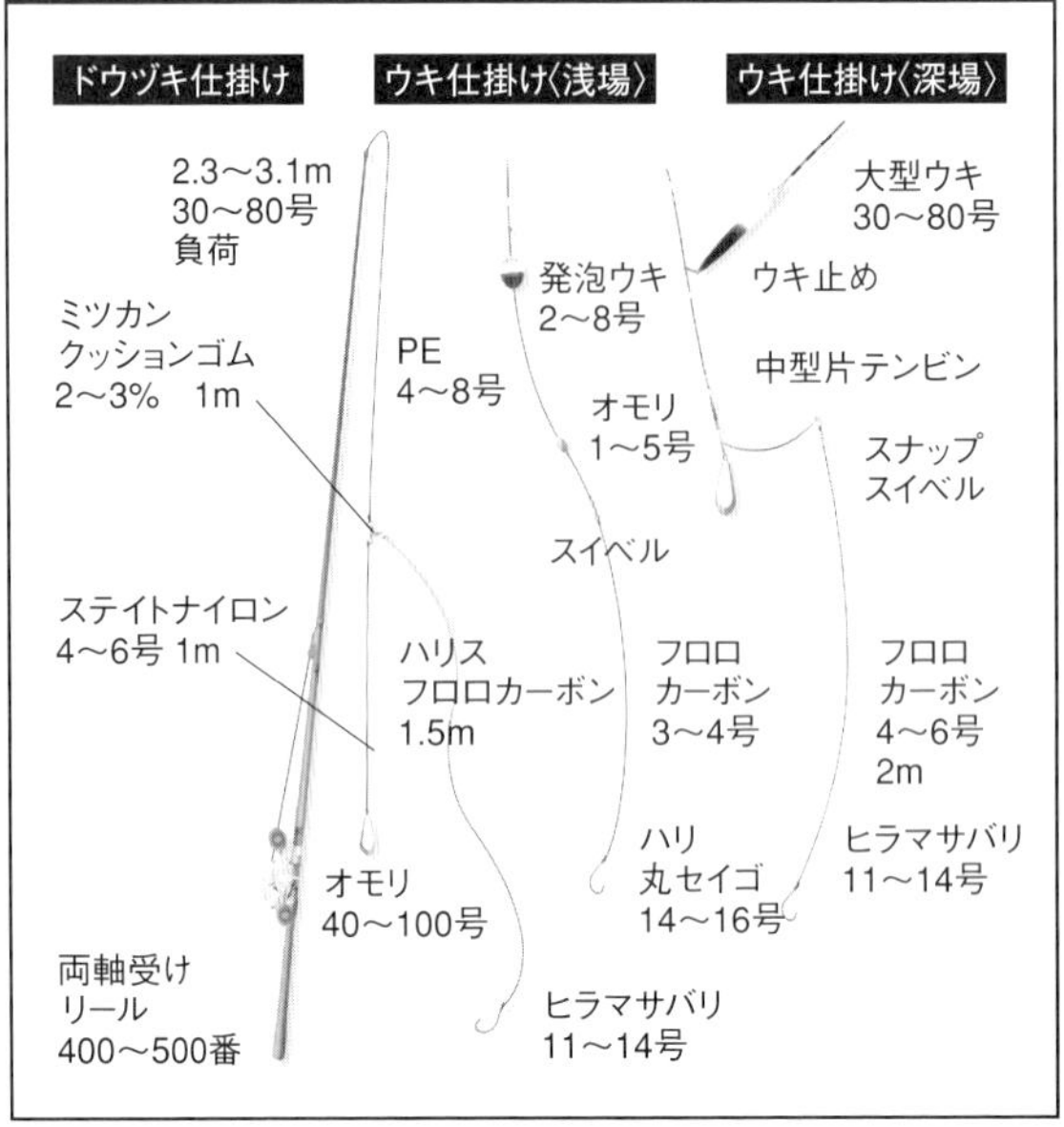

カラバリ釣法

カラバリ仕掛け

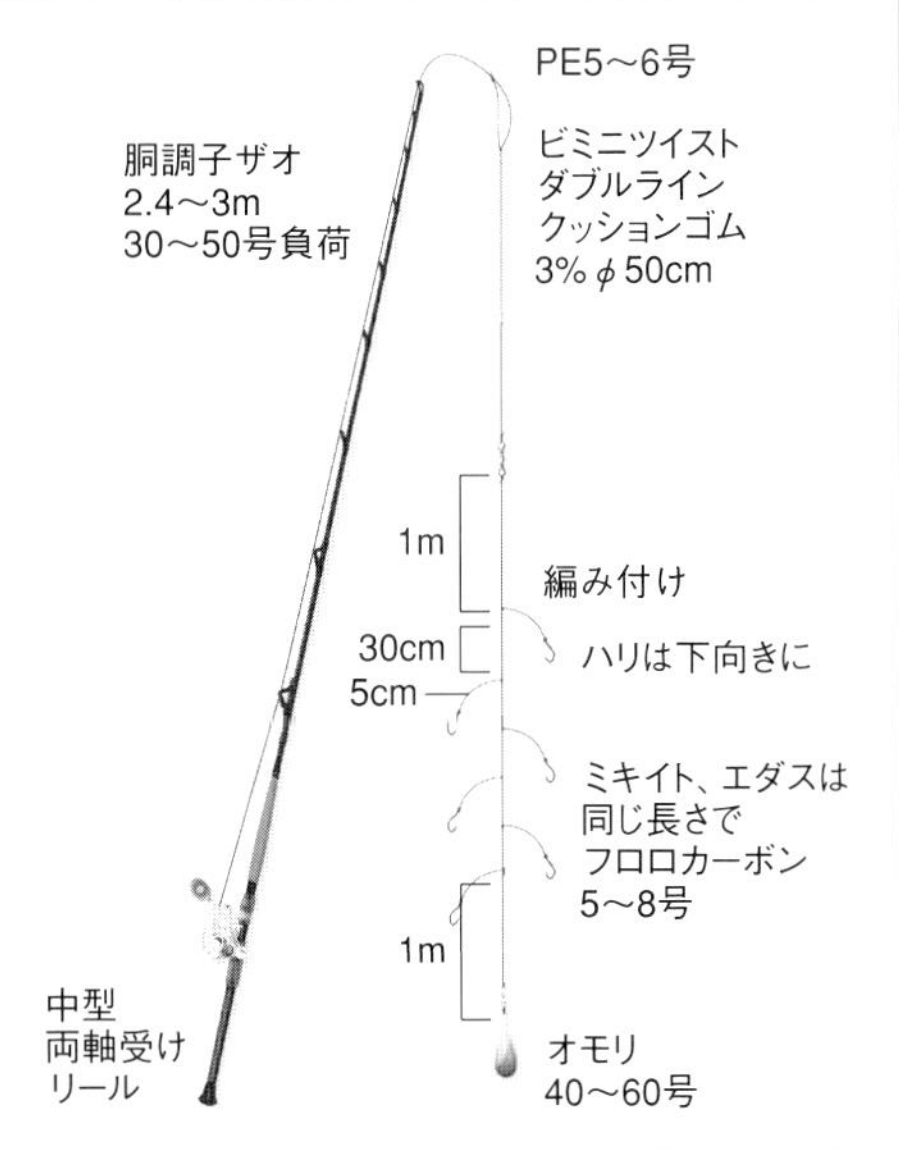

補強したサビキ仕掛けを、ベイトフィッシュが群れるタナに下ろし、カラバリに掛かった小魚をフィッシュイーターが食う。この釣り方だと、釣ったエサをいったんイケスに入れてキープする手間が省ける。従って、エサを釣っている間にゴールデンタイムを逃すこともない。ベイトフィッシュが入れ食いのときは、大物も食いが立っているハズだ。

生きエサ釣りは、チョットしたコツをつかんでしまえば、比較的簡単な釣り方である。ビギナーにだって大物を手にするチャンスはあるし、スズキやカンパチなど、外道も多くて飽きない釣りだ。ポイント選びとエサの確保がキモですな。

コマセ釣り

スモールボートのコマセ釣りで確実に大物をゲットするとなるとかなり難しい。なにしろ、ベイトフィッシュが群れるポイントへ、コマセと付けエサを入れるのだから、エサ取りとの激闘は必至だ。エサ取りをかわすテクニックはエサ付けとコマセワーク。

付けエサはオキアミがよく使われるが、できるだけ小さなオキアミを付けて、エサ取りの目から逃れる方法と、逆にエサを重くし、コマセ帯からあえて外すテもある。ただ、なんとなく小さなエサでは心もとないといわれるかもしれない。しか

コマセ釣り仕掛け

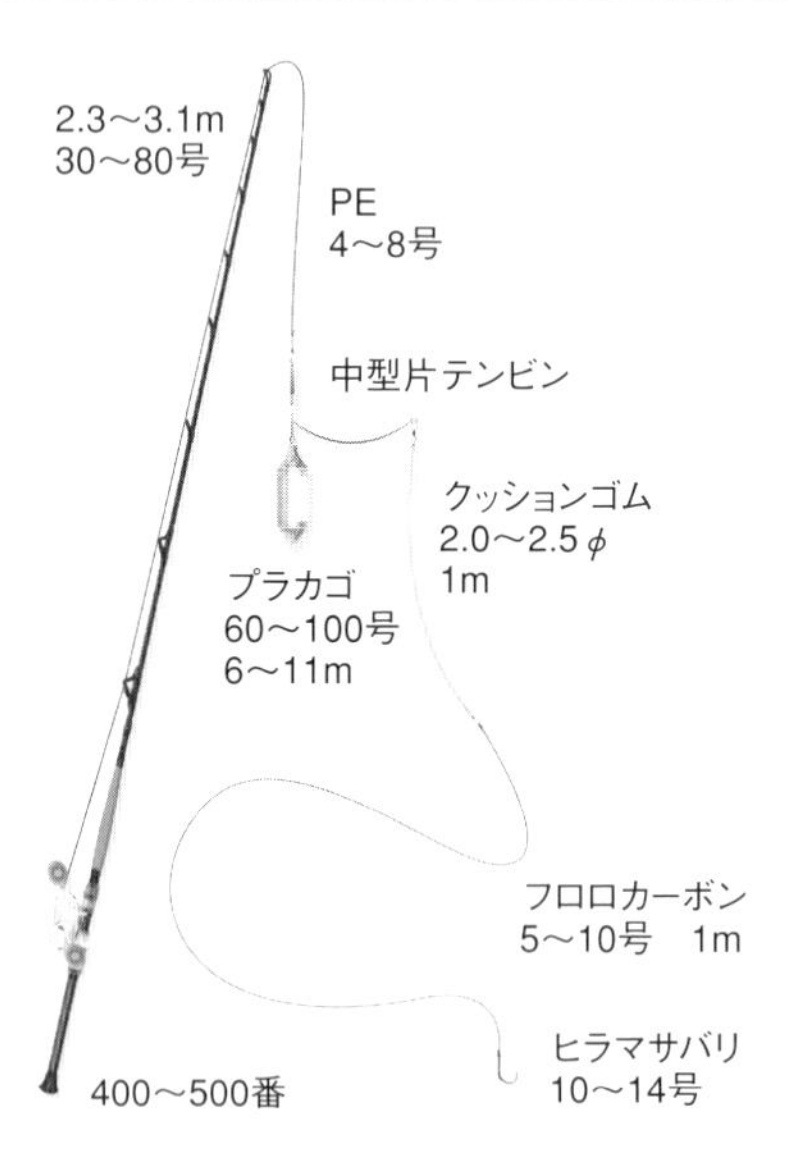

コマセ釣りのエサ付け

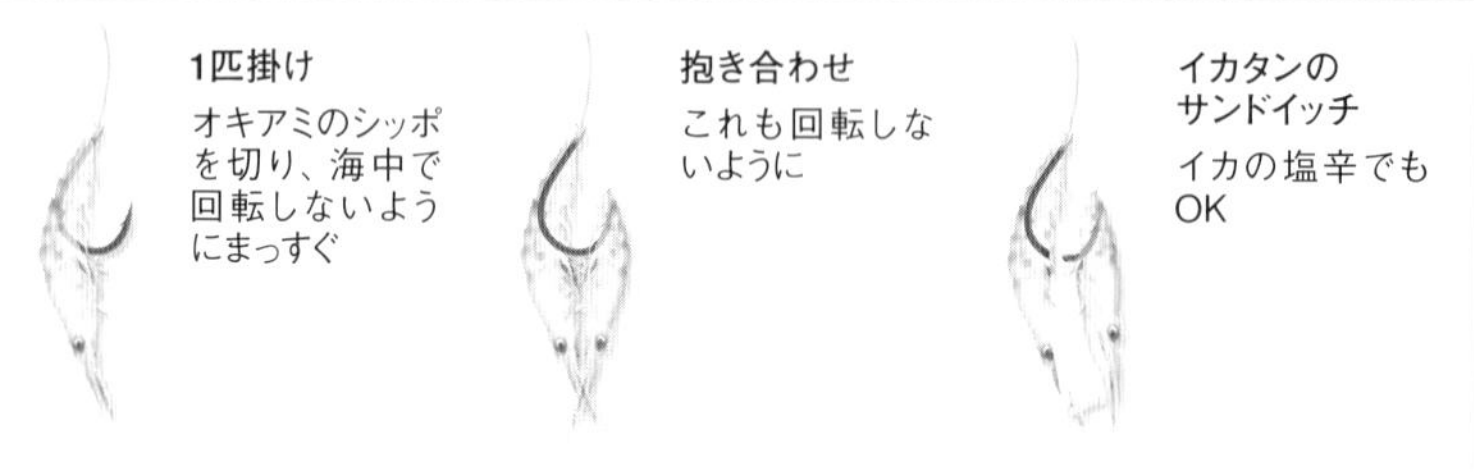

ブリ

し、実際に外房のカモシ釣りでは、10キロオーバーのヒラマサをねらうならできるだけ小さな付けエサ(1センチ角程度のサンマの切り身)がイイ、といわれている。また、コマセダイ釣りのようにハリスを10メートル以上も長くして、コマセカゴに群がる小魚から付けエサを隔離する方法もある。

イナダクラスまでなら、ウイリーシャクリも効果的だ。ただし、ウイリーをするには30メートル以上の水深と腕力と忍耐力が必要かも。

夏に釣れ盛るワカシは、群れに当たればサビキ仕掛けでバリバリの入れ食いになるが、せめてイナダに成長するまで待ちたいですなぁ。

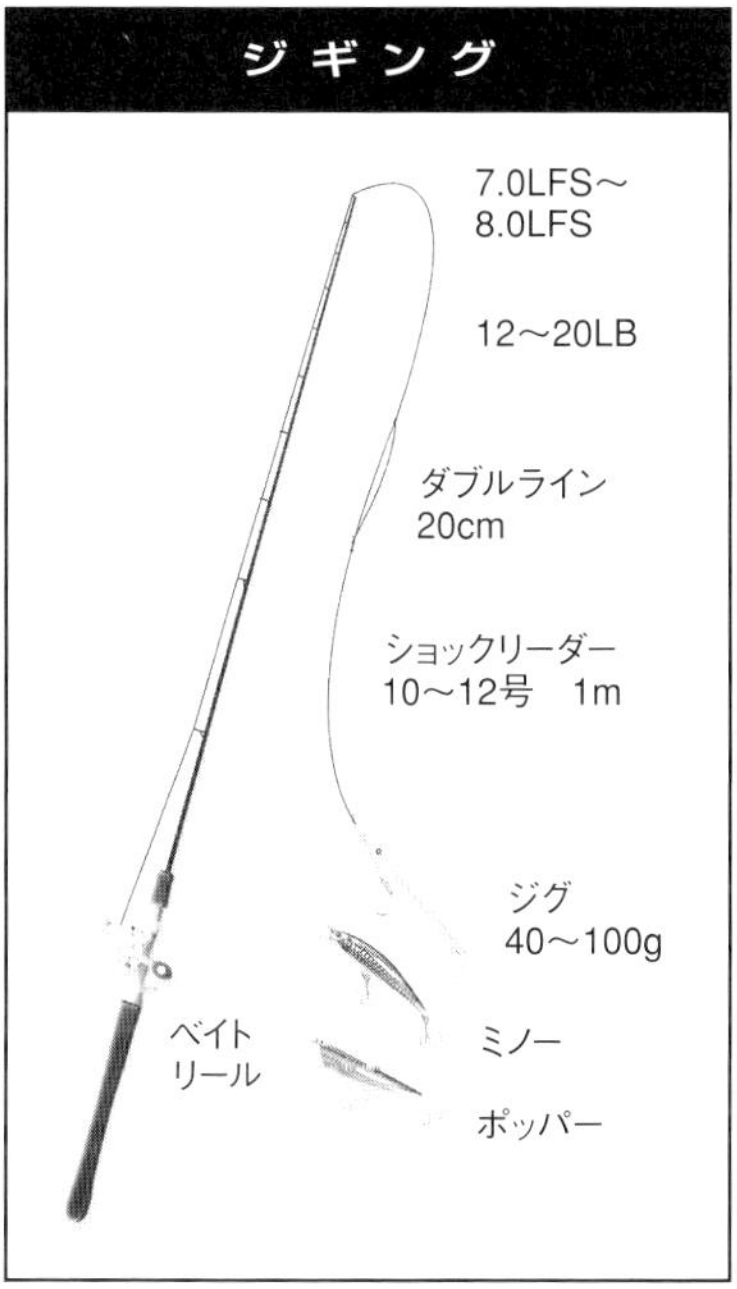

もうひとつはジギング

ブリはフィーディングタイム(捕食時間)が短く、朝夕のマヅメ時か潮が動いている時間帯以外はヒット率が低いのがネックだ。とくに、ボート上で立つことができないスモールボートでは、いつヒットするのかわからないのに、一日中ロッドを振り続けるジギングはツライ。ジギングをするなら、ボイルが見えたときや、チャンスタイムに効率よく狙いたい。

釣り方としては、ボトムを探るかベイトフィッシュと同じレンジでジャークを繰り返す。また、ボイルのあるときはポッパーでアクティブに攻めてみよう。海面でのチェイスと、フッキングシーンは興奮度満点。フリークにはたまらない瞬間だ。

ポイント

ポイント図では、沖の根周り①がイチオシ。水深によるが、エンジン流し

か流し釣りで、ドウヅキ仕掛けの生きエサ釣り、カラバリ釣法、コマセ釣り、ジギング、なんでもＯＫ。水深が１００メートル前後あれば、エサ用のスルメイカ仕掛けを投入しておくことも忘れずに。イカブリを試すのに絶好のシチュエーションだ。

②の定置網周りは、あくまでも〝周り〟であって、ブイに係留したり定置網へ近づきすぎたりしてトラブルのないように要注意。養殖イケス周りも同様、固定ロープなどの障害物がある狭いポイントでは、ハリスの短いカラバリ釣法とジギングが釣りやすい。ベイトフィッシュもたっぷりいる。ただし、カラバリ釣法の場合は、根を釣るときと違い、必ず定置網の潮上にアンカリングすること。

③は、比較的浅場の小さな根が点在する岩礁帯。ここでは、流し釣りやアンカリングで、どんな釣りもカバーできる。ベイトフィッシュのいる好ポイントがあれば、アンカリングでのウキ釣りと、ほかの釣りを組み合わせて釣果倍増を目指そう。たとえば、カラバリ釣法やサビキ仕掛けで、エサを確保しながらウキ釣りをすると、小魚の群れの外

ポイント

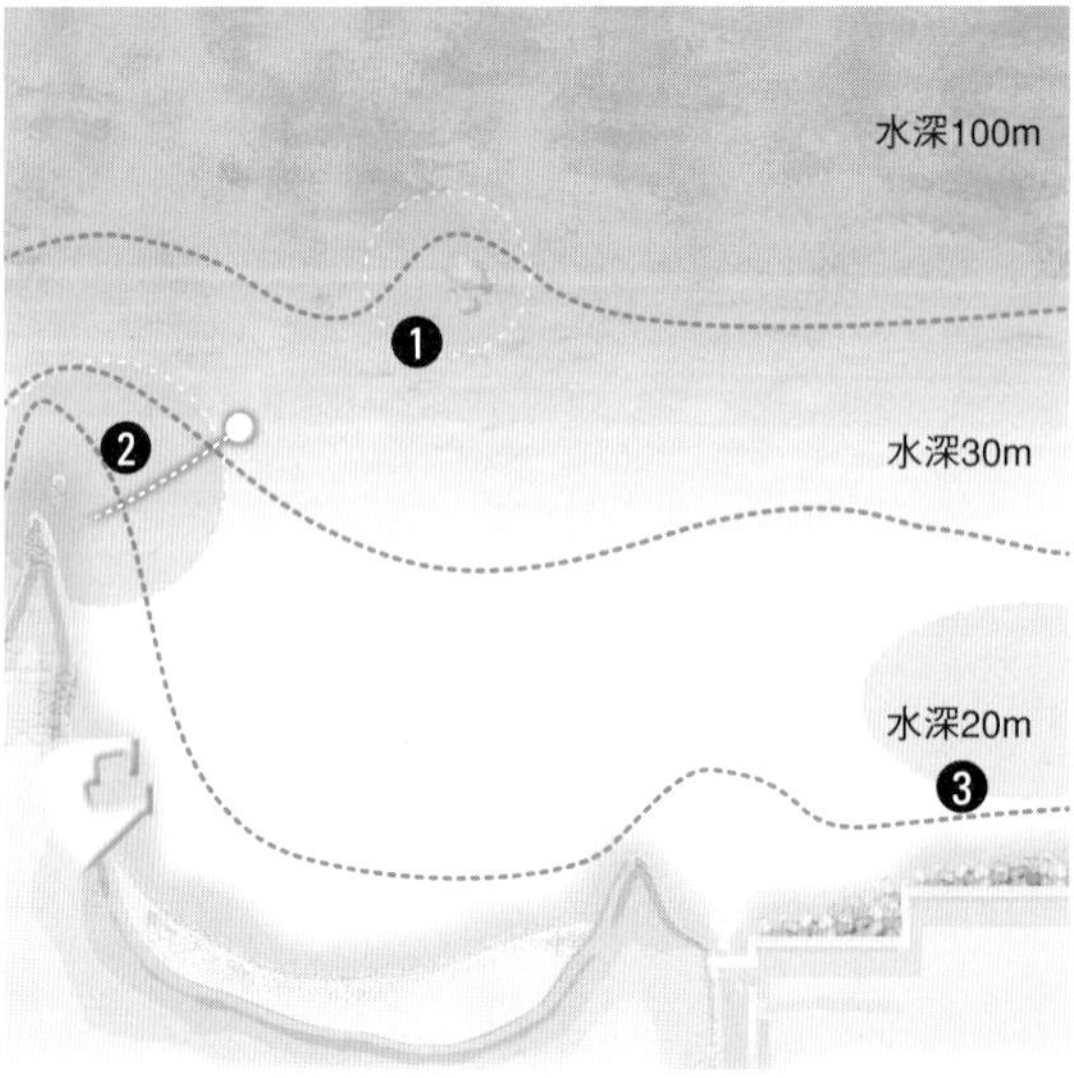

側をうろつく大物を、ダイレクトにねらえる！

注意点

ねらいは一発大物。それなりのサイズのランディングネットとクーラーの用意を忘れないように。フックをはずすプライヤーと、血抜きに使うナイフも必携だ。

ヒラメやマゴチのような前アタリはなく一気にサオがひったくられ、ウキ釣りならばスパッとウキが消え込む。したがって、ロッドはホルダーなどでキッチリ固定しておかないと、タックルごと海の藻屑になる可能性もある。かといって、スモールボートでの釣りなら、マダイ釣りみたいに、リールのドラグをユルユルにしておく必要はない。ラインやタックルの性能にもよるが、ボートが魚のヒキで移動するので、磯や大型船での釣りよりも取り込みやすくなる。

ファイト中のボートの移動はかなりのものだ。流し釣り中はブリとヤリトリしている間も周囲への警戒を怠らないように。一方、アンカリング時でのファイトでふと気づけば、アンカーを中心に風上になる180度正反対の場所にボートが移動していたこともあった。あっという間に360度一周させられたこともある。

この場合、問題になるのがアンカーロープだ。ボートの真下に緩んだロープが見えたら要注意。獲物がロープに巻き付かないようコントロールするしかない。

広く障害物のポイントなら、いったん走らせてから取り込むテもあるが、ラインブレイクのリスクが高くなるので、最初から魚と綱引きをするつもりで勝負したほうが賢明だ。

最初の突っ込みと、巻き上げ途中の締め込みをかわせば勝利は近い。獲物がボートの下に来ると、大型回遊魚独特の弧を描いて上がってくる。この弧が大きいほど魚も大物。心臓バックバクですな。

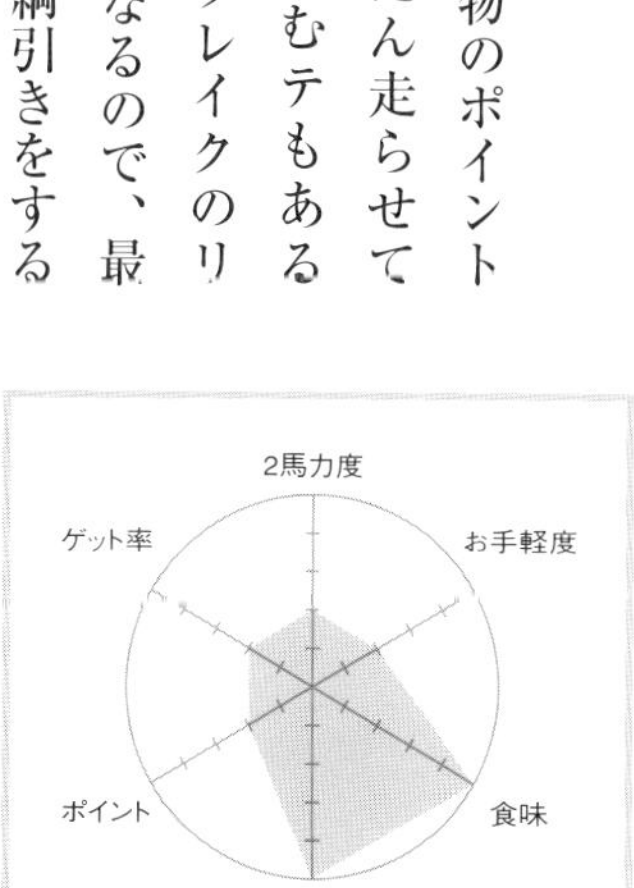

春 夏 秋 冬

5月—7月

マゴチ

「猛暑の真夏こそ釣りどき」

梅雨明けから本格的な旬をむかえるマゴチ。

照りゴチと呼ばれるくらい、夏のジリジリ焼けるような暑いベタ凪の日がこの魚の釣りどき。釣り味はよし、食べてもうまい。

名は貴族の〝コツ〟から

東京方面では夏に人気のマゴチですが、全国的には秋が釣りの旬ですかね。食べるほうでは一年中それなりにおいしい魚です。漢字にすると真鯒。地方名は、特徴的な目の形からとったであろうムギメ以外は、オオゴチやゼニゴチなど、皆同じような名前ですな。

分布は新潟、房総以南となっているが、最近では山形、宮城など東北地方でもその姿がみられるようです。生態的な特徴は、雄性先熟で、2歳35セン

チまでがオスで40センチ以上はほとんどが雌らしい。あと、名前の由来は、昔の貴族が正装のときに手にした〝笏《こつ》〟が語源だとか。

シーズン&釣り方

海底の砂地にはうように生活しているフィッシュイーターなので、生きエサ釣りとルアーが一般的です。そして、スモールボートでアタックするなら、岸寄りの浅場に接岸する4～8月の産卵期が釣りやすい。

水深8メートル前後の根が点在する砂泥地を流し釣りで攻めてみよう。ほぼ、シロギスポイントとシンクロするため、シロギス釣りでのハモノ釣り対象魚としてもおなじみだろう。

また、冬の間は砂の中でじっとして越冬するといわれているが、最近は暖冬のせいか関東周辺でも釣り場を選べば周年釣れるようになった。

大物になれば体長数十センチを超すマゴチは、スモールボートでの釣りでは大物の部類に入る。それほど数が釣れるものではないが、ポイントと日並みに恵まれれば数本の釣果を得られることもある。その釣果のなかには、一見マゴチに似ているけれども、頭部がワニのようにつぶれているワニゴチが混じったりする。ワニゴチはマゴチに比べ、釣り味、食味ともに若干劣るかな。あと、ヨシノゴチ（シロゴチ）という近似種もいるらしいが、自分はまだ見たことがありません。それから、たまにメゴチ（ネズッポ）サイズのチビマゴチが釣れることもある。こいつは、マゴチの幼魚の場合もあるが、ほとんどはメゴチ（ネズッポ科の総称ではなく標準和名のメゴチ）だ。一部の釣り人たちの間では、極小マゴチをマゴチとメゴチ（ネズッポ）の間だからミゴチなんて呼んでいる。関東ではネズッポ科の魚をメゴチと呼ぶから話が面倒になるデスな。関西ではガッチョなんて言いますねぇ。

ネズッポ科の魚は多いが、よく釣れるのはネズミゴチかトビヌメリ。強烈な刺激臭を放つ、通称クサメゴチはヤリヌメリ。コチ科の魚にはウロコがあるので、ヌルヌル系のネズッポとは外見で簡単に区別がつく。

ポイント

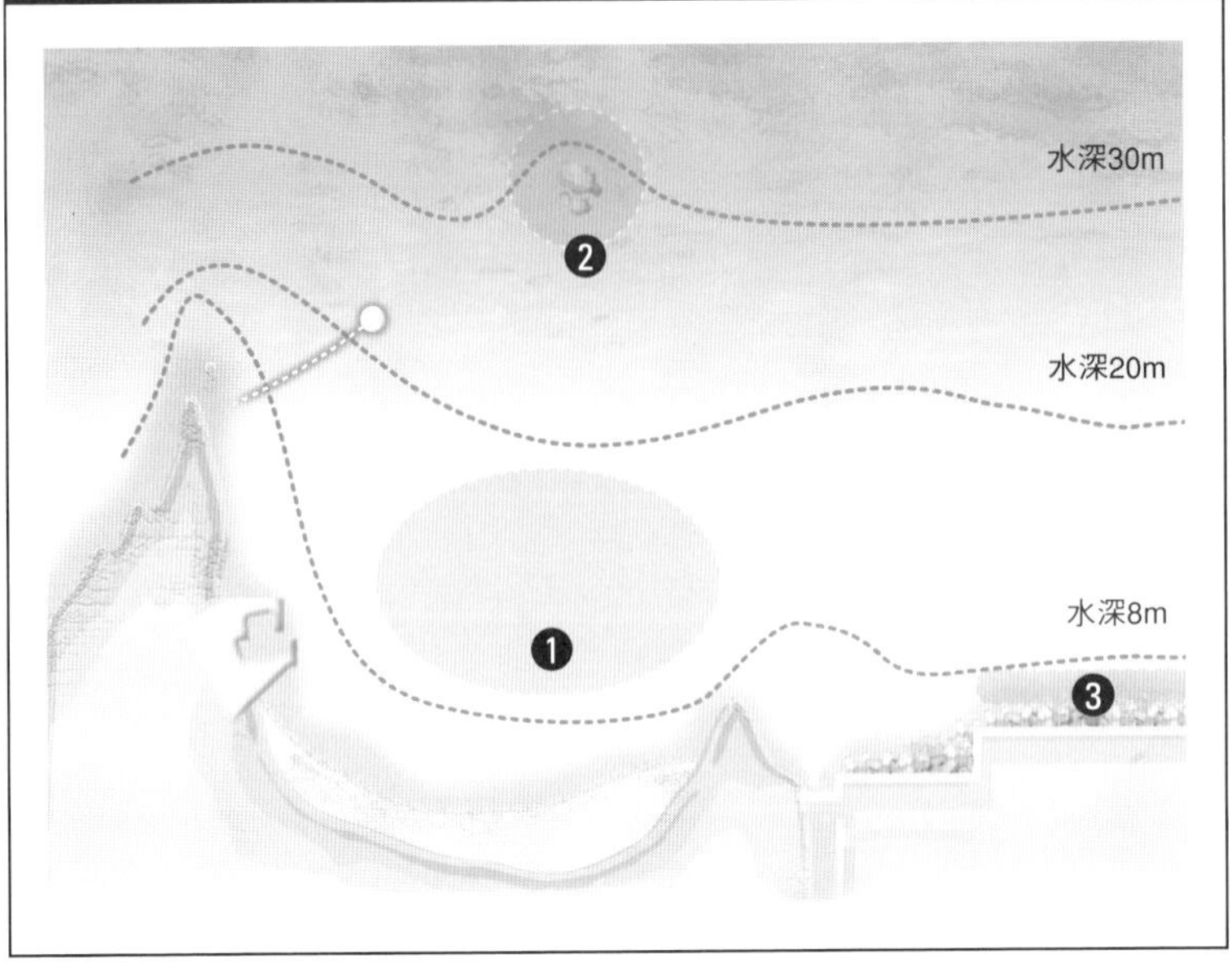

マゴチ

水深70〜80メートルから超浅場までがマゴチの生息範囲で、初夏は水深8メートル前後が狙い目。海底をはうようにして移動するため、エサ釣り、ルアーともに底をはずすと釣りにならない。ただし、ベタ底オンリーではいけません。受け口のマゴチは、海底より少し上を泳ぐ獲物が捕食しやすい。エサ釣りなら、エサがボートの揺れでたまに底から浮き上がるようにタナ取りする。常にベタ底ではアピール度に欠けるのだ。

ルアーもフォール中のヒットが多く、超スローのズル引きリトリーブの間に、ジャンプ&フォールのアクセントを加えるのがセオリーです。

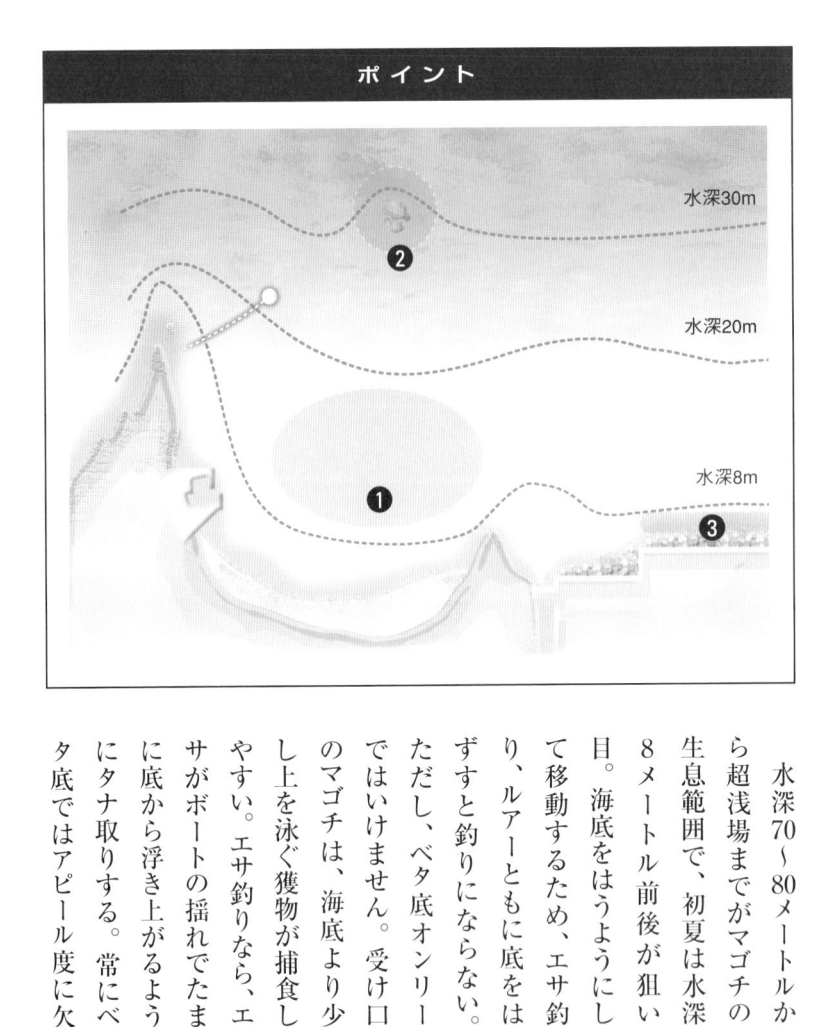

ポイント

ポイント図を見て下さい。まず、湾内の①がイチオシ。エサとなるシロギスやネズッポが多く、マゴチの魚影もバッチリ。しかも、エサを補給しながらの釣りが可能で、流し釣りを

深場仕掛け

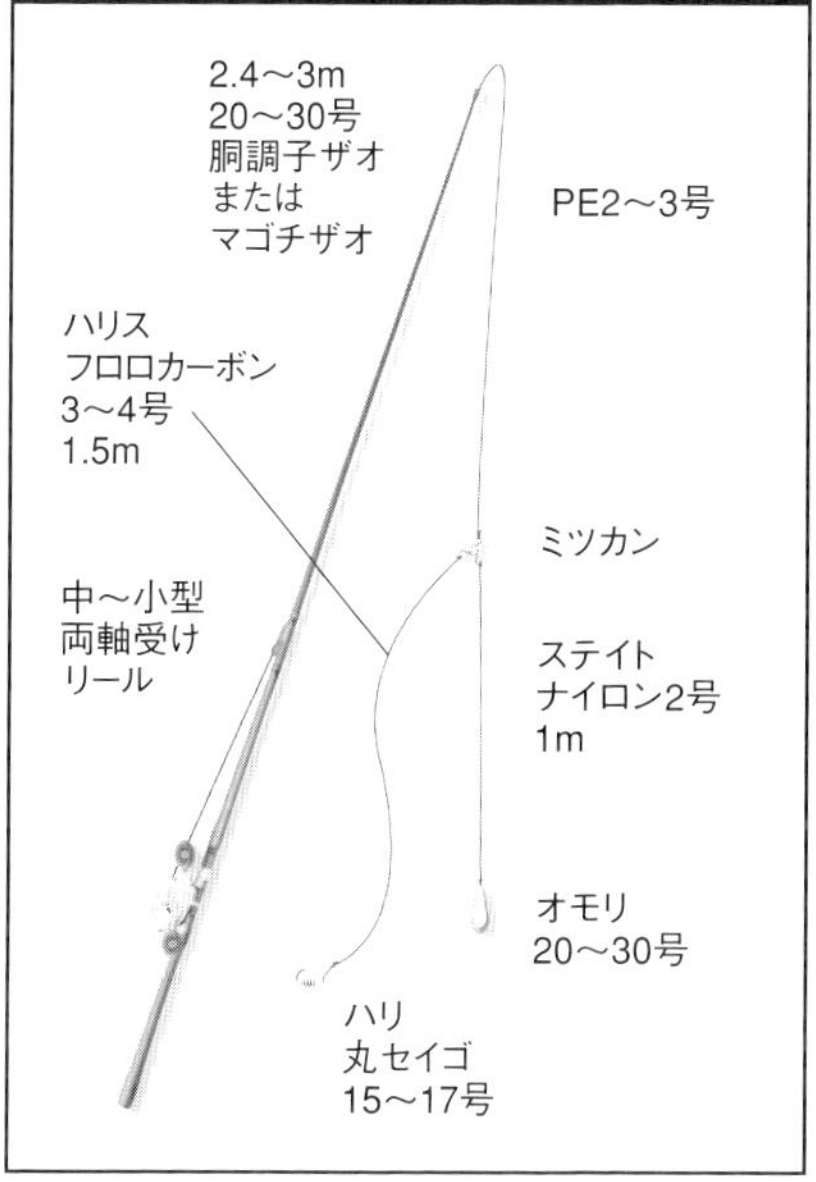

浅場仕掛け

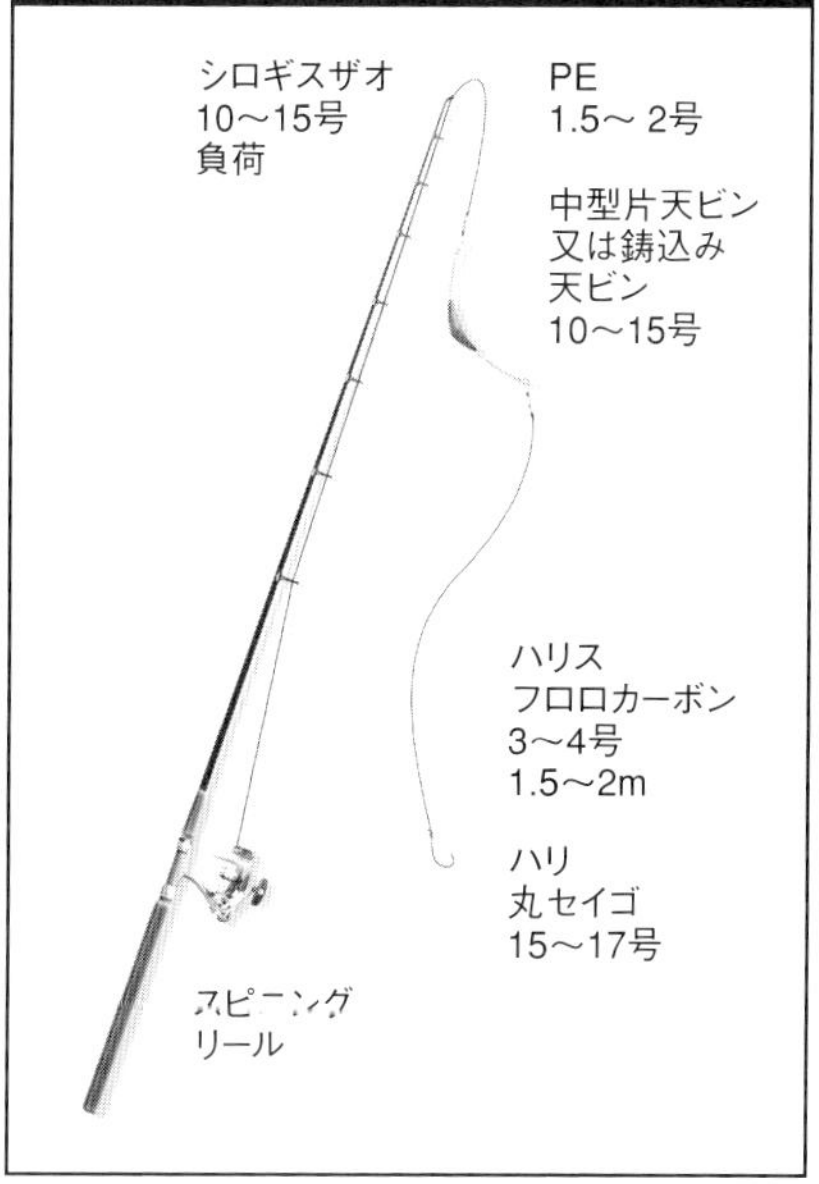

ウキ仕掛け

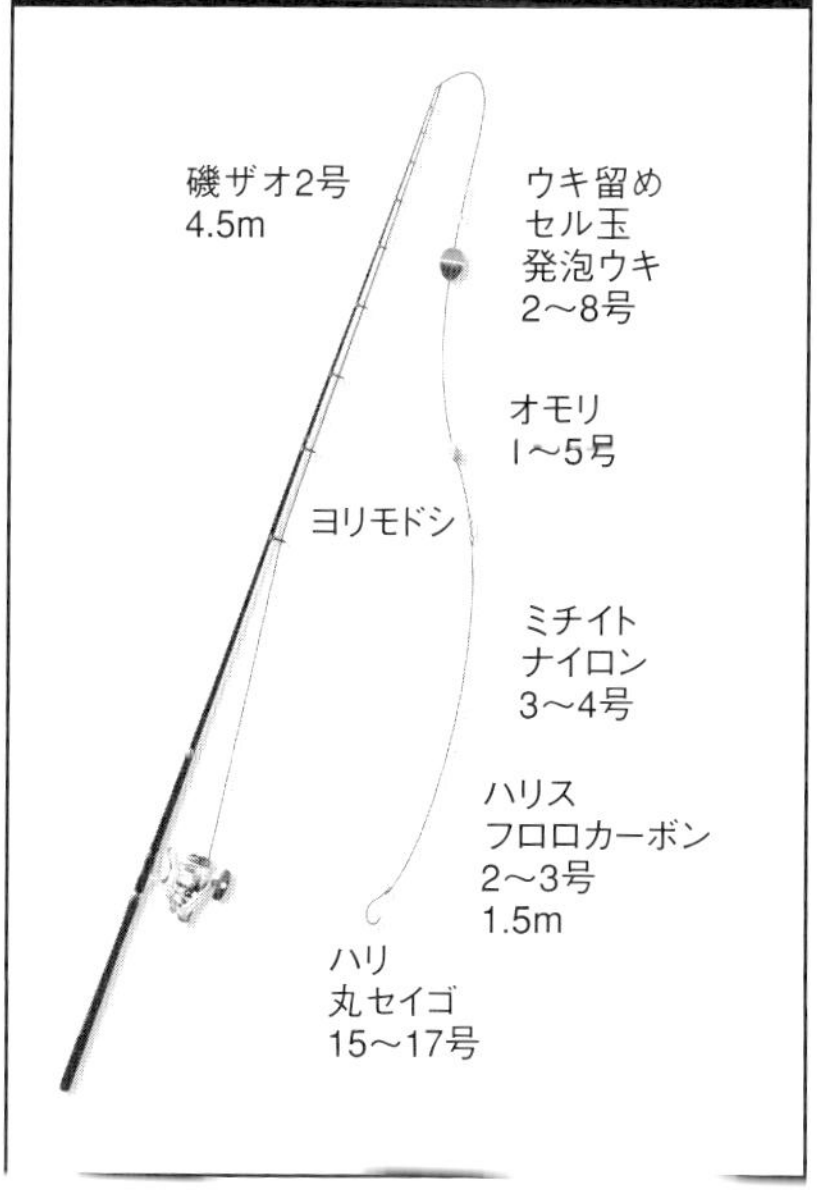

する広さも十分ある。

2番目は沖根の周囲②です。海底が、岩礁から砂地に変わる根際を探ってみよう。水深が30メートル以上あるような場所なら、周年狙うことも可能である。

護岸際の③も、初夏から秋口にかけては見逃せないポイント。護岸上に釣り人や作業している人がいないようなら、ヘチ釣りのように護岸ギリギリを攻める。岸からの釣りができないところならば、これはもう超穴場かもしれないゾ。

マゴチ

エサと仕掛け、釣り方

ルアーなら本命ポイントへ直行して速攻勝負ができる。

しかし、生きエサ釣りの場合はエサの確保が最優先だ。

モエビなど釣り具店で購入するテもあるが、同じ釣り場でシロギスやネズッポなどの小魚を釣って、それをエサにする生きエサ釣りが主流である。シロギスなどのエサを10匹ほど確保したのち、本命ポイントでマゴチを専門にアタックするか、あるいはエサを釣りながらマゴチもノンビリ狙うか、二通りの選択肢がある。

ひと口にマゴチの本命ポイントといっても、過去の実績が無ければ特定するのはなかなか難しい。イメージマップでは②か③になると思う。あるいは①でも、根が点在する場所などシロギスやネズッポなどのアタリが少ない所は、本命ポイントなのかも。

生きエサ釣りの仕掛けには、ボート下を釣るド

ルアー

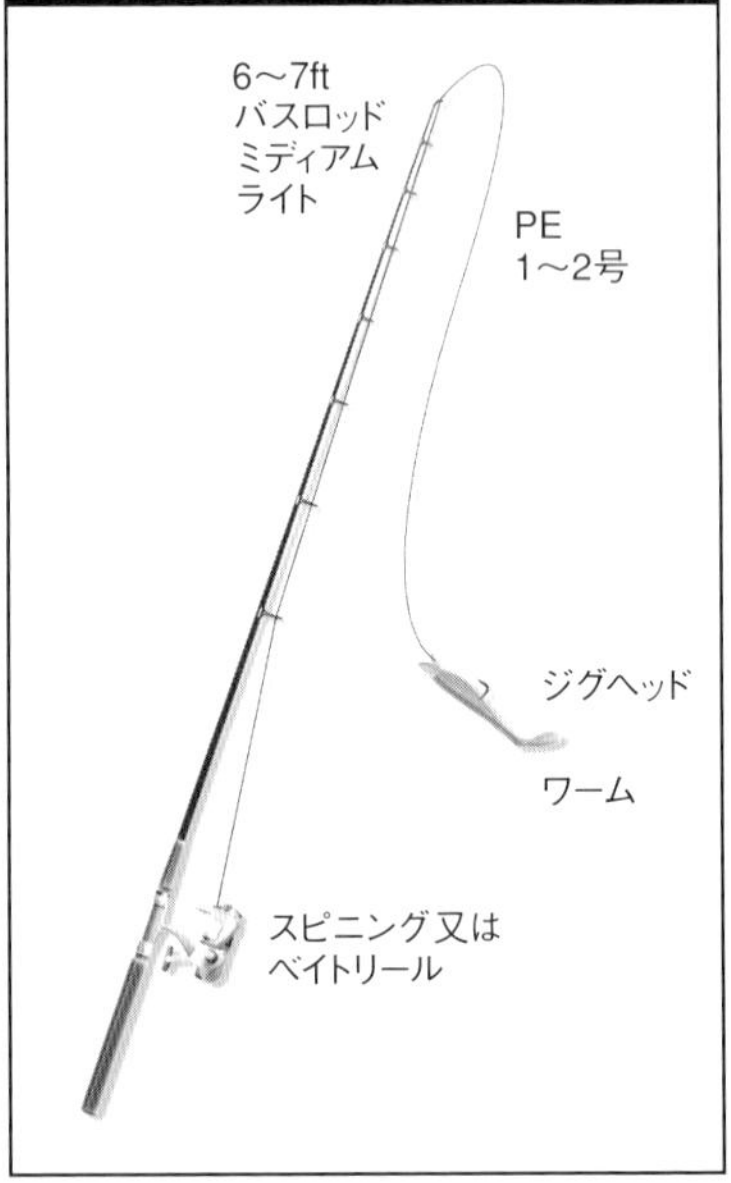

エサ釣り

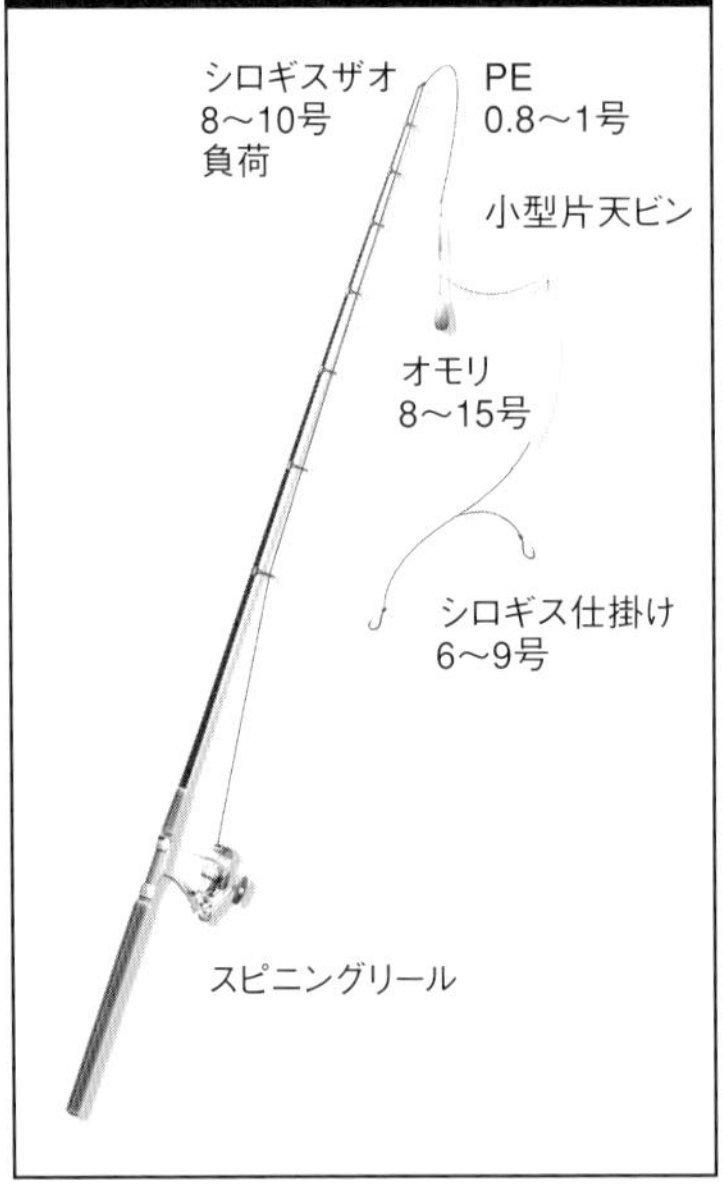

ウヅキ仕掛けと片天ビン仕掛け。それに、ボートから離れた場所を流せるウキ仕掛けの3仕掛けがある。ポイントの状況によりうまく使い分けたい。

　ドウヅキ仕掛けと片天ビン仕掛けは、好みにもよるが、底ダチを取りやすいドウヅキ仕掛けのほうが有利だと思う。オモリの捨てイトよりもハリスのほうを長くしておけば、オモリを海底に着けるとエサは確実に底をはう。カケアガリ状で水深差のあるポイントに効果的だ。一方、ウキ仕掛けは20メートル以上の水深がある場所は不向き。それに、流し釣り中もウキ仕掛けでは釣りにくいし無意味だ。ただ、浅場でのアンカリングで、エサを釣りながら本命を狙うなら、ウキ仕掛けは最強である。

タックル

ルアーは6~7フィートのバスロッドかトラウトロッドにベイトリール。肝心

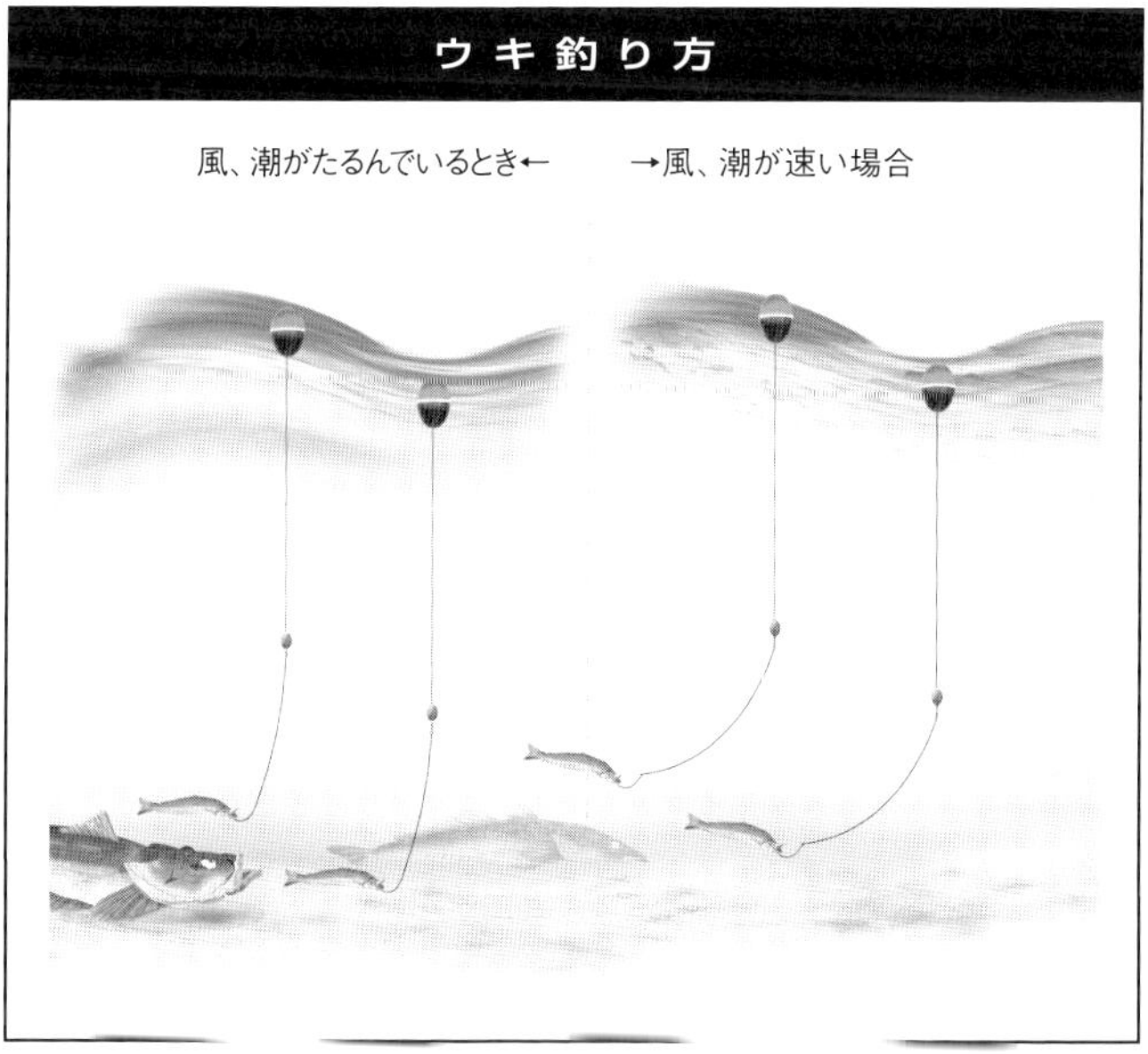

のルアーはソフトルアー＋ジグヘッドで。私のお気に入りはドジョウ色のワームです。また、マヅメ時などマゴチの活性が高い時は、イワシ色やシロギス色などのシンキングミノーも効果的。サイズは9センチで。

あたりまえですが、生きエサ釣りでは水深にあったタックルが必要になる。たとえば、水深が10メートル以下ならシロギスタックルの流用でもOKですが、深場や大型の実績のある場所ではそれなりのタックルが欲しい。マゴチ専用ザオなら間違いないだろう。専用ザオの代用としては、15～20号負荷の胴調子ザオ。もしくは、20号負荷のコンパクトロッドもペナペナ感がちょうど良さげな具合である。

生きエサ

マゴチ用の生きエサをエサ屋で調達するなら、モエビかドジョウがオススメです。

もちろん、遊漁船で使うようなサイマキ（小型クルマエビ）やアカエビ。それに、イワシやキビナゴがあれば無敵ですが、狭くて少しでも装備を減らしたいスモールボートには向かないと思う。けっこうイイ値段するしさ。

その点、モエビやドジョウなら小さなタックルボックス一つでも生きているし値段も手ごろです。でも、やっぱ現地で調達したほうが手っ取り早いし、シロギスやメゴチなど他のお土産も確保できるので一石二鳥ですな。まぁ、エサが釣れないでやきもきするリスクはあるけれど。

エサの現地調達はシロギス仕掛けで釣れば問題ない。対象になるのは、シロギス、トラギス、マハゼ、サビハゼ、メゴチ（ネズッポ）、イトヒキハゼなどがあげられる。私的には、書いた順番にマゴチの食いがイイように思う。

ただ、マゴチエサとして定番のメゴチ（ネズッポ）類は弱りにくく、真夏の流し釣りとか苛酷な環境でも、アタリが無ければ1日中元気に泳いでいたりする。その点では使いやすいエサといえる。気分的にも貴重なシロギスより、メゴチのほうが心置きなくエサとして使えるし。

　生きエサのサイズは8～10センチ前後が使いやすく食いもいい。ただ、弱りやすいシロギスは10～12センチとひと回り大きいものがオススメ。エサが大きければヒットするマゴチも大型傾向と言えるだろう。

　生きエサは弱らせないよう、手早くハリに付けてリリースするのは当然ですが、対象魚によってハリの付け方が異なる。

　マゴチ釣りのように小魚をエサにする場合は、エサの下アゴから上アゴへハリを抜くのがセオリー。口が開くと海中で抵抗が大きくなり弱るのが早いのだ。

　それから、モエビは尾ビレ付け根の硬い部分の腹側からハリを刺す。

　マゴチ釣りは、前アタリからフッキングまでが醍醐味である。ズシンとサオに乗ったその瞬間がたまらない！

捨てオモリ釣り方

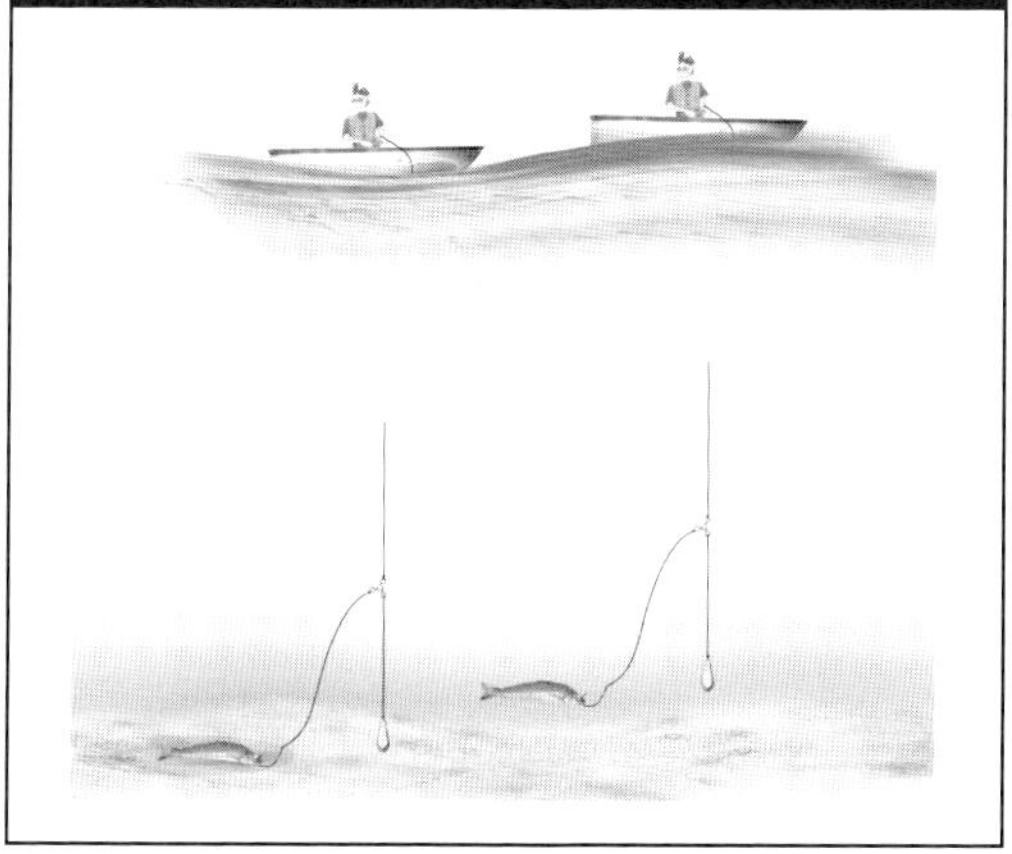

片天ビンの釣り方

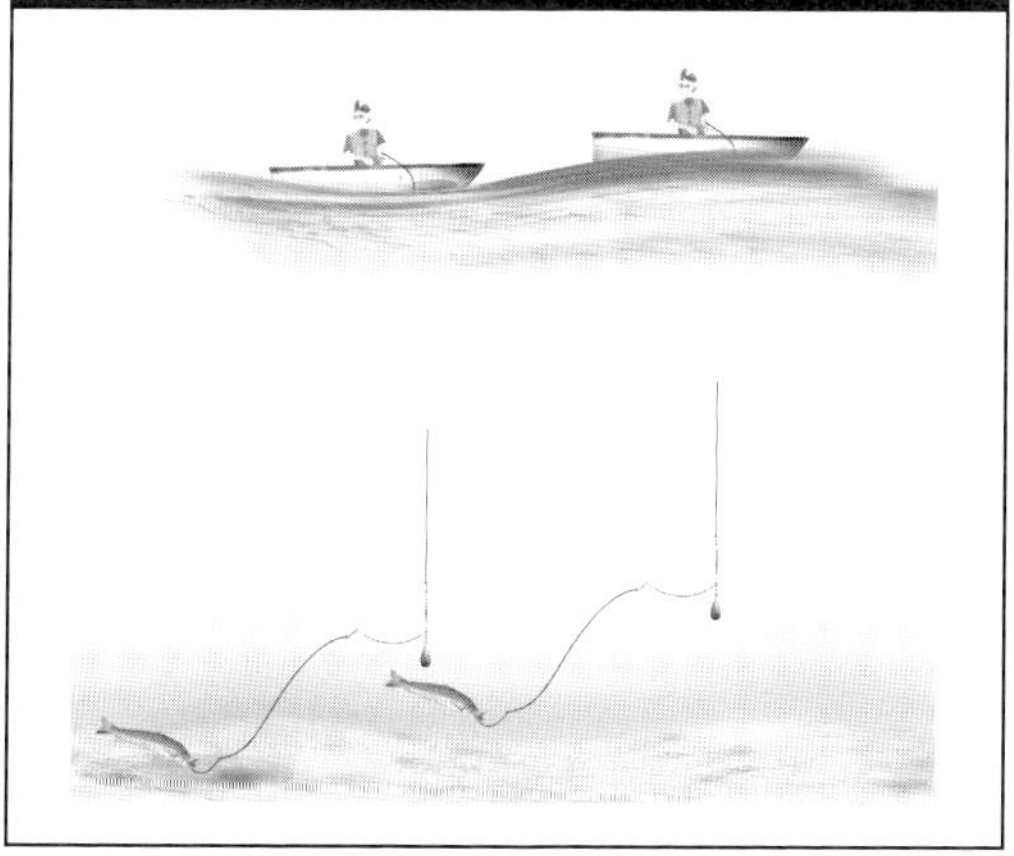

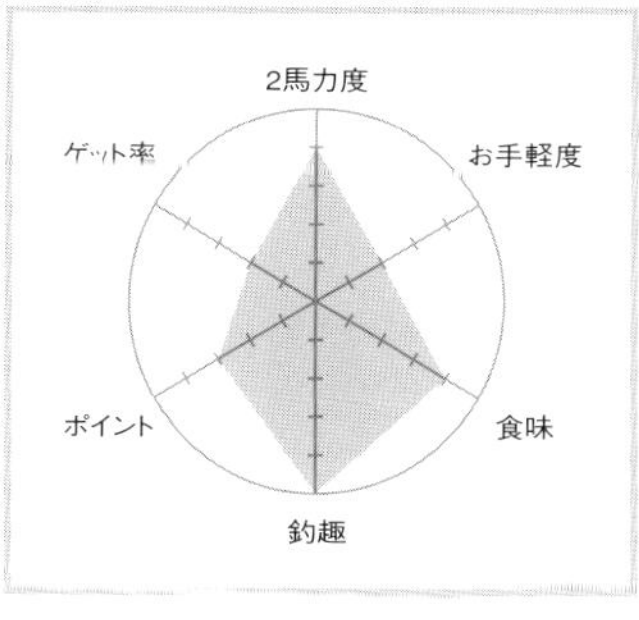

春　夏　秋　冬

4月・9月—11月

マダイ

「なんてったってマダイ 姿も釣り味も最高です」

日本人にもっともなじみ深い魚、それはおそらくマダイだろう。容姿端麗なところも日本人好みだ。

縄文の昔から釣りのターゲットだったらしく、鯛の骨と一緒に多くの釣りバリが出土している。えびすさんが釣っているのはマダイでなければならないし、神話や童話の中にもマダイは頻繁に登場する。

生態と釣期

生息域は、沖縄を除くほぼ日本全域。伊豆諸島方面では、八丈島あたりまでテリトリーを広げている。寿命は10年前後というが、20年生きた個体もいる。成長は水温などの環境で大きく変わり、1年で22〜24センチ、2年で30センチ前後。その後

の成長は鈍化して、40センチになるまで5～8年かかる。

産卵は3～5月。1匹のメスを数匹のオスが追いかけて、海面に向かい急上昇し、反転する際に放卵と放精をする。3～5月に時ならぬボイルがあればマダイの産卵行動かもしれない。その頃が、一発大物狙いのビッグチャンスである。ポイントも20～30メートルと浅くてスモールボートで十分にカバーできるエリアだ。

一方、冬もマダイの好シーズン。晩秋から冬にかけては、水深80～100メートルほどの深場を探るようになるが数釣りが可能になる。正月には欠かせない魚だから、年末の休日は気合を入れてチャレンジしたいですな。

ポイント

マダイには、禁漁区や禁漁期など、各地でローカルルールがある。たとえば東京湾では、観音崎と大房岬を結ぶラインより内側の東京湾内でのマダイのコマセ釣りは禁止されている。ルールは必ず守りましょう。

スモールボートの釣りでは、定置網やイケス周りは見逃せないポイント。でも、群れを作って回遊する魚だから、ルート上であれば、海底が砂泥地であっても釣り場になる。ただし、回遊路での釣りは、いつ釣れるか分からずリスクが大きい。当然、居着かせるためのコマセワークも難しくなるし、やはり実績のある場所が無難かもネ。

晩秋から冬にかけては、沖の根①が本命ポイント、60メートル以上の水深が欲しい。エンジン流しで、コマセダイかウイリーシャクリが効果的だ。

ポイント②の定置網やイケス周りは、春から秋の高水温期に攻めてみたい場所だ。釣り方はウイリーかシャクリダイがオススメだが、水深が30メートル以上ないとウイリーには向かないかも。

長いハリスのコマセダイ釣りでは、定置網やイケスの固定ロープにハリスを絡めないよう注意すること。かといって、あまり離れすぎてもアタリが遠くなる。定置網でもイケスでも、網から張り出している固定ロープの間の潮上にアンカリングし、潮の流れに乗せて付けエサが網の近くに行くのが理想。ただ

マダイ

ポイント

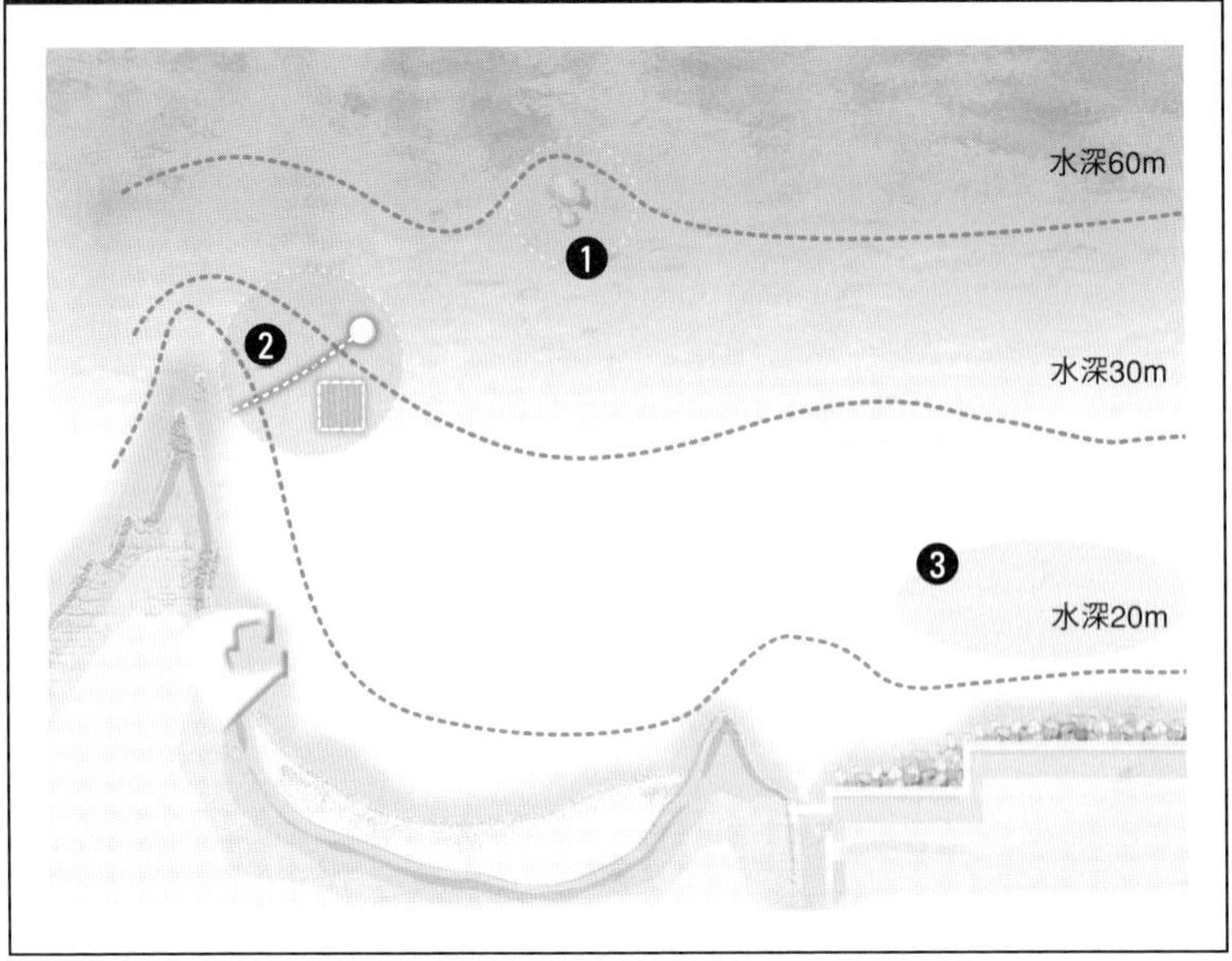

風と潮流の向きが同じなら簡単ですが、流れる向きが違うと難しいし、そのようなパターンの時が多いから困る。

ポイント③の平坦に見える場所でも、海底が岩礁の場合や、小さな根が点在していればマダイは狙える。水深が20〜30メートルなら、春のノッコミシーズンがねらい目。ここでは、コマセダイとシャクリ釣りをアンカリングかエンジン流しで、あるいはシーアンカーでの流し釣りもありだ。アンカリングでは、ウキ仕掛けのカゴ釣りや、釣った小魚やイカをエサにする、泳がせ釣りもおもしろい。ボートから離れた場所を流せるウキ仕掛けなら、長ハリスのコマセダイとの同時進行もオマツリせずOK。本命アタリの少ない釣りなので、複数のサオでヒット率を高めるのもひとつのテだ。

イチオシの釣り方は東京スタイル

なんてったってマダイだから、各地でさまざまな釣り方が発展し定着している。しかし、スモールボートで釣るなら東京近郊の釣り方がオススメ。なんせ、職業漁船の漁獲高を遊漁の釣果が上回る相模湾と、連日大船団に攻められてスレっからしになっている東京湾のマダイが相手の釣法なのですよ。特殊な環境の場所以外どこでも通用すると思っていい。

　まぁ、簡単に言ってしまえば、長ハリスのコマセダイ方式ですな。ハリスの長さは7・5〜11メートル。タックルは、水深にもよるが30〜80号程度のコマセカゴを使用するので、それに合った軟らかめの胴調子のサオが必須。たとえば、30号負荷のマダイザオならば80号くらいまで使える。ただし、スモールボートでベタナギの日に軟調子のサオを使うと、誘いが利かずに極端にアタリが減る。こんな日は、サオを手にたまに誘いをかけることがコツだ。

　どの釣り方にも共通するが、タナ取りは最も気を付けたいポイントだ。通常は海底から3メートルの間がタナになるが5メートル上でヒットすることもあるので、30センチ単位でタナを探るのが感動の1匹を手にする近道ですかね。

　もうひとつの注意点として、穏やかで潮の利かないポイントを攻めることが多いスモールボート釣り。底付近ばかりを探っていると、オジサンやイトヨリダイなど外道のオンパレードになってしまう。そう簡単に本命アタリが出る釣りではないのでヒットレンジを探すのも大変だ。付けエサのオキアミに注目しよう。エサの取られ方や残ったエサの形で、本命かジャミかが判断できるようになれば無敵ですな。あと、エサ取り対策用にイカの塩辛などを準備しておくのもいい。

その他の釣り方

ウイリーシャクリ

　待ちのコマセダイ方式に対して、ウイリーシャクリは攻めの釣りである。

　3〜4・5メートルの仕掛けには、3本のウイリーバケの、一番下のハリにオキアミなどの付けエサを付けるカブバリがあるのが標準。タナの範囲内を、コマセを振るようにシャクりながら巻き上げてくるが、シャクリの間にエサを食わすマを置くのがミソ。具体

的には、オモリが着底したら仕掛け分ミチイトを巻き、下げていたサオ先を目線上まで上げてサオ先が戻るのを待つ。少しポーズをとってから再びリールを巻いてサオ先を下げ、アクションを付けながら目線まで上げる……この繰り返し。底から10～20メートルを探って、その日の状況に合ったヒットパターンを早く探すこと。

カゴ釣り

ウキを使ったカゴ釣りは、ボートから離れた場所を流すことができるので、ほかの釣りとの同時進行が可能。アンカリングでの釣りだから、潮が利いている釣り場が理想だ。波によるウキの上下が誘いになり、置きザオでウキだけを見ていればよい。ラクチンですな。ほとんどの場合、押さえ込むような前アタリがあったのち、スパッと海面から真下にウキが消え込む。大物ほど前アタリは小さくヒキが強烈なので、リールのドラグは緩くしておく。最初の突っ込みをしのげば、後は時間をかけて慎重に。マダイの口は堅いので追いアワセをしたいが、ハリス切れをするのでやめたほうが無難だ。

マキコボシ

伊豆方面のイケス周りで人気があるコマセ釣りの一つで、場所柄スモールボートにうってつけの釣り方だ。これはイケス周り以外の根周りなどのポイントでも可能です。

釣り方は、まず瓦のカケラの上に乗せた付けエサと、ミンチコマセをハリスで巻き付ける。クルクルと回転しながら落下してゆく瓦はコマセの煙幕を作り、最後に瓦から離れた付けエサはタナで止まるという寸法だ。当たり前だが、マキコボシが多いポイントの海底は瓦の残骸だらけ。はっきり言って環境破壊ですヨ。しかし、マキコボシファンは、海底に溜まった瓦の山が根のようにならなければマダイは寄らないという。う～む……。それでも最近は、瓦に代わる海中で分解する新素材の市販品が

カゴ釣り

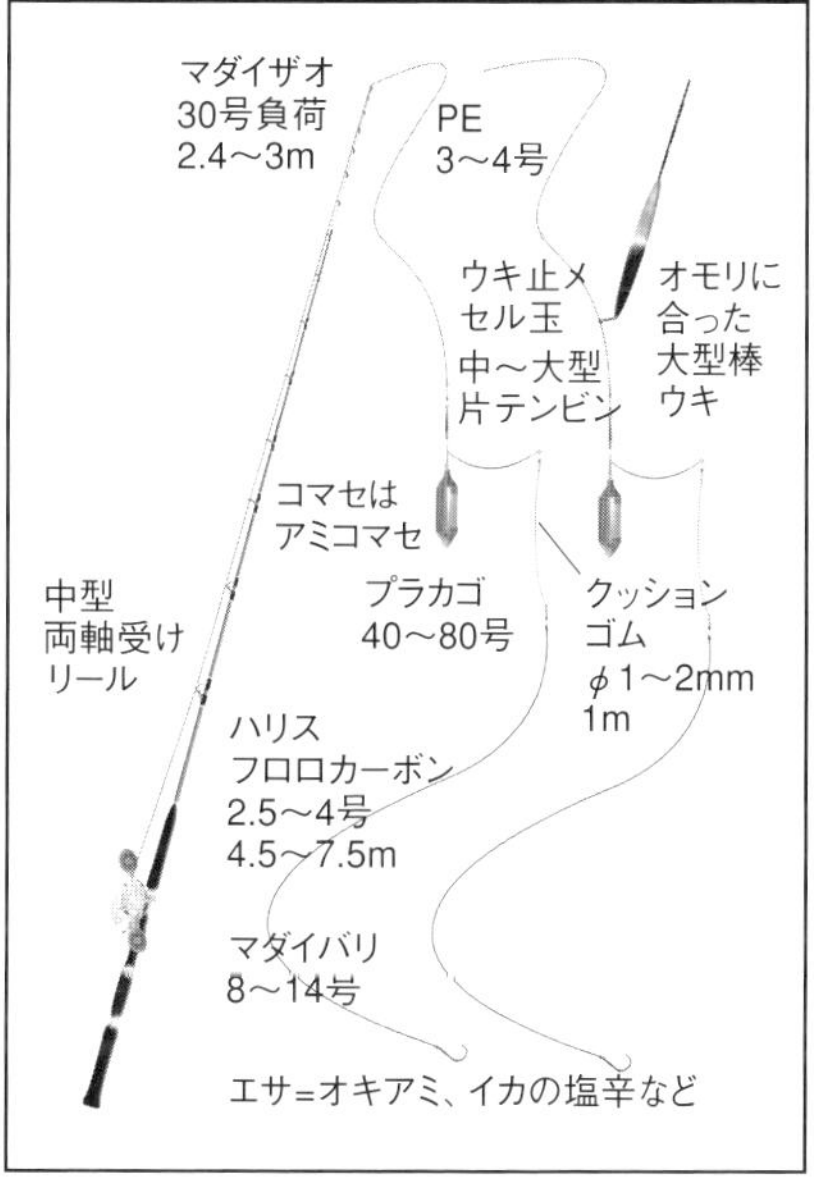
マダイザオ
30号負荷
2.4〜3m
PE
3〜4号
ウキ止メ
セル玉
中〜大型
片テンビン
オモリに
合った
大型棒
ウキ
コマセは
アミコマセ
中型
両軸受け
リール
プラカゴ
40〜80号
クッション
ゴム
φ1〜2mm
1m
ハリス
フロロカーボン
2.5〜4号
4.5〜7.5m
マダイバリ
8〜14号
エサ=オキアミ、イカの塩辛など

ウイリーシャクリ

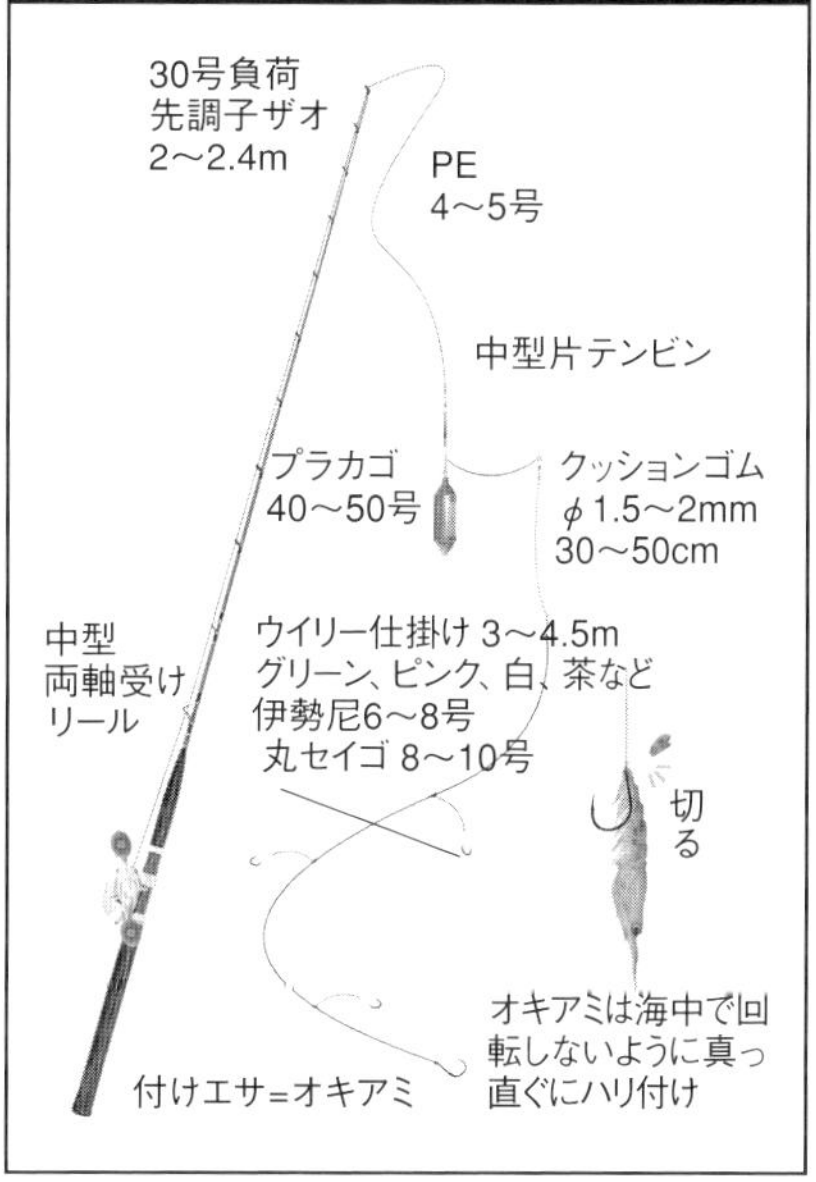
30号負荷
先調子ザオ
2〜2.4m
PE
4〜5号
中型片テンビン
プラカゴ
40〜50号
クッションゴム
φ1.5〜2mm
30〜50cm
中型
両軸受け
リール
ウイリー仕掛け 3〜4.5m
グリーン、ピンク、白、茶など
伊勢尼6〜8号
丸セイゴ 8〜10号
切る
オキアミは海中で回
転しないように真っ
直ぐにハリ付け
付けエサ=オキアミ

シャクリダイ

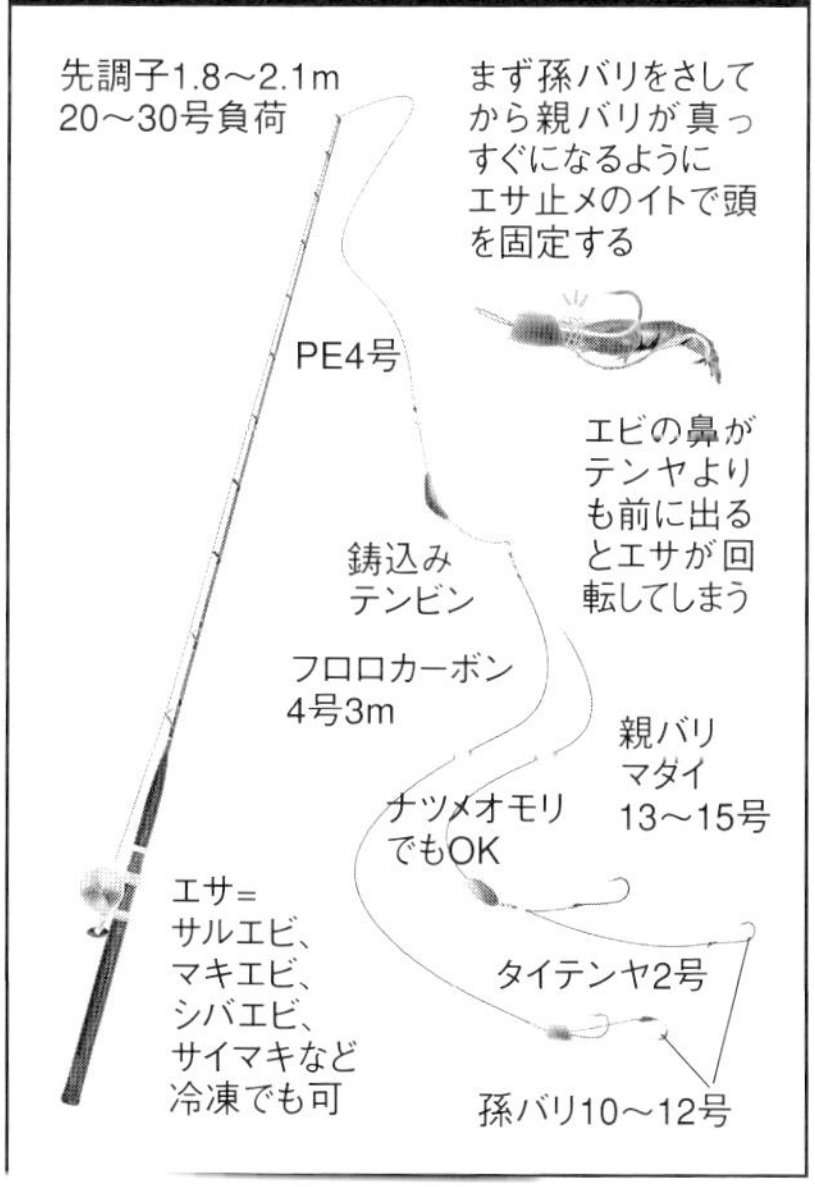
先調子1.8〜2.1m
20〜30号負荷
まず孫バリをさして
から親バリが真っ
すぐになるように
エサ止メのイトで頭
を固定する
PE4号
エビの鼻が
テンヤより
も前に出る
とエサが回
転してしまう
鋳込み
テンビン
フロロカーボン
4号3m
親バリ
マダイ
13〜15号
ナツメオモリ
でもOK
エサ=
サルエビ、
マキエビ、
シバエビ、
サイマキなど
冷凍でも可
タイテンヤ2号
孫バリ10〜12号

マキコボシ

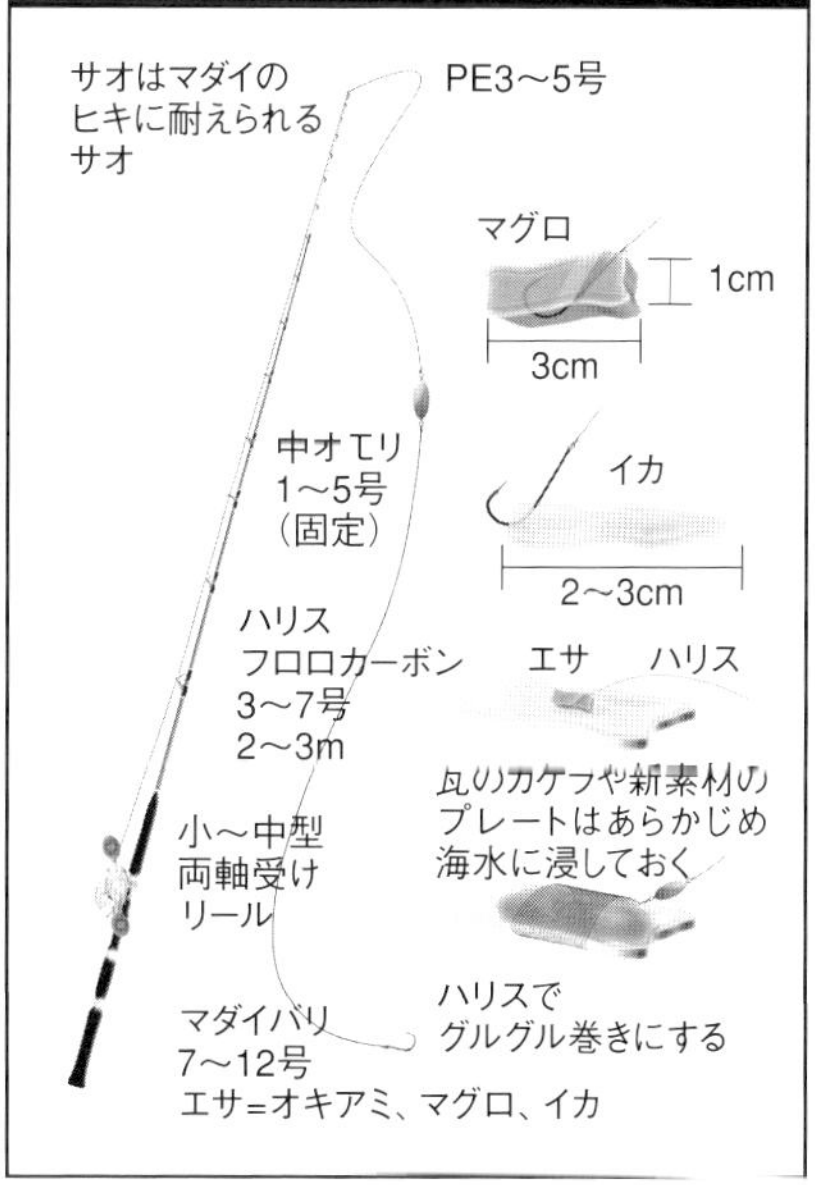
サオはマダイの
ヒキに耐えられる
サオ
PE3〜5号
マグロ
1cm
3cm
中オモリ
1〜5号
（固定）
イカ
2〜3cm
ハリス
フロロカーボン
3〜7号
2〜3m
エサ
ハリス
瓦のカケラや新素材の
プレートはあらかじめ
海水に浸しておく
小〜中型
両軸受け
リール
ハリスで
グルグル巻きにする
マダイバリ
7〜12号
エサ=オキアミ、マグロ、イカ

マダイ

釣り方

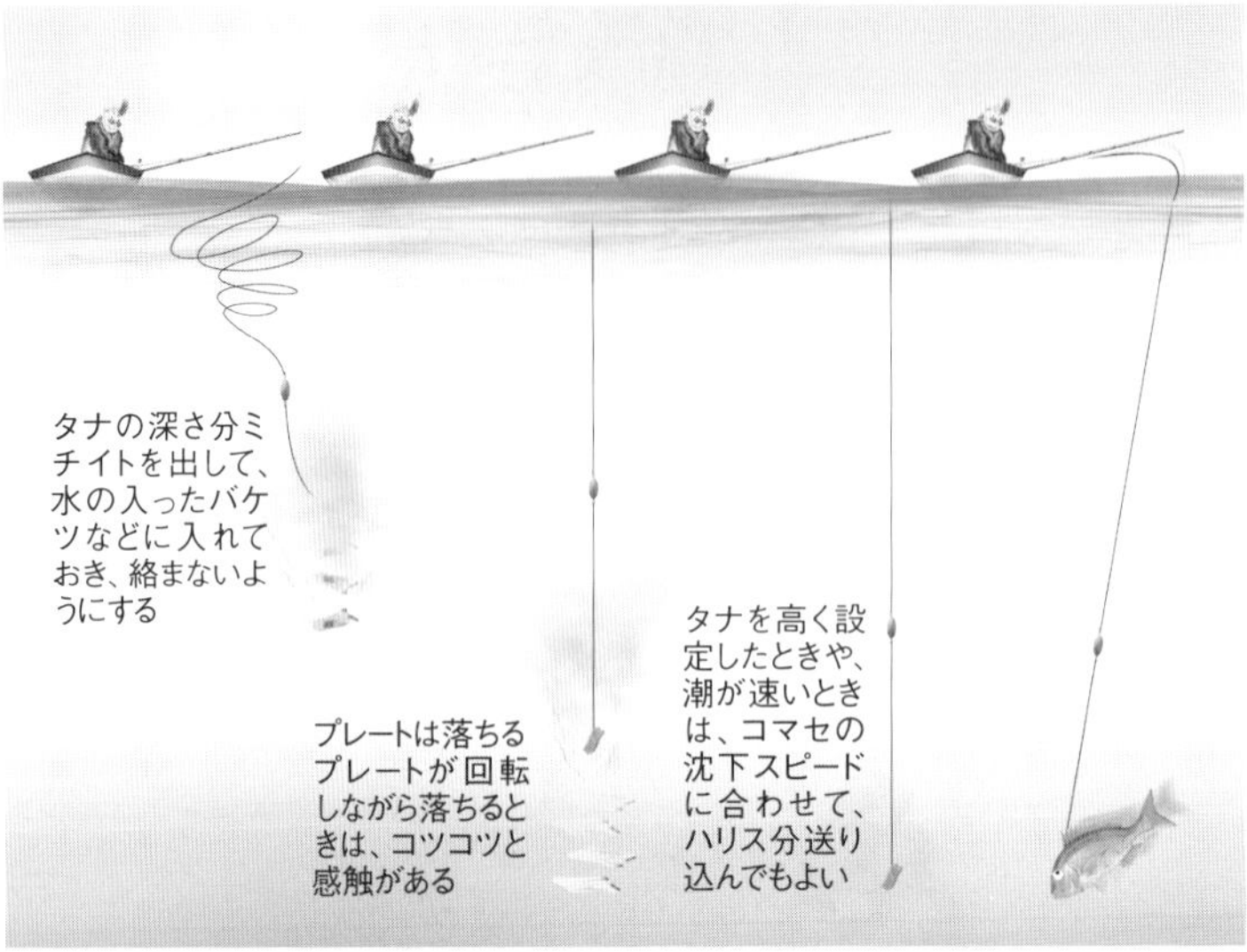
タナの深さ分ミチイトを出して、水の入ったバケツなどに入れておき、絡まないようにする
プレートは落ちる
プレートが回転しながら落ちるときは、コツコツと感触がある
タナを高く設定したときや、潮が速いときは、コマセの沈下スピードに合わせて、ハリス分送り込んでもよい

あるので、せめてそれを使いたい。慣れるとけっこうハマル釣りです。

シャクリダイ

　シャクリダイは、ちょいと敷居が高そうな釣りに感じられる。けれども、ポイントの水深が20～30メートルになる春から初夏にかけてならスモールボート的釣り方だ。エサは冷凍エビで十分。東京湾では軽いオモリで海面からタナ取りをする内房式と、30号程度の鋳込みテンビンを使い海底付近で勝負をする鴨居式があるが、鴨居式のほうが無難。内房式のように、潮の速さとオモリの重さを計算してタナを取るなんて至難のワザだ。テンヤがないときは1～2号の中通しのナツメオモリでも代用が利く。専用のシャクリザオも市販されていますな。

　釣り方は簡単。底ダチをとったら、3メートルのハリス分リールを巻いてアタリを待つ。ヘタなシャクリは逆効果。むしろ、海底ギリギリを静かに流して、繊細なアタリに集中し、

泳がせ釣り

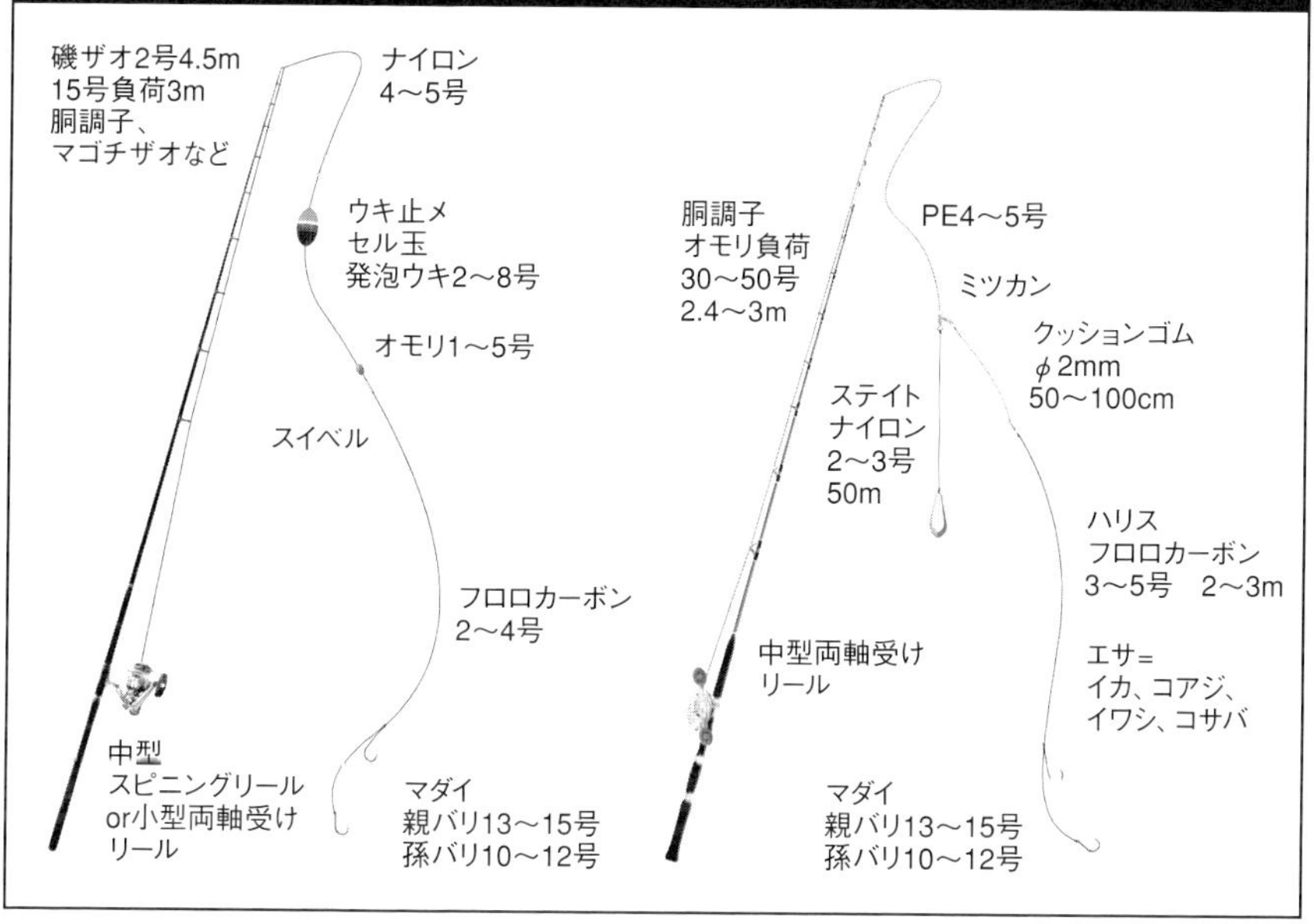

頻繁にタナ取りをすること。エサをひと噛みしただけで放してしまうこともあるので、サオ先に異常を感じたら、即アワセで一発勝負だ。追いアワセもこの釣りには有効。ドラグを緩めている場合は、サミングでスプールを固定する。クッションゴムのない短ザオでのやり取りは、スリリングこのうえない。

泳がせ釣り

これは生きエサまかせ、マダイまかせの釣りかも。イワシやアジなどでも釣れるが、晩秋なら深場で活きたヤリイカをエサにするのがイチオシ。ヒットすれば良型確実です。え～っと、エサにするヤリイカを釣るほうが難しいという意見もありますが。

ここでは書ききれませんが、ジギングでも釣れるし、タイラバもおもしろい。

夢はスモールボートで10キロオーバーゲット（ヒラメの頁でも書きました！）

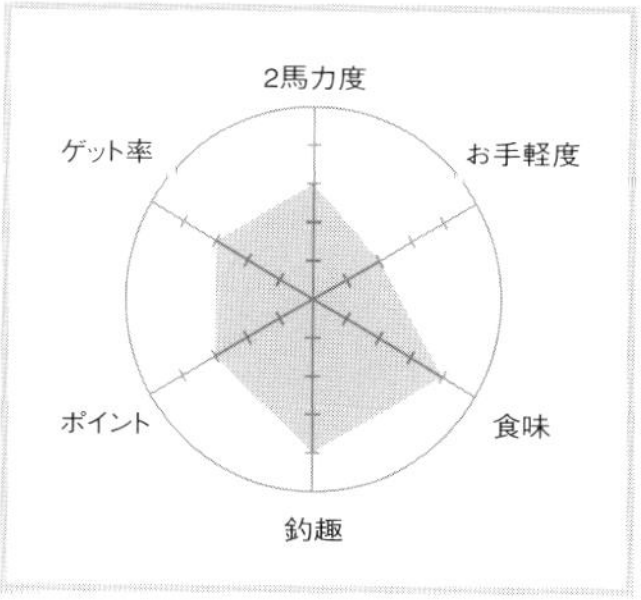

旬の魚を狙え!

春 夏 秋 冬

7月—8月

マダコ

テンヤの小突きに気合を入れる

梅雨が過ぎ、照りが続けばマダコのベストシーズン。タコ類はなじみの深い魚介類だ。ところが、最近は輸入物でもけっこうお値段が張る。こりゃ、テンヤを小突く手にも気合が入りますな。

我が国におけるマダコ事情

海に囲まれ、昔から水産資源に恵まれてきた、わが国、日本。うまい海産物を口にすると「あぁ、日本人に生まれてよかった」なんて、お気軽に生きてきたが。しかし、気が付けば日本は、いつの間にか漁業後進国に? いや、消費量は多いし、漁獲や養殖の技術は優れていると思うので、いわば水産後進国か。

近頃では、環境を保持

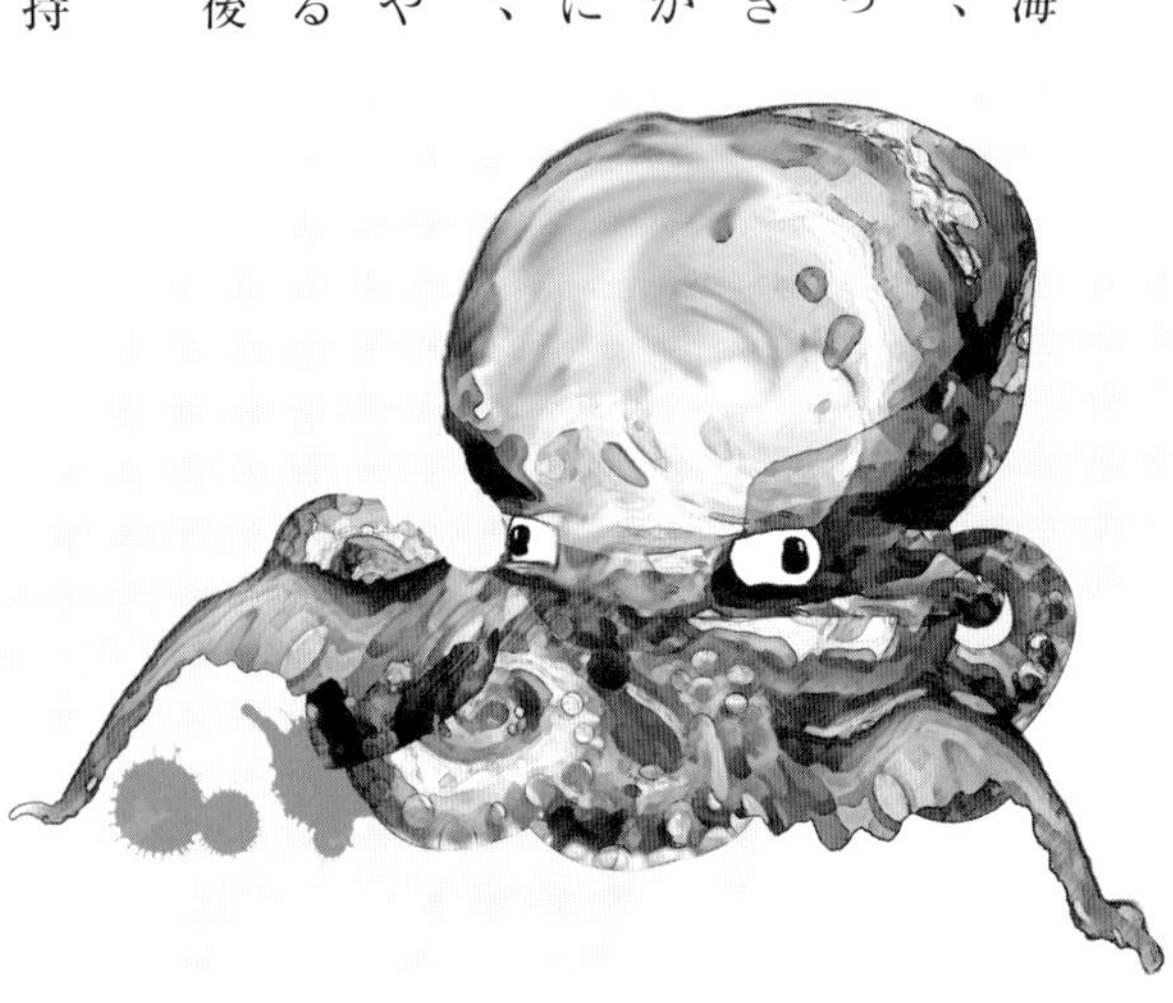

しながら天然の海産物の継続的な利用を目指し、国際的第三者機関が認証した海産物にロゴマークをつけて販売している。その商品を扱うには、卸業者も小売店も機関からの認可を受けなければならないらしい。ただ、国内で獲れなくなれば輸入に頼ってしまうわが国で生まれたシステムではないためか、残念ながらまだ国内での流通量は少ないとか。当然ながら、すでにご存じの方も、リピーターのお得意さんもちゃんといます。でも依然として、寿司屋や居酒屋で「輸入モンの魚なんて食えたモンじゃない！」なんて言っているオヤジの声をよく聞く。自分としては、ノルウエー産のサバなど脂がのっていてウマイと思うけどなぁ。

それにしても、スーパーへ行けば水産物はもとより野菜も加工品も輸入物のオンパレード。なかでも、マダコの輸入率は筆頭かもしれない。なんせ、世界中のマダコの3分の2を日本が消費しているとかで、かつてどこのスーパーにもあったモロッコ産は、乱獲のため資源が枯渇して禁漁、マダコ高値に拍車が掛かった。いまでは、こぶし大に切り分けた輸入品の茹でダコが、数百円なら大安売りだ。

マダコあれこれ

日本近海には50種以上のタコがいるが、釣りの対象になるのはマダコ、イイダコ、テナガダコ、ミズダコ、ヤナギダコがメインだろうか。関東周辺では、この5種全部が釣れるが、ミズダコとヤナギダコは北方系。南方や琉球方面では、吸盤の多いワモンダコに人気がある。かまれると、フグのテトロドトキシンに似た毒で死に至ることもあるヒョウモンダコも南方系だが、関東でも生息しているので要注意。ただ、10センチ程度の小型なのでテンヤに掛かる率は低いと思う。それでも、コバルトブルーのキレイな豹柄のタコを見たら、近寄らないほうが無難だ。また、イカのようなタコのような得体の知れないグロテスクな姿で、人を驚かせるのはムラサキダコ。日本海側に多く、底棲のほかのタコと違い、浮遊しているため簡単に捕獲可能。食べたことはないが超マズイらしい。

タコ関連のネタを書いているとキリがないので、

マダコ

マダコに絞ることにする。

名前の由来はいくつもあるが、「タコ=多股」が一番納得する。マは一般的とか、数が多いという意味ですね。

それにしても、タコ類は地方名が少なくてラクです(いつもは地方名の整理で苦労する)。タコは、どこにいてもやっぱタコなのか。マダコの地方名では、イワダコとオオダコしか知りません。北海道方面では、ミズダコやヤナギダコの雌をマダコと呼んだりしている。

マダコの生態

棲息域は、太平洋側は三陸、日本海側は新潟以南から九州。もともとは夜行性で、岸近くの岩場から水深40メートルくらいまでの岩礁帯にいる。寿命は1~1.5年(産卵期終盤生まれは翌々年の産卵期前半まで生きることもある)といわれているが、3~4年という説もある。なんせ、タコは生物分類学では遅れている対象なのだ。体に年齢を特定できるようなものがなく、個体差が大きいくせに、死んでしまえばみな一緒。無脊椎動物で、どちらかといえば貝の仲間だ。したがって、漢字で書くと蛸になる。蛤(ハマグリ)も蜆(シジミ)も虫偏ですね。ちなみに、つくりの肖は枝とか梢を意味する。

産卵期は5~10月。体重は3~4キロまで成長する。東京湾のマダコ乗り合い釣果欄に0・5~7・5キロなんて書いてあるが、7・5キロともなれば当然、ミズダコです。

禁漁期は各地方の漁業協定によってさまざまだ。釣行するゲレンデの禁漁期は、前もって調べておきたい。関西方面では産卵盛期の9~10月を禁漁にするところが多く、東京湾の神奈川県側は1~5月。

ただし、プレジャーボートでのマダコ釣りは、観音崎~大房岬以北の東京湾は全面禁漁になっていて、ややこしい。地元官庁の水産課や漁協、船宿のHPなどを参考にするといいだろう。

サオにしろ手にしろ、タコはテンヤで釣る

サオ釣り仕掛け

マダコ釣りの主流はテンヤ仕掛けの手釣りだが、サオ釣りでも釣れないことはない。しかし、2キロオーバーの良型がヒットすると苦労する。サオの長さを利用して、やっかいな取り込み時の張り付きを防ぐことはできるが。

　取り込み時の張り付きとは、タコを海面から上げるときに、ボートの舷側やボトムにタコが張り付いてしまうこと。張り付かれると、まずはがれない。ラインを緩めてはがすテもあるが、テンヤはカエシのないハリを使っているためタコも外れてしまう。有効な手段は、ラインを張ったままボートを全速で走らせる。ただ、これをするには、ほかのサオの仕掛けの回収とか、エンジンを操作する手間がかかる。1人乗船ではダメですな。とりあえず、張り付かないように注意するしかない。それを防ぐため、仕掛けを投入するのは必ず潮下へ。

　テンヤを下ろして着底したら、イトフケを取り、1秒に2～3回のリズムで小さく小突く。小突く強さとストロークは、オモリだけが海底をたたくように、ハリのフトコロ部分は常に海底に着いている状態をイメージする。マダコがテンヤに手を出すと、ジワーッと重くなる。さらに乗ってくるとグッと重みが増すので、2～3秒待ってからしっかり合わせる。あとは、一定のリズム

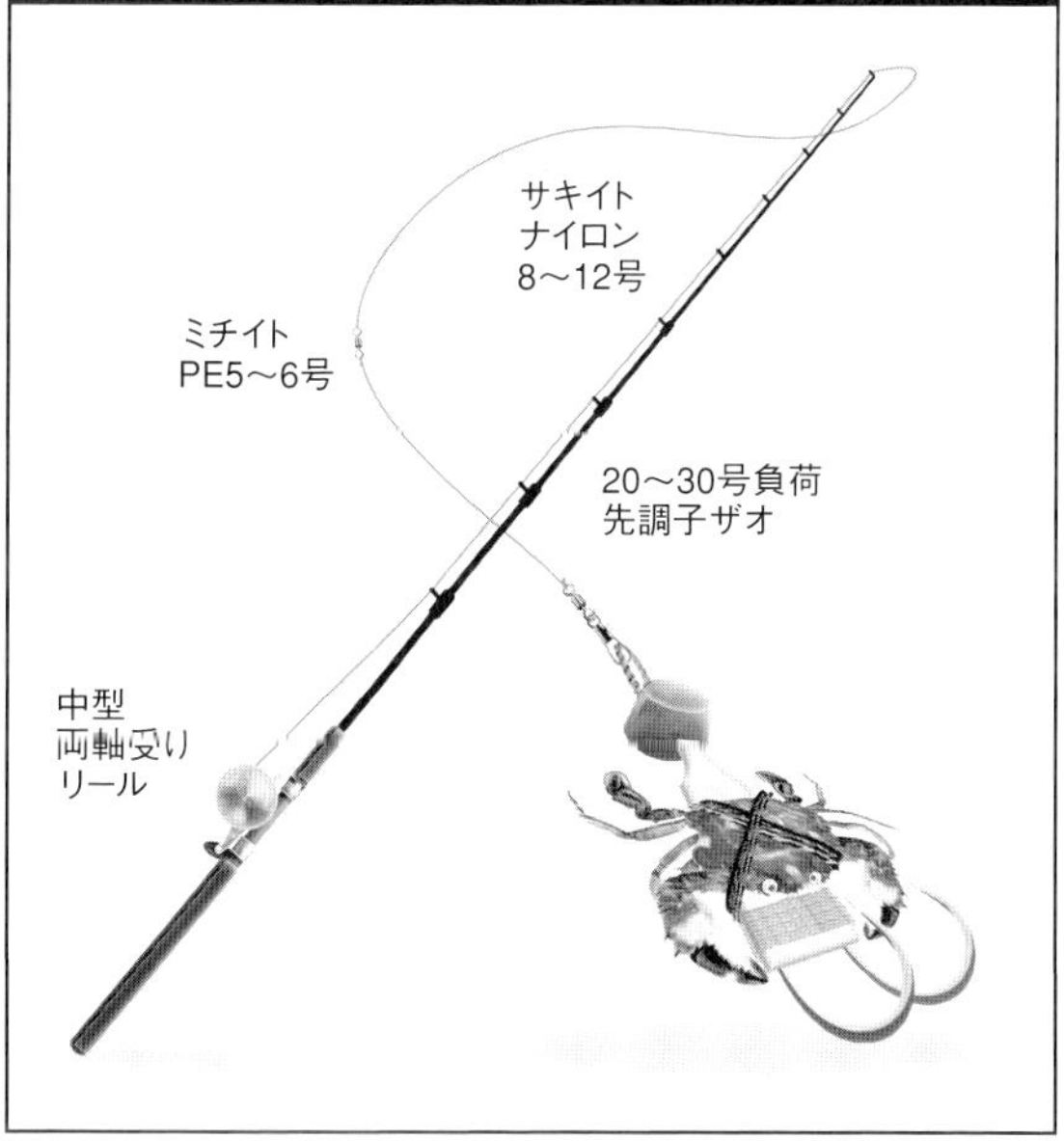

サオ釣り仕掛け

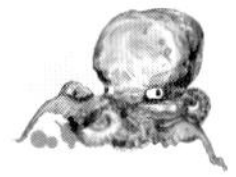

マダコ

で手繰り寄せて、必ずランディングネットですくう。アワセが足りないと、ただテンヤに抱き付いているだけ。海面上の釣り人を見てあっさりテンヤを放し逃亡してしまうヤツが多いからネ。

以上が基本的な釣り方だが、小突きを一日中マジメに繰り返しても、ボーズの可能性を拭いきれないのがマダコ釣りである。釣れたとしても2～3匹か。ポイント重視の釣りになるため、実績のない場所や不慣れなポイントでは、タコボーズ率はかなり高いゾ。しかも、マダコ釣りで外道が交じることはまずないから、ボーズを食らうとクーラーの中は空っぽだ。

となると、ビギナーは専門に狙うよりも、ほかの釣りとのコラボをオススメする。たとえば、シロギス釣りにあきたらチョイとテンヤを投入してみるとか。アオリイカのエギングにマダコがヒットしたら、テンヤで重点的に探ってみるとか。ヒラメや青ものの泳がせ釣り中のヒマつぶしにテンヤを出すとか、パターンはいろいろだ。したがって、普段からタックルケースの中にはテンヤを常備しておくのが得策。プラスチック製のカニ付きテンヤでOKだ。

なお、アンカリングよりも流し釣りのほうが格段にヒット率は高い。エンジン流しでもシーアンカー流しでも自分の好きなスタイルで攻めてみよう。

手釣り仕掛け

手釣りなら、イト巻きに巻いた24～30号のシブイトとテンヤだけの単純な仕掛けでいい。エサはイシガニが一般的で、プラスチック製のカニはやはりマダコのノリがイマイチ。しかし、必ず使うわけでもないのにイシガニを用意するのはどうもねぇ。という場合は、弁当のオカズがけっこう使える。タコをねらう機会がなくとも無駄にならない。ウインナーやトンカツなど脂ギッチュなものなら何でもいい。ウインナーなどを、プラカニテンヤのハリの根元まで刺して輪ゴムで固定。これだけでマダコはノリノリ。乗合船の常連には、イシガニとブタの脂身を抱き合わせて使っている人もいるくらいだ。

エサ付けの注意点は、テンヤに付いているイトでエサが緩まないようにしっかり固定すること。潮が濁っている海域では、カニを裏返しに付けるのも効果的。外房方面ではサンマ、瀬戸内海ではアジもエサにするので、釣れたアジやシロギスもエサになる。ただし、テンヤのハリ先よりもエサが高くならないようにする。これは、ほかのテンヤ釣りにも通じるエサ付けのコツで、重要ポイントです。

サオタックルは流し釣りも同じで、サオは20～30号程度のしっかりめで、リールは中～小型の両軸受けタイプ。ラインはPEの5～6号で、サキイトはナイロンの8～10号を。

テンヤのほかに、最近はやってきているのがタコジグ仕掛け。この釣りは、海底よりも絶壁のような根や、沖堤などの際を上下に探る釣り方で、当たると数が出るが小ダコのヒットが多い。サオ釣りが

手釣り仕掛け

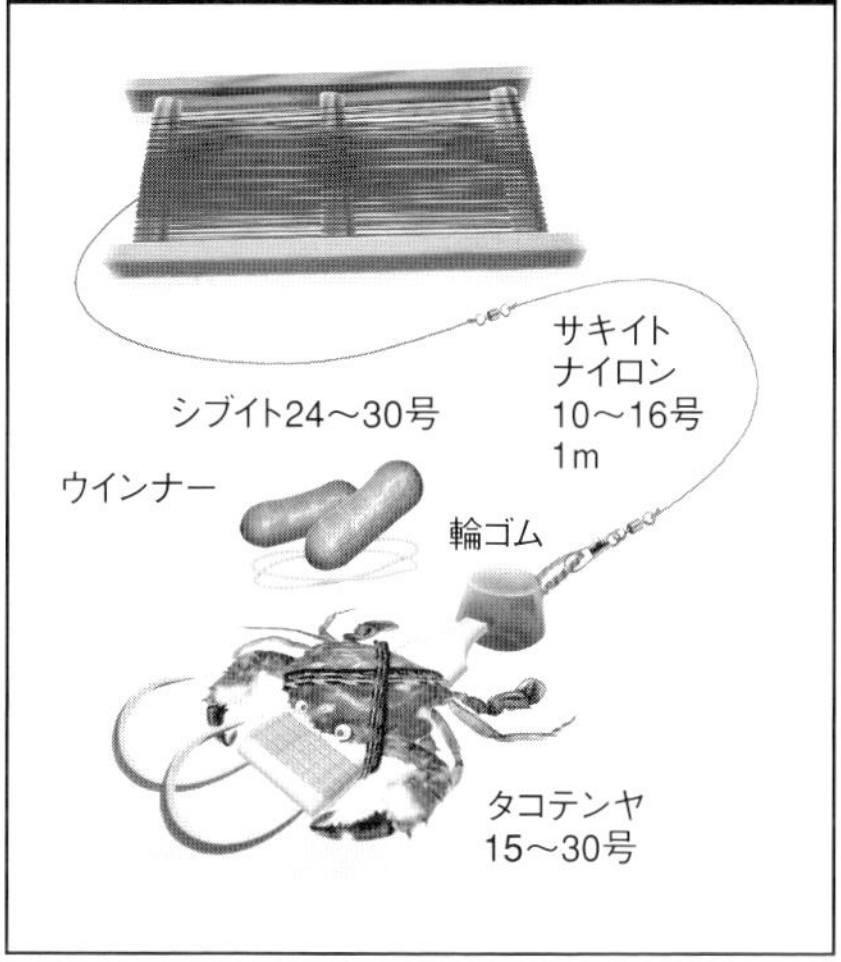

エサ付けのコツ

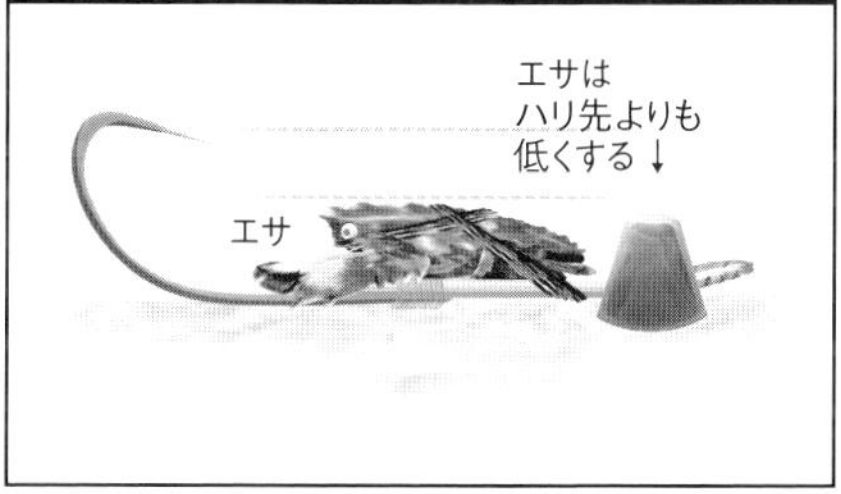

小突き方のコツ

ハリのフトコロが底から離れないように小突くというイメージで。実際はハリ側も浮いているでしょうが…

一般的。条件に当てはまるポイントがあればぜひ一度お試しを。思わぬイイ釣りができるかも。

中心ポイントは岩礁帯

イチオシは沖の岩礁帯①。大きな単独根より平根のほうが釣りやすい。マダコはどこにいてもおかしくないが、数が集まるポイントは限られている。実績のあるポイントをリサーチしてみよう。

次はテトラ周りから沖に広がる岩礁帯②。大型をねらうなら、テトラ脇から急深になる場所がいい。ただし、マダコは真水を嫌うため河口近くでの釣りは避ける。

定置網やイケスなどの障害物周り③では、海底が砂地でもマダコはいる。トラブルのないように注意して、固定ロープ基部周辺を探る。水深は15～20メートルが釣りやすい。ここでは、縦の誘いができるタコジグも効果的である。

④の岬先端の浅場は、夏のシーズン真っ盛りのポイント。カケアガリの岩礁と砂地との境目付近が釣りやすい。また、根が荒い場所でのテンヤ釣りは、アンカリングするしかなく、釣れても釣れなくても数投したらアンカーを上げて移動を繰り返すタフな釣りになる。

⑤は根が点在していればタコはいるが、専門に狙

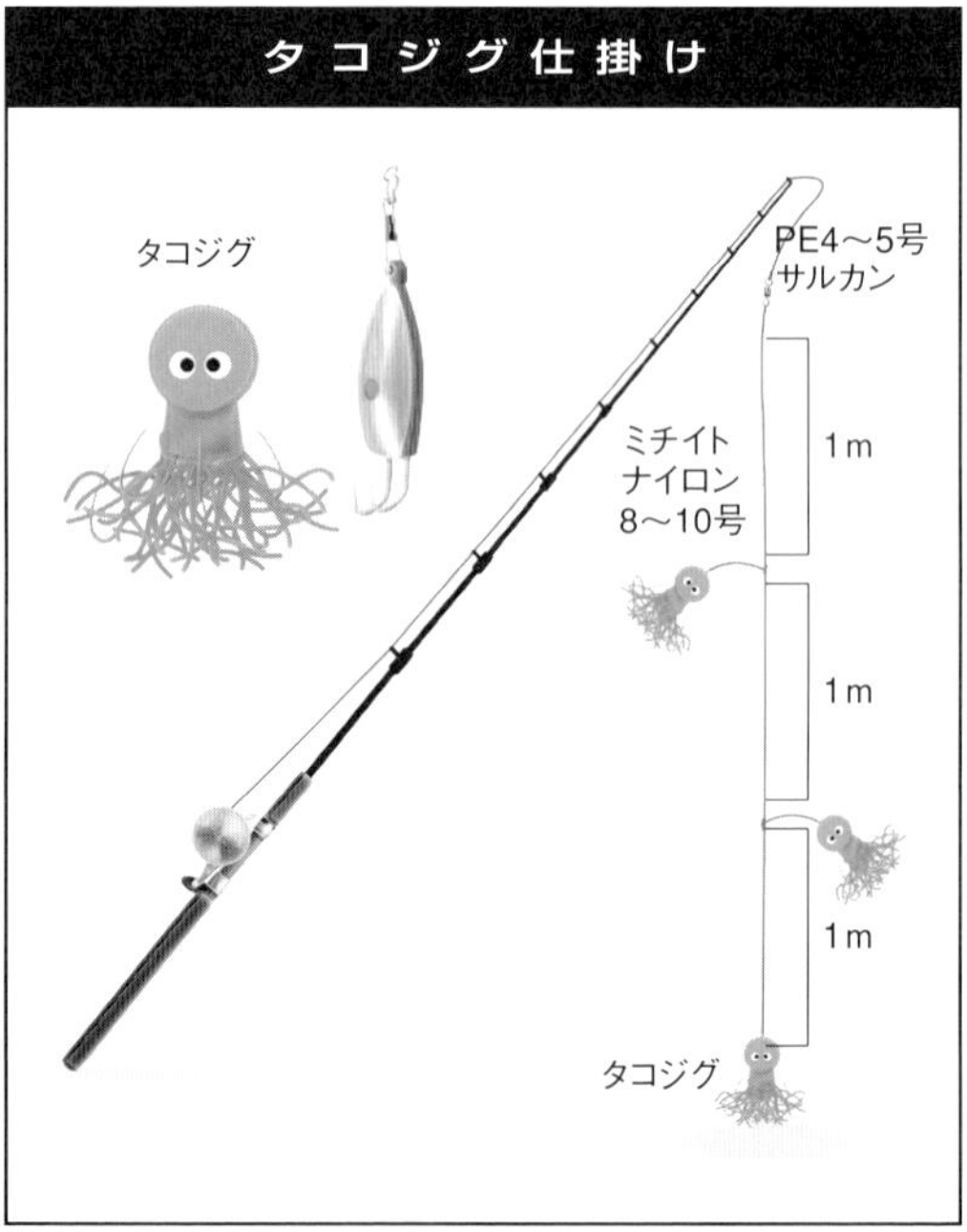

ポイント

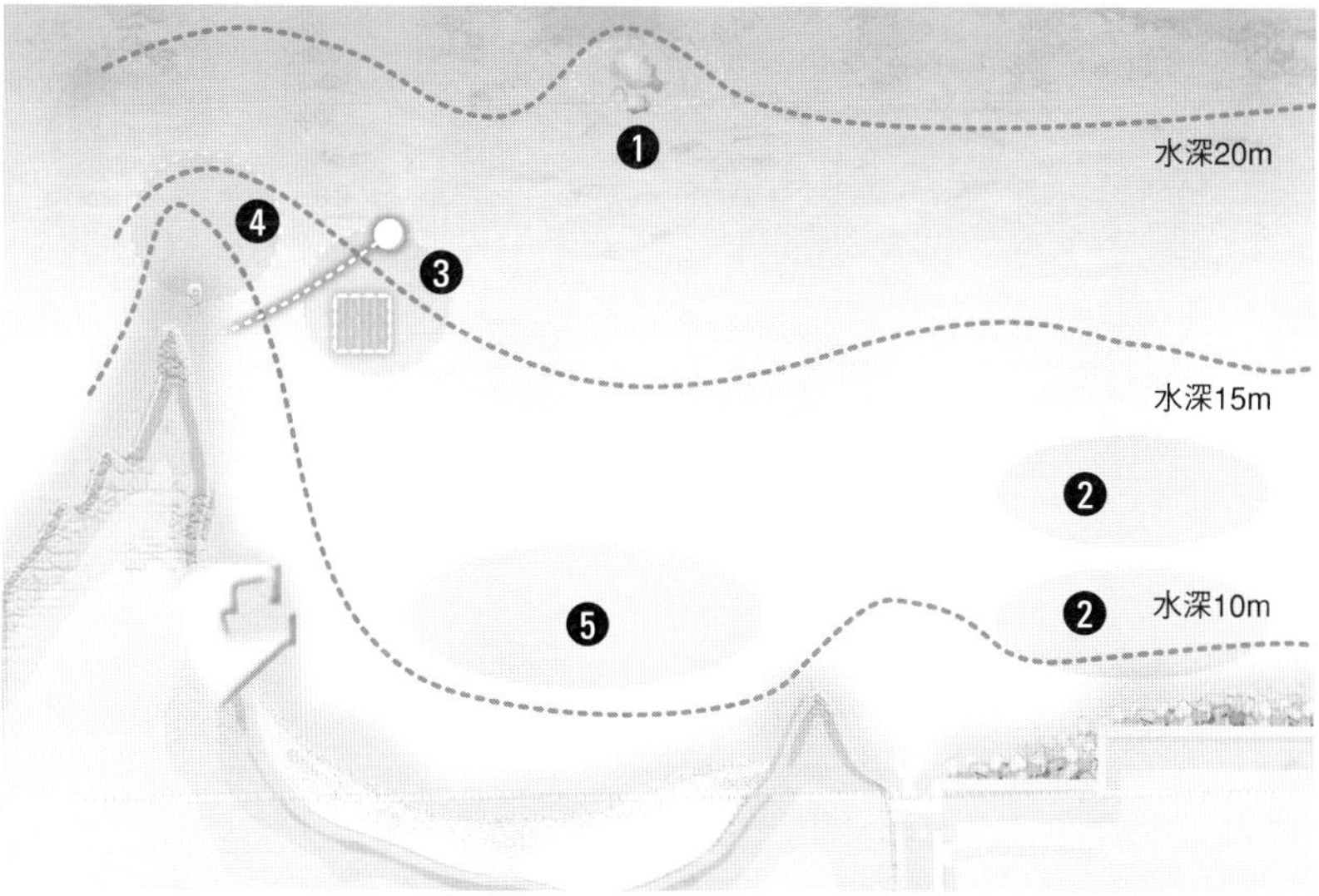

えるほどの個体数はいないだろう。ここで釣るなら、ほかの釣りの合間のハモノ釣り感覚で。

タコを上手に持ち帰るには

脂肪がゼロに近く、成人病予防に効くタウリンを多く含む超ヘルシー食材。今や地ダコは貴重品で、大切に持ち帰ろう。

タコは、氷締め(生きたまま氷水に入れる)にすると味が落ちるといわれている。締め方は、眉間を尖ったもので突き抜く。うまく締まれば、体が白く変色してウデからも力が抜ける。また真水に浸かると体色が落ちるので、凍らせたペットボトル+海水の中へ。

持ち帰ってから処理をする時間がないときや、すぐ料理しない場合は、そのままヌメリも取らず丸ごと冷凍してしまう。そのほうが断然おいしい。

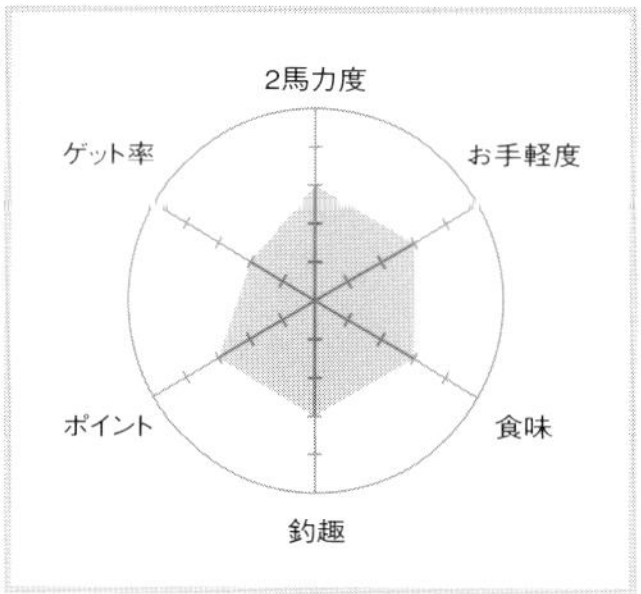

春 夏 秋 冬

6月—8月

マルイカ

「スモールボート的ターゲット」

マルイカのベストシーズンは春から夏にかけて。この時期だと水深10メートル程度の浅場で勝負できる。まさにスモールボートのターゲットです。

独特の甘みのある美味なイカは、隣近所に配っても、喜ばれこそすれ、絶対に文句を言われないシロモノだ。

もちろん、配るだけの数がゲットできれば、の話ですがね——。

雑学的マルイカ論

まったく、ほんとにもう、イカの名前は単純な地方名が多く、ややこしくて困る。

「いや～、このまえ食ったシロイカはウマカッタ」

などと言われても、ドコで食べたか、あるいは産地を聞かないとイカが特定できない。シロイカと聞

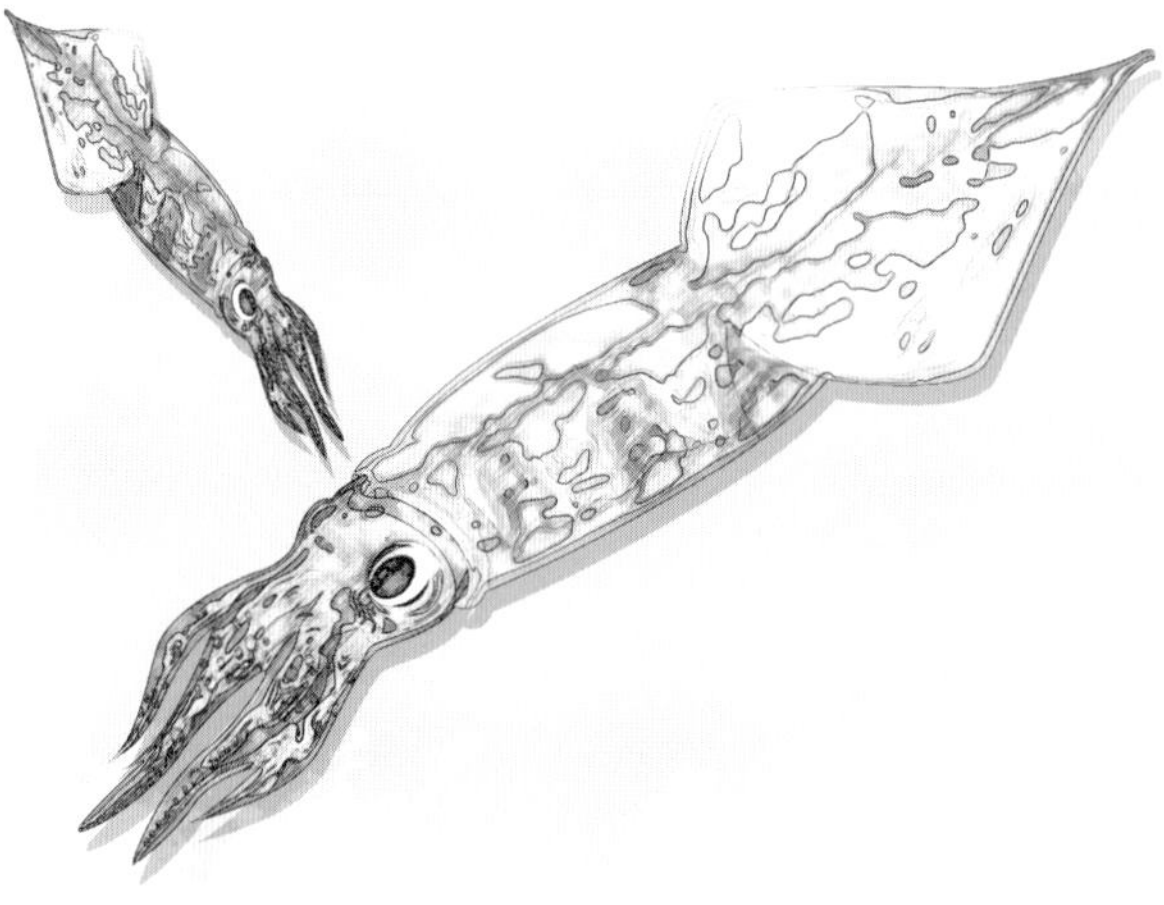

けば、北陸方面のケンサキイカ(ブドウイカ)と、沖縄のアオリイカが思い浮かぶが……。

マルイカは、小型のケンサキイカの関東名。ほかに、シロイカ、アカイカ、マイカ、ゴトウイカなど地方名はさまざまで、ほかのイカの標準和名とダブっていて混乱する。さらに、胴の先端が剣のようにとがっている成長した個体と、マルイカの名がぴったりの幼い個体が同じ種類には見えないためか、大きさでも呼び名が違っていたり……。こうなると釣り人は悩みますな。三浦では小型をメトイカといいます。

また、日本海側のブドウイカ(シロイカ)は、ケンサキイカの季節的な一形態で、マルイカとは体型もちょいと違い、触腕先端の掌部分が大きく、もしかしたら別種なのかも。

そもそも、イカを見てすぐ名前が言える人は、漁を生業にしているか、かなりの釣り好きだろう。ツツイカ類のなかでも、ヤリイカとケンサキイカなどは、実際に見比べないとなかなか判別できない。見分け方としては、まず足。ケンサキイカは触腕が長く、ヤリイカはほかの足より少し長い程度だ。つぎに体色だが、釣り上げた直後のケンサキイカは赤くなるのが特徴。しかし、個体によって若干違うし、死んでしまえば白くなるのであまりアテにならない。ただ、ヤリイカより皮が弱く、すぐ破れたり剥げ落ちる。

ケンサキイカはヤリイカより南方系だが、南の琉球方面ではヒラケンサキイカが釣れる。ケンサキイカよりもさらに触腕が長く、見分けは簡単。ヤリイカの胴にスルメイカの足を突っ込んだ感じだ。

ところで、イカの血って見たことあります?

イカの血液は哺乳類のヘモグロビンとは違い、ヘモシアニンなる物質で青色をしているため、開いたときでもチョイト気が付かないでしょ。何語だか忘れたけれど、セピアカラーのセピアの語源はイカ墨のインクらしい。ついでに、イカの墨で書いた証文はしばらくすると消えてしまうことからイカサマとか(笑)。さらに、イカを漢字で書くと烏賊。普通では絶対に読めませんよね。これは中国で、海面を泳ぐイカをカラスが取ろうとしたら、逆に海中

マルイカ

に引きずり込まれて食べられてしまった、というのがもとになっているとか。

シーズン

シーズン初めの早春は水深80メートル位の深場がポイントになるので、釣り場を選ばないとスモールボートで攻めるのはつらい。だが、真夏をピークに徐々に浅場に移動し、盛期には水深10メートルでの数釣りも可能になる。そして秋とともに再び深場に落ちてゆく。

スモールボート的には、シロギスのシーズンとリンクするので、それを見逃すテはない。シロギスの流し釣り中にスッテを垂らしておくだけでサオにアタリが出ることも。もちろん、マルイカの気配を感じたらシロギスザオを放り出し（置きザオにして）、マルイカ狙いに専念するのはいうまでもない。

ポイント

フィッシュイーターのマルイカを狙うのだから、エサになるベイトが集まる場所が基本。要するに、ほかの釣りとポイント的には変わらない。ただ、沖の根には大きな群れが付くことがあり、浅場の砂地では小さな群れで回遊しているようだ。

ポイント図の①は沖の根か魚礁まわりで、初期か後期にスッテ仕掛けでチャレンジしてみたい。水深は50～100メートル。それなりのタックルが必要になるが、スルメイカなどほかのイカや、生きエサ釣りならホウボウやヒラメなどの外道が交じることも。

②の定置網やイケスの障害物周りも見逃せない。サビキでアジを釣りながら、アジにおびき寄せられてボートの近くに出没するマルイカを、泳がせ仕掛けでゲットするのが私の必釣パターン。

③は前述のようにシロギス釣りとのコンビネーションも可能。流し釣りをしていると、砂地から小さな根にさしかかる場所でのヒットが多い。ただ、

ポイント

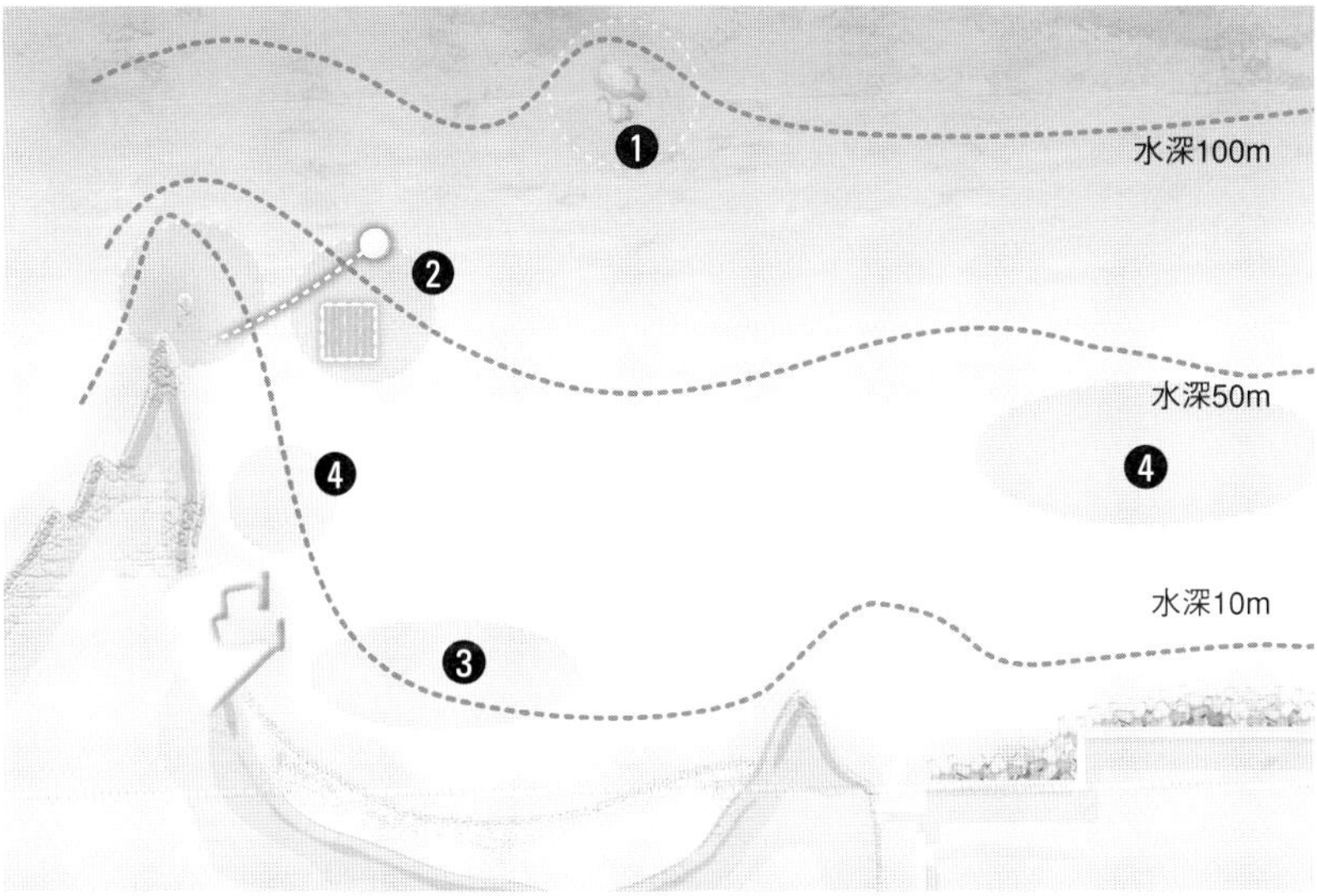

根による相性か、根に付くほかの魚との相性か、浅場で同じような根があっても、ポイントが限定されていることもある。

④は、砂地が点在する岩礁帯を想定。ここでは、ベイトを見つけることが先決。ご存じのとおり、イカの反応を魚探で判別するのはかなり困難。電池式の小さな魚探ではなおさらだ。ベイトの反応を探し出したら速攻で仕掛けを下ろし、2～3投してもアタリがなければドンドン移動しよう。イカ釣りはターゲットとの鬼ゴッコですヨ。

タックル&釣り方

釣り方としては、スタンダードなウキスッテのブランコ仕掛け。エギングはシャクリとキャスティングでも可。そして、生きエサ釣りなら、深場と流し釣りを対象にしたドウヅキ仕掛けと、浅場のアンカリング時でも広く探れるウキ仕掛けがある。それぞれの釣り方に特徴があり、好みとシチュエーションで使い分けよう。

スッテ

この仕掛けはフルシーズン、浅場から深場までカ

バーできるマルイカキラーである。スッテ仕掛けは、ウキスッテを中心に仕掛けを組み立てるのだが、プラヅノやタイプの違うものを組み込み、色分けの順番も重要なファクター。とにかく、仕掛け作りは頭を悩ませる。しかしまた、それが楽しみでもある。もちろん、セット済みの市販仕掛けもある。最近のスッテはバリエーションが豊富でコレクターもいるハズ。「オッパイすって」や「エロチカ7」は、ネーミングだけでは何物だか判別不能ですナ。

ただ、乾舷が低くて海面が近いスモールボートで長い仕掛けは扱いにくい。したがって5本仕掛けが標準で、浅場では3〜4本の短仕掛けで手返しを優先させるように。

マルイカのサソイはソフトがセオリー。シャクリもアワセも急な動作はイケマセン。仕掛けが着底したら、根掛かりを防ぐためにもすばやくイトフケを取り、オモリを0・5〜1メートル浮かせてサオを頭上まであげ、様子を

泳がせ仕掛け　ドウヅキ

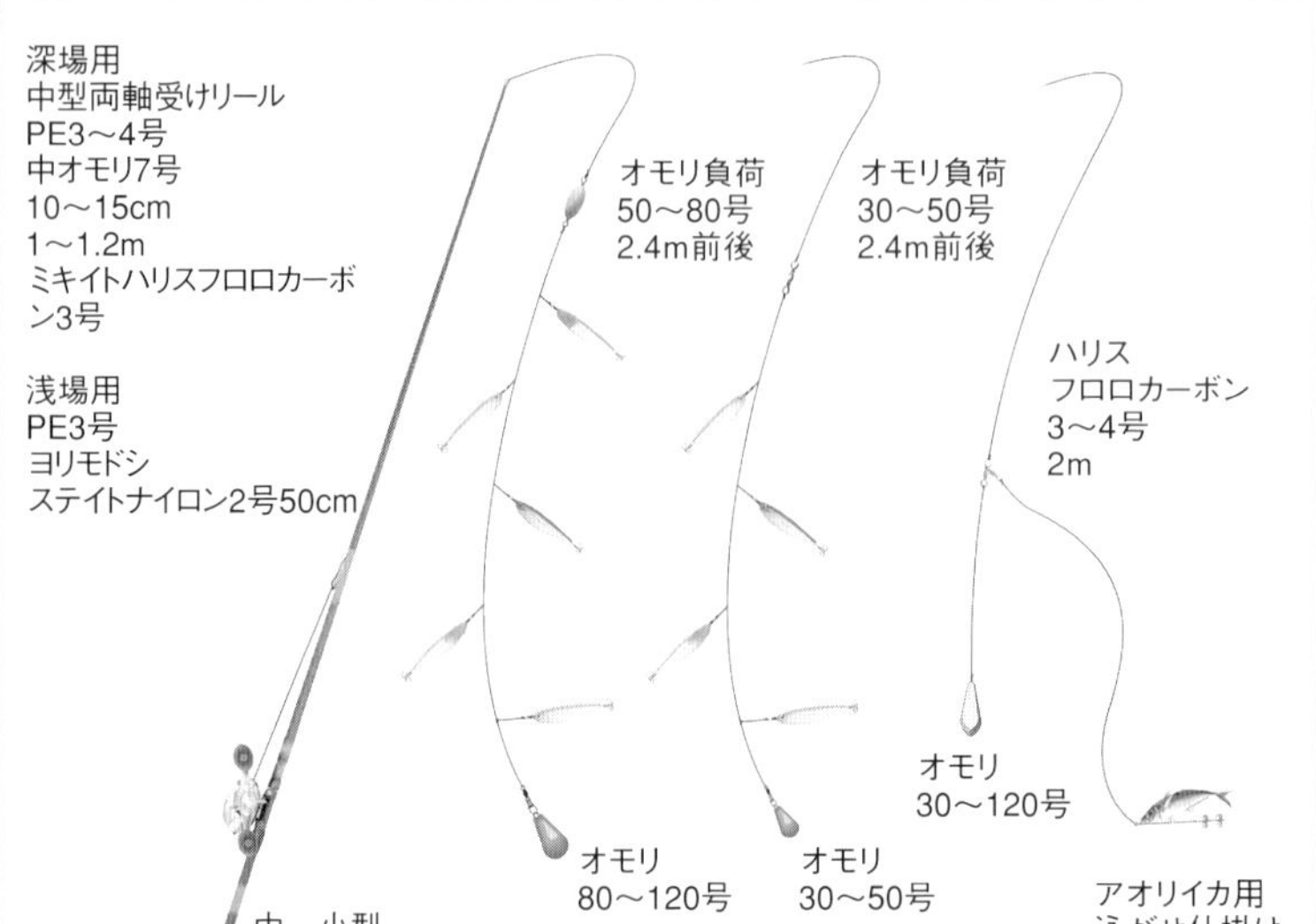

泳がせウキ仕掛け

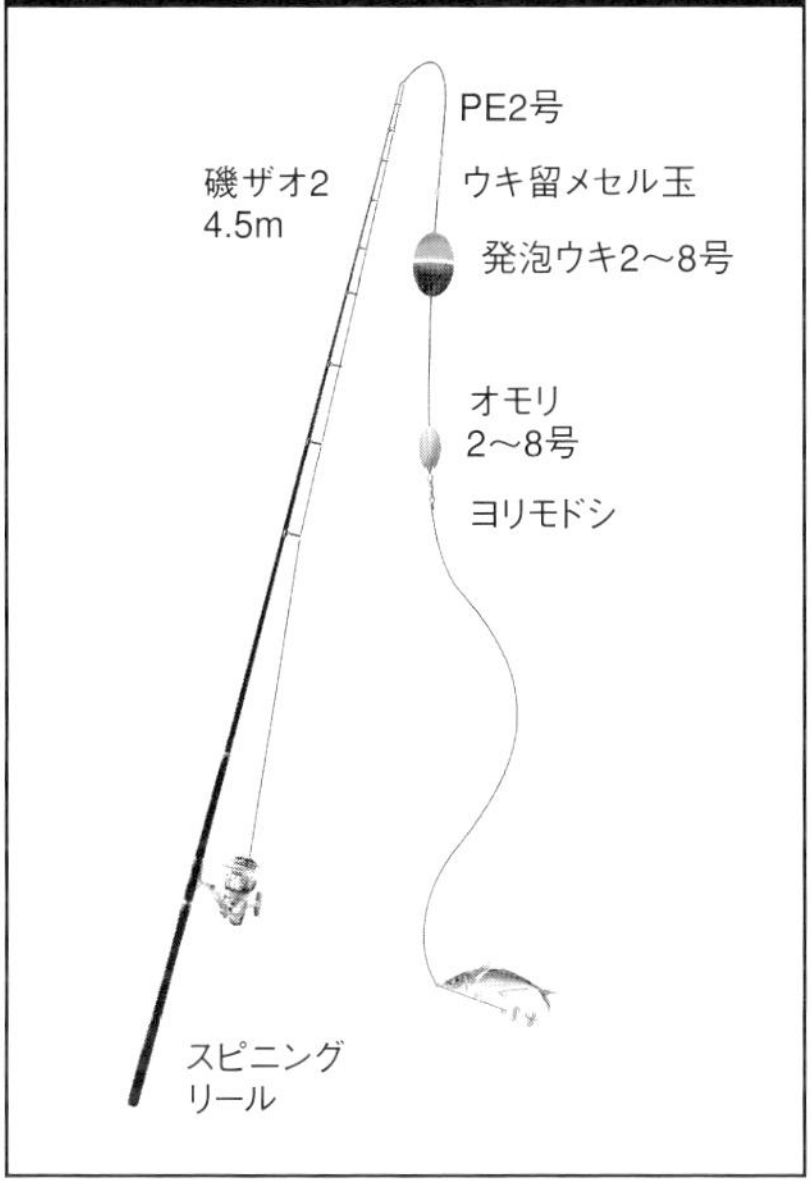

エギング

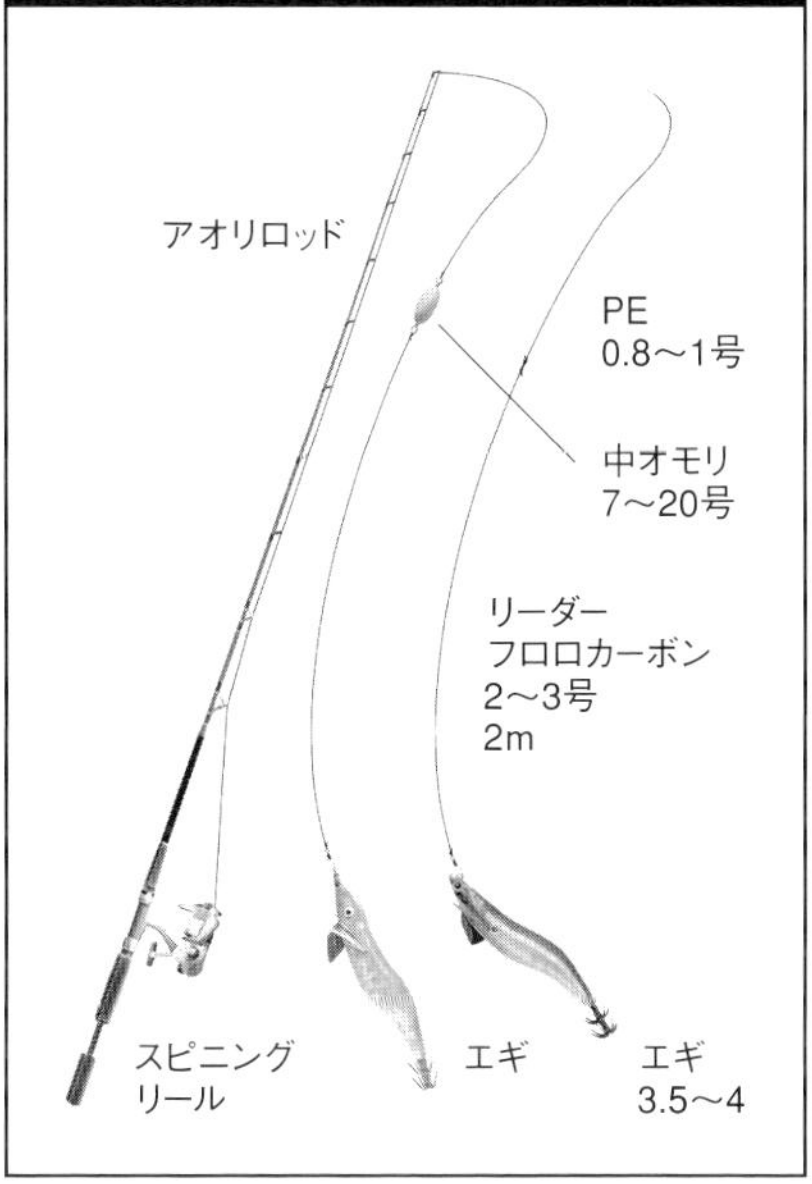

みる。アタリがなければサオをもとに戻し、上下動のサソイをする。よいサソイのスピードはその時々で違うからいろいろ試す。深場でサソイ続けても乗らない場合は、30メートルほど巻き上げて落としなおすのも効果的です。

エギング

エギは3・5号を標準に。水深15メートル以浅なら、キャスティングが楽しい。タナの範囲内をタテのサソイで探る。フォール中に抱きつくこともあるので、あくまでもソフトに。

それ以上の深場では、中オモリを付けたシャクリ釣りになるが、中オモリの代わりに80グラムのピンク系メタルジグ(フックなし)を付けても効果的。長いハリスがなじむのを待ってからシャクるわけだが、シャクリの幅と強さは小さく控えめに。

生きエサ釣り

この釣りは、ほかのイカや魚などの外道がヒットする確率が高くてワクワク感が楽しい。ある程度エサ任せの釣りになるので、ほかの釣りの合間に、ダメモト気分でサオが出せるのもフクだ。アジやシ

マルイカ

ロギスなど、その場で釣れた小魚をエサにするのがベストだけれど、フグなどのエサ取りが少なければ冷凍エサでも十分です。

　イカ類は、なんとも気まぐれ屋さんだから、有力なバカ釣れ情報でもない限り、最初から本命にするのは極力避けたほうがイイかも。「ほかの雑魚はいらん！イカひと筋」というお方は別ですけどネ。まぁ、なんらかのお土産を期待するなら、ほかの釣りとの併用をオススメします。そのかわり、スッテやエギは常時タックルケースに忍ばせておく。もし、釣れた小魚にイカマークが付いていたら、常備タックルで速攻全力勝負にでるのだ。

おいしい持ち帰り方

　せっかく美味なマルイカも、皮がズル剥け状態では美しくない。そこで、上手な持ち帰り方の一例を。イカは、水（もちろん海水も含め）に入れてしまうと身が白くなり透明感が失われる。体液やスミの色が身に付いてしまうから、ビニール袋に入れるのもよくない。

　簡単な方法は、クーラーの底に板氷（コンビニで売っているヤツ）を置き、その上に海水でひたひたに濡らした新聞紙を敷き、またその上にクーラーのサイズに合ったザルかカゴを載せる。釣れたイカは、クーラー内部の温度が上がらないように小ぶたから投入すればＯＫ。スミなどの汚れは下に落ち、傷のないピッカピカの鮮やかな体色のまま自宅へ持ち帰れる。大きなクーラーでは冷え切らないので8リットルくらいの大きさがベスト。大漁が予想される場合は同サイズのクーラーを複数用意！

　マルイカの分布は太平洋側は南房から南、日本海側なら富山より南。さて、ドコへ行きましょうか。

アニサキス対策

　通常釣った魚を締める場合は血抜きだけでも良いが、アニサキスの心配がある魚やイカを締めると

釣り方

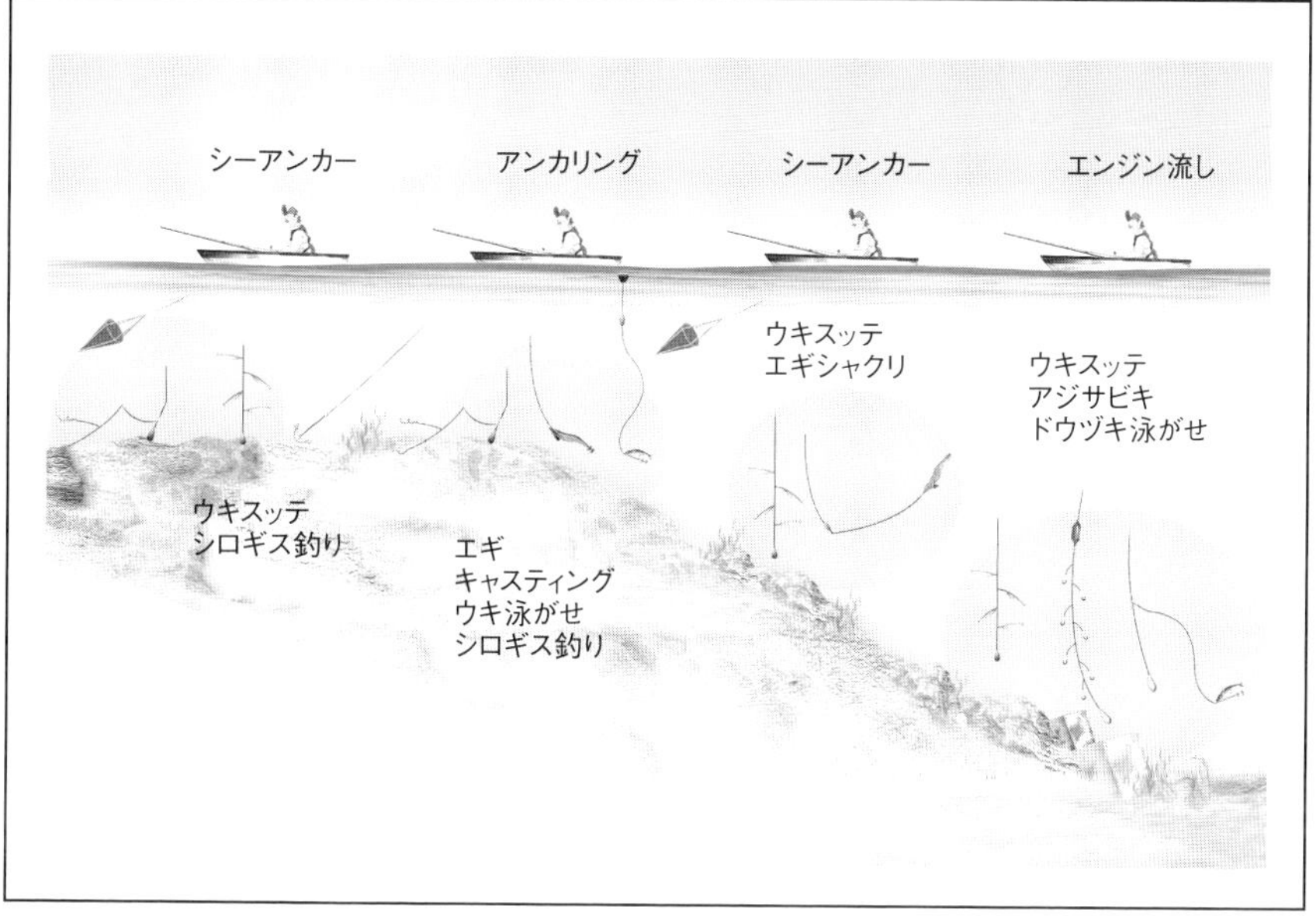

きは、内臓を取り出すことを忘れずに。

　魚やイカにパラサイトしたアニサキスは、普段は内臓周辺を活動拠点にしているが、宿主が死んでしまうと苦しいのか都合の悪いことに身のほうへ移動する。ゆえに、早めに内臓を取り出せば、アニサキスが身に侵入する可能性は低い。ご存知の通り、食物から人の体内に入ったアニサキスに胃や食道、口内を噛み付かれると、とても痛いそうです。救急車要請確実ですゾ。

　そのかわり、アニサキスは熱に弱く60度でノックアウト。あるいは、逆にマイナス20度で2日冷凍すればOK。イカを刺身で食すなら冷凍してからの方が安心かも。ちなみに、アオリイカやコウイカは冷凍して寝かせると、身が柔らかくなり甘味も出て、アニサキス対策にもなり、保存がきいて一石三鳥ですな。

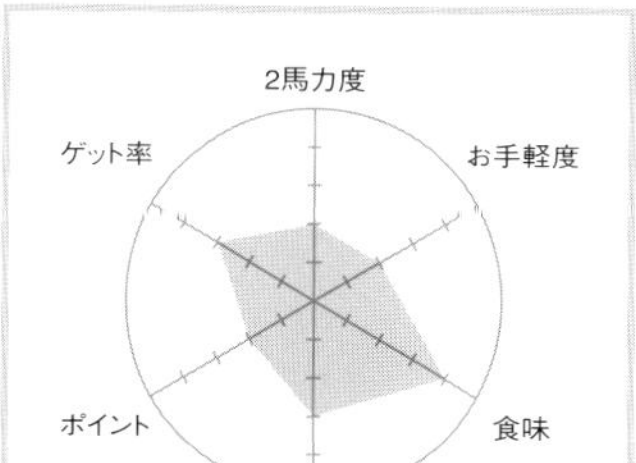

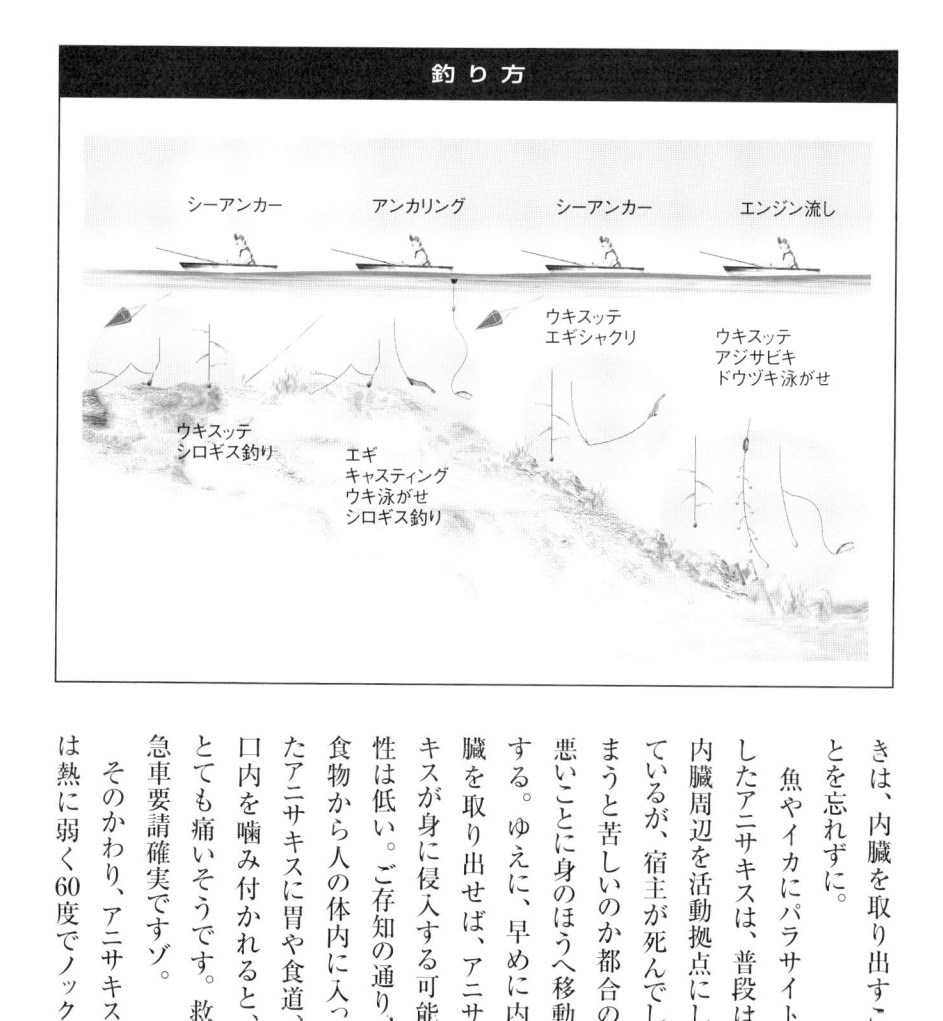

春 夏
秋 冬

7月—8月

メゴチ

キープかリリースか 究極の外道

ヌルヌルねばねば、見た目も、はなはだグロテスクな魚である。

美しく可憐なシロギス釣りにネズッポ類が交じると、ちょっとヒクかもしれない。しかし食べればコレ、かなりいける魚なのだ。

あまりこの魚を専門に釣ることはないと思うけれども、本命にしても決して悪くないターゲットである。

呼び名いろいろ、おもしろメゴチ学

メゴチ好きな人がいたら、その人のことをガッチョマンと呼ぼう。

英語でメゴチはDRAGONET。西洋の神話では、小さな龍のことをドラゴンベビー、ドラゴンバビー、ドラゴネットと、成長するにしたがい呼び分け

ているらしい。さしずめ、メゴチ釣りは「小龍釣り」ですな。

　関東ではネズッポ類のことを総称してメゴチと呼ぶ。もちろん、標準和名のメゴチ（カサゴ目コチ科）とは別物。ネズッポ類はスズキ目ネズッポ科ネズッポ属の魚たちである。

　地方名は、ガッチョ、テンコチ、ノドグサリ、ネバゴチ、オカゴチ、ヘタゴチ、ヌメリゴチ、ズルゴチ、ヨダレゴチ、ナメラコチ、デンデラゴチ、ズンメ、メカギ、エビラゴチ、シンネ、ニガジロ、ミミゴチ、ウシロデ、エグリハゼ……などなど。まぁ、ハッキリいって、テンプラにするとおいしいという意味の「テンコチ」以外は、あまり気色のいい名前ではありませんな。どの地方でも、ほとんどの場合ネズッポ類は総称して呼ばれる。世界中では130種のネズッポ類が存在し、国内でも35種ほどいるらしい。

　そのなかで釣りの対象になるのは、ネズミゴチ、トビヌメリ、ハタタテヌメリ、ヤリヌメリ。それに、近種のネズッポ科ヨメゴチ属のヨメゴチの5種がメインである。なかでもごく一般的なネズミゴチは、ノドグサリが標準和名になっていた時期があり、さらにネズッポ科をノドグサリ科としていたこともあり、話がややこしい。

釣れてうれしいメゴチの見分け方

　見分け方は、ヒレを見るのが一番なのだが、普通は釣れあがった瞬間に「あぁ、メゴチ（ガッチョ）だ」で終わってしまう。わざわざ、あのヌルヌルのヒレを開いて、1匹ずつ魚種を確認する釣り人は少ないと思う。でも、やはり、メインの5種くらいはヒレの特徴を書くべきなのかなぁ。ちょいとメンドイかも知れませんが付き合ってくださいな。

　ネズッポ全般としては、上から押しつぶされたような扁平な魚体で、頭は三角形に近く目は半球状に飛び出ている。また、頭部はエラ部分が広く、エラは小さな穴状のものが背中側にある。エラの脇に一対の棘があり、これがネズッポの大きな特徴となる。下手に触れるとこの棘が刺さって出血することもあり、釣れたらメゴチバサミかタオルを使ってメゴチを固定するこ

メゴチ

と。口は小さくて下向き。この口で吸い込むようにエサを食べる。魚体は粘液で覆われてウロコは小さい。オスのほうが大きく、水質のキレイな海域のモノはそれなりに美しいです。

産卵期は春と秋で、ペアで泳ぎながら上昇する産卵行動をとる。

ネズミゴチ（鼠鯒）

ネズッポ類の代表格で全長は20～25センチ。オスは、第1背ビレの縁が黒く、尻ビレの下半分も黒い。一方、メスは第1背ビレに白で縁取られた黒色斑がある。この黒色斑は未成熟のオスにも見られる。また最近、この黒色斑がブルーメタリックに輝く個体が発見されて、変種か新種かで話題になっている。この青斑変種型は黒潮が影響する海域の内湾で釣れるらしい。

トビヌメリ（鳶粘）

ネズミゴチの次によく見られるネズッポで、全長は15～20センチ。オスは、口の周りに黄色斑があり、尻ビレが縞模様、背ビレの第1第2軟条が延びている。メスは、第1背ビレの前半は白く透け、後半は黒色になっている。

ハタタテヌメリ（旗立粘）

たまにしか釣れない種類。尾ビレはオスが褐色、メスは透明で、黒点が散らばり下半分は黒くない。ほかに、オスは第1背ビレの4棘と尾ビレの鰭条が長い。メスは第1背ビレに黒斑がある。全長15～20センチ。

ヤリヌメリ（槍粘）

釣り上げると臭い。釣り人は「クサメゴチ」なんて呼んでいる。頭部の両脇にある棘が、他のネズッポ類は内側に曲がっているのに、ヤリヌメリはまっすぐなのが特徴。第1背ビレの前半の棘が糸状に長く伸び、第2背ビレには多数の黒点がある。オスメスの見分けは困難。匂いのもとは硫黄化合物だが、九州方面のヤリヌメリには臭くない個体もいるらしい。全長20～25センチ。

ヨメゴチ（嫁鯒）

成長すると全長50センチを超え、ネズッポ属ではなくヨメゴチ属。頭部の棘がヤリヌメリ同様まっすぐな形状で、体長と尾ビレは同じくらいの長さになる。第1背ビレの後半に眼状斑がある。オスは、第1背ビレの第1第2棘が伸びて、尾ビレもメスより長い。比較的深場にいて、かなりの希少種になった。

とりあえず説明はしましたがメゴチはメゴチ。ジュッパヒトカラゲで問題ないと思います。ただ、クサメゴチだけは丁重に海へお帰り願いましょう。あの臭いはハンパではなく、同じクーラーに入れると他の魚までクサメゴチになってしまう。しかも、食べれば舌がピリピリする感じで、中毒症状を起こす可能性もあるらしい。要注意ですな。

あだやおろそかにはできないメゴチ

さて、メゴチは関東では人気のターゲット（ホントか？）で、関西人好みのキューセンとは対照的ですな。ちなみに、市場価格であのメゴチが、キロ2000円を超えることもめずらしくないとか。スーパーなどでは、松葉オロシにしたものがけっこうお手ごろ価格で出ていることもあるが、築地ではホシガレイ、クルマエビの次に高値らしい。

近い将来、シロギスが激減したらネズッポ類の評価はぐ～んと上がるかも。実際、20数年前の時、東京湾奥の乗合船は釣りモノがなく、メゴチの乗合船を出していたこともあった。

基本的に周年釣れる魚だが釣りの旬はやはり夏。さらに、初夏と秋口は岸近くの浅場に寄っているので、スモールボートでも釣りやすい。

ポイント

メゴチポイントは湾内の砂地がメインになる。つまり、シロギスポイントとダブルと思ってOK。しかし、シロギスよりも潮通しが若干弱く、近くにツブ根や堤防、漁具などの障害物があって、淀みがちな場所がメゴチのお気に入りのようである。

ポイント図では、①のシロギスポイントならま

ポイント

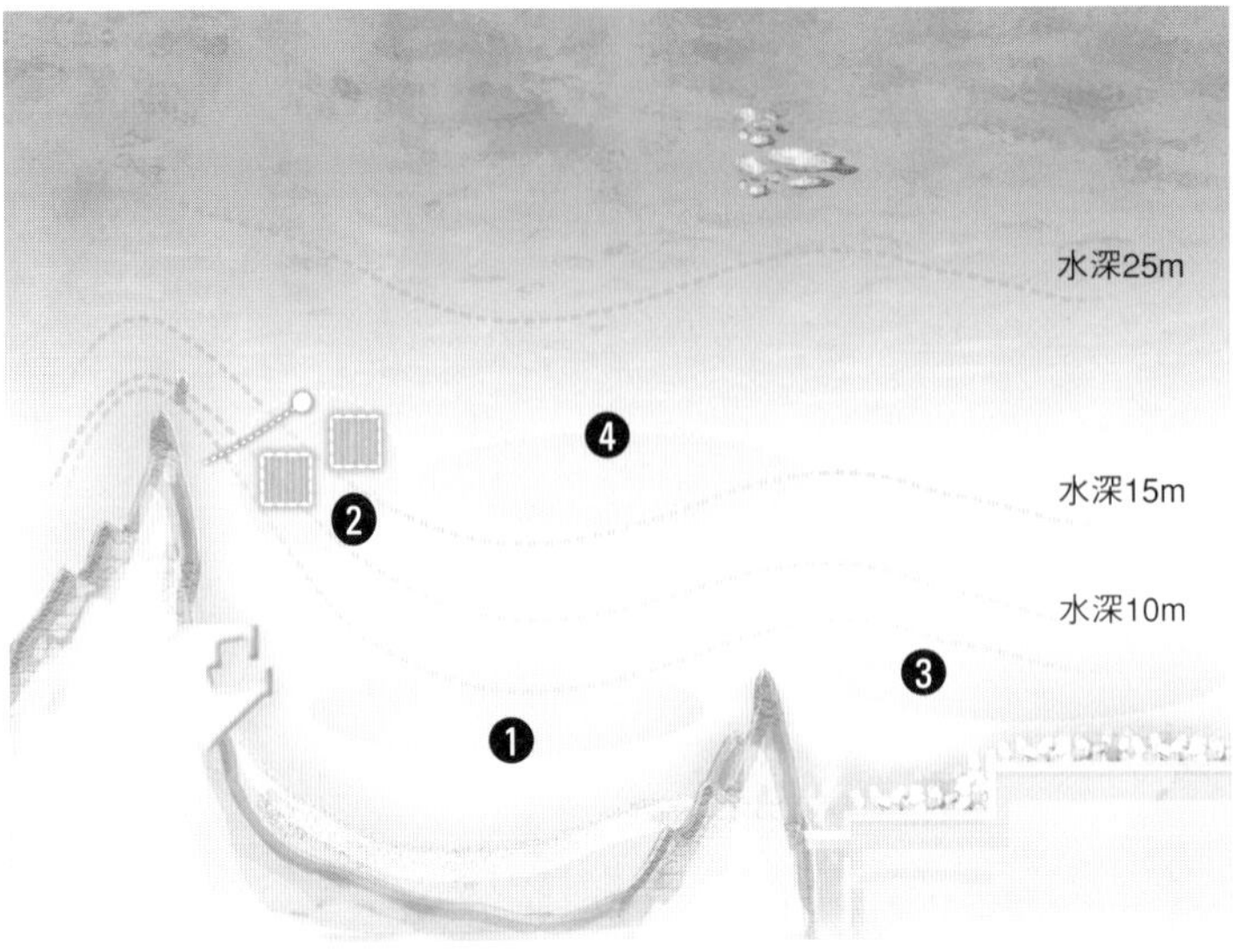

メゴチ

ず問題なく釣れる。ただし、外道のシロギスが多く交じると思うが。

　まずは、シーアンカー流しで広い場所を探り、メゴチが多くヒットしたところをアンカリングで重点的に狙う。少しくらい根掛かりするような場所が望ましい。

　②は堤防近くや定置網、イケスなどの障害物周り。言うまでもなく、接近禁止や係留禁止などのルールは厳守するように。メゴチは1カ所に集まっているので思わぬ大釣りをすることもある。当然、狭い場所なのでアンカリングで。

　③は、護岸やテトラの沖に、ゴロタ、もしくはツブ根が点在する砂地ならば、メゴチ狙いに申し分ない。根や海草の隙間の砂地には大物が潜んでいる。ここも、シーアンカー流しで好ポイントを見つけてから、アンカリングでじっくりと。

　④の沖のシロギスポイントは、冬季など低水温期のメゴチポイント。水深は15～25メートルくらい。

釣り方

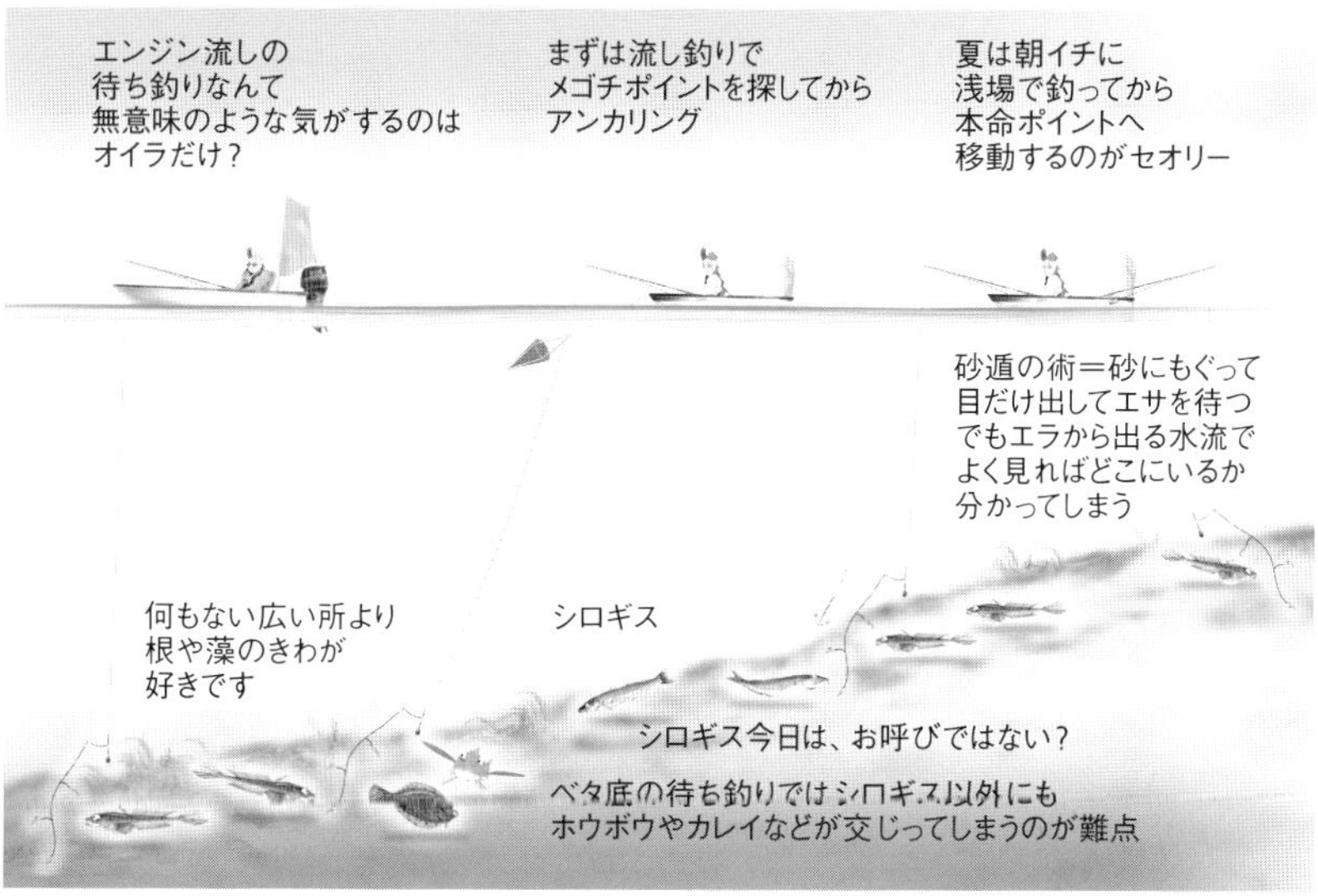
エンジン流しの
待ち釣りなんて
無意味のような気がするのは
オイラだけ？
まずは流し釣りで
メゴチポイントを探してから
アンカリング
夏は朝イチに
浅場で釣ってから
本命ポイントへ
移動するのがセオリー
砂遁の術＝砂にもぐって
目だけ出してエサを待つ
でもエラから出る水流で
よく見ればどこにいるか
分かってしまう
何もない広い所より
根や藻のきわが
好きです
シロギス
シロギス今日は、お呼びではない？
ベタ底の待ち釣りではシロギス以外にも
ホウボウやカレイなどが交じってしまうのが難点

メゴチタックル

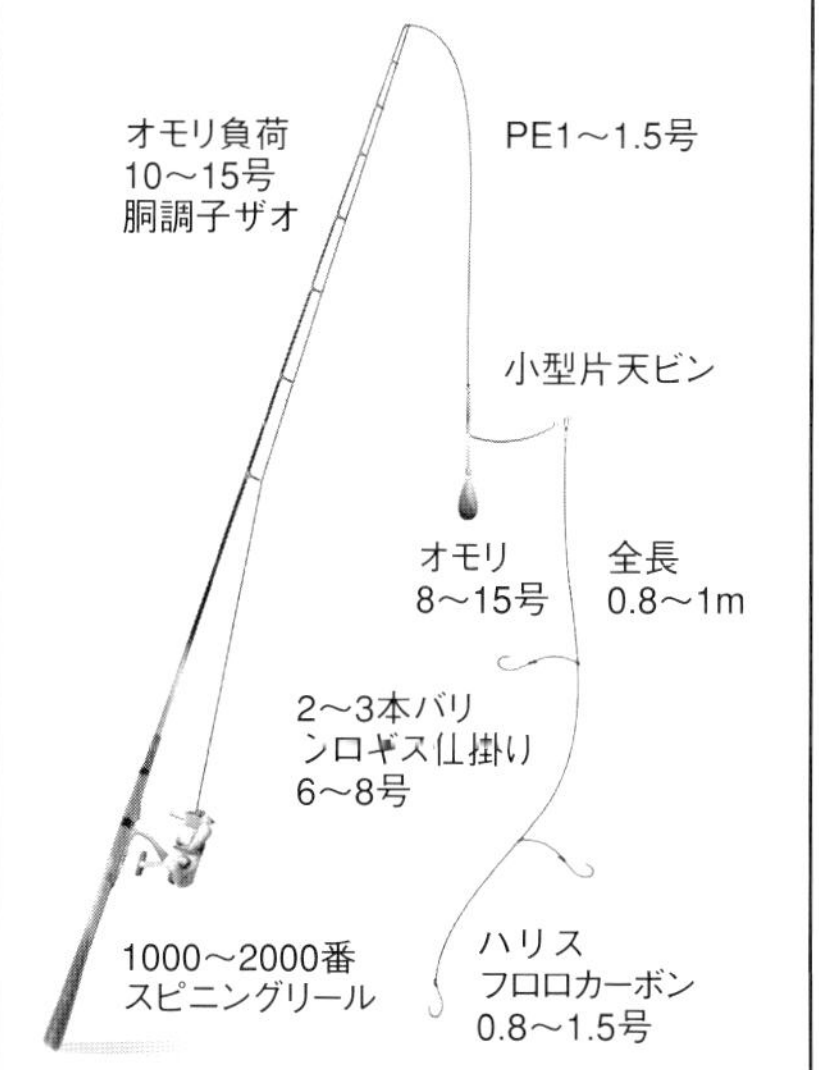
オモリ負荷
10～15号
胴調子ザオ
PE1～1.5号
小型片天ビン
オモリ
8～15号
全長
0.8～1m
2～3本バリ
シロギス仕掛け
6～8号
1000～2000番
スピニングリール
ハリス
フロロカーボン
0.8～1.5号

冬季は数が伸びないけれど型はイイ。数が少ないから広い範囲を探りたいところだが、スピードが速い流し釣りはメゴチが追いつかないのでご注意あれ。エンジン流しでゆったりとボートを潮に乗せるか、ロープを長く出してボートの振り幅を広くしたアンカリングで釣る。

釣り方

タックル、仕掛け、釣り方ともに基本的にはシロギスと同じ。でも、より多くのメゴチを釣りたい

のなら（そんなヤツがいるのか？ などと考えてはいけません）、いわゆるシロギス釣りとは若干異なる。

まず、メゴチは、潮濁りをあまり気にしないので、シロギス釣りにはよくないと言われる潮濁りの日でも問題ない。とくに、波打ち際や磯際の濁っている場所は見逃せないポイントになる。また、砂地に潜って目だけを出すなど、ほとんどの場合はベタ底にいるので、エサを海底から高く浮かせるのはダメ。遊泳力はシロギスより劣るので、速いサソイや流しもダメ。

ということは、メゴチ釣りのセオリーは待ち釣り。サオは胴調子がよく、オモリ負荷10号程度のペナペナなコンパクトロッドがちょうどよい。そして、80～100センチの長めの3本バリ仕掛けを遠投

念のためにメゴチのおろし方

背ビレの後ろから包丁を入れる

背ビレをそぎ取るように、切る面積を広げながら切り進み

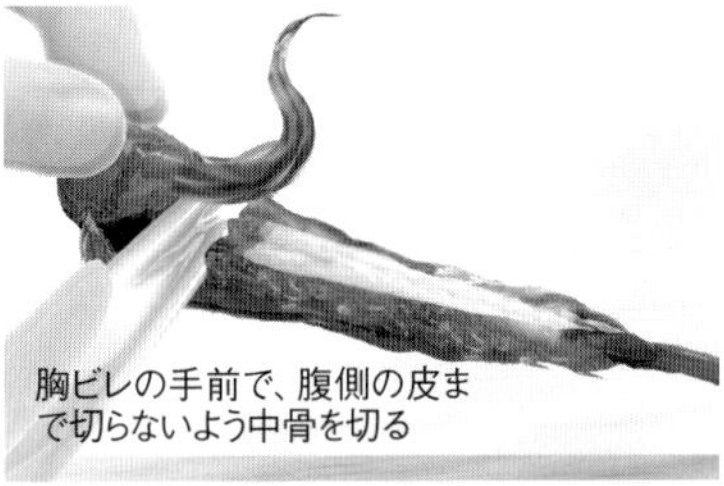

胸ビレの手前で、腹側の皮まで切らないよう中骨を切る

反転させ中骨の端を包丁で押さえ、左手で頭を掴み尾の方へ引っ張って皮をむく

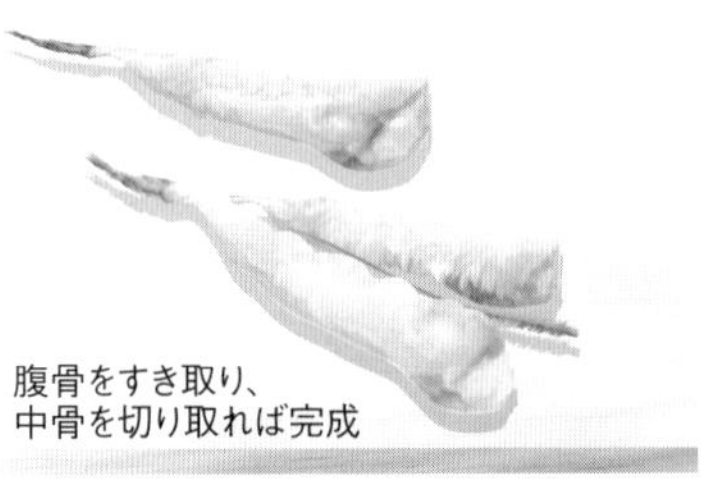

腹骨をすき取り、中骨を切り取れば完成

する。

アタリはハッキリしているが、シロギスのようなシャープなヒキはなく、海底で生活しているためか、鋭いツッコミもあまりしない。最初のアタリ以降はただ重いだけです。たぶん、ヒレを目いっぱい広げ、尾も曲げて必死に抵抗しているのでしょう。したがって、最初のアタリを見逃すと、ただ重いだけのファイトになります。残念ながら待ち釣りではその可能性が大ですな。

それから、メゴチはエサを食べたときに巻き上がる濁りに反応するため、一荷釣りになるパターンが多い。そのための3本バリ仕掛けなのです。3本のハリすべてに良型がヒットすると、かなりの重量感ですぞ。

エサ

メゴチは肉食性で多毛類、小型甲殻類、貝類、小型底生生物をエサにしているので、いろいろなエサが考えられるが、入手しやすいアオイソメがイチオシ。エサ取りが多いときや、潮が濁っている場合は、シラス切りにしたイカが有効だ。また、ピンクか蛍光グリーンのウイリー巻きのハリにも食いつく。虫エサが苦手な人には好都合かな。

また、ゴチはルアーでも釣れるがエサ釣り同様メゴチ限定は不可です。サンドワームなどのリアル系ワームをベイトにスプリットショットリグ。フックは流線6～7号でいいでしょう。シンカーは♯5程度の重めで。これを、ルアーフィッシングといっていいのかどうか、微妙なところですが。

今のところ、シロギスが頑張っているのでメゴチをメインに釣る人はいないかもしれない。もし、いまどき専門に釣る人がいるなら、オイラ同様、食い気優先なのか。でも、その時のために、そろそろ釣り方や調理法に慣れておいたほうが得策かも。……というわけで、イラストを手本に「メゴチのおろし方」を学ぶのもまた楽しいハズです。

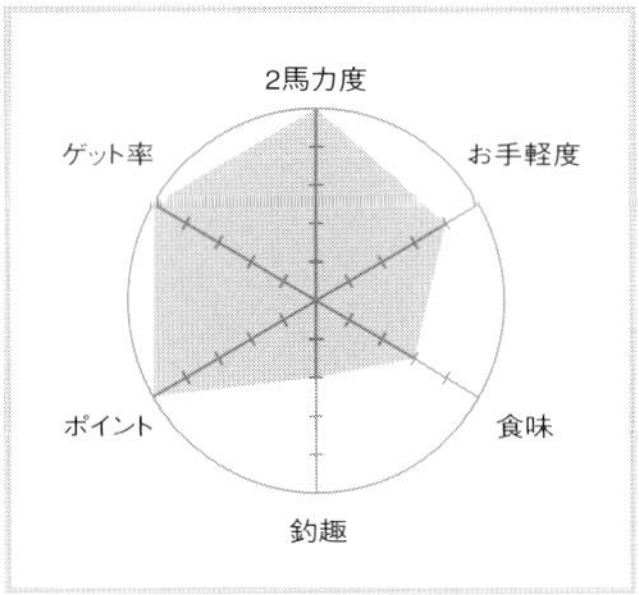

秋　春　冬　夏

10月—11月

メジマグロ

「絶対トライしたい海のICBM」

釣り業界では、マダイのことを海の王者と称していますが、マグロは何にたとえたらイイのだろう。海の弾丸だとカツオのイメージだし、海のICBM（大陸間弾道ミサイル）なんてぇのは、いかがでしょう。

スモールボートでマグロ

マグロといえば、近年は諸般の事情により品薄高騰傾向。それでも、マグロの入っていない寿《す》司《し》折りなんてありえない。どこの寿司屋でも困っていることでしょう。そんな、マグロをサクッと釣って、家で好きなだけワシワシ食う。いやぁ、たまりませんな。

ただし、スモールボートで釣れるマグロは子供。味も脂の乗りも高級近海ホンマグロとは比べものになりません。どちらかとい

えば、食味よりも釣り味のほうが魅力的かな。

　さて、マグロの仲間は世界中の大洋に分布していて、日本近海ではクロマグロ、キハダマグロ、メバチマグロ、ビンナガマグロがスタンダード。

　そのなかで、スモールボートのターゲットになるメジマグロは、一般的にクロマグロの若魚を指す。関東では、30センチくらいの当歳魚はカキノタネ、その次がヨコワ、そして、90センチ以下をメジと呼ぶ。しかし、最近はイナダ＝ワカシ（ハマチ＝ツバス）同様に大きさの基準はあいまい。小型のマグロをすべてメジと呼ぶ場合もある。ついでながら、キメジはキハダマグロの子供です。

　そうです、メジマグロといっても立派なクロマグロ。成長すれば体長3メートル、体重４００キロ。万が一、そんな大物がヒットしたらどうしましょう。当然、スモールボートで挑戦すること自体ムリっぽい。だいいち、ボートに上げることすら不可能ですな。そもそも、スモールボートエリアにそんな大物はいません（と思う）。

　大物といえば、クロマグロの仲間で７００キロに達する種類もいる。地中海、メキシコ湾ルートの大西洋マグロだ。太平洋のクロマグロとは骨格が微妙に違うらしい。別名、ジャンボマグロ。ジャンボ機で空輸されるからその名が付いたとも。

　ほかに、クロマグロの仲間で有名なのは、南半球で獲れるインドマグロ。切り身にしたあとに黒く変色するのがネックですが、味はクロマグロに引けを取らない。ま、こんなことは、スモールボート釣りとはまったく関係ないことでした。しかし、ついでに、日本近海のマグロの簡単な説明も。

日本近海のマグロ

　クロマグロ（ホンマグロ）は、背中が黒くて、胸ビレが短いのが特徴。低水温域も問題なく、岸近くを回遊する。マグロの中で一番味がよく、大間のマグロは超有名。

　キハダマグロ（キワダマグロ）は、肌の色が黄色く、成長するとヒレが長くなる。同属トップの漁獲高で、若干南方性だが関東方面でもよく釣れる。

　メバチマグロ（ダルマ）は、目が大きくて、魚体は丸みのある紡錘形。ほかのマグロよりも深い場所を

メジマグロ

好む。春の四国～九州と、冬の銚子～金華山沖の2度旬がある。

　ビンナガマグロ（トンボ）は、長い胸ビレが特徴。小型のマグロで、成魚でも1・2メートル程度。外洋性が強い。身が白っぽくて、ほとんどが加工用になる。

　マグロの名前の由来は、背中が黒いからという説と、江戸時代の方言集の『物類称呼《ぶつるいしょうこ》』のなかの、「まぐろとはその眼の黒き也」から、目黒もしくは真っ黒がマグロになったとか。また、江戸時代以前は一般的にシビと呼ばれ、今でも地方名としては残っているが、あまり縁起のよい魚ではなかったらしい。好んで食べるようになったのは、江戸中期に、いわゆるヅケが考案されてから。ということは比較的新しい食材なのか。その一方で、岩手の貝塚からマグロの骨が発見され、石器時代から食べていたという説もある。どのようにして、大昔の人が沖のマグロを手に入れたのか。想像するのも楽しい。

マグロの生態

　主な産卵地は南西諸島、伊豆諸島、それにフィリピンの東方沖で、産卵期は5～7月。その後、黒潮に乗り日本近海へ移動し、8～11月には関東地方で30～50センチに成長。沿岸を南へ北へと移動を繰り返し、九州方面で越冬する。そして、翌年の春には60～80センチになり、1～2年を日本で過ごしたら、黒潮続流を利用して太平洋を横断。なんとアメリカへ移住する。多感な青年期をアメリカで3～4年間生活したのち、再び日本へ舞い戻る。数年後に産卵のために南下するが、壮年期の日本での生活は、おもにエサの豊富な北部方面がテリトリーになる。

　ま、こんな感じで寿命は10年以上。ただ、産卵後のマグロはガリガリに痩せ、肉質も悪くて、以前ならば商品価値はゼロ。漁師はその姿からラッキョウマグロと呼んだりする。ところが、それに目を付けた水産業者が、このラッキョウマグロを捕獲し、たらふくエサを食わせ、丸々と太らせて出荷している。これも、畜養の一種。ほかにも、メジの頃に捕獲して畜養するパターンもある。ちなみに、食品表示では畜養も養殖と記される。

ついでに書いちゃいますが、養殖とは孵化から産卵まで管理することで、シラスやモジャコなどの稚魚から育てるウナギやハマチの養殖は、厳密には畜養ですな。マグロでいえば、２００２年に完全養殖が成功したのは記憶に新しい。

ポイント

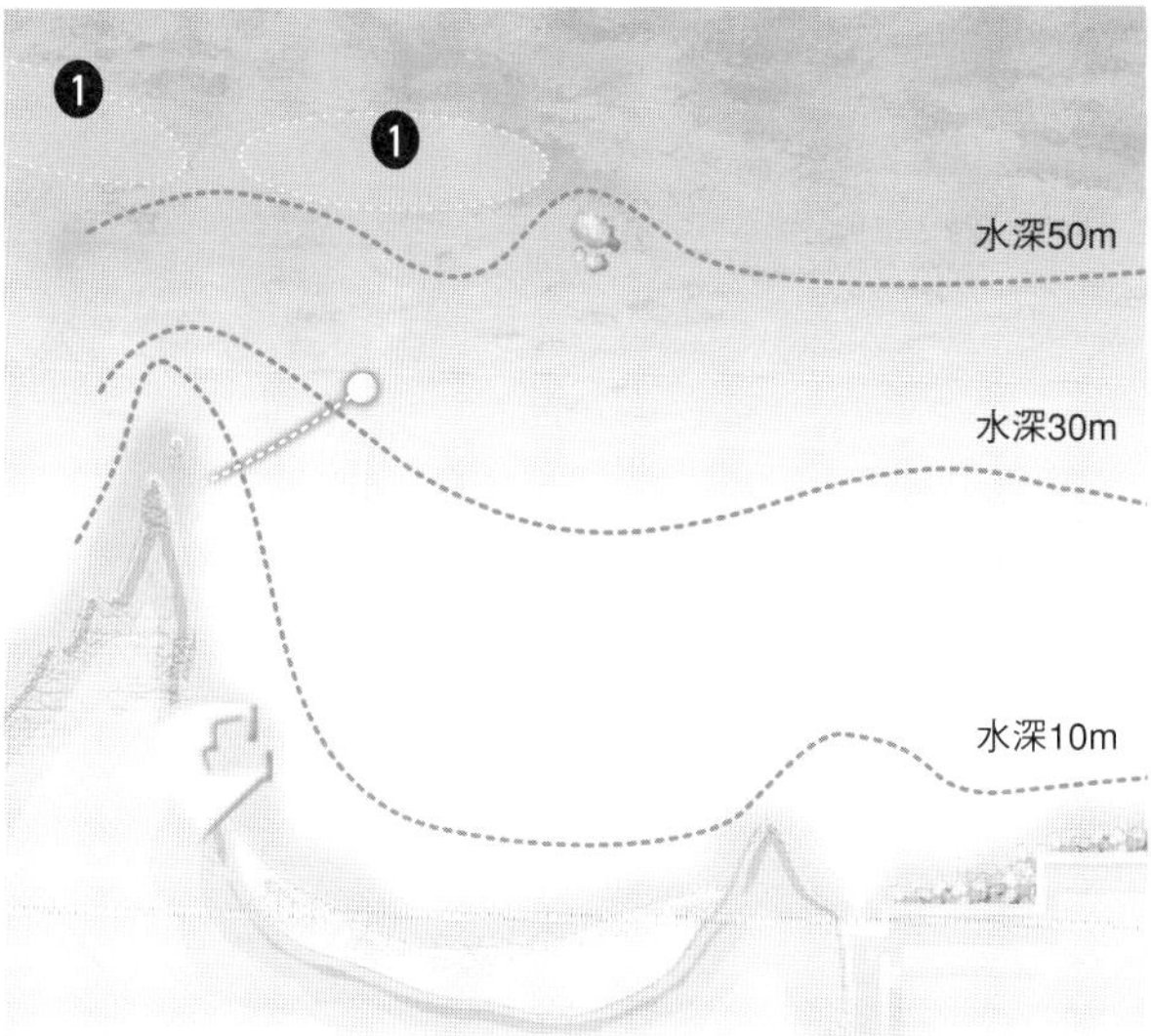

ポイント

いつものポイント図が今回はあまり役に立ちません。ポイントは①周辺。根を探るよりも、潮が突っ込む潮目とか、湧昇流のできる根やカケアガリなどがいい。スモールボートでは速度も走航距離も足りず、走り回ってマグロの群れを探すことはまずムリ。ねらったゲレンデに群れが通過することを祈るべし。

ポイントの見極め方は、急深で潮当たりのよい場所。そして、なにより実績のある場所。釣期は地方により限られているはず。地元の釣り具店や情報誌をマメにチェックしてチャンスを逃さないようにしたい。

メジマグロ

タックル

フィッシュイーターの回遊魚だから釣り方はさまざま。スモールボートでも可能な釣り方に絞ってみよう。

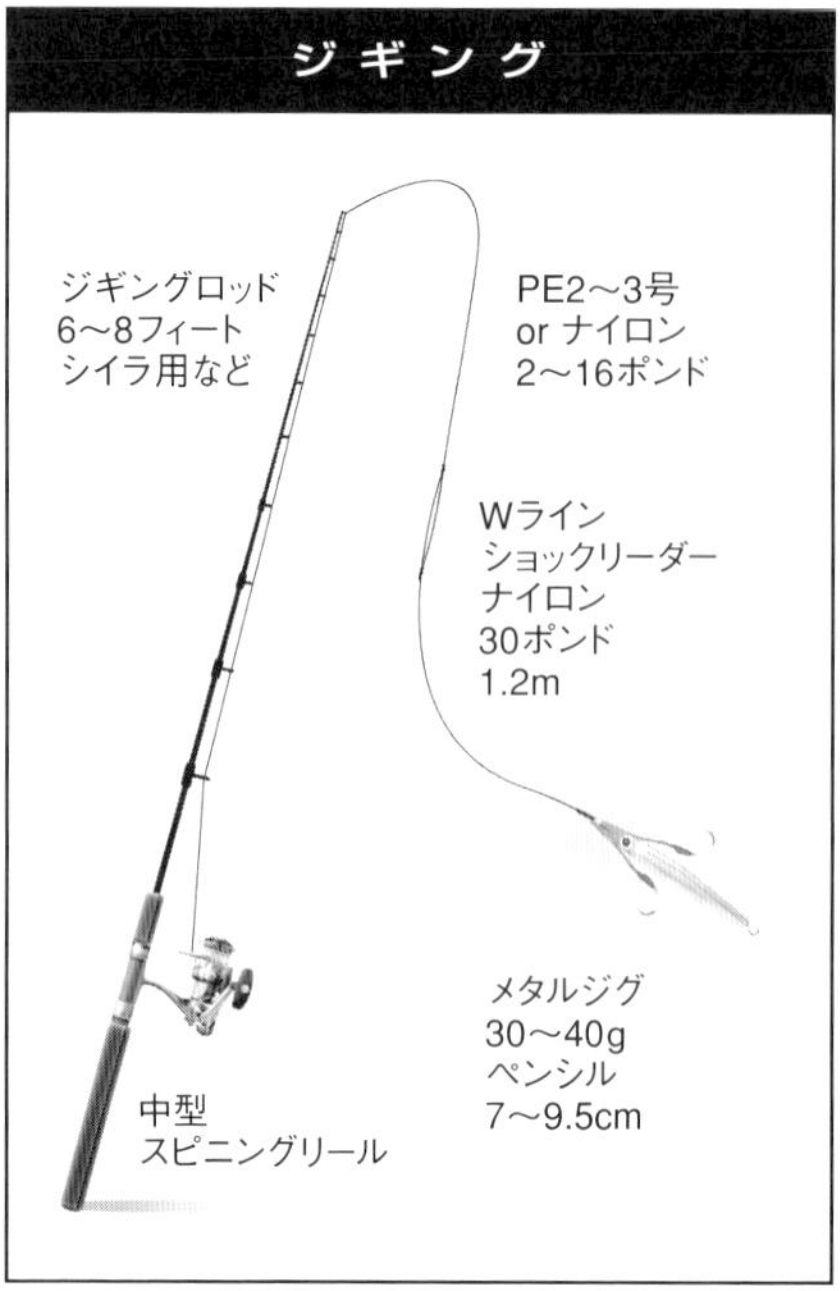

ジギング

ジグはアシストフックの付いたものがオススメ。派手なアクションをつけるなら、ライン絡みを防ぐためにテールのフックははずしておく。

テクニックとしては、まずジャカ巻き。リールを巻くのと同時にサオ先を上下に動かす。メジに食い気があればこれだけでＯＫ。次は、フォール＆2段ジャーク。ジグがフォールしたら、リールの巻きではなく、ロッドアクションで強く2回シャクり上げる。その後一気にジグを落とし、次のジャークへ。この繰り返し。メジはカツオやイナダと違い、海面付近までしぶとくは追ってこない。フォール＆ジャークは、中層のタイトなタナを攻めたいメジに効果的なのだ。あとの手段は、高速タダ巻き。もう、なにがなんでも早くリールを巻くのみ。アクションはジグ任せにして、タナの間を突っ走らせる。

カッタクリ

関東ではポピュラーな釣り方で、指先にガツンとダイレクトにくるアタリは最高。スモールボートの釣りでは、サオのカッタクリのほうがラクチンだが、確実にメジを仕留めたいのなら、やはり手釣りのほうに分がある。
　コマセは、通常はアミとイワシのミンチをミックスして使うが、ミンチが手に入らない場合は、アミコマセにクロダイ釣りで使う濁りの強い集魚材を加えるとよい。

カッタクリ手釣り＆サオ釣り

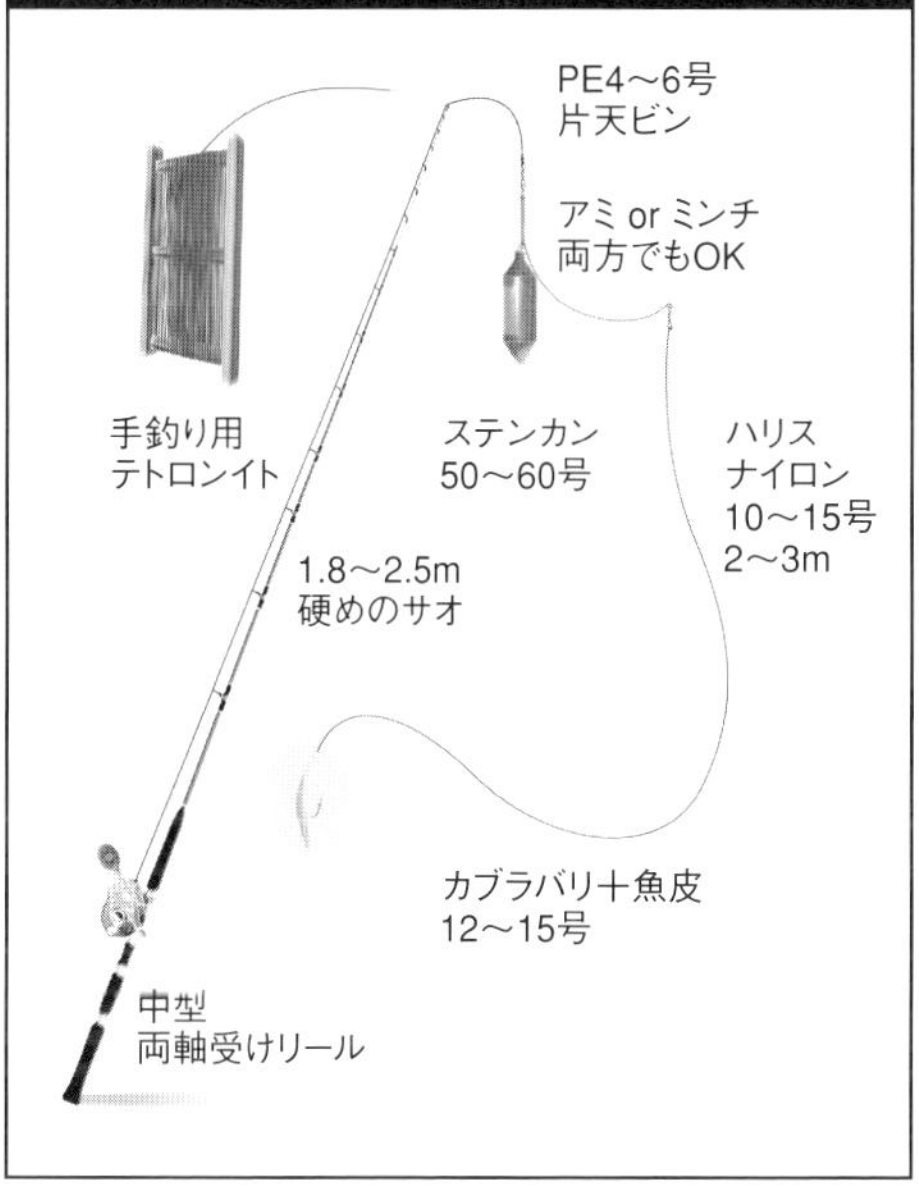

コマセ釣り

　カッタクリと同様、硬くて短いサオが扱いやすい。短ハリスの1本バリが特徴で置きザオではまずアタリは出ない。タナ周辺をウイリー釣りのようにサソイまくること。

コマセ釣り

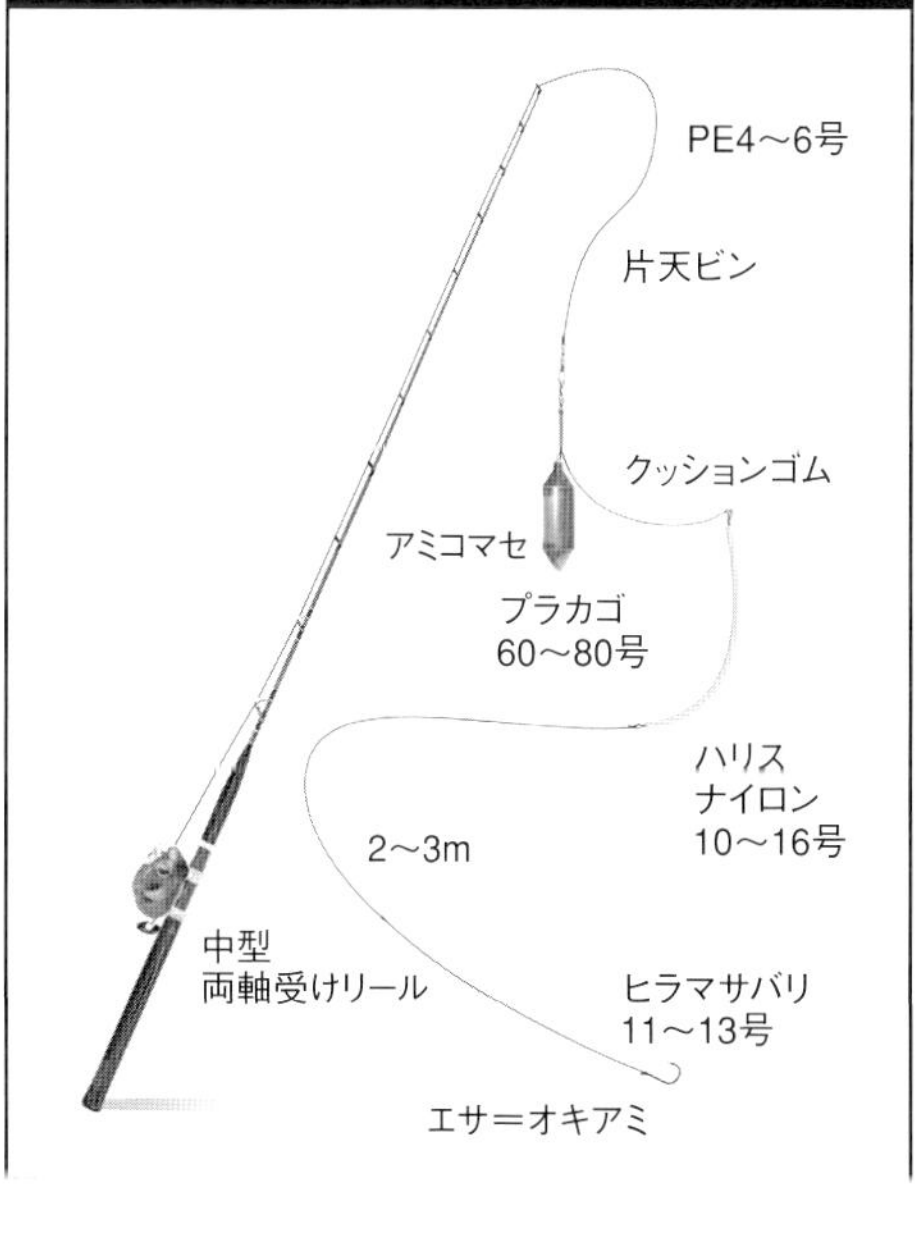

サビキ釣り

　ヒラメでよくやるカラバリ釣法。アジの反応のあるポイントで、まずはサビキでアジを釣り、そのまま放置してメジのアタリを待つ。アジの群れにメジが付いているときは、アジがハリ掛かりした直後にヒットするので油断は禁物。コマセカゴは、内部にワイヤの通ったしっかりしたカゴを使用すること。

ウキ泳がせ釣り

　ウキ下を海面下15メー

メジマグロ

トルに設定してアタリを待つ。エサは、釣ったアジかイカがベスト。ヒットすると、ウキがスパッと一瞬で海中へ消え込むので、一瞬たりともウキから目を離せない。そこがこの釣りの一番の醍醐味である。

ミニフカセ

ボートを、エンジン流しか、微風なら横流しにしてエサを泳がす釣り方。シーアンカー流しは、バウ方向へエサが流れると、ラインとロープが絡むトラブルになるので避けたほうが無難。

エサは、ボイルオキアミを2～3匹房掛けにして、同時にオキアミをパラパラとまく。オキアミのほかに、生きイワシか生きキビナゴがあれば文句なし。この場合も、イワシやキビナゴをパラパラまいて集魚する。同じ手

サビキ釣り

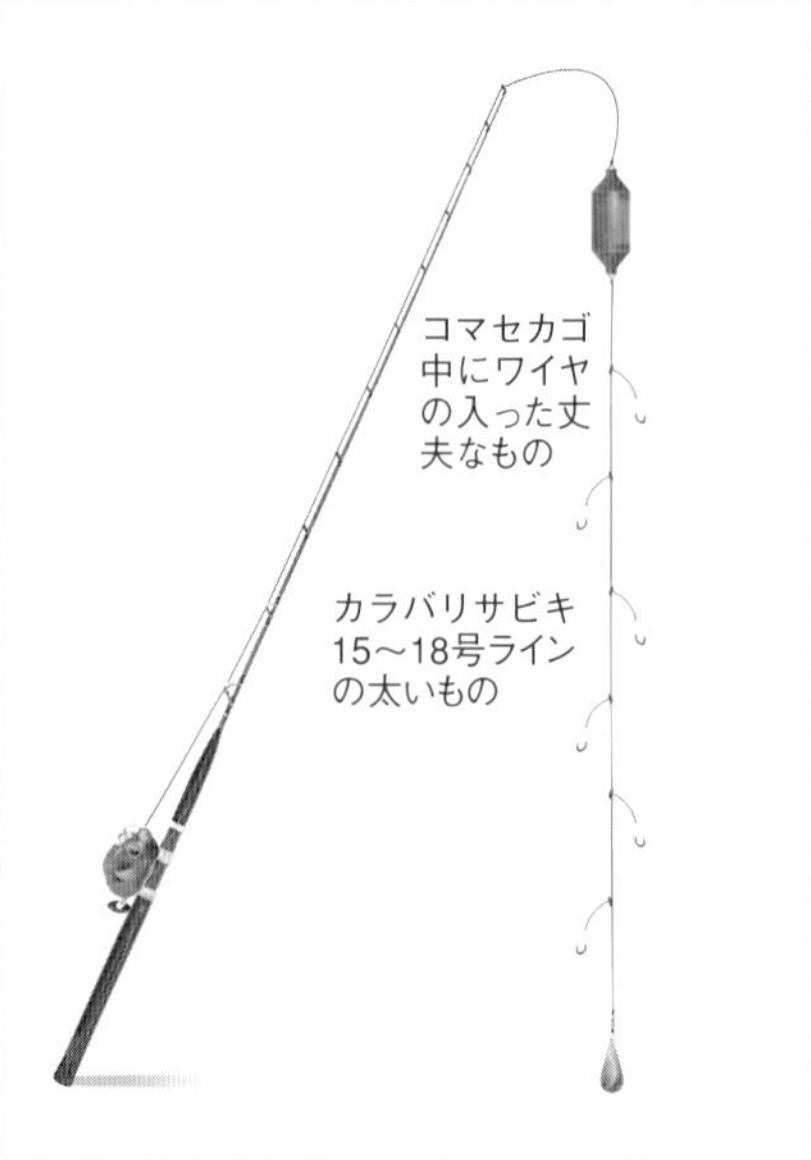

ウキ釣り

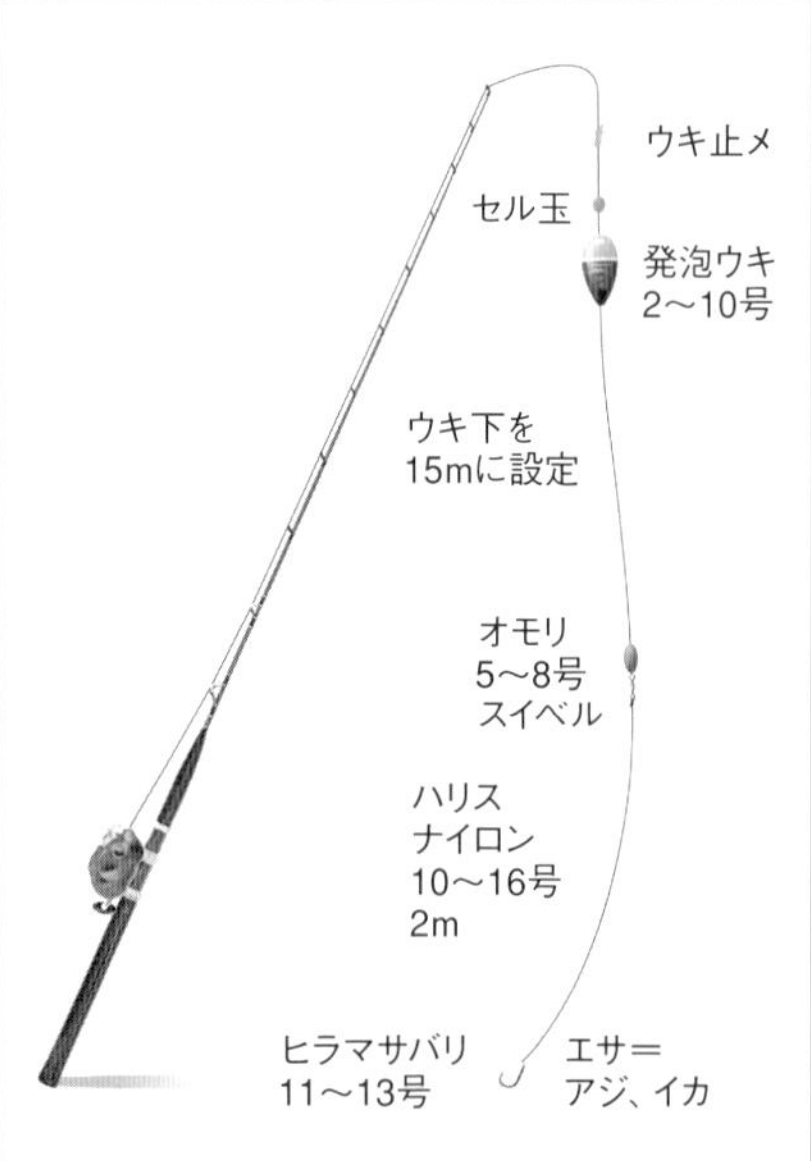

釣りでも、カッタクリのヒットはガツンとした手ごたえだが、コチラはグイ～ンといった感じ。ハリ以外に余計なものが何も付いていない仕掛けだから、釣り味はバツグンです。

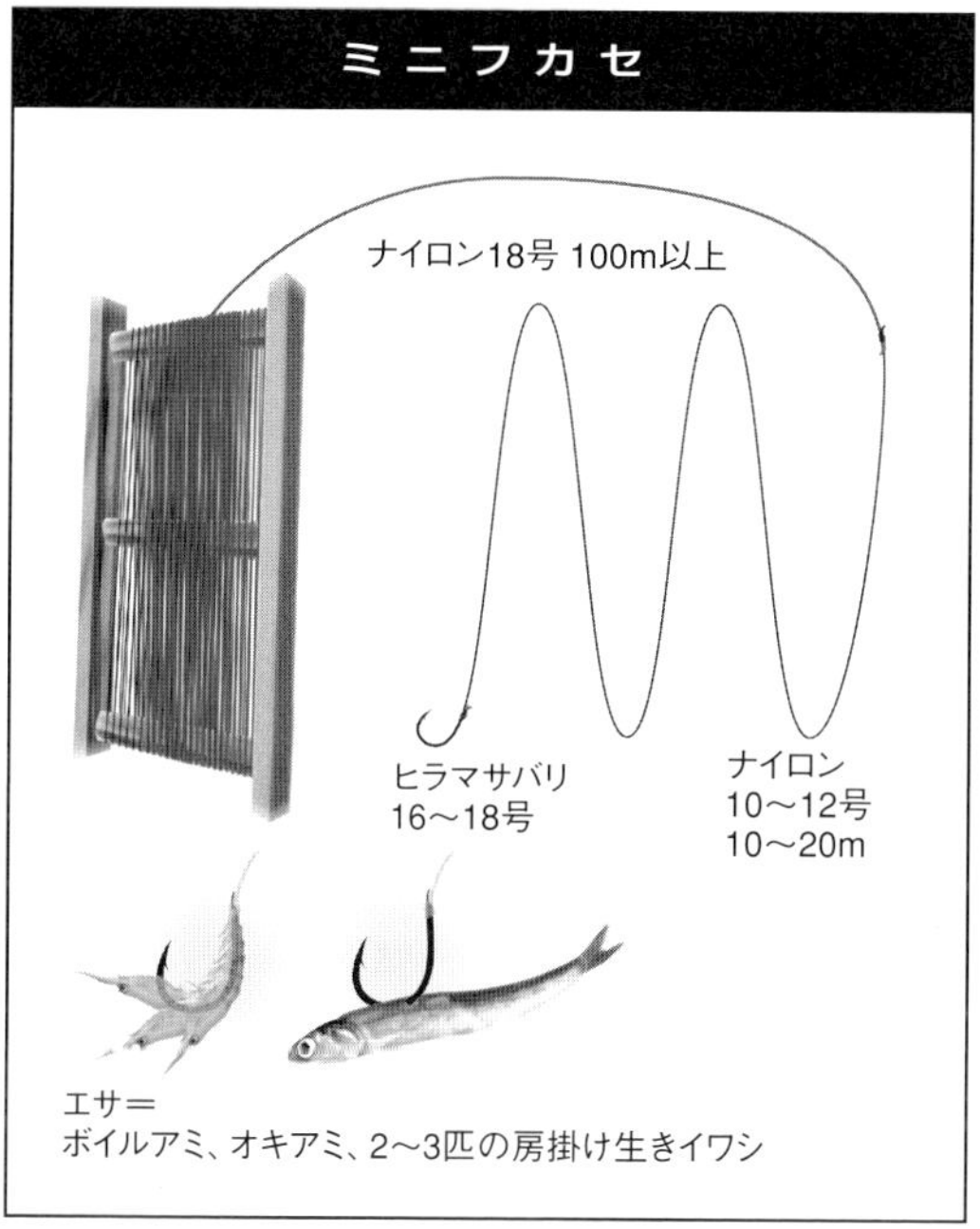

ミニボート的曳き釣り

ラビットや潜行板を使い何本も仕掛けを流したほうがよりヒット率が上がるのだろうが、スモールボートで本格的な曳き釣りをするのはかなり大変だ。なにより、最低でも5～7ノットのスピードが出なければ勝負にならないので2馬力は論外ですかね。

しか～し、2～3ノットでも、走航しながらジャカ巻きか連続ジャークをすれば、良好なスピードになる。

タックルはジギング用でOKですが、ジグが浮き上がらないように、10～20号の中オモリを付けて沈める。

テクニック

メジのアタリは強烈です。ジギングロッドならロッドを海面へ倒して、リールのドラグだけを抵抗に、とりあえず走らせる。エサ、コマセ釣りでは、サオの反発力プラス、リールのドラグでしのぐ。

大型はハンパなく走るので無理にとめようとせず、巻き上げは突進が止まってから！

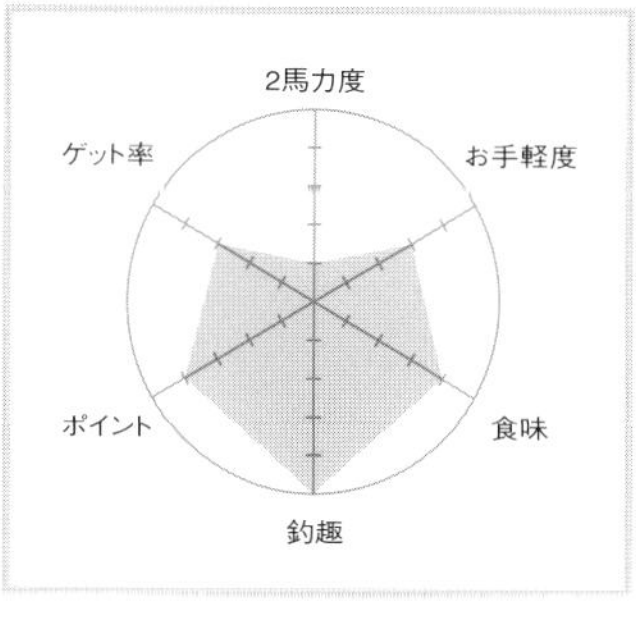

春 夏 秋 冬

2月・7月—8月

メバル

春告げ魚で
ボートにも春を呼ぶ

春告げ魚とも呼ばれるメバルは、いつの間にか高値安定の高級魚になってしまった。

だけれど、ボートフィッシングには欠かせない存在である。体は小さくても元気なフィッシュイーターだ。

究めて楽しいメバル学

今回、対象にするメバルは関東でいうクロメバル。日本中で親しまれてきた魚だけに名前も地方により、ハツメ、メバチ、モメバチ、アカ、ワガ、ウキソ、アオテンジョウ、ゴンダイ、テンコ、ツズノメ、メマルなど、やまほどある。漢字は眼張ですな。

昔から、漁師や釣り人の間では色や形でメバルを2～3種に区別していた。それが、明確に赤、黒、茶

の3種に分けられるようになったのは平成15年、それほど昔の話ではない。正式な名前はまだ付いていないのだろうか。この3種はDNAで別種とされ、体色体形のほかに胸びれの軟条数でも判別する。

アカメバルは、軟条数15本でいわゆる金メバル。藻メバルと言ったりもする。防波堤や小磯でよく釣れる。

クロメバルは16本、外洋性で大型になり、海中では青色に見えてサバメバルと呼ぶ地域もある。小型は白っぽい。

チャメバルは17本、大型で、コイツが本メバルというかクロメバルだろう。一番メバルらしい体形をしている。

3種が同じ所にいるエリアもあるが、生息域に若干の違いはあるだろうし、エサや釣り方による釣り分けも可能かもしれない。まだ、じっくり観察していないので定かではないが、東京湾の横須賀沖あたりの浅場のアジ釣りで外道に交じるメバルは、たぶん赤。東京湾の夜メバルと湘南方面のイワシメバルは赤と茶。そして、房総から常磐沖のドジョウメバルで、5本バリに4匹もヒットすると重くて巻き上げられない大メバルは黒だと思う。あ〜ァ、茶が黒で黒が青で、なんてコトを書いていると頭がこんがらかってきたので、もうこの話題はおしまい。要は釣れればいいのよ、釣れれば。

とはいっても、常に群れで行動するメバルはいわゆるスクールフィッシュ。あたれば大釣り必至だが、釣れないときは1匹もヒットしない。ほかの釣りの外道ではよく交じるのに、本命として狙うとなかなかポイントが見つからなかったりもする。欲をいえば、無駄なく良型のみをねらってみたい。満足のゆく釣果を望むのなら釣期、ポイントと釣り方を絞り込むことだ。

釣期

東京湾や相模湾の遊漁船は2月が解禁である。産卵期は12〜3月だから、12〜1月は釣りやすいが資源保護のために乱獲は避けたい。それに、卵胎生なので、釣りあげた直後にお腹から稚魚がポロポロ落ちるのは見るに忍びない。

産卵するのは三年魚からで、体長でいえば15センチ前後。まだまだチビである。キープするのは18センチ以上、できれば20センチ以上にしたい。小さいと頭ばかりで食べるところが少ないし。ところが、その20センチに成長するのに6年かかる。高価になるわけだ。すると、27センチのメバルはいったい何歳になるの?

ボートの真下にいれば比較的簡単に釣れてしまう魚なので大切に釣りたい。ちなみに、4歳以上は9割がメス。腹パンが釣れたら海面でハリスを短く切ってリリースしたい。ハリはそのうち抜け落ちるし、口の大きなメバルはハリが残っているあいだも摂餌には影響ないだろう。

ポイント

岸近くから沖合の根まで、メバルのポイントは豊富だ。春先なら岸よりがオススメ。堤防テトラ沿いでも大釣りをすることがある。

ポイント図①のテトラ脇、②の岬突端の磯まわり、③の港の堤防付近は春

ポイント

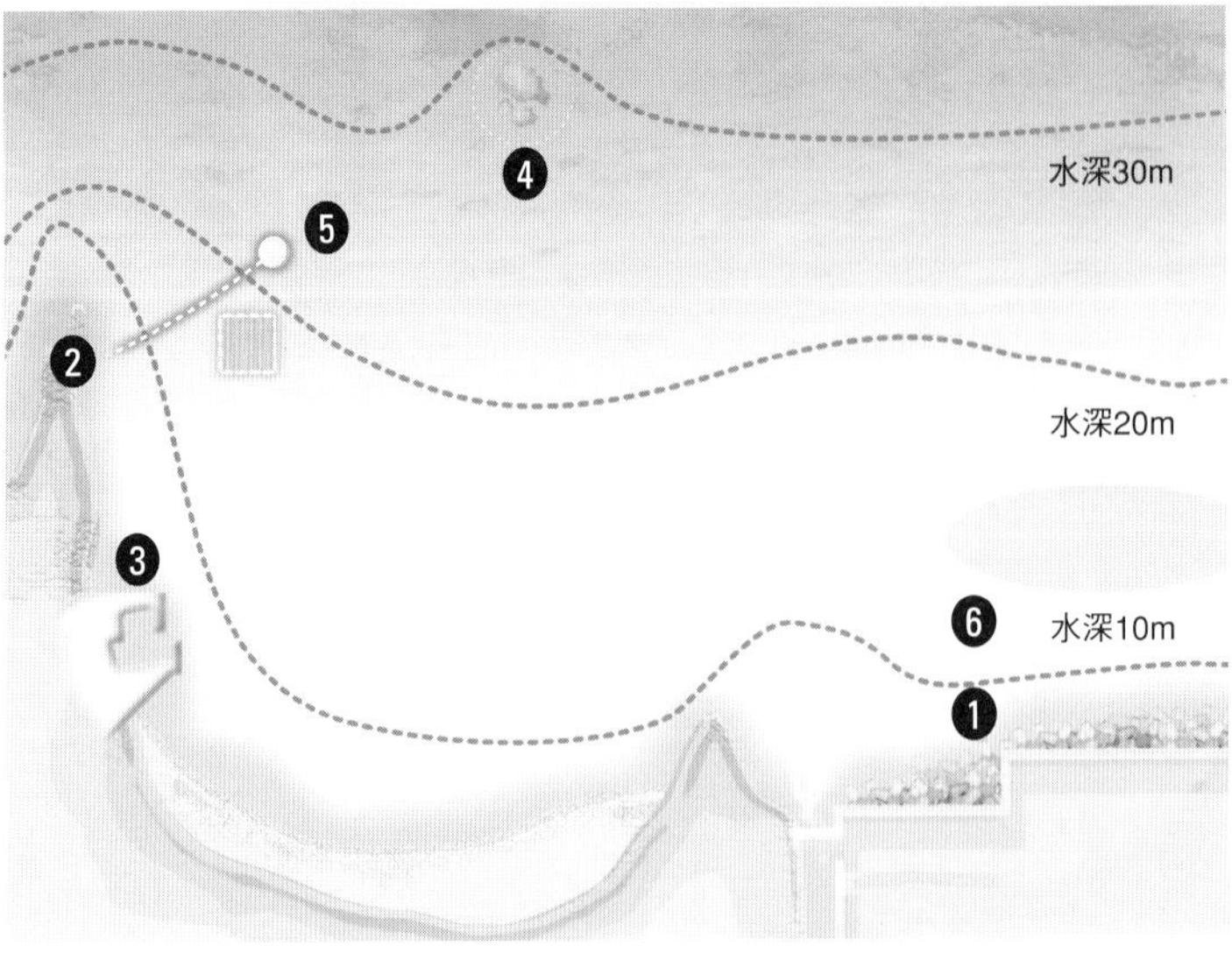

先のみのポイント。普段はメバルの姿がなくとも、盛期には大群が潜んでいる可能性が大きい。水深は2メートルあれば問題なし。このような浅場では、海底や周囲の環境で釣り方はいろいろ。離岸堤や沖堤があればヘチ釣りもおもしろいが、手堅さを重視するならウキかドウヅキ仕掛け。エサは、アオイソメ、モエビ、オキアミなどを使用し、ライトなタックルで攻めてみよう。超浅場では、ポイントへは手漕ぎで静かに接近し、アンカーも静かに投入すること。

　また、②の沖側と④の沖根、それに⑤の定置網やイケスなどの障害物周り（係留や接近禁止に注意）では、居着きの大メバルを周年ねらえる。いずれも水深は10〜30メートルが釣りやすい。釣り方はオーソドックスなドウヅキ仕掛けで、モエビやイワシ、ドジョウなどの生きエサ釣りがオススメ。さらに、コマセ釣りで確実な釣果を望むことも可能。ただし、ベラなどの外道と小メバルが交じるのは避けられないが。

　⑥は広い岩礁帯がイメージ。アンカリングのウキ釣りか、シーアンカー流しでのドウヅキ仕掛けがおもしろい。エサは、イワシ、キビナゴ、ドジョウなどの生きエサ。メインは春先だが、場所によっては周年釣れる。ただ、こんな場所でメバルねらいのウキ釣りやシーアンカー流しをするような奇特な人は、少ないかも。実績や情報が少ない場合は自力でポイントを開発するしかない。うまくゆけば、マル秘マイポイントをゲットできるゾ。

　探すときの目安としては、藻が生えている岩礁帯で、普段アジやアオリイカが釣れるところ。ポイントでは、ボートかウキのどらかを流すことになるが、根は険しくても問題ない。メバル釣りの場合、エサを藻や根の上に流すからだ。

釣り方&タックル

　メバルの釣り方は実にたくさんある。

　瀬戸内海で、コマセ・付けエサともに、生きエビを使う釣りを見たことがある。コマセ用には散らばらずに潜ってゆくエビを、付けエサには弱りにくいエビを使用していた。エビエサが高価な関東では考えられない釣り方であった。関東でも付けエサにはエビを

使うが、1匹あたり50円もするのでは、エサ付きの遊漁船ならともかく、自費で仕入れなければならないボートオーナーは大変である。近くに、海でモエビをすくって確保できる場所のある人がうらやましい。

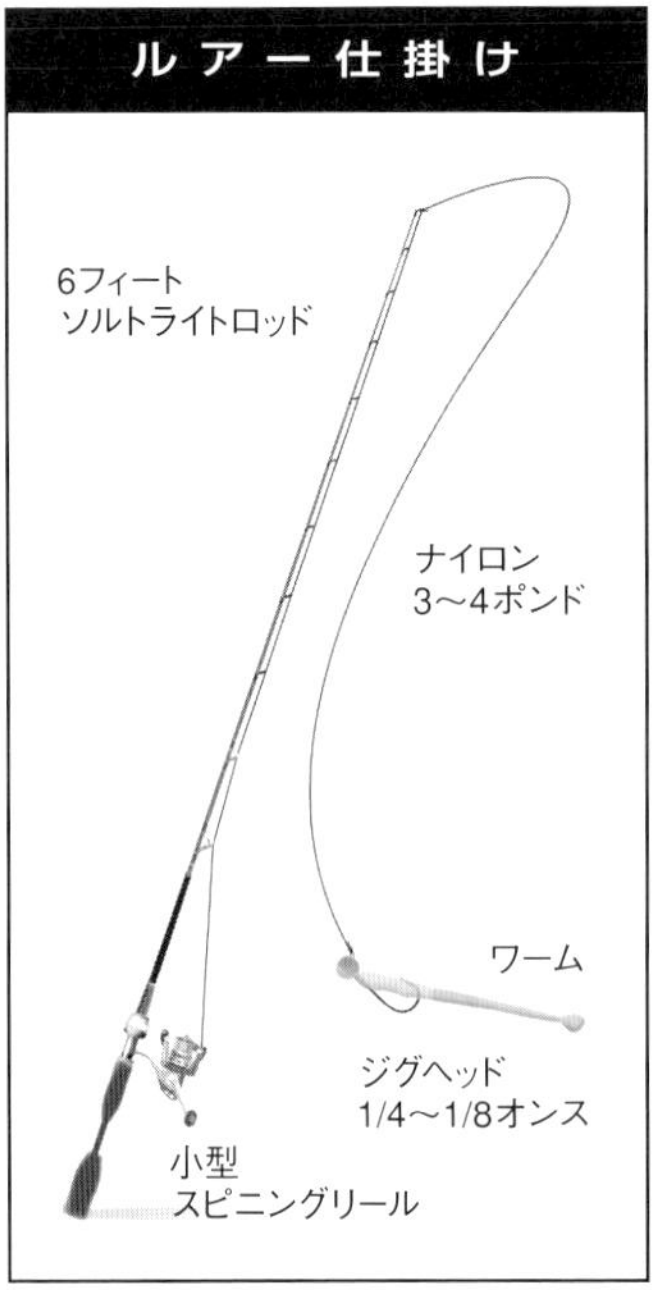

ルアー

まず、旬の時期に一番楽しいのはルアーのメバリングです。群れにあたれば、苦労せずに連続ヒットで普段の欲求不満を解消できる。メバル専用のソフトルアーがあるが、メタルやミノーでもいいし、釣り方をダウンショットにするなど、いろいろ試してみたい。

生きエサ釣り

次のオススメは、エビやイワシなどの生きエサ釣り。軟らかいサオでジックリと釣る。ポイントとタナさえ間違えなければ比較的簡単で、大型中心にヒットしてくれるのもうれしいし、オキアミやイソメと比べるとエサ取りにも強い。

問題はエサの確保ですな。エサ屋で仕入れられれば問題ないが、春先に小魚をポイント近くで釣るのは本命のメバルを釣るより難しい。その点、ドジョウは手に入りやすく、クーラーに真水とともに入れておけばOKだから持ち運びもラクラク。また、ドジョウは死んでしまっても硬直していなければ問題なく使える。

仕掛け

仕掛けは2〜3本バリのドウヅキ仕掛けが標準だ。

弱りやすいイワシやキビナゴなどの小魚をエサ

にする場合は、ハリスを60センチの長めにして、ハリも軽いヤマメバリを使用するのが定番になっている。

サオ

こればかりは、もう何と言っても、超軟調子のメバル専用ザオが釣趣バツグン。

釣り方

生きエサの釣り方は、たまにキキ上げる程度の誘いは有効だが、下手にアクションや誘いをかけるのは逆効果。それよりも、タナのチェックをマメにしたほうが得策です。

手軽に釣るなら、ドウヅキ仕掛けでエサをアオイ

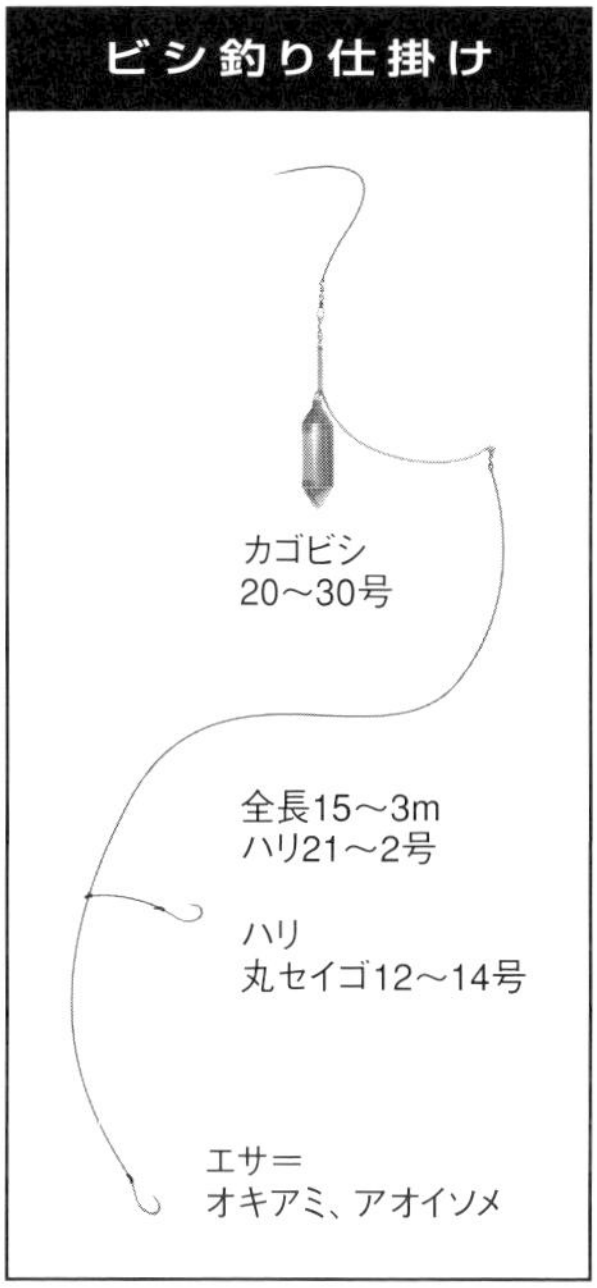

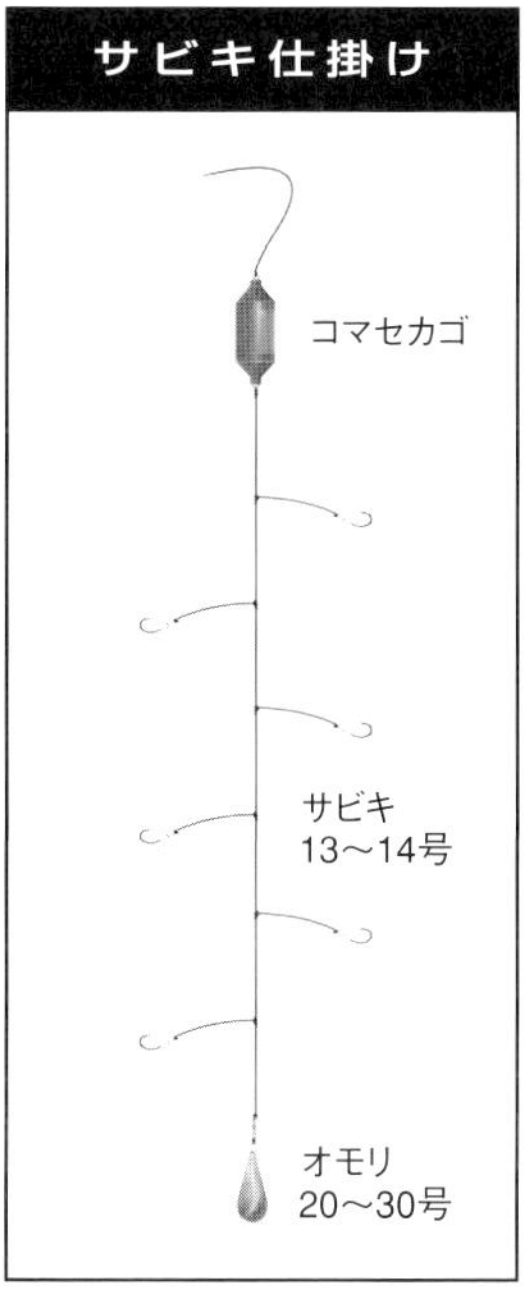

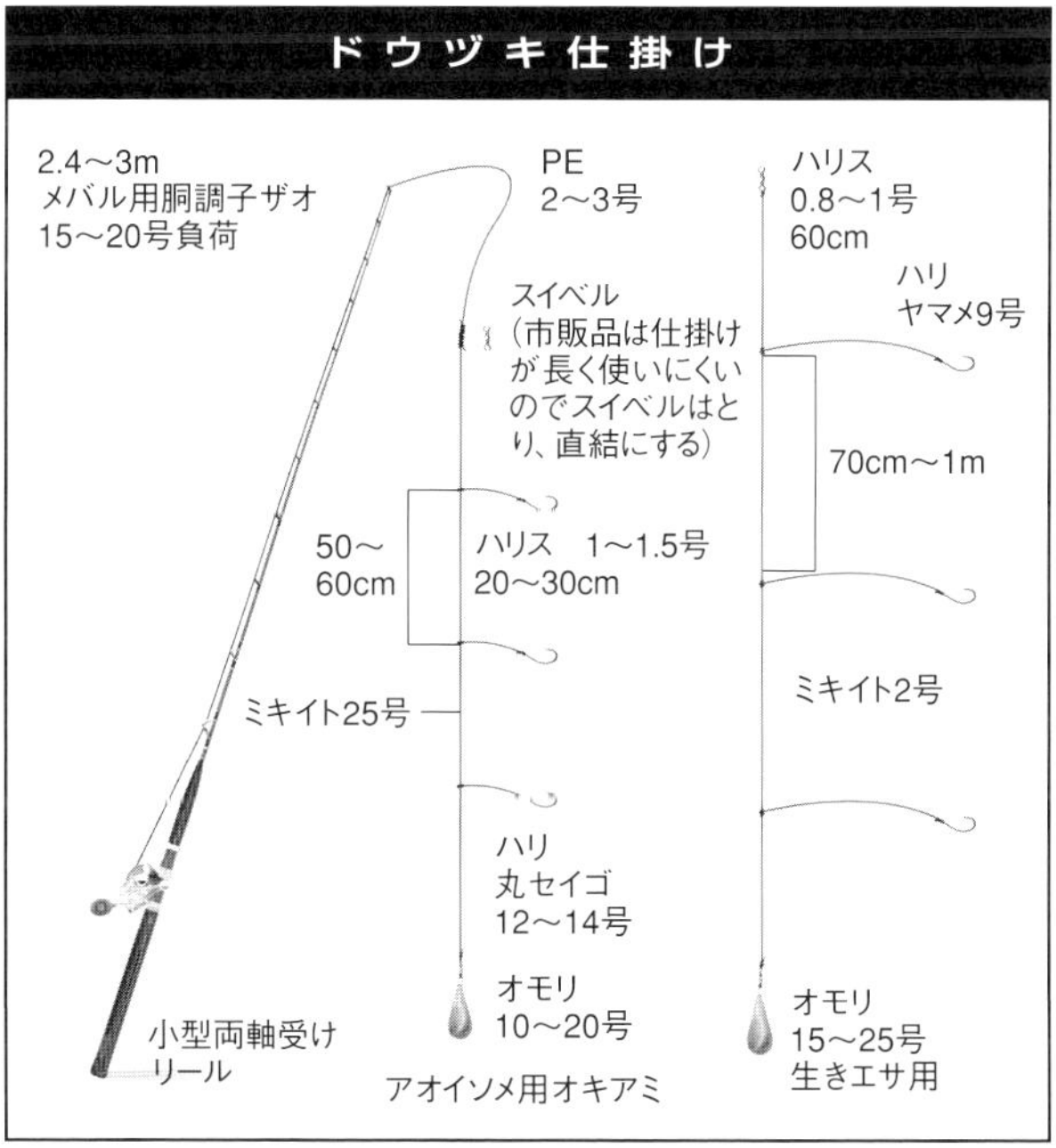

ソメにする。

　その場合、アオイソメは1匹まるごとを使い、頭の硬い部分に一回ハリを通すだけにする。食いが悪いと、同じハリに2匹3匹と付けたくなるが、イソメ同士が絡み合って動きが鈍くなりメバルの反応が悪くなる。1本のハリに1匹を厳守。そして、投入直後でイソメが元気なうちは、そのままでもメバルは飛びついてくれる。しかし、イソメが弱ると極端にアタリが少なくなる。そうなると、誘いが有効になる。誘い方は、誘い上げたり落とし込んだりイソメが揺らめくようにたたいたり、いくつかのケースがあるが、どれも大きなアクションはいけない。ゆっくりソフトに誘うのがコツ。

　大きなハリを使ったシロギスの片天ビン仕掛けにイソメを付けて、藻や根の上を、はわすようにしてもけっこう釣れる。シーアンカーでの流し釣りならさらに効果的である。

　また、水深20メートル未満のポイントでアンカリングするなら、ドウヅキ仕掛けと同時にウキ釣りを。ただし、アタリが多い場合はどちらかの釣り1本に絞ったほうがよい。ただ忙しいだけで釣趣半減。そんなに釣ってはダメダメですな。

コマセ釣り

　あとはコマセ釣り。サビキ釣り、ビシ釣り、どちらにしても13号（セイゴバリ）

エサ付け

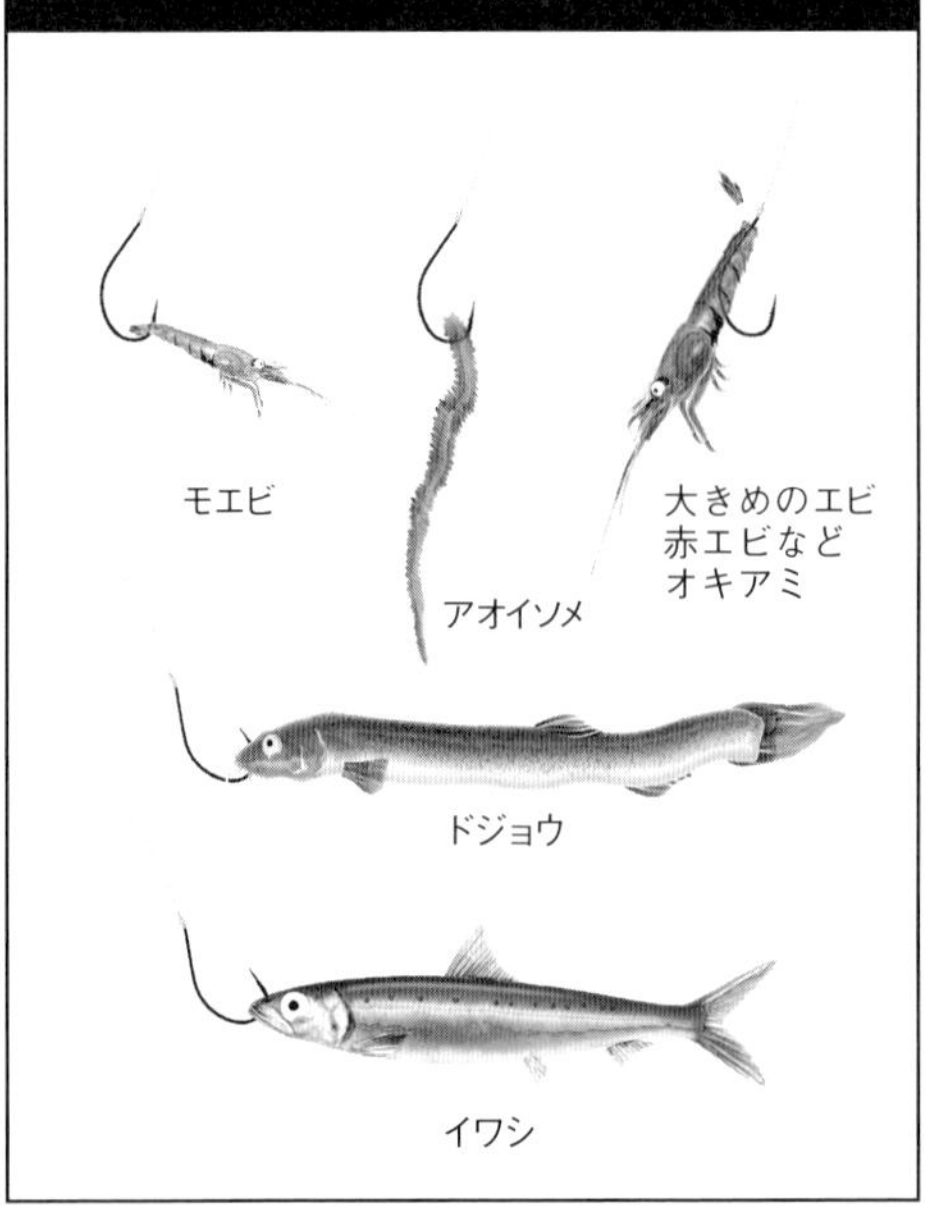

釣り方

藻場では
藻の上を流す
根ぎわが狙い目
ボートの上から海底の
色の違いで見きわめる
平たんな根では底狙い
似ているけどカサゴです

以上のハリの仕掛けを使い、できるだけ小メバルを釣らないようにしたい。

付けエサはオキアミで、サビキ仕掛けにもオキアミを付けると良型のヒット率が高くなる。

旬の時期以外でアタリが少ない場合は、置きザオにしたほうがよいこともある。

メバルは斜め上を向いた状態でエサを待つ。大物ほど群れの上にいて、いち早くエサに飛びつくので、群れの上方から群れを散らさないように釣るのが賢い釣り方だ。

アタリは明確に出るが即アワセはせず、一呼吸の間をおいてから、サオを立てるように軽くあわせる。

アタリがない場所は、早々に移動しましょう。旬の時期は、粘るよりも食い気のある群れを探すほうが正解だ。

ネバル釣りは禁物であります。

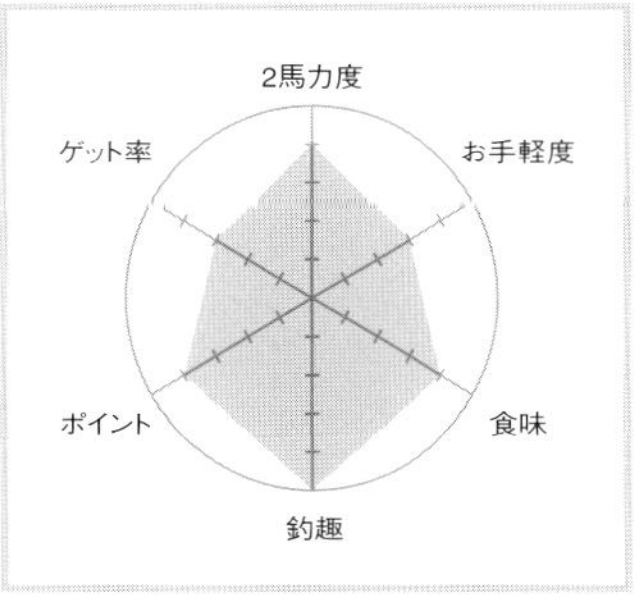
2馬力度
お手軽度
食味
釣趣
ポイント
ゲット率

「釣った魚の保存法」

氷締めと血抜きで鮮度を

本書をまとめるにあたり、釣った魚の料理法は、ページ数の関係もあり割愛させていただいたが、せっかく釣った魚だから、おいしく食べられるよう上手に持ち帰る方法については、しっかり覚えておいてほしい。チャンスがあれば「釣り魚料理百科」的なブックも、と考えております。

魚の持ち帰りには、氷の入ったクーラーボックスは必需品。気温が7度以上になる日は必携です。

イケスがあるボートでも、イケスは生きエサのキープ用のみにして、お土産用の魚は釣れた瞬間にクーラーボックスへ。エサに使わなかった魚も、イケスで釣り終わりまで生かせて、できる限り新鮮な状態で持ち帰りたい。スモールボートは片付けの時間だけでもかなりかかるし、家が遠ければなおさら鮮度の劣化を心配しなければいけません。

そのために、締めるならできるだけ早い方がいい。アジ、シロギス、ハゼなど20センチ前後の小魚は釣った直後にクーラーボックスに入れて氷締めにすればよい。ただ、入れ食い状態で頻繁にクーラーボックスを開け閉めしていると、真夏だとすぐにボックス内の温度が上がる。その対策として、補充する氷専用の小型クーラーボックスを用意しよう。

30センチ以上の魚は必ず締めてから血抜きをする。良型のシロギスやカワハギも刺身にするなら血抜きを。独特の臭みを持つカレイは小さくても血抜きをすること。スズキやワラサ、ブリはエラ付近だけでなく、尾ビレの付け根も中骨まで切って血抜

釣った魚の保存法

きをする。アナゴの良型は後頭部を中骨まで切る。

サバや、ソーダガツオは釣れた直後に、エラと一緒に内臓を出すと、締めと血抜きが同時にできる。ウマヅラハギはツノの後ろから中骨を切るまでナイフを入れ、頭と胴を引っ張って切り離すと、内臓まできれいに取れる。その状態にして、クーラーに入れると鮮度が落ちずに臭みがでない。

持ち帰ると処理に困るフグの頭と内臓は、釣った直後にさばいて捨ててしまうテもある。しかし、フグやウマヅラハギの頭をポイントへ捨てると、翌日はまったくそのポイントが釣れなくなってしまうらしい。注意したいですな。また、アオリイカやコウイカ類は専用の締めるためのツールがあるので利用したい。

ほかにも神経ジメなどいろいろな方法があるが、できるだけ装備を減らしたいのがスモールボート。とくに、エアフロアのインフレータブルボート内へは、できるだけ鋭利なモノを持ち込みたくない。基本的には氷締めと簡単な血抜き法の二つを使い分ければイイと思います。

ついでに、誤解をされている方がまだ多いので書いちゃいますが。魚やイカは、できるだけ新鮮なうちに、火を通した料理にするとおいしい。逆に、刺身は、アジやイワシ、サバなどの青魚以外は、2～3日寝かせたほうが断然うまみが濃くなる。要するに、白身の魚やイカをゲットしたら、初日はテンプラか煮物・焼き物にして食し、2日目以降に刺身にするのがオススメです。

とくに、白身のイシダイ、クロダイと、アオリイカ、コウイカなどは2～4日寝かせてから食してください。ヒラメのエンガワも釣りたてだと臭みがある。

白身で例外なのはカレイとフグ。薄造りにした切り口の光り輝く美しさは、釣りたてじゃないと拝めませんヨ。

ですが、好みの問題ですので、「釣りたてで、パリパリの味も素っ気もない刺身の方が好き」と、おっしゃる方もいらっしゃいます。いうまでもなく、それぞれお好きな食べ方が一番なのです。それに、寝かせたほうがおいしい魚でも、当日から旨味がでているときもある。さばいたときにチョット味見をしてみるとよろしい。

釣期一覧表

魚の種類	月										
アイナメ	1	2	3	4	5	6	7	8	9	10	**11**	12
アオリイカ	1	2	3	4	**5**	**6**	7	8	9	10	**11**	12
アジ	1	2	3	4	5	**6**	**7**	**8**	**9**	**10**	11	12
アマダイ	**1**	2	3	4	5	6	7	8	9	10	**11**	**12**
イイダコ	1	2	3	4	5	6	7	8	9	**10**	**11**	12
イサキ	1	2	3	4	5	**6**	**7**	**8**	9	10	11	12
イシダイ	1	2	3	4	5	6	**7**	**8**	**9**	10	11	12
カイワリ	1	2	3	4	5	6	**7**	**8**	9	10	11	12
カサゴ	1	2	3	4	5	6	**7**	**8**	9	10	11	12
カレイ	1	2	**3**	**4**	5	6	7	8	9	10	11	12
カワハギ	1	2	3	4	5	6	7	8	9	**10**	**11**	**12**
カンパチ	1	2	3	4	5	6	7	8	9	**10**	**11**	12
キュウセン	1	2	3	4	5	6	**7**	**8**	9	10	11	12
クロダイ	1	2	3	**4**	5	6	7	8	9	**10**	11	12
サバ	1	2	3	4	5	6	**7**	**8**	9	**10**	**11**	12
シロギス	1	2	3	4	**5**	**6**	7	8	**9**	10	11	12
スズキ	1	2	3	4	5	**6**	**7**	**8**	9	10	11	12
タチウオ	1	2	3	4	5	6	7	8	**9**	**10**	11	12
チダイ	1	2	3	4	5	**6**	**7**	**8**	9	10	11	12
ハゼ	1	2	3	4	5	6	7	8	9	10	**11**	**12**
ヒラメ	1	2	3	4	5	6	7	8	9	**10**	**11**	12
ブリ	1	2	3	4	5	6	7	8	9	10	**11**	12
マゴチ	1	2	3	4	**5**	**6**	**7**	8	9	10	11	12
マダイ	1	2	3	**4**	5	6	7	8	**9**	**10**	**11**	12
マダコ	1	2	3	4	5	6	**7**	**8**	9	10	11	12
マルイカ	1	2	3	4	5	**6**	**7**	**8**	9	10	11	12
メゴチ	1	2	3	4	5	6	**7**	**8**	9	10	11	12
メジマグロ	1	2	3	4	5	6	7	8	9	**10**	**11**	12
メバル	1	**2**	3	4	5	6	**7**	**8**	9	10	11	12

釣期を12カ月にわたって表記してみました。この表では、黒地の月が絶頂期、薄墨地の月はそこそこに釣れる時機と解釈してください。白地に表記の月も、まるでボーズという印ではありません。資源保護のため釣らないほうがよい時機もありますので、本文をよく読んでください。

本文では、各魚種のタイトル部分に主な釣期を記しています。

ボート釣り適性度相関表

魚の種類	2馬力度	お手軽度	食味	釣趣	ポイント数	ゲット率
アイナメ	5	4	4	4	3	2
アオリイカ	4	3	5	5	4	3
アジ	4	3	4	3	3	4
アマダイ	2	3	4	4	3	2
イイダコ	5	4	3	3	4	5
イサキ	3	3	3	3	2	3
イシダイ	3	2	3	4	1	1
カイワリ	3	3	4	3	3	3
カサゴ	4	4	4	3	4	3
カレイ	5	4	3	3	4	3
カワハギ	5	4	5	5	5	4
カンパチ	2	2	5	5	2	2
キュウセン	5	5	3	3	3	4
クロダイ	3	2	3	4	3	2
サバ	3	3	4	3	3	4
シロギス	5	5	3	4	5	5
スズキ	2	2	3	4	5	2
タチウオ	2	2	4	4	2	3
チダイ	2	2	3	3	2	4
ハゼ	5	5	3	3	3	5
ヒラメ	3	2	5	5	3	3
ブリ	2	2	5	5	2	2
マコチ	4	2	4	5	3	2
マダイ	3	2	4	4	3	3
マダコ	3	3	3	3	3	2
マルイカ	2	2	4	3	2	3
メゴチ	5	4	3	2	5	5
メジマグロ	1	2	3	5	2	1
メバル	4	3	4	5	4	3

この表は、ボート釣りではどの魚種が2馬力のスモールボート向きで手軽に釣れるか、どの魚が釣りの面白みに長けるか、ポイントに恵まれ、ゲットしやすい魚種は……？　といったボート釣りの適性度を、5点を最高点として表記したものです。本文各魚種の末尾には、これを亀甲グラフで表示しました。亀甲グラフで墨色部分が限りなく円に近いと、100パーセントの満足度でボート釣りが楽しめるということになります。

参考にしながらボート釣りライフを満喫してください。

須藤恭介（すとう きょうすけ）

昭和33年3月13日、神奈川県二宮町生まれ。

10歳のころ、地元のサーフで釣りデビュー。知り合いの釣り具店から仕掛けやエサを安く分けてもらい、中学3年の夏まで二宮海岸にドップリとつかる。高校から水産系の学校へ進学し、大型船舶の免許は取得したが、小型船舶免許はいまだナシ。社会人になってから、磯、沖、堤防と海専で釣りまくり、25年前くらいから手漕ぎボートの釣りにハマル。そして、今は2馬力エンジンが手放せない状態。

ボート釣り旬の魚の狙い方

2009年9月15日　第1版第1刷発行
著者　須藤恭介
発行者　大田川茂樹
発行所　株式会社　舵社

〒105-0013　東京都港区浜松町1-2-17
ストークベル浜松町
TEL: 03-3434-5181
FAX: 03-3434-2640

イラスト　冨岡 武
編集　武田忠治、山崎れいみ
装丁・デザイン　鈴木洋亮

ISBN978-4-8072-5122-3
定価はカバーに表示してあります
印刷　図書印刷株式会社